XIANDAI XIFANG
JINGJIXUE YUANLI

现代西方
经济学 原理

李翀 ◎ 编著

（第六版）

中山大学出版社

·广州·

版权所有　翻印必究

图书在版编目（CIP）数据

现代西方经济学原理/李翀编著 . —6 版 . —广州：中山大学出版社，2015.1

ISBN 978 - 7 - 306 - 05112 - 7

Ⅰ . ①现… Ⅱ . ①李… Ⅲ . ①西方经济学 Ⅳ . ①F091.3

中国版本图书馆 CIP 数据核字（2014）第 298453 号

出 版 人：	王天琪
策划编辑：	李海东
责任编辑：	李海东
封面设计：	曾　斌
责任校对：	何　凡
责任技编：	何雅涛
出版发行：	中山大学出版社
电　　话：	编辑部 020 - 84111996，84113349，84111997，84110779
	发行部 020 - 84111998，84111981，84111160
地　　址：	广州市新港西路 135 号
邮　　编：	510275　　　　传　真：020 - 84036565
网　　址：	http://www.zsup.com.cn　　E-mail：zdcbs@mail.sysu.edu.cn
印 刷 者：	佛山家联印刷有限公司
规　　格：	787mm×960mm　　1/16　　25 印张　　490 千字
版次印次：	1988 年 10 月第 1 版　1997 年 5 月第 2 版　1999 年 8 月第 3 版
	2003 年 8 月第 4 版　2007 年 4 月第 5 版
	2015 年 1 月第 6 版　2023 年 3 月第 42 次印刷
定　　价：	56.00 元　　　印　数：225000～226500 册

如发现本书因印装质量影响阅读，请与出版社发行部联系调换

作者简介

　　李翀，男，1955年5月出生，经济学博士、经济学教授、博士生导师。1978年毕业于中山大学经济学系，1978—1981年在北京大学经济学系攻读硕士学位，1981—1983年在中山大学经济学系任助教（1981年）、讲师（1983年），1983—1988年在北京师范大学经济学系攻读博士学位，1988—2000年在中山大学经济学系任副教授（1988年）、教授（1992年），1992—1993年到美国密执安州立大学进修。1995年担任博士生导师。2000年1月到北京师范大学经济学院任教。2002年2—5月到美国加利福尼亚州立大学从事研究工作。

　　作者担任微观经济学、宏观经济学、金融市场、投资学等课程的教学。个人出版著作20部，发表论文200余篇，主持国家社会科学基金项目5项、省级科研项目4项，获得省部级以上学术奖励8项。被评为全国优秀教师、国家级中青年专家、首批教育部跨世纪优秀人才计划入选者。现任中国世界经济学会副会长、中华外国经济学说研究会副会长兼秘书长、国家社会科学基金评审成员。

第六版前言

《现代西方经济学原理》(第六版)保留了《现代西方经济学原理》(第五版)的基本风格和基本结构,主要从下面两个方面进行修订:第一,补充了新的资料,使教科书能够反映经济的发展和经济学的发展。第二,取消了各章"评论"一节,较大幅度地充实了相关原理应用的论述。

本教科书出版以来,已经先后六版,显示了本教科书的生命力,也体现了读者的厚爱,在此对读者表示感谢!本教科书若有不妥之处,诚恳希望读者批评指正。

作 者

2014 年 12 月于北京京师园

第五版前言

《现代西方经济学原理》(第五版)保留了《现代西方经济学原理》(第四版)的基本风格和基本结构。新版的改动主要表现在下述方面:第一,更新了部分资料。在新版某些章节里,根据课程需要用2000年以后的新资料补充了原有的资料。第二,完善了部分论述。某些理论,特别是宏观经济学的某些理论,存在表述不够明确的问题。新版力求更加清楚地表达这些理论。第三,修改了部分评论。新版各章仍然保留了"评述"一节,除了比以前更注意说明各个理论的由来和相互之间的关系,以及与马克思主义经济学进行比较以外,还增加了一些研究性的成果。

本书出版以来,得到了读者们的信任,已先后销售了19万册。在这里,谨向各位读者表示衷心的感谢。新版若有不妥之处,诚恳希望读者批评指正。

作　者

2007年2月于北京京师园

目 录

绪 论 ……………………………………………………………………（1）
  第一节　西方经济学的产生和发展 ………………………………（1）
  第二节　现代西方经济学的研究对象 ……………………………（5）
  第三节　现代西方经济学的研究内容 ……………………………（7）
  第四节　现代西方经济模型的构成 ………………………………（8）
  第五节　现代西方经济学的研究方法 ……………………………（10）
  第六节　经济决策的步骤 …………………………………………（11）

上篇　微观经济学

第 1 章　商品的供求和价格 …………………………………………（15）
  第一节　商品的需求 ………………………………………………（15）
  第二节　商品的供给 ………………………………………………（18）
  第三节　商品的价格 ………………………………………………（21）
  第四节　商品市场的非均衡 ………………………………………（23）
  第五节　商品价格原理的应用 ……………………………………（25）

第 2 章　需求弹性和供给弹性 ………………………………………（28）
  第一节　需求弹性 …………………………………………………（28）
  第二节　其他的需求弹性 …………………………………………（31）
  第三节　供给弹性 …………………………………………………（32）
  第四节　蛛网原理 …………………………………………………（34）
  第五节　弹性原理的应用 …………………………………………（36）

第 3 章　居民的消费行为 ……………………………………………（40）
  第一节　基数效用论和最大效用原则 ……………………………（40）
  第二节　序数效用论和最大效用原则 ……………………………（42）
  第三节　最大效用原则和需求曲线 ………………………………（47）
  第四节　最大效用原则和恩格尔曲线 ……………………………（49）

第五节　消费行为原理的应用 …………………………………… (50)
第 4 章　居民的储蓄行为 ……………………………………………… (54)
　　第一节　居民的储蓄动机 ………………………………………… (54)
　　第二节　居民的储蓄决策 ………………………………………… (56)
　　第三节　居民的储蓄方式 ………………………………………… (58)
　　第四节　居民储蓄方式的选择 …………………………………… (59)
　　第五节　储蓄行为原理的应用 …………………………………… (61)
第 5 章　居民的就业行为 ……………………………………………… (63)
　　第一节　居民的劳动供给决策 …………………………………… (63)
　　第二节　收入的提高对劳动供给的影响 ………………………… (64)
　　第三节　人力资本的成本和收益 ………………………………… (66)
　　第四节　人力资本的投资决策 …………………………………… (70)
　　第五节　就业行为原理的应用 …………………………………… (71)
第 6 章　厂商的成本决策 ……………………………………………… (73)
　　第一节　厂商的生产函数 ………………………………………… (73)
　　第二节　边际产量递减规律 ……………………………………… (78)
　　第三节　规模报酬的变化 ………………………………………… (81)
　　第四节　最小成本原则 …………………………………………… (81)
　　第五节　成本决策原理的应用 …………………………………… (85)
第 7 章　厂商的生产决策 ……………………………………………… (87)
　　第一节　厂商的成本 ……………………………………………… (87)
　　第二节　厂商的成本函数 ………………………………………… (88)
　　第三节　厂商的收益 ……………………………………………… (93)
　　第四节　最大利润原则和供给曲线 ……………………………… (94)
　　第五节　生产决策原理的应用 …………………………………… (96)
第 8 章　厂商的价格决策 ……………………………………………… (99)
　　第一节　完全竞争条件下厂商的产量和价格决策 ……………… (99)
　　第二节　垄断竞争条件下厂商的产量和价格决策 ……………… (101)
　　第三节　寡头垄断条件下厂商的产量和价格决策 ……………… (104)
　　第四节　完全垄断条件下厂商的产量和价格决策 ……………… (109)
　　第五节　价格决策原理的应用 …………………………………… (111)
第 9 章　市场和交换的效率 …………………………………………… (114)
　　第一节　市场信息的不对称 ……………………………………… (114)
　　第二节　交换的效率 ……………………………………………… (118)
　　第三节　生产的效率 ……………………………………………… (121)

第四节　产品组合的效率 ……………………………………………（122）
　　第五节　交换原理的应用 ……………………………………………（123）
第 10 章　**生产要素的价格和收入分配** ……………………………………（125）
　　第一节　在产品、生产要素市场完全竞争的条件下生产要素的
　　　　　　价格 …………………………………………………………（125）
　　第二节　在产品市场不完全竞争但生产要素市场完全竞争的
　　　　　　条件下生产要素的价格 ……………………………………（130）
　　第三节　在产品、生产要素市场不完全竞争的条件下生产
　　　　　　要素的价格 …………………………………………………（132）
　　第四节　收入分配的不均等 …………………………………………（135）
　　第五节　生产要素价格原理的应用 …………………………………（137）
第 11 章　**工资、利息、地租和利润** ………………………………………（139）
　　第一节　劳动和工资 …………………………………………………（139）
　　第二节　借贷资金和利息 ……………………………………………（144）
　　第三节　土地和地租 …………………………………………………（147）
　　第四节　利润的来源 …………………………………………………（151）
　　第五节　分配原理的应用 ……………………………………………（152）
第 12 章　**公共物品和公共选择** ……………………………………………（155）
　　第一节　公共物品 ……………………………………………………（155）
　　第二节　公共物品的最优产量 ………………………………………（156）
　　第三节　不完全公共物品的定价 ……………………………………（160）
　　第四节　公共选择原理的应用 ………………………………………（162）
第 13 章　**市场失灵和政府的经济职能** ……………………………………（164）
　　第一节　市场失灵 ……………………………………………………（164）
　　第二节　政府的经济职能 ……………………………………………（167）
　　第三节　产权的界定和科斯定理 ……………………………………（171）
　　第四节　外部效应分析的应用 ………………………………………（173）

中篇　宏观经济学

第 14 章　**国民收入的核算** …………………………………………………（179）
　　第一节　国内生产总值的定义及计算方法 …………………………（179）
　　第二节　按支出法计算的国内生产总值 ……………………………（181）
　　第三节　按收入法计算的国内生产总值 ……………………………（182）
　　第四节　其他的国民收入核算指标 …………………………………（183）

4　现代西方经济学原理（第六版）

　　第五节　国内生产总值的国际比较 …………………………………（184）
第 15 章　消费、储蓄和总支出函数 …………………………………（186）
　　第一节　凯恩斯的消费函数和储蓄函数 ………………………………（186）
　　第二节　杜森贝里的消费函数和储蓄函数 ……………………………（189）
　　第三节　弗里德曼的消费函数和储蓄函数 ……………………………（190）
　　第四节　凯恩斯学派的总支出函数 ……………………………………（192）
第 16 章　国民收入的均衡和变化 ……………………………………（194）
　　第一节　二部门经济国民收入的均衡 …………………………………（194）
　　第二节　二部门经济国民收入的变化 …………………………………（198）
　　第三节　四部门经济国民收入的均衡 …………………………………（199）
　　第四节　四部门经济国民收入的变化 …………………………………（201）
　　第五节　支出的乘数作用 ………………………………………………（202）
　　第六节　现代国民收入理论的应用 ……………………………………（207）
第 17 章　宏观财政政策 ………………………………………………（209）
　　第一节　通货紧缩缺口和通货膨胀缺口 ………………………………（209）
　　第二节　政府的税收和支出体系 ………………………………………（210）
　　第三节　内在稳定器 ……………………………………………………（212）
　　第四节　酌情使用的财政政策 …………………………………………（213）
　　第五节　财政政策和政府债务 …………………………………………（215）
　　第六节　宏观财政政策的应用 …………………………………………（216）
第 18 章　货币的需求和供给 …………………………………………（218）
　　第一节　货币的性质 ……………………………………………………（218）
　　第二节　凯恩斯学派的货币需求函数 …………………………………（220）
　　第三节　货币学派的货币需求函数 ……………………………………（221）
　　第四节　货币的供给 ……………………………………………………（223）
　　第五节　银行和存款货币的创造 ………………………………………（225）
第 19 章　货币对经济的影响 …………………………………………（229）
　　第一节　传统的货币数量论 ……………………………………………（229）
　　第二节　凯恩斯学派的现代货币理论 …………………………………（230）
　　第三节　货币学派的现代货币数量论 …………………………………（232）
　　第四节　货币对经济影响的其他途径 …………………………………（233）
　　第五节　现代货币理论的应用 …………………………………………（235）
第 20 章　宏观货币政策 ………………………………………………（238）
　　第一节　中央银行及其职能 ……………………………………………（238）
　　第二节　凯恩斯学派的宏观货币政策 …………………………………（239）

第三节	辅助性的货币措施	(242)
第四节	货币政策的工具规则和目标规则	(243)
第五节	宏观货币政策的应用	(246)

第 21 章 国民收入和利息率的均衡 (248)
- 第一节 二部门经济的国民收入和利息率的均衡 (248)
- 第二节 三部门经济的国民收入和利息率的均衡 (254)
- 第三节 四部门经济的国民收入和利息率的均衡 (258)
- 第四节 $IS-LM$ 分析的应用 (262)

第 22 章 国民收入和价格水平的均衡 (264)
- 第一节 总需求函数 (264)
- 第二节 总供给函数 (267)
- 第三节 国民收入和价格水平的均衡及其变化 (269)
- 第四节 价格黏性和供求约束均衡 (271)
- 第五节 $AD-AS$ 分析的应用 (274)

第 23 章 失业和通货膨胀 (276)
- 第一节 失业的原因及其解决方法 (276)
- 第二节 通货膨胀的度量及影响 (282)
- 第三节 通货膨胀的原因及其解决方法 (285)
- 第四节 失业和通货膨胀的关系 (290)
- 第五节 通货膨胀理论的应用 (293)

第 24 章 经济的周期 (295)
- 第一节 凯恩斯学派的经济周期理论 (295)
- 第二节 新古典主义学派的经济周期理论 (300)
- 第三节 新凯恩斯主义学派的经济周期理论 (303)
- 第四节 经济周期理论的应用 (306)

第 25 章 经济的增长 (308)
- 第一节 经济增长的定义及累积效应 (308)
- 第二节 经济增长的源泉 (309)
- 第三节 哈罗德－多马模型 (311)
- 第四节 新古典增长模型 (315)
- 第五节 经济增长理论的应用 (319)

第 26 章 经济的发展 (320)
- 第一节 发展中国家面临的经济问题 (320)
- 第二节 资本形成对经济发展的作用 (322)
- 第三节 经济发展战略的选择 (323)

第四节　建立国际经济新秩序 …………………………………（326）
第五节　经济发展理论的应用 …………………………………（327）

下篇　国际经济学

第 27 章　国际贸易的原理 ……………………………………（331）
　第一节　比较利益的贸易基础 …………………………………（331）
　第二节　比较利益产生的原因 …………………………………（335）
　第三节　其他的贸易基础 ………………………………………（336）
　第四节　国际贸易的经济效应 …………………………………（337）

第 28 章　国际贸易的政策 ……………………………………（339）
　第一节　关税与配额 ……………………………………………（339）
　第二节　自由贸易与贸易保护 …………………………………（343）
　第三节　美国的对外贸易政策 …………………………………（346）
　第四节　世界各国的贸易政策 …………………………………（348）

第 29 章　均衡汇率的决定 ……………………………………（352）
　第一节　国际收支平衡表 ………………………………………（352）
　第二节　均衡汇率的形成 ………………………………………（356）
　第三节　均衡汇率的变化 ………………………………………（359）

第 30 章　国际货币制度的演变 ………………………………（361）
　第一节　以金本位为基础的固定汇率制度 ……………………（361）
　第二节　以金汇兑本位为基础的钉住汇率制度 ………………（365）
　第三节　以主权货币为基础的浮动汇率制度 …………………（371）
　第四节　国际货币制度的改革 …………………………………（376）

思　考　题 ………………………………………………………（379）
参　考　文　献 …………………………………………………（386）

绪　　论

第一节　西方经济学的产生和发展

西方经济学从开始系统的研究到现在已有 300 多年的历史。300 多年来，西方经济学的发展大致经历了四个阶段：

第一阶段是古典经济学的发展阶段。古典经济学产生于 17 世纪中叶，在英国是由配第（W. Petty）开始，经斯密（A. Smith）发展为完整的体系，最后被李嘉图（D. Ricardo）推向最高峰；在法国则由布阿吉尔贝尔（P. Boisguillebert）开始，经过魁奈（F. Quesnay）和杜尔哥（A. R. J. Turgot）的进一步发展，到西斯蒙第（S. Sismondi）而告完结。古典经济学是西方资产阶级成长时期的经济学说，它批判了封建主义的生产方式，对资本主义的生产方式进行了认真的研究。但是，随着资产阶级确立了政治统治地位，工人阶级和资产阶级的矛盾趋于激化，古典经济学发生了危机。马克思指出："1830 年，最终决定一切的危机发生了。""法国和英国的资产阶级夺得了政权。从那时起，阶级斗争在实践方面和理论方面采取了日益鲜明的和带有威胁性的形式。它敲响了科学的资产阶级经济学的丧钟。现在的问题不再是这个或那个原理是否正确，而是它对资本有利还是有害，方便还是不方便，违背警章还是不违背警章。不偏不倚的研究让位于豢养的文丐的争斗，公正无私的科学探讨让位于辩护士的坏心恶意。"[①] 古典经济学的危机是西方经济学说史上的第一次危机。

第二个阶段是传统经济学的发展阶段。随着古典经济学的解体，法国经济学家萨伊（J. B. Say）和英国经济学家马尔萨斯（T. R. Malthus）等人的学说得到广泛传播，形成了传统经济学。在西方各国相继出现了形形色色的经济学流派，如以德国经济学家李斯特（F. List）等人为代表的历史学派，以奥地利经济学家庞巴维克（E. BöhmBawark）为代表的奥地利学派，以美国经

---

① 《马克思恩格斯全集》第 23 卷，人民出版社 1972 年版，第 17 页。

济学家克拉克（J. B. Clark）为代表的美国学派，以美国经济学家凡勃仑（J. Veblen）为代表的制度学派，以英国经济学家马歇尔（A. Marshall）为代表的新古典学派，等等。传统经济学主张自由竞争、自行调节和自由放任的经济原则。它认为，在自由竞争的条件下，资本主义市场体系的调节能够自行实现社会资源的有效配置，保证资本主义经济在充分就业的条件下均衡地发展。因此，政府不必干预经济，应该信守自由放任的原则。但是，20世纪30年代发生的震撼西方世界的经济危机粉碎了传统经济学的论断。传统经济学由于无法在理论上解释这场危机和在实践上提出应付这场危机的方法而破产。这是西方经济学史上的第二次危机。

第三个阶段是凯恩斯经济学的发展阶段。英国经济学家凯恩斯（J. M. Keynes）于1936年，即30年代大危机过后的第三年发表了他的重要著作《就业、利息和货币通论》，否定了传统经济学的两个基本原理，即供给自行创造需求的萨伊定律和储蓄必然转化为投资的传统论断，导致了所谓"凯恩斯革命"。

萨伊认为：货币在商品交换中只是起着暂时的媒介作用，商品实际上是用商品购买的。因此，卖者同时就是买者，供给本身会创造出需求，资本主义普遍的生产过剩是不可能发生的。即使局部发生了供求的失衡，在市场机制的作用下，买卖双方都会作出适当的反应而使供求恢复均衡。另外，传统经济学家普遍认为，储蓄和投资分别是借贷资本的供给和需求，它们与利息率相互制约。当投资需求大于储蓄时，利息率将上升，这时储蓄将因利息收入的提高而增加，投资则因利息成本的上涨而减少。反之，利息率下降，储蓄随之减少，投资则趋于增加。这样，在利息率的调节下，投资趋于与储蓄相等，即储蓄全部转化为投资。由于经济社会的产品除了消费品就是投资品，经济社会的收入不是用于消费就是用于储蓄，在储蓄全部转化为投资的条件下，经济社会生产的产品全部被它得到的收入所购买，资本主义经济势必达到供求一致的均衡。

凯恩斯不同意传统经济学的这些看法。他认为，在边际消费倾向递减规律、资本边际效率递减规律和灵活偏好规律的作用下，社会对消费品和投资品的需求是不足的，所以总需求往往不是等于总供给而是小于总供给。总需求的不足是资本主义经济危机的主要原因。他还认为，储蓄主要不是取决于利息率而是总收入。当储蓄和投资不等时，总收入将发生扩张或收缩，从而引起储蓄相应的变化，最后导致储蓄和投资相等。因此，储蓄和投资的均衡不是通过利息率而是通过收入的调节实现的。而且，即使在储蓄与投资均衡的状态下，资本主义经济也往往没有达到充分就业。因此，要实现充分就业，政府必须干预经济以刺激总需求。

凯恩斯经济学在战后的发展过程中逐渐形成了两个流派：一个是以美国经济学家萨缪尔森（P. A. Samuelson）、托宾（J. Tobin）和索洛（R. Solow）为代表的新古典综合派，或称美国凯恩斯学派；一个是以英国经济学家罗宾逊（J. Robinson）、斯拉法（P. Sraffa）和卡尔多（N. Kaldor）为代表的新剑桥学派，或称英国凯恩斯学派。新古典综合派认为，经过政府的干预，战后西方国家实际的国民收入水平和充分就业的国民收入水平已相差不远，传统经济学关于就业的理论前提基本得到满足。另外，新古典综合派认为，凯恩斯经济学是以总收入分析为中心的宏观经济学，传统经济学是以价格分析为核心的微观经济学，两者是互为前提、相互依存的。因此，它把凯恩斯经济学和传统经济学综合起来，形成了"后凯恩斯主流经济学"，在西方经济学界占据主导地位。除了凯恩斯学派以外，在西方国家里还存在各种各样的学派，如以美国经济学家弗里德曼（M. Friedman）为代表的货币学派，以奥地利经济学家哈耶克（F. Hayek）为代表的新自由主义学派，以美国经济学家加尔布雷斯（J. K. Galbraith）为代表的新制度学派，以瑞典经济学家缪尔达尔（G. Myrdal）为代表的瑞典学派，以美国经济学家费尔德斯坦（M. Feldstein）等人为代表的供给学派，等等。

到了20世纪60年代末70年代初，西方国家普遍发生了"停滞膨胀"的现象：一方面经济停滞不前，失业大量存在；另一方面通货膨胀日趋严重，价格水平持续上涨。面对这种情况，凯恩斯学派既提不出正确的解释，又找不到合适的应付方法，从而陷入了困境。货币学派、供给学派等自由主义流派迅速崛起并向凯恩斯学派发出了强有力的挑战。70年代末80年代初，其学说在英美等西方国家成为政府制定经济政策的理论依据。

第四个阶段是当代经济学的发展阶段。20世纪80年代，是各个西方经济学流派的调整时期。货币学派强调货币供给量对经济的重要影响已为西方经济学界所广泛接受，它所提出的稳定货币供给量的增长率以稳定经济的建议已得到西方国家政府的高度重视。但是，货币学派没有对失业和经济衰退现象提出令人信服的分析。另外，供给学派强调增加供给对于摆脱停滞膨胀的重要作用也得到西方经济学界的认可，它所提出的降低税率以刺激供给也受到西方国家政府的重视。但是，供给学派还缺乏系统完整的经济理论体系，在新的经济形势下，凯恩斯学派注意吸取别的经济学流派的见解，不断地修改和完善自己的理论，从而演变为新凯恩斯主义学派。新凯恩斯主义学派的代表人物有曼丘（N. G. Mankin）、罗默（D. Romer）、斯蒂格利茨（J. E. Stiglitz）等人。

新凯恩斯主义学派（new Keynesian shcools）坚持非市场出清的理论前提。他们认为，在劳动市场和商品市场出现需求或供给变化以后，工资和价格不能迅速调整到使需求等于供给的水平，即不能使市场出清。在工资和价格呈黏性的条件下，市场的调节并不能实现社会资源的有效配置和劳动者的充分就业，因而需要政府对经济进行干预。新凯恩斯主义学派还坚持不完全竞争的理论前提。他们认为，不完全竞争市场与完全竞争市场相比价格较高而产量较低，因而与完全竞争市场相比缺乏效率。另外，不完全竞争市场形成了总需求的外部性，即厂商较高的垄断价格引起总需求减少，厂商在需求减少的情况下不得不减少产量，从而造成利润减少，利润的减少又导致总需求的下降。因此，实际的产量水平将低于充分就业的产量水平，因而需要政府对经济进行干预。

新凯恩斯主义学派与凯恩斯学派一样，主张政府对经济的干预。它与凯恩斯学派不同的地方是补充了两个理论假设：一是利益最大化，即厂商和居民总是追求利润和效用最大化；二是理性预期，即人们将充分利用各种信息作出明智和合理的预期。这就是说，新凯恩斯主义学派试图以微观经济学为基础去分析宏观经济问题。

在货币学派和供给学派向凯恩斯学派发出挑战的时候，在西方经济学界又产生了一个新的经济学流派——新古典主义学派。新古典主义学派又叫作理性预期学派，它因观点类似于凯恩斯经济学以前的传统经济学并强调理性预期而得名。新古典主义学派原来是货币学派的一个部分，后来从货币学派分立出来而成为一个独立的经济学流派，并且在西方经济学界产生越来越大的影响。早在20世纪70年代初期，美国经济学家卢卡斯（R. Lucas）就提出了被人们称为"卢卡斯批评"（Lucas Critique）的理论。该理论认为，公众是有理性的，他们能够对政府的经济政策和其他经济信息作出合理的反应并相应地调整他们的经济行为。作为政府制定经济政策依据的凯恩斯经济学，没有考虑到公众的理性预期，因而所制定的经济政策难以取得理想的效果。后来，在卢卡斯、萨金特（T. Sargent）、巴罗（R. J. Barro）等人的研究的基础上，逐步构成一个理论体系，形成了颇有影响的经济学流派。

新古典主义学派（new classical shcools）坚持市场出清的理论前提。他们认为在自由竞争的条件下，通过市场的调节，能够使劳动和商品的供给和需求达到均衡，即市场是出清的，社会资源的配置是有效率的。另外，新古典主义学派坚持理性预期的理论前提。他们认为，人们将会充分利用信息作出明智的和合理的预期。由此可见，新古典主义学派与传统经济学相似，都以经济人和市场出清作为假设。他们与传统经济学不同的地方是进一步提出经济人不仅是有理性的人，而且是能够作出理性预期的人。

新古典主义学派认为，凯恩斯的宏观经济理论没有考虑经济人追求利益最大化的微观假设，因而在理论上是不成功的。另外，他们还指出，既然市场的调节是有效率的，能够实现社会资源的有效配置，政府不应该干预经济。新古典主义比新凯恩斯主义优越的地方是在他们的假定下可以用严格和完美的数学形式来表示他们的理论体系,比新凯恩斯主义不足的地方是他们的理论体系不能像新凯恩斯主义那样经得起经济现实的检验。

在20世纪90年代以后,新凯恩斯主义学派和新古典主义学派是西方经济学界最有影响的两个经济学流派。

第二节 现代西方经济学的研究对象

现代西方经济学认为,经济学主要研究如何利用和配置稀缺的社会资源进行生产,以及如何把社会产品分配给社会成员以供他们消费的问题。

在现代西方经济学中,社会资源包括三个部分:第一,自然的赋予,如土地、森林、矿藏、河流等;第二,劳动,即人的智力和体力的总和;第三,人们制造出来用于生产的东西,如生产工具、机器设备、厂房建造等。简单地说,社会资源包括土地、劳动和资本,它是经济社会进行生产不可缺少的因素,所以又叫作生产要素。

社会资源具有稀缺的特点。显然,人类有许多需要希望得到满足,但是现有的社会资源不足以实现这些愿望。因此,相对于人类的需要来说,社会资源是稀缺的。当代西方经济学家认为:正因为社会资源是稀缺的,所以人们才需要考虑如何充分利用现有的社会资源,才需要考虑生产什么、怎样生产和为谁生产,从而才产生经济学的研究和经济学这门科学。如果社会资源不是稀缺的,任何商品都可以无限地生产出来,那么一切商品都不是经济物品而变成和空气一样的自由取用物品,这样就不会有经济学的研究和经济学这门科学了。

既然社会资源是稀缺的,经济社会就应该充分利用现有的社会资源,有选择地把社会资源配置到不同商品的生产中去。在现代西方经济学中,这实际上就是如何达到生产可能性曲线和怎样在生产可能性曲线上进行选择的问题。

生产可能性曲线(production possibilities curve)表示一个经济社会在一定的技术条件下,充分利用现有的社会资源所能生产的不同的商品组合。例如,每个经济社会都会遇到一个问题:在现有的社会资源条件下,究竟应该生产多少军用品和民用品?或者简单地说,究竟应该生产多少大炮和黄油?表0.1说明,对于某个经济社会来说,如果不生产黄油,利用现有社会资源可以生产15000门大炮;如果不生产大炮,利用现有社会资源可以生产500万磅黄油。当然,它也可以既生产大炮,也生产黄油。把各种生产可能性作为点的坐标在直角坐标系中描出各点,然后用平滑的曲线把它们连接起来,便得到生产可能性曲线,如图0.1所示。

表 0.1　生产可能性表

可能性	黄油（百万磅）	大炮（千门）
A	0	15
B	1	14
C	2	12
D	3	9
E	4	5
F	5	0

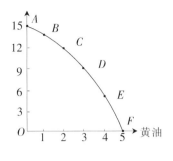

图 0.1　生产可能性曲线

生产可能性曲线把坐标平面分成两个部分，落在曲线以内的点表示在没有充分利用现有社会资源条件下生产出来的大炮和黄油的组合；落在曲线以外的点表示即使充分利用现有社会资源也不可能生产的大炮和黄油的组合。在生产可能性曲线上，这个经济社会面临着多种选择，它可以把更多的社会资源用于生产大炮，相反也可以把更多的社会资源用于生产黄油。但无论怎样，由于社会资源是稀缺的，它要多生产一种商品，就得付出少生产另一种商品的代价，这就是机会成本（opportunity cost）。例如，对于可能性 A 和 B 之间的选择，多生产 100 万磅黄油的机会成本是 1000 门大炮，多生产 1000 门大炮的机会成本是 100 万磅黄油。随着经济社会不断地增加一种商品的生产，它付出的机会成本将越来越大。例如增加第一个 100 万磅黄油的生产需要减少 1000 门大炮，增加第二个 100 万磅黄油的生产需要减少 2000 门大炮，依此类推。因此，生产可能性曲线是凹向原点的。

增加一种商品生产所付出的机会成本所以递增，是因为在增加这种商品产量的过程中，不断投入同样数量的社会资源所带来的这种商品的产量是递减的。① 这意味着在增加同样数量的这种商品的过程中，耗费的社会资源越来越多，从而造成放弃生产别的商品的数量越来越大，即机会成本越来越大。

在现代西方经济学中，经济社会利用稀缺的社会资源所生产出来的东西叫作商品。商品划分为两类：一类是可以触摸得到的有形商品，如食品、衣服、电视机等，它们称为物品；另一类是触摸不到的无形商品，如理发师的服务、艺术家的表演等，它们称为劳务。制造物品和提供劳务的行为叫作生产。使用物品和劳务来满足需要的行为叫作消费。

---

① 关于产量递减的原理将在第 6 章中分析。

第三节 现代西方经济学的研究内容

现代西方经济学按照分析的方法可以划分为微观经济学、宏观经济学和国际经济学。

微观经济学（microeconomics）以单个经济单位作为考察对象。它分析的是个别市场的经济活动和个别企业、个别消费者、个别资源所有者的经济行为，因而它也称为个量分析或个体分析。例如，在政府政策影响下和价格机制调节下，生产什么、怎样生产和为谁生产这些问题，都属于微观经济学的研究范围。

宏观经济学（macroeconomics）以整个国民经济作为考察对象。它分析的是整个经济社会中有关经济总量及其变化，因而它也称为总量分析或总体分析。例如，如何充分利用社会资源，怎样保持社会价格总水平的稳定和如何促进经济增长这类问题，都属于宏观经济学的研究范围。

微观经济学和宏观经济学相互区别，前者采用个量的分析方法，后者采用总量的分析方法。但是它们又是相互联系的：首先，宏观经济学研究的经济总量是由微观经济学研究的经济个量综合而成的。例如，社会总就业量由各个劳动市场的就业量组成，社会总产量由各个企业的产量组成。所以，微观经济分析是宏观经济分析的基础。其次，微观经济学和宏观经济学的研究是互为条件的。例如，宏观经济学在研究总产量的时候，主要研究社会的储蓄、投资等经济总量对总产量的影响，至于各个企业的产量怎样受企业的成本、利润和消费者偏好的影响等微观经济学研究的问题，在分析中当作已知的前提。

在凯恩斯经济学的发展阶段，微观经济学和客观经济学被看作相互独立的两个部分，经济学家们更加注意的是它们的区别而不是它们的联系。在当代经济学的发展阶段，微观经济学和宏观经济学被看作相互依存的两个部分，经济学家们更加强调它们的联系而不是它们的区别。

不论是微观经济学还是宏观经济学，它们研究的都是一个经济社会内部的运行情况。但是各个经济社会之间，或者说世界上各国之间，必然存在经济来往，发生贸易和金融的联系。国际经济学（international economics）把国与国之间的经济关系作为考察内容，它主要研究国际贸易和国际金融等国际间的经济问题。

现代西方经济学按照分析的性质还可以分为实证经济学和规范经济学。

实证经济学（positive economics）是进行实证论述的经济学。所谓实证论述主要回答"是什么"这类问题，它说明某一事物过去怎样，现在怎样，将来会怎样。实证的论述是以事实为根据的，它的正确与否可以通过对事实的检验来判定。例如，如果有一种经济学说认为扩大政府支出可以增加总就业量，这种学说就是实证的经济学说。它的正确与否可以通过扩大政府支出，然后观察总就业量的变化进行检验。

规范经济学（nomative economics）是进行规范论述的经济学。所谓规范论述主要回答"应该是什么"这类问题，它是在一定的哲学、文化、宗教、道德前提下，对什么是好的、什么是坏的作出价值的判断。由于各个人或各个流派的哲学、文化、宗教、道德观念不同，对同一个事物将存在不同的规范论述，它们之间的分歧是不能通过事实的检验来判断的。例如，如果有一种经济学说认为不应该实现充分就业，这种学说就是规范的经济学说，它的正确与否不能通过考察充分就业的影响来确定。

实证经济学和规范经济学是相互区别的。在逻辑上可以从一种实证的学说推导出另一种实证的学说，但不能从一种实证的学说推导出一种规范的学说。同样，可以从一种规范的学说推导出另一种规范的学说，但不能从一种规范的学说推导出一种实证的学说。现代西方经济学主要是实证经济学。

第四节　现代西方经济模型的构成

当代西方经济学家认为，一个实证的经济模型主要包括下述部分：定义，假设，假说和预测。

（1）定义（definitions）是对经济模型所用变量的含义作出规定。显然，如果对有关经济变量的含义没有作出明确的规定，将无法建立经济模型。经济变量从不同的角度可以划分为两种类型：一种是内生变量和外生变量，另一种是存量和流量。

内生变量是指在一个经济模型中要加以说明的变量；外生变量则是指那些可以影响内生变量，但它们本身是由经济模型不研究的外在因素决定的变量。例如，假设要建立一个经济模型来解释某一农作物的价格。农作物的价格是受到多种因素影响的，如供给量、需求量、气候状况等。在这里，供给量、需求量和价格就是内生变量，它们是这个经济模型需要分析的变量；气候状况则是外生变量，它虽然可以通过影响农作物的供给而影响价格，但它本身属于经济模型所不研究的气象方面的因素。

存量是指在一定的时点上存在的变量的数值，它说明在某一时点某种变量有多少；流量是指在一定时期内发生的变量的数值，它说明在某段时期内某种变量变化了多少。例如，假定有一个蓄水池，池的底部有一个排水口。在这个例子里，池子里的水是存量。由于池水不断往外流，水位一直在下降，人们只能在某一时点上测定池子里究竟有多少水。从排水口流出来的水则是流量，人们只能在一定的时期内测量水究竟流出了多少。

内生变量和外生变量、存量和流量相互交叉。例如，存量和流量都可以是内生变量。

（2）假设（assumptions）是提出经济模型的前提条件。在现实的经济现象中，一个变量往往直接或间接地受到许多因素的影响。但是在一个经济模型内不可能对它们逐一进行分析，因此有必要提出假设，以限定讨论范围。例如，一种商品的价格取决于许多因素。如果要建立一个经济模型来研究这种商品的价格，就需要假设其他条件不变，以分析它是怎样由供给和需求决定的。

（3）假说（hypotheses）是在一定的假设下利用定义去说明变量之间的关系。它是建立经济模型的核心部分和关键步骤。例如，一种商品的价格在其他条件不变的情况下由商品的供给和需求决定，这就是现代西方经济学价格原理的重要假说。它在一定的假设下，利用供给、需求和价格三个变量的定义去说明它们的关系。在当代西方经济学家看来，经济变量之间的关系可以用函数关系来表达。如果用 S, D, P 分别表示商品的供给量、需求量和价格，那么上述假说可表示为：

$$P = f(D, S)。$$

（4）预测（predictions）是根据假说提出对经济现象未来发展的看法。它与猜测的区别在于它是从假说得出的必然结论。预测在经济模型的建立中具有两重意义：第一，它是经济模型的应用。经济模型在现实经济生活中的应用是通过预测实现的。第二，它是经济模型的检验。如果根据一个经济模型所作出的预测与实际情况不符，这就说明这个经济模型是不完善的或是错误的。

要建立一个经济模型，其步骤依次是：明确定义，作出假设，提出假说，进行预测。如果预测与实际情况相符，则肯定这个模型；如果预测与实际情况不符，应否定这个模型或重新加以修改。建立经济模型的过程如图 0.2 所示。

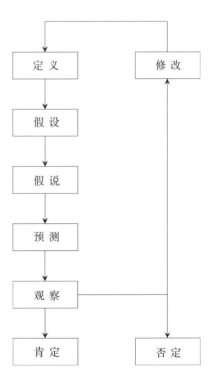

图 0.2　经济模型的建立过程

第五节　现代西方经济学的研究方法

一、局部均衡和一般均衡的方法

局部均衡分析（partial-equilibrium analysis）假定其他条件不变，分析经济中与其他部分不相联系的某个特定部分，如某个生产者、某个消费者、某个资源所有者、某个市场的均衡。例如，把局部均衡分析方法运用于某种商品的价格时，可以假定其他商品市场对这种商品市场的影响不变，来研究这种商品的需求和供给的均衡怎样决定价格。局部均衡分析方法的基本假设是有局限性的。但只有阐明在其他条件不变的情况下，局部是怎样形成均衡的，才能进一步说明在其他条件变化的情况下局部均衡是怎样变化的。所以局部均衡分析可以有效地运用于许多问题的分析。

一般均衡分析（general-equilibrium analysis）是把经济中不同的部分看作一个有机的整体，从相互联系中研究某个部分如某个生产者、某个消费者、某个资源所有者或者某个市场是怎样形成均衡的。一般均衡分析方法反映并强调经济中不同部分的相互联系，因而也可以有效地运用于许多问题的分析。但是，它基本上是一种静态的分析，在分析动态的经济现象时也存在一定的局限性。

二、静态的、比较静态的和动态的分析

静态分析（static analysis）主要研究什么是均衡状态和达到均衡状态所需要的条件，它不注重达到均衡状态所需要的时间。例如，把静态分析方法运用于某种商品价格的分析时，只研究在供给量和需求量相等的条件下，商品的价格怎样处于均衡状态，而不注重商品价格形成均衡所需要的时间。

比较静态分析（comparative static analysis）主要通过对不同的均衡状态的比较，来发现导致均衡状态变化的因素，它不注重从一种均衡状态到另一种均衡状态变化的过程和所需要的时间。例如，把比较静态分析方法运用于商品价格的分析时，通过对这种商品不同水平的均衡价格的比较，来研究究竟是由于需求的变化还是由于供给的变化引起商品价格的变化。

动态分析（dynamic analysis）主要探讨在一定条件下某个经济变量的变化和调整过程。它重视时间因素对动态变化过程的影响。例如，把动态分析方法运用于市场供给量的分析时，可以研究在各个时期里市场供给量随着价格变化而调整。它强调这个调整过程，而不是变动所形成的均衡状态。

现代西方微观经济学主要采用静态的和比较静态的分析方法，较少采用动态的分析方法。现代西方宏观经济学则主要采用静态的、比较静态的和动态的

第六节 经济决策的步骤

一、理性选择

经济决策的过程是一个理性选择的过程。在经济决策的分析中,最重要的前提是人们是有理性的。这就是说,居民和厂商对他们的偏好和目标具有合理的认识程度,对如何实现这些偏好和目标具有合理的理解,对面临的每一种可能性都能够衡量其代价和利益。他们的行为具有一致性。

对于居民而言,理性选择的目标是追求效用的最大化;对于厂商而言,理性选择的目标是追求利润的最大化。不论是居民还是厂商,都会通过合理的方式实现它们的目标。例如,居民和厂商将会收集信息,考虑各种后果发生的可能性,权衡各种选择的成本和收益,然后作出他们的决定。

二、机会集合

经济决策的第一个步骤是分析机会集合。机会集合(opportunity sets)是指人们可以作出的所有选择的集合,也就是人们面临的机会的集合。例如,某消费者需要商品 A 和商品 B,那么他可以购买商品 A 和商品 B 的各种数量组合,这些组合都是他的机会集合。但是,机会集合受到现行条件的约束。现行条件的约束包括预算约束和时间约束。预算约束是指金钱的限制,时间约束是指时间的限制,约束限定了机会集合的范围。继续前面的例子,某消费者需要商品 A 和商品 B,商品 A 的价格是 100 美元,商品 B 的价格是 50 美元,消费者每个月花在这两种商品上的支出只有 500 美元,他所能获得的商品 A 和商品 B 的组合如表 0.2 所示。表 0.2 所表示的商品组合就是该消费者在预算约束下所能得到的最大数量的商品 A 和商品 B 的组合。这样,该消费者的机会集合等于或少于表 0.2 所表示的商品 A 和商品 B 的组合。

表 0.2 预算约束

商品 A	商品 B
5	0
4	2
3	4
2	6
1	8
0	10

三、边际替换

经济决策的第二个步骤是考虑边际替换。由于人们面临的是机会的集合,他们面临的不是唯一一种选择而是多种选择,人们将会对各种机会进行比较,考虑替换的可能性。这种替换往往是边际替换，即边缘上的替换。如消费者已消费若干单位商品 A 和商品 B，在预算约束下，他往往需要决定是多消费 1 单位商品 A 还是多消费 2 单位商品 B。

人们在考虑替换的时候，需要考虑三种成本：

第一种成本是机会成本（opportunity cost），即人们为了得到 1 单位某种商品而不得不放弃别的商品的数量。例如，在上面的例子中，消费者要多得到 1 单位商品 A，就要放弃 2 单位商品 B，放弃的 2 单位商品 B 就是多得到的 1 单位商品 A 的机会成本。换句话来说，资源被用于某一种用途意味着它不能被用于其他用途，所放弃的用途就是所用于的用途的机会成本。因此，人们必须比较得失以决定把资源用于什么用途。

第二种成本是沉没成本（sunk cost），即已经付出并且不能收回的成本。例如，某消费者花 2000 美元购买一台电脑，但过了半年，性能高 1 倍的电脑只卖 1000 美元，该消费者可以花 400 美元用原来的电脑去换一台新的电脑。在这种情况下，过去所支付的 2000 美元是不可收回的，从而形成沉没成本。

第三种成本是边际成本（marginal cost），即增加消费或生产 1 单位商品所付出的代价。人们在日常的经济生活中经常遇到边际选择。例如，消费者在消费的时候，经常要考虑是否值得再多消费 1 单位商品；生产者在生产的时候，也经常要考虑是否值得再多生产 1 单位商品。在这种情况下，消费者或生产者就要考虑多消费或多生产 1 单位商品所付出的代价和所得到的利益，即考虑边际成本和边际收益。

四、作出决定

经济决策的第三个步骤是作出决定。例如，在前面分析机会成本的例子里，1 单位商品 A 的机会成本是 2 单位商品 B，1 单位商品 B 的机会成本是 0.5 单位商品 A。如果该选择是边际选择，消费者又偏好商品 A，那么消费者的决定是多消费 1 单位商品 A 而放弃多消费 2 单位商品 B。在前面分析沉没成本的例子里，如果该消费者具有理性，他将忽略已经支出的 2000 美元而考虑下述问题：具有更高性能的新电脑是否值 400 美元。如果值，就买；如果不值，就不买。在前面分析边际成本的例子里，如果边际收益大于边际成本，消费者和生产者应该继续消费和生产，直到边际成本等于边际收益为止。例如，假定 1 杯可乐的价格是 1 美元，而对一个极为口渴的消费者来说，第一杯可乐值 3 美元，第二杯可乐值 2 美元，第三杯可乐值 1 美元。该消费者购买第一杯可乐有 2 美元的额外收益，购买第二杯可乐有 1 美元的额外收益，购买第三杯可乐使他的已获得的总的额外收益达到最大化。因此，该消费者将购买 3 杯可乐，此时边际成本等于边际收益。

上 篇
微观经济学

第1章 商品的供求和价格

第一节 商品的需求

一、需求量的含义

某种商品的需求量是消费者在某一价格下希望购买的这种商品的数量。当代西方经济学家认为,关于需求量的概念应该注意下述问题:

第一,需求量是消费者希望购买的商品数量,而不是实际购买的商品数量。例如,假如消费者在某一价格下对某种商品的需求量是1000单位,这意味着如果市场上有1000单位这种商品出售,消费者会把它们全部买下。但是,消费者希望购买的数量和市场上实际出售的数量并不总是一致的。如果市场上这种商品的数量只有800单位,而消费者希望购买的数量仍为1000单位,那么他们实际购买的数量只有800单位,两者相差200单位。

第二,需求量是一种有效的需求。需求量不是消费者的主观愿望,而是一种有能力实现的希望。如果消费者在某一价格下希望购买某一数量的商品,他们就一定能够买下这些商品。

第三,需求量是一种流量。需求量是一个时期的概念,它只能以某一特定时期,如每月、每季或每年进行计量。

二、影响需求量的因素

消费者对商品的需求量取决于下述因素:

第一,商品自身的价格。商品的需求量随着商品自身价格的变化而变化。由于要满足同一种需求可以有多种商品供选择,在其他商品价格不变的前提下如果某种商品的价格下降了,消费者就会购买更多的这种商品以代替其他商品,因而这种商品的需求量将增加;反之,这种商品的需求量将减少。在现代西方经济学中,商品价格的变化对需求量的这种影响称为替代效应(substitution effect)。另外,因为消费者的收入在一定的时期内是既定的,当某种商品价格上升的时候，消费者将感觉到实际收入下降而减少购买这种商品，因而这种商品的需求量将减少；反之，这种商品的需求量将增加。在现代西方经济学中，商品价格的变化对需求量的这种影响称为收入效应（income effect）。消费的替代效应和收入效应的存在，使一种商品的需求量与自身的价格呈反方向变化。

第二，消费者的偏好。需求量是消费者希望购买的商品数量，它必然受到消费者偏好的制约。如果消费者对商品 X 的偏好强于对商品 Y 的偏好，他对商品 X 的需求量就会大于对商品 Y 的需求量。生产者进行广告宣传的目的不仅在于告诉人们有什么商品，而且还在于通过改变人们的偏好而增加对某种商品的需求量。

第三，消费者的收入。需求量是有效的需求，因而它还取决于消费者的收入。当消费者的收入逐渐提高时，他们将改变所购买商品的结构。这样，一些商品的需求量会增加得快些，一些商品的需求量会增加得慢些，还有一些商品的需求量将会出现下降。

第四，信贷的成本和难度。消费者对许多商品都是通过取得消费信贷的方式来购买的。如果利息率较低和信贷较易获得，对某些商品的需求量就会增加；反之，对某些商品的需求量就会减少。

第五，收入分配。在现实的经济社会中，由于收入水平的差别，人们购买商品的结构也是不同的。这样，在总收入不变的前提下进行收入再分配时，如减少高收入阶层的收入和增加低收入阶层的收入，各收入阶层就会改变他们对各种商品的购买量，从而引起商品需求量的变化。

第六，其他商品的价格。某种商品的需求量不仅取决于自身的价格，而且还取决于其他商品的价格。这种影响可以分两种情形分析：一是其他商品是替代品（substitute goods），二是其他商品是补足品（complementary goods）。

商品 X 的替代品 Y 是指这样一种商品：它与商品 X 都可以用于满足相同的或相似的需要。例如，牛肉是猪肉的替代品，菠菜是卷心菜的替代品。因为替代品可以满足相似的需要，所以当商品 Y 的价格上升时，人们将减少对商品 Y 的购买而增加对商品 X 的购买，用商品 X 代替商品 Y，商品 X 的需求量将增加；反之，人们将用商品 Y 代替商品 X，引起商品 X 需求量的减少。这就是说，一种商品的需求量与它的替代品的价格是同方向变化的。

商品 X 的补足品 Y 则是指这样一种商品：在使用商品 X 时也必须使用它。例如，汽车的补足品是汽油，在餐具中刀子的补足品是叉子。因为某种商品 X 和它的补足品 Y 同时使用，所以当商品 Y 价格上升的时候，使用商品 X 的费用提高，对商品 X 的需求量将减少；反之，对商品 X 的需求量将增加。这就是说，一种商品的需求量和它的补足品的价格是反方向变化的。在 20 世纪 70

年代，汽油价格的上涨导致小汽车需求量的减少，是现实经济生活中的一个典型的例子。

三、商品的需求函数

一种商品的需求函数（demand function）是在一定的时期内和一定的市场中这种商品的需求量和影响需求量的各个因素之间的关系。在影响需求量的各因素中，最重要的是商品自身的价格。所以，商品的需求函数一般指在消费者的偏好、收入、信贷、收入分配和其他商品价格等因素不变的条件下，一种商品的需求量和它的价格之间的关系。

如前所述，商品的需求量将随着它的价格的上升而减少，或随着它的价格的下降而增加。如果把一种商品在不同价格下的需求量排列起来，就可得到这种商品的需求表。需求表（demand schedule）是表示一种商品的需求量和它的价格之间的函数关系的表列。例如，表1.1就是某种商品X的需求表。如果把表中每一组需求量和价格的对应值作为点的坐标，在直角坐标系中描点作图，就可以得到图1.1中的需求曲线D。需求曲线（demand curve）是表示一种商品的需求量和它的价格之间的函数关系的图像。

表1.1 商品的需求表

价格P（美元）	需求量Q（公斤）
10	110
20	70
30	40
40	20
50	10

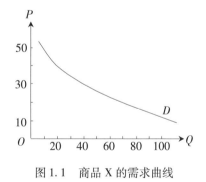

图1.1 商品X的需求曲线

四、商品需求函数的变化

一个特定的需求表或需求曲线是在消费者偏好等因素不变的前提下得到的。如果这些因素发生了变化，那么需求表或需求曲线也将发生变化。例如，假定其他因素不变但消费者的平均收入水平提高了，如表1.2，消费者在相同的价格下将购买更多的商品X。按照表1.2描点作图，便可得到如图1.2所示的需求曲线D和D'。

表 1.2　商品 X 需求表的变化

价格 P（美元）	月收入为 800 美元的需求量 Q（公斤）	月收入为 1000 美元的需求量 Q（公斤）
10	110	120
20	70	80
30	40	50
40	20	30
50	10	20

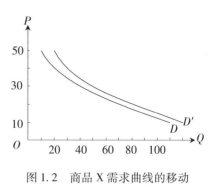

图 1.2　商品 X 需求曲线的移动

根据上述分析，随着消费者收入的变化，需求表和需求曲线都发生了变化。

用同样的方法可以证明：对于某种商品来说，如果发生了有利于这种商品的偏好的变化，如果利息率下降和信贷较易获得，如果发生了有利于这种商品的收入分配的变化，如果替代品的价格上升和补足品的价格下降，需求曲线都将向右移动；反之，需求曲线向左移动。

五、需求量和需求的区别

在现代西方经济学中，需求量和需求是两个不同的概念。

需求量是消费者在某一价格下希望购买的某种商品的数量。它在需求表中是指对应于某一价格的商品数量，在需求曲线上是指某一点的横坐标。因此，需求量的变化在需求表中表现为行与行的变化，在需求曲线上表现为曲线上的点沿着需求曲线移动。

需求则是消费者在各个可能的价格下希望购买的某种商品的数量。它是指整个需求表和需求曲线，它的变化表现为从一个需求表到另一个需求表的变化和需求曲线的移动。

按照需求和需求量的定义，需求的变化都将引起需求量的变化。例如，当需求增加的时候，在各个价格下的需求量都增加了。但是，需求量的变化不一定引起需求的变化。例如，当需求量随着价格的上升而减少时，需求可以不变。

第二节　商品的供给

一、影响供给量的因素

某种商品的供给量是指生产者在某一价格下希望出售的这种商品的数量。

首先，供给量是厂商希望出售的商品数量而不是实际出售的商品数量。其次，供给量是厂商能够出售的商品数量，即它是有效的供给。还有，供给量是一种流量，是以一定时期来计量的变量。

商品的供给量受下述因素影响：

第一，商品自身的价格。假定其他条件不变，特别是假定生产要素的成本和其他商品的价格不变，某种商品价格的上升将使单位商品的利润增大，这不但促使原厂商扩大生产，而且还吸引别的厂商转产这种商品，结果这种商品的供给量将增加；反之，这种商品的供给量将减少。因此，一种商品的供给量是与它的价格同方向变化的。

第二，厂商的目标。商品的供给量取决于厂商的目标。如果厂商把获利置于高于一切的地位，那么能够获得丰厚利润的商品的供给量就增加，只有较少利润的商品的供给量就会减少。

第三，生产技术水平。生产技术水平的提高不但降低了原有商品的生产成本，在其他条件不变的情况下导致这些商品供给量增加，而且它还带来了新的商品，引起了这些新商品供给量的增加和被它们替代的那些旧商品的供给量减少。

第四，其他商品的价格。一种商品的供给量不仅随着自身价格的变化而变化，而且还随着其他商品价格的变化而变化。假如某种商品的价格不变而其他商品的价格变化了，它们的相对价格乃至相对利润也随之改变，结果社会资源将重新配置，这种商品的供给量将受到影响。

第五，生产要素的价格。生产要素价格的高低直接关系到商品的生产成本。在商品价格不变的条件下，如果生产要素的价格提高了，那么生产这种商品的利润就减少，因而这种商品的供给量也会减少；反之，则会引起这种商品供给量的增加。

二、商品的供给函数及其变化

一种商品的供给函数（supply function）是在一定的时期内和一定的市场中这种商品的供给量和影响供给量的各个因素之间的关系。在影响供给量的各因素中，最重要的因素是商品自身的价格。所以，商品的供给函数一般指在厂商目标、技术水平、其他商品价格和生产要素价格等因素保持不变的条件下，一种商品的供给量和它的价格之间的关系。

一种商品的供给量随着它的价格的上升而增加，随着它的价格的下降而减少。如果把一种商品在不同价格下的供给量排列起来，就可以得到这种商品的供给表。供给表（supply schedule）是表示一种商品的供给量和它的价格之间的函数关系的表列。例如，表 1.3 就是某商品 X 的供给表。如果把表中每一组供给量和价格的对应值作为点的坐标描点作图，就可以得到图 1.3 中的供给曲线 S。供给曲线（supply curve）是表示一种商品的供给量和它的价格之间的函数关系的图像。

表1.3　商品 X 的供给表

价格 P（美元）	供给量 Q（公斤）
10	10
20	25
30	40
40	50
50	60

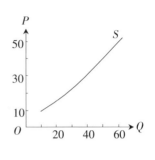

图 1.3　商品 X 的供给曲线

假定生产技术水平提高了，但厂商目标、其他商品价格和生产要素价格保持不变，生产者在相同的价格下将提供更多的商品 X，因而供给表发生了变化，如表 1.4 所示。反映在图像上便是供给曲线从 S 移向 S'，如图 1.4 所示。

表1.4　商品 X 供给表的变化

价格 P（美元）	技术进步前的供给量 Q（公斤）	技术进步后的供给量 Q（公斤）
10	10	20
20	25	35
30	40	50
40	50	60
50	60	70

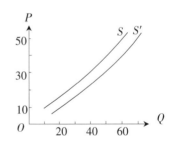

图 1.4　商品 X 供给曲线的移动

同理，对于某种商品来说，如果厂商的目标发生了有利于这种商品的变化，如果其他商品的价格和生产要素的价格下降了，这种商品的供给曲线将向右移动；反之，供给曲线向左移动。

三、供给和供给量的区别

与需求和需求量一样，供给和供给量也是不同的概念。

供给量是生产者在某一价格下希望出售的某种商品的数量，供给则是生产者在各个可能的价格下出售某种商品的数量。因此，供给量和供给的区别是供给表中某一行和整个供给表的区别,或者是供给曲线上某一点和整条供给曲线的区别。供给量的变化在供给表中表现为行与行的变化,在供给曲线上表现为曲线上的点沿着供给曲线移动;供给的变化则是从一个供给表到另一个供给表的变化和整条供给曲线的移动。

第三节 商品的价格

一、均衡价格的形成

当代西方经济学家认为,把需求和供给的分析结合起来,就可以研究在完全竞争的市场上,商品的均衡价格是怎样形成的。在现代西方经济学中,所谓均衡是由相反力量的平衡而带来的相对静止状态。当价格既不上升也不下降,保持相对稳定时,这样的价格就是均衡价格(equilibrium price)。

把前面两节的需求表和供给表并列起来,便得到如表 1.5 所示的表列。按照表 1.5 作图,可以得到图 1.5 中的需求曲线 D 和供给曲线 S。

表 1.5 商品 X 均衡价格的形成

价格 P(美元)	需求量 Q(公斤)	供给量 Q(公斤)	短缺(−)和过剩(+)(公斤)
10	110	10	−100
20	70	25	−45
30	40	40	0
40	20	50	+30
50	10	60	+50

首先,假定商品 X 的价格为 20 美元。从表和图中可以看到,在这个价格下,商品 X 的需求量为 70 公斤,供给量为 25 公斤,短缺 45 公斤。这时,消费者为了能够买到他们希望购买的商品而愿意支付更高的价格,生产者也发现如果提高价格也能够把商品卖出去。因此,在需求量大于供给量的情况下,价格有上升的趋势。

其次,假定商品 X 的价格为 40 美元。

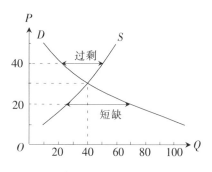

图 1.5 商品 X 均衡价格的形成

在这个价格下,商品 X 的需求量为 20 公斤,供给量为 50 公斤,过剩 30 公斤。这时商品出现积压。生产者为了把商品卖出去不得不降低价格。因此,在需求量少于供给量的情况下,价格有下降的趋势。

最后,假定商品 X 的价格是 30 美元。在这个价格下,商品 X 的需求量和供给量同为 40 公斤,市场上既不短缺也不过剩,既不存在消费者因买不到希望购买的商品而愿支付更高价格的情形,也不存在生产者因卖不出商品而不得不降低价格的情形,价格在 30 美元的水平上达到相对稳定的状态。商品的需求量等于供给量的市场称为出清(clearing)的市场。所以,均衡价格是商品的供给量等于需求量时的价格,或者是供给曲线和需求曲线相交时的价格。在均衡价格形成的同时,均衡的交易量也随之形成。

二、均衡价格的变化

均衡价格是假定影响需求和供给的因素保持不变的前提下形成的价格。或者说,它是在一定的市场条件下形成的价格。当市场条件发生变化时,需求和供给将发生变化,商品的均衡价格也将发生变化。

市场条件的变化可以导致下述四种情形:
(1)需求增加,即需求曲线向右移动。
(2)需求减少,即需求曲线向左移动。
(3)供给增加,即供给曲线向右移动。
(4)供给减少,即供给曲线向左移动。

如图 1.6 所示,假定供给不变而需求增加了,需求曲线从 D 移向 D_1。这时,如果价格还停留在原来的水平 p 上,短缺为 qq',价格趋于上升。随着价格的上升,供给量逐渐增加,需求量不断减少。直到供给量和需求量在新的水平相等时,形成了新的均衡价格 p_1 和均衡交易量 q_1。同理,假定供给不变而需求减少了,需求曲线从 D_1 移向 D,均衡价格和均衡交易量分别从 p_1 和 q_1 移向 p 和 q。

如图 1.7 所示,假定需求不变而供给增加了,供给曲线从 S 移向 S_1。这时,如果价格还停留在原来的水平 p 上,过剩为 qq',价格趋于下降。随着价格的下降,需求量逐渐增加,供给量不断减少,直到需求量和供给量在新的水平相等时,形成新的均衡价格 p_1 和均衡交易量 q_1。同理,假定需求不变而供给减少了,供给曲线从 S_1 移向 S,均衡价格和均衡交易量分别从 p_1 和 q_1 移向 p 和 q。

根据上述关于需求或供给的变化对均衡价格和均衡交易量的影响,可以得到下述结论:
(1)需求的增加将引起均衡价格的上升和均衡交易量的增加。

(2) 需求的减少将引起均衡价格的下降和均衡交易量的减少。
(3) 供给的增加将引起均衡价格的下降和均衡交易量的增加。
(4) 供给的减少将引起均衡价格的上升和均衡交易量的减少。

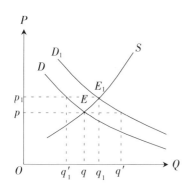

图 1.6　需求的变化对均衡价格和交易量的影响

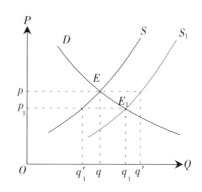

图 1.7　供给的变化对均衡价格和交易量的影响

三、价格机制的作用

市场不一定是一个具体的交易场所，它实际上是一个买者和卖者相互作用以决定价格和交易数量的过程。如前所述，在市场上，当商品的供给或需求发生变化的时候，均衡价格将随之变化，但均衡价格的变化又会引起需求量和供给量变化，从而实现社会资源在不同商品生产上的重新配置。在这个过程中，政府并没有实行什么经济政策，完全是市场本身在自行发挥调节的作用。市场价格的这种自行调节功能叫作价格机制。

如图 1.6 所示，假定需求增加了，需求曲线由 D 向右移向 D_1。在供给不变的条件下，均衡价格从 Op 上升到 Op_1。随着均衡价格的上升，这种商品的供给量从 Oq 增加到 Oq_1，即有更多的社会资源配置到这种商品的生产中来。反之，如果需求减少，在供给不变的条件下均衡价格将下降，这种商品的供给量将减少，即配置到这种商品生产中的社会资源减少。正是通过价格机制的作用，实现了社会资源在不同商品生产上的配置。

第四节　商品市场的非均衡

一、商品市场的非均衡

关于商品均衡价格的形成和变化的分析是一种局部均衡的分析，它研究在与其他商品市场没有联系的某种商品的市场上,均衡的价格和交易量是怎样形成和变化的。

但是,在现实的经济生活中,只有在两种类型的市场上,才有可能像均衡分析所指出的那样,在均衡价格形成以前没有任何交易发生,在均衡价格确定以后形成均衡的交易量。第一类市场是商品拍卖市场。在这种市场上,拍卖商承担着寻找均衡价格的职责。在报价结束以后,最高的报价成为均衡价格,在均衡价格下商品的需求量和供给量相等。第二类市场是某些国家的外汇市场或黄金市场。在这些市场上,主持者报出价格,买者和卖者报出需求量和供给量。当需求量和供给量不等时,主持者调整报价,买者和卖者调整需求量和供给量。这个过程继续下去,直到报出的价格使需求量和供给量相等为止。在大多数市场上,价格和交易量是非均衡的。

二、商品市场非均衡的原因

现实的市场不是均衡的市场而是非均衡的市场,其原因是:

第一,均衡分析假定市场处于完全竞争的状态,买者和卖者能够迅速地对价格的变化作出反应,在买者之间和卖者之间相互竞争下,可以形成均衡的价格和交易量。但是,在现实的经济生活中,市场并不是完全竞争的。因此,市场处于非均衡状态。

第二,均衡分析假定买者和卖者完全掌握市场的信息,他们能够准确和有效地对价格的变化作出反应,从而使市场可以形成均衡的价格和交易量。但是,在现实的经济生活中,交易者受到各种主观和客观条件的限制,不可能掌握完全的市场信息;市场信息传递载体也可能发生失误,导致市场信息的失真或不完全。因此,市场不一定能够达到均衡状态。

第三,均衡分析假定市场价格具有充分的灵活性,它对供给和需求的变化能够立即作出反应,从而使价格趋于均衡水平。但在现实的经济生活中,价格可能受到政府的管制,如政府规定最高限价或最低限价等。另外,价格也可能受到垄断厂商的控制,如垄断厂商提高或降低价格等。即使价格没有受到政府或垄断厂商的影响,它也不可能随着供给和需求的微小变化而调整。因此,市场处于非均衡状态。

三、非均衡状态下商品价格的决定

在商品市场处于非均衡状态的条件下,商品的价格和交易量不是由这种商品的供给曲线和需求曲线的交点决定的,而是由"短边法则"决定的。

如图1.8所示,在某种商品的市场上,DD'表示需求曲线,SS'表示供给曲线。如果这种商品的市场价格是Op_1,需求量将大于供给量,生产者将处于市场的短边，即供给量和需求量较小的一方，那么这种商品的交易量取决于处在短边的供给量 Oq_1。如果这种商品的价格是 Op_2，需求量将小于供给量，消费者将处于市场的短边，即供给量和需求量较小的一方，那么这种商品的交易量取决于处在短边的需求量 Oq_2。在需求量和供给量不相等的情况下，商品的价格将会发生变化，但商品价格的调整是不充分的。根据短边法则，如果存在超额供给，需求的一方是短边；如果存在超额需求，供给的一方是短边。因此，在图1.8里，当商品价格在 Op 以下时，存在超额需求，交易量取决于供给曲线 $S'E$ 部分所表示的商品数量；当商品价格在 Op 以上时，存在超额供给，交易量取决于需求曲线 DE 部分所表示的商品数量。

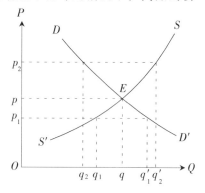

图1.8 非均衡状态下商品的价格

在市场处于非均衡状态的条件下，交易是通过配给系统实现的。配给系统以多种方式发生作用。例如，交易者可以按先后次序达成交易。这就是说，买者或卖者按先后顺序排列，并按照这个次序购买或出售商品，直到最后一个买者或卖者买进或卖出商品为止。具体地说，在商品市场上，消费者可以按照先来先买的原则购买商品。如果需求量小于供给量，最后一个消费者累计购买商品的数量形成商品的交易量，处于短边的需求量决定商品的交易量。如果需求量大于供给量，后来的消费者将买不到商品，处于短边的供给量决定商品的交易量。

在非均衡的商品市场上，不仅价格信号在发挥作用，数量信号也在发挥作用。消费者对商品的需求和生产者对商品的供给，不仅要考虑现行的价格和未来的价格可能发生的变化，而且还要考虑现行的交易量和未来的交易量可能发生的变化。例如，消费者和生产者对谁处在短边或将处在短边会影响他们的需求量和供给量。

第五节 商品价格原理的应用

美国的农业价格政策是美国政府应用价格原理扶助农业生产的一个典型例子。

在经济发展过程中，由于农产品需求的增长落后于其他商品，农产品均衡价格的上升速度将慢于其他商品。如果任其自然发展，农民的收入将下降，农业的发展可能受到损害。

为了扶持农业的发展，美国国会于1933年通过了《农业调整法案》，提出了平价的概念。从实物的意义上说，平价意味着农民以一定量的农产品总能交换到一定量的工业品或劳务；从货币意义上说，平价意味着农民出售农产品的价格与他购买其他商品的价格之间的比率保持稳定。由于农产品价格的上升赶不上其他商品，政府要使农产品和其他商品保持平价，就必须对农产品实行价格支持，即把农产品价格提到它的均衡水平上。而这样，如图1.9所示，在支持价格 p_1 下，农产品的供给量要超过需求量，过剩成为不可避免。图1.10说明，要消除过剩，有两种可能的方法：一是限制供给，使供给曲线从 S 移向 S_1；二是鼓励需求，使需求曲线从 D 移向 D_1。

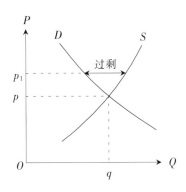
图1.9　支持价格产生的过剩

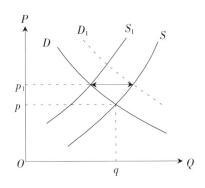
图1.10　消除过剩的方法

在限制供给方面，美国政府实行"耕地调配方案"：农民要想得到政府的价格支持，他们必须同意限制耕种面积。政府的具体做法是：农业部对实行支持价格后农产品的需求量作出估算，然后按单位面积产量计算出应有的耕种面积，再在各州间进行分配。与此同时，政府还实行各种"耕地保留方案"，如农业部直接租用农民土地来种植其他作物。在鼓励需求方面，首先，政府发展用农产品作为原料的工业，如建立生产汽油酒精混合燃料的工厂等。其次，政府设法增加对农产品的消费，如实行"食物救济方案"，把农产品分配给低收入家庭；实行"学校午餐方案"，把剩余农产品免费提供给学生。最后，政府鼓励农产品的出口，发展中国家甚至可以用本国货币而不必用美元向美国购买农产品。

毋庸置疑，美国政府的农业价格政策对美国农业起了有力的推动作用。首先，以平价为依据的价格支持政策保护了农业，在一定程度上缓和了随着经济的发展往往会出现的工业品价格的上涨快于农产品价格的问题。自从价格支持政策实施以来，虽然农产品和其他商品的价格之比在多数时期中没有达到100%的平价，但农产品价格基本上还能够按其他商品的价格变化进行调整。

其次，美国的农业价格政策在一定程度上平抑了农产品价格的波动，保障了农民的收入，使农民有能力采用最新的生产技术和科学的管理方法，促进了农业的现代化。

但是，从美国农业劳动生产率的增长快于工业、农产品存在着严重过剩和政府承受着沉重的财政负担这些情况来看，农业价格政策的实施在程度上存在过度的问题。另外，美国农业的问题不仅是农产品价格偏低的问题，甚至主要不是农产品的价格问题。美国经济学家萨缪尔森曾经指出："虽然农村人口仅占人口总数的二十分之一，然而五分之一的贫民居住在农村。……在阿巴拉契山地区，在与墨西哥接壤的边境地带，在最南部，在乌沙克山区，在五大湖地区和北部，这些农村的贫民默默无闻地过着悲惨的生活。解决他们的问题的方法不会来自供给和需求的分析。"[①]

[①] 萨缪尔森：《经济学》（中册），商务印书馆1981年版，第56页。

第 2 章　需求弹性和供给弹性

第一节　需求弹性

一、需求的价格弹性

虽然各种商品的需求量都随着它们价格的变化而变化，但是商品的种类不同，它们的需求量对价格变化反应的敏感程度也是不同的。有的商品的需求量对价格变化的反应很敏感，价格稍有变动就会引起需求量很大的变化；有的商品的需求量对价格的变化不那么敏感，价格较大变动也不会引起需求量多大的变化。需求的价格弹性（price elasticity of demand）就是用来衡量商品的需求量对它的价格变化反应敏感程度的概念。

需求的价格弹性的计算公式是：

$$需求的价格弹性 = \frac{需求量变化的百分比}{价格变化的百分比}。$$

如果用 Q，Q' 表示变化前后的需求量，用 P，P' 表示变化前后的价格，用 E_d 表示需求的价格弹性，那么：

$$E_d = \left| \frac{Q' - Q}{Q} \div \frac{P' - P}{P} \right| \quad 或 \quad E_d = \left| \frac{Q' - Q}{\frac{Q + Q'}{2}} \div \frac{P' - P}{\frac{P + P'}{2}} \right|。$$

假如要衡量需求曲线上某两点 A，B 间的价格弹性，即需求曲线上一段弧线的价格弹性，按照前一个公式，把点 A 或点 B 作为起点，即分别把点 A 或点 B 的需求量和价格作为变化的初值，所得的结果是不同的。这就是说，需求曲线上某两点间的价格弹性将有两个不同的数值。为了解决这个问题，经济学家建议用 $\frac{Q + Q'}{2}$ 和 $\frac{P + P'}{2}$ 代替 Q 和 P，使价格弹性不因选用初值的不同而不同。但假如衡量需求曲线上某一点的价格弹性，这个问题将不存在。一般来说，两个公式都可以使用。

在需求的价格弹性的计算中，需求量和价格的变化所以要用相对数表示，是因为变化的绝对数可以是相对大的也可以是相对小的。例如 1 美元的变化对价格低廉的商品来说是很大的变化，但对价格昂贵的商品来说则是很小的变化。另外，由于需求量和价格变化是反方向的，需求的价格弹性一定是负数。但是在价格弹性的分析中，通常不考虑负号。

需求的价格弹性 E_d 的绝对值可以从零到无穷。E_d 等于零，意味着当价格发生变化时，需求量完全没有变化，这种情形叫作完全无弹性（perfectly inelastic）；E_d 等于无穷，意味着价格任何微小的变化都可以导致需求量无穷的变化，这种情形叫作完全有弹性（perfectly elastic）；E_d 等于1，意味着需求量变化百分比与价格变化的百分比相等，这种情形叫作单位弹性（unit elasticity）；E_d 大于1，意味着需求量变化的百分比大于价格变化的百分比，这种情形叫作富有弹性（elastic）；E_d 小于1，意味着需求量变化的百分比小于价格变化的百分比，这种情形叫作缺乏弹性（inelastic）。在各种商品中，一般说来，生活必需品具有较低的需求的价格弹性，奢侈品具有较高的需求的价格弹性。另外，需求的价格弹性与时间有关。当价格发生变化以后，在短期里需求量难以得到充分的调整，所以需求的价格弹性较低；在长期里需求量能够得到调整，所以需求的价格弹性较高。

需求的价格弹性和需求曲线的斜率是不同的两个概念。除了在完全有弹性和完全无弹性两种场合（如图2.1所示）以外，需求的价格弹性在斜率不变的需求曲线上是变化的。例如，参看图2.2，需求曲线 D 是一条直线。需求曲线上任意一点的斜率都是相同的，而需求的价格弹性自上而下从大于1变化到小于1，在中点上等于1。

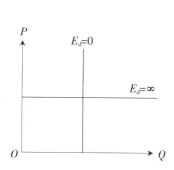

图2.1 完全有弹性和完全无弹性

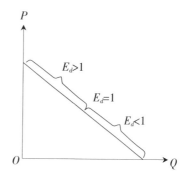

图2.2 需求的价格弹性和需求曲线的斜率

需求的价格弹性与需求曲线的斜率所以不等，是因为 $E_d = \left| \dfrac{Q'-Q}{Q} \div \dfrac{P'-P}{P} \right| = \left| \dfrac{\Delta Q}{Q} \div \dfrac{\Delta P}{P} \right| = \left| \dfrac{\Delta Q}{Q} \cdot \dfrac{P}{\Delta P} \right| = \left| \dfrac{P}{Q} \cdot \dfrac{\Delta Q}{\Delta P} \right|$，即需求的价格弹性

等于 $\frac{P}{Q}$ 与需求曲线的斜率的倒数的乘积。

但是，在经济分析中，如果各个坐标系中价格和需求量的单位分别相同，一般可以认为相对陡峭的需求曲线较为缺乏弹性，相对平坦的需求曲线较为有弹性。如图2.3和图2.4所示，当价格从 p 下降到 p_1 时，对于相对陡峭的需求曲线来说，需求量的变化幅度较小。

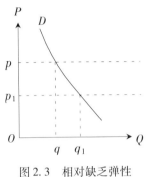

图2.3　相对缺乏弹性

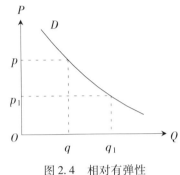

图2.4　相对有弹性

二、需求的价格弹性对生产者总收益的影响

当价格发生变化的时候，一种商品需求的价格弹性的大小对这种商品的生产者的总收益或消费者的总支出有着重要的影响。参看表2.1，假定有牛肉、衬衣和收音机三种商品，它们的需求的价格弹性分别是0.5、1、2。当它们的价格下降0.2美元后，牛肉生产者的收入减少了，收音机生产者的收入增加了，衬衣生产者的收入保持不变。其原因在于：生产者总收益＝商品价格×商品需求量。当商品缺乏弹性时，价格的下降没有带来多少需求量的增加，两者相乘的结果是总收益减少了；当商品富有弹性时，价格的下降导致需求量较大幅度的增加，因而总收益增加了；当商品具有单位弹性时，价格下降的相对数等于需求量增加的相对数，总收益保持稳定。

从上面的分析可以得到下述结论：

（1）如果一种商品的需求量缺乏价格弹性，那么该商品价格一定程度的下降将引起生产者收益的减少，反之则引起生产者收益的增加，两者的变化是同方向的。

（2）如果一种商品的需求量富有价格弹性，那么该商品价格一定程度的下降将引起生产者收益的增加，反之则引起生产者收益的减少，两者的变化是反方向的。

（3）如果一种商品的需求量具有单位弹性，那么该商品价格一定程度的变化对生产者的影响不大。

表 2.1 需求的价格弹性与生产者的收益

商品	原价格 (P)	原需求量 (Q)	现价格 (P')	现需求量 (Q')	原收入 (PQ)	现收入 ($P'Q'$)	收入的变化
牛肉	1.70	116250	1.50	123750	197625	185625	-12000
衬衣	8.10	197500	7.90	202500	1599750	1599750	0
收音机	40.10	9950	39.90	10050	398995	400995	+2000

说明：本表的计算采用 $E_d = \left| \dfrac{Q'-Q}{\dfrac{Q+Q'}{2}} \div \dfrac{P'-P}{\dfrac{P+P'}{2}} \right|$ 的计算公式。

第二节 其他的需求弹性

一、需求的收入弹性

商品的需求量不仅对价格的变化有反应，而且对消费者的收入变化也有反应。需求的收入弹性（income elasticity of demand）是衡量商品的需求量对消费者收入变化反应的敏感程度的概念。它的计算公式是：

$$需求的收入弹性 = \frac{需求量变化的百分比}{收入变化的百分比}。$$

如果用 Y 和 Y' 表示变化前后的收入，用 E_y 表示需求的收入弹性，那么：

$$E_y = \frac{Q'-Q}{Q} \div \frac{Y'-Y}{Y}。$$

对于大多数商品来说，消费者收入的增加一般都会引起这些商品需求量的增加，所以它们的收入弹性是正值；但也有个别商品，消费者收入的增加反而导致这些商品需求量的减少，所以它们的收入弹性是负值。在现代西方经济学中，收入弹性为正值的商品称为正常商品（normal goods），收入弹性为负值的商品称为低档商品（inferior goods）。例如，玉米就是一种低档商品。当消费者收入较低时，玉米是人们的主食。但随着收入的增加，人们的消费从玉米转向小麦，对玉米的需求减少了。

正常商品需求的收入弹性在数值上可以小于1、等于1或大于1，它们分别称为缺乏弹性、单位弹性和富有弹性。

不同商品在一定的收入范围内具有不同的收入弹性。另外，同一种商品在不同的收入范围内具有不同的收入弹性。例如，黑白电视机在人们收入较低时具有较大的收入弹性，在人们的收入稍高时具有较小的收入弹性。

二、需求的交叉弹性

商品的需求量不仅对自身价格的变化有反应，对其他商品价格的变化也有反应。需求的交叉弹性（cross elasticity of demand）是衡量一种商品的需求量对其他商品价格变化反应的敏感程度的概念。它的计算公式是：

$$商品 X 需求的交叉弹性 = \frac{商品 X 需求量变化的百分比}{商品 Y 价格变化的百分比}。$$

如果用 Q_x 和 Q'_x 表示变化前后的商品 X 的需求量，用 P_y 和 P'_y 表示变化前后的商品 Y 的价格，用 E_p 表示商品 X 需求的交叉弹性，那么：

$$E_p = \frac{Q'_x - Q_x}{Q_x} \div \frac{P'_y - P_y}{P_y}。$$

如果商品 Y 是商品 X 的替代品，商品 Y 价格的下降将引起商品 X 需求量的减少，商品 X 的交叉弹性是正值；如果商品 Y 是商品 X 的补足品，商品 Y 价格的下降将引起商品 X 需求量的增加，商品 X 的交叉弹性是负值。在数值上，商品的交叉弹性可以从负无穷到正无穷。

第三节 供给弹性

与需求的价格弹性相似，供给的价格弹性或简称供给弹性（supply elasticity）是衡量商品的供给量对价格变化反应的敏感程度的概念。它的计算公式是：

$$供给的价格弹性 = \frac{供给量变化的百分比}{价格变化的百分比}。$$

如果用 Q_s 和 Q'_s 表示变化前后的供给量，用 E_s 表示供给的价格弹性，那么：

$$E_s = \frac{Q'_s - Q_s}{Q_s} \div \frac{P' - P}{P}。$$

商品的供给量与价格是同方向变化的，所以供给弹性总是正值。它的取值范围是零到无穷。供给弹性为零意味着供给量对价格的变化没有反应，这时供给曲线是一条垂直线，如图 2.5 所示。供给弹性为无穷意味着价格稍有变化就会引起供给量无穷的变化，这时供给曲线成为水平线，如图 2.5 所示。供给弹性小于 1、等于 1 和大于 1 分别称为缺乏弹性、单位弹性和富有弹性。

供给弹性不同于供给曲线的斜率。供给弹性 $E_s = \dfrac{Q'_s - Q_s}{Q_s} \div \dfrac{P' - P}{P} = \dfrac{\Delta Q_s}{Q_s} \div$

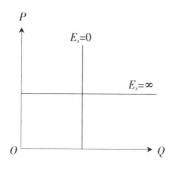

图 2.5 完全无弹性和完全有弹性

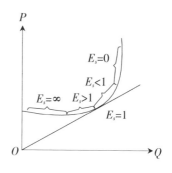

图 2.6 供给弹性的变化

$\frac{\Delta P}{Q} = \frac{P}{Q} \cdot \frac{\Delta Q_s}{\Delta P}$，即等于$\frac{P}{Q_s}$与供给曲线的斜率的倒数的乘积。

供给弹性在一条供给曲线上是变化的。参看图 2.6：供给弹性在供给曲线与经过原点的直线相切时为 1，在切点的左方大于 1，在切点的右方小于 1。

供给弹性可以用直线型的供给曲线表示。参看图 2.7。因为 $E_s = \frac{P}{Q} \cdot \frac{\Delta Q_s}{\Delta P}$，而 $P = PC$，$Q_s = OC$，$\Delta Q_s = AC$，$\Delta P = PC$，所以 $E_s = \frac{P}{Q} \cdot \frac{\Delta Q_s}{\Delta P} = \frac{PC}{OC} \cdot \frac{AC}{PC} = \frac{AC}{OC}$。在（A）图中，$AC < OC$，供给量是缺乏弹性的；在（B）图中，$AC = OC$，供给量的弹性等于 1；在（C）图中，$AC > OC$，供给量富有弹性。

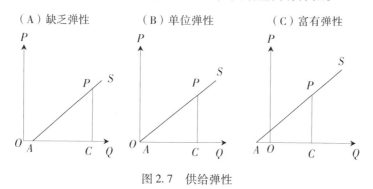

图 2.7 供给弹性

因此，当供给曲线是通过原点的直线时，不管斜率是多少，在它的整个线段上供给弹性都等于 1；如果供给曲线是与数量轴相交的直线，供给量缺乏弹性；如果供给曲线是与价格轴相交的直线，供给量富有弹性。

由于当价格变化的时候，生产者需要调整产量来改变供给量，因此时间的长短对供给弹性有着重要的影响。时间越长，供给量就越有弹性。如图 2.8 所示，当生产者向市场提供商品的瞬时，即使价格从 p 上升到 p_1，生产者也无法立即增加供给量，所以供给量是完全无弹性的；在短期内，生产者的生产能力是既定的，他只能利用现有生产能力增加产量，供给弹性有所提高；在长期里，生产者有足够的时间调整生产规模以增加产量，供给量变得更有弹性。

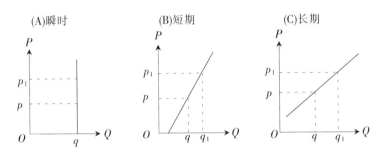

图 2.8　时间对供给弹性的影响

第四节　蛛网原理

在现代西方经济学中，蛛网原理是关于价格和产量动态变化的过程的分析。

蛛网原理（cobweb theorem）用于解释不连续生产的商品如粮食、水果、猪、牛、羊等的价格和产量是怎样变动的。它的前提条件是生产者总是根据现期的价格决定下一期的产量，而且在价格和产量的变化过程中需求和供给保持不变，即需求曲线和供给曲线不发生移动。

按照蛛网原理，价格和产量的变化过程主要有三种情形：

第一，减幅摆动。假定供给曲线的斜率大于需求曲线的斜率，这意味着生产者对价格的反应相对于消费者的反应要小些。如图 2.9 所示，假定在开始的时候，由于某种意外的原因（例如恶劣的气候使水果歉收），产量偏离原均衡位置退到 Oq_1。这时，消费者愿付的价格是 Op_1，高于生产者要求的价格（均衡价格）。作为对价格变化的反应，生产者在第一个时期中按照价格 Op_1 把产量增加到 Oq_2。但是，当产量为 Oq_2 时，消费者愿付的价格是 Op_2，低于生产者要求的价格。生产者在第二个时期中根据价格 Op_2 把产量减少到 Oq_3，而这时消费者愿付的价格又提高到 Op_3。如此进行下去，价格和产量终将回复到原均衡位置。

第二，持续摆动。假定供给曲线的斜率等于需求曲线的斜率，即生产者和

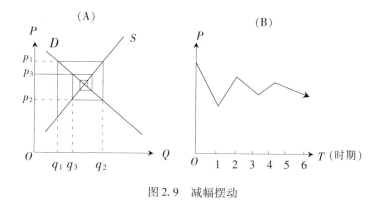

图 2.9 减幅摆动

消费者对价格的反应是一致的。在这个条件下,价格和产量始终按同一幅度摆动,如图 2.10 所示。

第三,增幅摆动。假定供给曲线的斜率小于需求曲线的斜率,这意味着生产者对价格的反应相对于消费者来说要大。在这个前提下,价格和产量的变化越来越远离均衡位置,如图 2.11 所示。

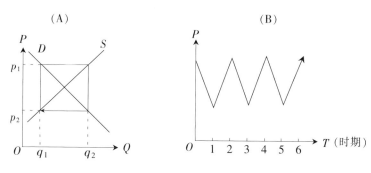

图 2.10 持续摆动

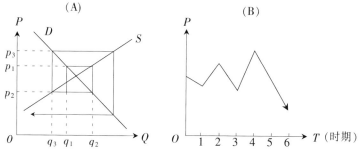

图 2.11 增幅摆动

第五节 弹性原理的应用

在西方国家里,弹性分析在厂商的价格决策中受到广泛的重视。

因为各种商品的需求量对价格变化的反应程度是不一样的,提高价格不一定能增加总收益,降低价格不一定会减少总收益。所以,厂商要正确地制定商品的价格以增加总收益,必须对商品的弹性作出正确的估算。

美国经济学家舒尔茨(H. Schultz)和英国经济学家斯通(R. Stone)曾在这方面作出了突出的贡献。表2.2和表2.3摘录了美国经济学家的研究成果,它表明美国一部分商品的价格弹性和收入弹性。

表2.2 美国商品需求的价格弹性

缺乏弹性($E_d<1$)				富有弹性($E_d>1$)	
水、电、煤气	0.92	住房	0.55	金属	1.52
化学制品	0.89	服装	0.49	家具	1.25
饮料	0.78	书、杂志、报纸	0.34	汽车	1.14
烟草	0.61	肉	0.2	运输	1.03
食物	0.58				

资料来源:斯蒂格利茨:《经济学》,中国人民大学出版社1997年版,第95页。

表2.3 美国商品需求的收入弹性

富有弹性($E_y>1$)		缺乏弹性($E_y<1$)		负数弹性($E_y<0$)	
汽车	2.46	医生服务	0.75	人造黄油	-0.20
住房	1.49	烟草	0.64	猪肉制品	-0.20
家具	1.48	鸡蛋	0.37	面粉	-0.36
餐厅用餐	1.40				
服装	1.02				

资料来源:萨缪尔森:《微观经济学》,人民邮电出版社2004年版,第73页。

厂商以弹性分析为依据,常常能作出比较正确的价格决策。例如,美国的航空公司利用需求的价格弹性来分析和制定飞机票的价格,由此带来了丰厚的利润。航空公司发现,飞机的乘客有两种类型:一种是商务人员,他们收入较高,来去匆匆,对飞机票需求的价格弹性较小;另一种是休闲的旅客,他们往往预先制定好出游的计划,对飞机票需求的价格弹性较大。因此,航空公司针对不同的旅客制定不同的价格:对商务人员制定较高的飞机票价格,对休闲旅客制定较低的价格。具体地说，航空公司对要求立刻乘坐飞机的旅客或者提前数天预定飞机票的旅客索取较高的价格，而对提前较长时间预定飞机票的旅客提供较大的折扣。另外，航空公司通常还规定，旅客在星期六晚上过后才能拿到打折的机票，使急于回家度周末的商务人员无法购买打折的机票。

石油输出国组织（OPEC）在20世纪70年代初期提高石油价格，也是利用石油缺乏价格弹性的特点来增加收益的典型例子。在1973年，石油输出国组织为了维护自身的利益，提高石油价格50%，随后又分别于1979年、1980年、1981年提高石油价格14%、34%和34%。由于西方国家的工业生产已形成了使用石油的燃料结构，它们不可能因石油价格上升而迅速调整动力设备，它们的汽车也不能因石油价格上升而迅速更换、改进发动机，这意味着石油的需求量缺乏价格弹性，石油输出国组织由此而获得了丰厚的收益。

但是，需求的价格弹性在短期和在长期是不同的。随着石油价格的上升，人们会用别的能源替代石油能源，用公共交通替代个人交通，用节油的小汽车替代耗油的小汽车，等等。再加上非石油输出国组织的国家在石油价格上升的情况下增加石油的产量，石油价格出现了下降。进入20世纪80年代以后，石油价格出现下降。经过20世纪90年代相对稳定的时期，石油价格从1999年开始趋向上升，并在2008年初期到达历史上的最高点148美元/桶。2008年9月美国金融危机激化，石油价格发生剧烈下降，接着趋向上升并在100美元/桶的价格上下波动。到2014年石油价格又趋向下降。

弹性分析不仅在厂商的决策中受到重视，而且在政府的决策中也受到重视。

例如，政府在实行税收政策或补贴政策的时候，必须考虑需求弹性和供给弹性，否则难以达到预期的目的。图2.12表明，当政府对生产者或消费者征收赋税的时候，如果需求弹性或供给弹性不同，生产者或消费者所承担的赋税是不同的。

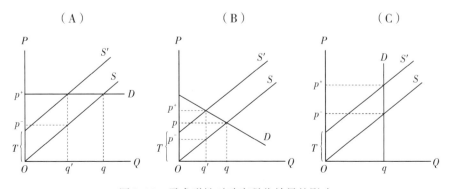

图2.12 需求弹性对政府税收效果的影响

假定政府征收数额为 T 的赋税，导致供给曲线从 S 移到 S'。如果需求的价格弹性为无穷，如（A）所示，政府征税减少了交易量，但对均衡价格没有影响。与以前相比，消费者所付的价格仍为 Op^+，但生产者所得到的总价格是 Op^+，净价格是 Op^-。政府的赋税全部由生产者承担。如果需求的价格弹性介于零和无穷之间，如（B）所示，政府征税减少了均衡交易量，提高了消费者支付的总价格 Op^+，降低了生产者得到的净价格 Op^-。消费者支付的总价格 Op^+ 高于原均衡价格 Op，生产者实际得到的净价格 Op^- 低于原均衡价格。所以，在每单位商品征收的 p^-p^+ 的赋税中，消费者承担的部分是 pp^+，生产者承担的部分是 p^-p。如果需求的价格弹性为零，如（C）所示，政府征税提高了均衡价格，但对均衡交易量没有影响。与以前相比，生产者实际得到的价格仍为 Op^-，但消费者支付的价格为 Op^+，高于原均衡价格 Op^-。政府赋税全部由消费者承担。

由上述分析可以得到下述结论：需求的价格弹性越低，政府税收所带来的均衡交易量的下降幅度就越小，消费者所承担的赋税的比例就越大。例如，当政府征收赋税 T 时，图2.12 中的（A）、（B）、（C）相比，均衡交易量的下降额从较大到零，消费者所承担的赋税从零增加到全部。

用相似的方法还可以证明：供给的价格弹性越低，政府税收对均衡交易量的影响越小，生产者所承担的赋税的比例越大。

另外，图 2.13 还表明，当政府给予生产者或消费者补贴的时候，需求弹性或供给弹性不同，生产者和消费者所得到的补贴是不同的。

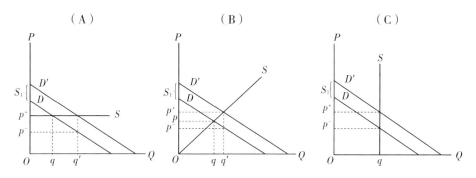

图 2.13 供给弹性对政府补贴效果的影响

假定政府给予数额为 S_1 的补贴，使需求曲线从 D 向上移动 D'。如果供给的价格弹性为无穷，如（A）所示，政府补贴增加了均衡交易量，但对均衡价格没有影响。生产者所得到的总价格和原均衡价格同为 Op^+，消费者实际支付的净价格 Op^- 低于原均衡价格。政府补贴全部被消费者所得到。如果供给弹性介于零和无穷之间，如（B）所示，政府补贴增加了均衡交易量，也提高了均衡价格。生产者得到的总价格是 Op^+，高于以前的均衡价格 Op。消费者实际支付的净价格是 Op^-，低于原均衡价格 Op。因此，在政府给予的补贴 p^-p^+ 中，生产者得到了 pp^+，消费者得到 p^-p。如果供给弹性为零，如图（C）所示，政府补贴提高了均衡价格，但对均衡交易量没有影响。生产者得到的总价格是 Op^+，高于原均衡价格。消费者支付的净价格是 Op^-，等于原均衡价格。生产者得到了全部补贴。

由上述分析又可以得到这样的结论：供给弹性越小，政府补贴所导致的均衡交易量的增加额就越小，生产者得到的补贴就越多。例如，在图 2.13 的 (A)、(B)、(C) 中，供给弹性从无穷大到零，均衡交易量的增加从较大到零，生产者所得到的补贴从零到全部。

用同样的方法还可以证明：需求弹性越小，政府补贴所导致的均衡交易量的增加额就越少，消费者得到的补贴额就越多。

因为需求和供给弹性不同，政府征税或补贴对生产者和消费者有不同的影响。因此政府在制定税收和补贴政策时，必须考虑需求和供给弹性。

第3章 居民的消费行为

第一节 基数效用论和最大效用原则

一、基数效用

效用（utility）是指商品满足人们欲望的能力。在现代西方经济学中，效用是主观的而不是客观的范畴，它是指消费者在心理上感觉到的满足。

基数效用是指用基数 1，2，3，…等具体数量衡量的效用。持基数效用观点的经济学家认为，效用的大小是可以用基数来计量和比较的。例如，对于某个消费者来说，一杯咖啡和一杯牛奶的效用，可以分别用 10 和 5 来表示。这意味着这个消费者从一杯咖啡所得到的满足是一杯牛奶的两倍。

二、总效用、平均效用和边际效用

总效用（total utility）是在消费若干单位商品时所感觉到的满足的总和，用 TU 来表示。

平均效用（average utility）是平均消费 1 单位商品所感觉到的满足。如果用 Q 表示商品的数量，用 AU 表示平均效用，那么 $AU = TU/Q$。

边际效用（marginal utility）是增加或减少 1 单位商品的消费所感觉到的满足的变化。如果用 ΔTU 表示总效用的增量，用 ΔQ 表示商品的增量，用 MU 表示边际效用，那么 $MU = \Delta TU/\Delta Q$。

当代西方经济学家认为，随着商品数量的增加，人们从消费中得到的总效用在开始的时候不断增加，逐渐达到最大值，然后又逐渐减少。但是，即使在总效用增加的时候，其增量也在逐渐减少，所以边际效用趋于下降，并在总效用到达最大值后成为负数。总效用和边际效用的变化情况如图 3.1 所示。

根据当代西方经济学家的解释，总效用和边际效用所以有这样的变化趋势，是与人们在消费过程中生理与心理的特点分不开的。例如，某人在享用食物的时候，第一单位食物给他带来的满足程度较高。随着食物数量的增加，虽然总效用在增加,但每增加1单位食物所增加的效用即边际效用却在递减。当这个人对食物的欲望从生理上和心理上都得到完全的满足以后,食物数量的继续增加将使他感觉不适,边际效用成为负数。

当代西方经济学家还认为,不仅商品的边际效用是递减的,货币收入的边际效用也是递减的。货币收入的边际效用是指每增加或减少1单位货币收入所增加或减少的效用。显然,一个人在年收入为1万美元的时候增加或减少100美元,比他在年收入为2万美元的时候显得更重要,或说具有更高的效用。

边际效用递减被认为反映了人类消费过程的普遍特点,它在现代西方经济学中被称为边际效用递减规律(law of diminishing marginal utility)。

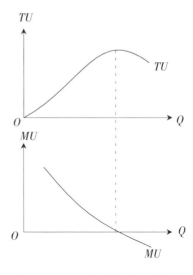

图3.1　总效用和边际效用曲线

三、最大效用原则

假定消费者的货币收入为一定,并且在这个收入范围内每单位货币收入的边际效用是稳定的。在这个前提下,当他购买任何一种商品的时候,如果增购1单位商品所增加的效用大于因付出货币而减少的货币的效用,那么这个消费者增购这个单位的商品可以使他得到更大的效用。但是,如果在增购1单位商品所增加的效用降低到等于因付出货币而减少的货币的效用以后,再继续增加商品的购买量,那么消费者增购商品所增加的效用将小于因支付货币而减少的效用,这时消费者的总效用将下降。因此,消费者购买任何一种商品的最大效用原则是:

$$MU = \lambda P。$$

式中:MU 是商品的边际效用;λ 是货币的边际效用;P 是价格。

例如,假定领带的价格是3美元,1美元的边际效用是20单位,第4条领带的边际效用是60单位。那么消费者在购进4条领带的时候,$MU = 60$,$\lambda P = 60$,$MU = \lambda P$,消费者得到了最大效用。

如果消费者不仅购买一种商品而是购买两种商品 X 和 Y,要得到最大效用,他应该在每一种商品的购买上都得到最大效用,即:

$$MU_x = \lambda P_x, \quad 或 \quad \frac{MU_x}{P_x} = \lambda;$$

$$MU_y = \lambda P_y, \quad 或 \quad \frac{MU_y}{P_y} = \lambda。$$

因此，消费者购买两种商品时的最大效用原则是：

$$\frac{MU_x}{P_x} = \frac{MU_y}{P_y} = \lambda。$$

这就是说，当消费者把最后 1 单位货币花在商品 X 和商品 Y 上都得到相同的边际效用时，他在商品的购买中得到了最大的效用。

如果消费者购买多种商品，那么消费者用一定量收入购买这些商品的最大效用原则是各种商品的边际效用与各自的价格之比相等：

$$\frac{MU_x}{P_x} = \frac{MU_y}{P_y} = \cdots = \lambda。$$

在获得最大效用的条件上，消费者对商品的购买达到了均衡。在这个消费者均衡条件下，消费者的预算达到最优化。

应该指出，花在每种商品上的最后 1 单位货币所带来的边际效用相等，并不是指消费者在各种商品上花费相同数额的钱，而是指消费者购买商品时使商品的边际效用和价格成比例。另外，消费者获得了最大效用并不是指消费者的欲望得到完全的满足，而是指在货币收入和商品价格为一定的条件下得到了能够得到的最大效用。

第二节　序数效用论和最大效用原则

一、序数效用

序数效用是指用序数即第一、第二、第三等次序表示的效用。持序数效用观点的经济学家认为，效用是消费者感觉到的满足，它的单位是无法确定的，因而它不可计量。但是，由于满足有程度的不同，所以它可以用序数来表示。如果某个消费者从商品 X 得到的满足程度高于商品 Y，那么就可以说商品 X 的效用在次序上先于商品 Y。

另外，主张序数效用论的经济学家还认为，因为消费者是有理性的，所以下面三个命题可以成立：

第一，对于任何两种商品 X 和 Y，消费者都知道他从商品 X 得到的满足高于商品 Y，或者从商品 Y 得到的满足高于商品 X，或者从两种商品得到的满足是无差异的，三者必居其一。

第二，如果消费者从商品 X 得到的满足高于商品 Y，从商品 Y 得到的满足高于商品 Z，那么他从商品 X 得到的满足一定高于商品 Z。

第三,假定全部商品都是值得拥有的,那么消费者总是偏好于拥有更多的任何一种商品。

二、无差异曲线

无差异曲线(indifference curve)表示在偏好不变的条件下,消费者从这条曲线上的点所代表的商品组合中得到的满足程度是一样的。

参看表3.1。表中表示商品 X 和商品 Y 的各个组合给某一消费者所带来的满足程度是无差异的。如果按照这个表在以横轴表示商品 X、纵轴表示商品 Y 的坐标系中作图,就可以得到无差异曲线 IC,如图3.2所示。无差异曲线上任何一点所代表的商品组合都给消费者带来相同的满足程度。

表3.1 无差异表

商品组合	商品 X(磅)	商品 Y(磅)
A	1	5
B	2	3
C	3	2
D	4	1.5
E	5	1.2

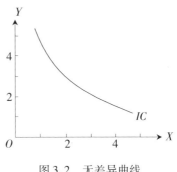

图3.2 无差异曲线

同一条无差异曲线表示同一种满足程度。但是,在偏好为一定的条件下,消费者从商品 X 和商品 Y 的消费中所得到的满足程度不可能只有一种。例如,在表3.1中,假定商品 X 增加1单位,商品 Y 的数量不变,那么商品 X 和 Y 的组合代表着更高的满足程度。因此,对于某个消费者来说,无差异曲线可以是无限的,它们构成消费者的无差异曲线图(indifference map)如图3.3所示。在无差异曲线图中,离原点越远的无差异曲线代表越高的满足程度。

无差异曲线有下述特点:

第一,因为在坐标系里有无数条无差异曲线,而不同的无差异曲线表示不同的满足程度,所以商品面上任何一点一定在一条无差异曲线上,而且只在唯一的一条无差异曲线上。这就是说,它只表示一种满足程度。

第二,无差异曲线不可能相交。假设两条无差异曲线相交,那么交点同时在两条无差异曲线上。由于不同的无差异曲线表示不同的满

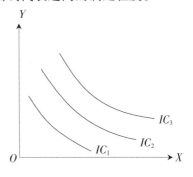

图3.3 无差异的曲线图

足程度，这就意味着交点所代表的同一个商品组合对于具有一定偏好的同一个消费者来说有不同的满足程度，这显然是不可能的。因此，无差异曲线不可能相交。

第三，无差异曲线的斜率等于两种商品的边际替代率。在满足程度不变的前提下，消费者为了增加 1 单位某种商品而需要减少的另一种商品的单位数，就叫作边际替代率。如果用 X 和 Y 表示两种商品，用 MRS_{xy} 表示以商品 X 代替商品 Y 的边际替代率，那么：

$$MRS_{xy} = \left|\frac{\Delta Y}{\Delta X}\right|。$$

例如，在表 3.1 中，当商品组合从 A 移到 B 时，即增加商品 X 以代替商品 Y 时，$MRS_{xy}=2$。因为无差异曲线的斜率为 $\frac{\Delta Y}{\Delta X}$，所以无差异曲线上某一点的斜率等于这一点上以商品 X 代替商品 Y 的边际替代率。

第四，无差异曲线向下倾斜并且凸向原点，它的任何一点的切线都在曲线的下方，它的斜率一定是负数。无差异曲线所以向下倾斜是因为要增加一种商品就要减少另一种商品。无差异曲线凸向原点的原因是在满足程度不变的条件下要替代 1 单位商品 Y 所需要的商品 X 不断增大，即以 X 代替 Y 的边际替代率递减。

第五，无差异曲线对于不同种类的商品来说是不同的。对于完全替代品来说，无差异曲线是一组相互平行的在横轴和纵轴截距相同的直线；对于完全补足品来说，无差异曲线是一组与横轴和纵轴平行的直角线。[①] 图 3.3 的无差异曲线是正常替代品的无差异曲线。

三、预算线

在收入为一定的条件下，消费者用他的收入能够买到多少商品，主要取决于商品的价格。

假定某个消费者每周的收入是 60 美元，他需要购买 X 和 Y 两种商品；商品 X 的价格是 15 美元，商品 Y 的价格是 10 美元。这个消费者用 60 美元所能买到的商品如表 3.2 所示。用表 3.2 的数据在以横轴表示商品 X 数量、纵轴表示商品 Y 数量的坐标系中作图，便可以得到预算线 BL，如图 3.4 所示。预算线（budget line）表示在消费者收入和商品价格为一定的条件下，消费者所能购买的不同的商品组合。

如果用 Q_x 表示若把收入全部用于购买商品 X 所能买到的数量，用 Q_y 表

---

① 这两种特例在教学过程中可以删略。

示若把收入全部用于购买商品 Y 所能买到的数量，用 P_x 和 P_y 分别表示商品 X 和 Y 的价格，那么 $P_xQ_x=P_yQ_y$，即单独购买商品 X 或单独购买商品 Y 都花掉了消费者的全部收入。上式可以写成 $\dfrac{Q_y}{Q_x}=\dfrac{P_x}{P_y}$。这意味着，预算线的斜率 $\left(\dfrac{Q_y}{Q_x}\right)$ 的绝对值等于商品 X 与商品 Y 的价格比率 $\left(\dfrac{P_x}{P_y}\right)$。

预算线是在收入和价格为一定的条件下的消费可能性曲线。如果收入或价格变了，预算线将发生移动。

表 3.2 预算线表

商品组合	商品 X（磅）	商品 Y（磅）
A	4	0
B	3	1.5
C	2	3
D	1	4.5
E	0	6

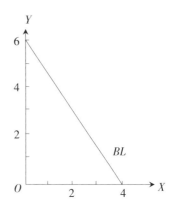

图 3.4 预算线

首先，假定商品的价格不变，但消费者的收入增加了。例如，在前面的例子里，假定商品 X 和 Y 的价格仍为 15 美元和 10 美元，但消费者的收入增加到 70 美元。在这种情况下，消费者用全部收入可以分别买到 5 单位商品 X 或 7.5 单位商品 Y。如图 3.5 所示，预算线从 BL 移到 BL_1。由于商品的价格没变，预算线的斜率没变，预算线是向外平行移动的。这意味着消费者收入的增加将使预算线向外平行移动。反之，则预算线向内平行移动至 BL_2。

其次，假定消费者收入和商品 Y 的价格不变，商品 X 的价格下降了。例如，商品 X 的价格从 15 美元下降到 10 美元。这样，消费者若把全部收入用于购买商品 X，购买量从 4 单位增加到 6 单位。但由于商品 Y 的价格没变，若把全部收入购买商品 Y，仍买到 6 单位。图 3.6 表明，预算线将绕着它与纵轴的交点从 BL 移向 BL_1。由此可以得到下述结论：假如其他条件不变，商品 X 价格下降将导致预算线绕着它与纵轴的交点向外移动，反之则向内移动；同理，假如其他条件不变，商品 Y 价格下降将导致预算线绕着它与横轴的交点向外移动，反之则向内移动，如图 3.7 所示。

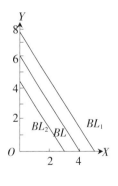
图 3.5 收入的变化

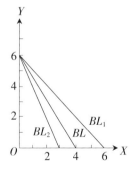
图 3.6 商品 X 价格的变化

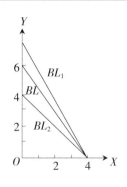
图 3.7 商品 Y 价格的变化

四、最大效用原则

在收入和商品价格不变的条件下,消费者的预算线为一定。另外,在偏好不变的前提下,消费者的无差异曲线图也为一定。如果把消费者的预算线置于他的无差异曲线图中(如图 3.8 所示),它与无差异曲线的关系有下面三种情况:

第一,预算线 BL 与无差异曲线 IC_1 相交于 A,B 两点。这意味着消费者用他的收入可以得到无差异曲线 IC_1 代表的满足程度。但是,消费者并没有得到最大效用。当点 A 和 B 移向点 E 的时候,它们仍在预算线上,即它们代表的商品组合是消费者在目前的收入水平上仍可以实现的,但它们已经离开 IC_1 而到达代表更高满足程度的无差异曲线 IC_2。

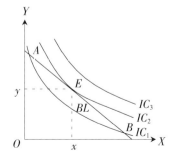
图 3.8 最大效用原则

第二,预算线 BL 与无差异曲线 IC_2 相切于 E 点。E 点同时在预算线 BL 和无差异曲线 IC_2 上,意味着它所代表的商品组合是消费者用现有的收入可以买到的,这时它给消费者带来的是无差异曲线 IC_2 所表示的满足程度。显然,只要点 E 沿着预算线偏离原来的位置,它所代表的满足程度都要低于 IC_2 表示的水平。因此,切点 E 是在收入为一定的条件下给消费者带来最大效用的商品组合。

第三,预算线与无差异曲线既不相交也不相切。在这种情况下,虽然无差异曲线 IC_3 表示的满足程度高于 IC_2,但它是消费者在目前的收入水平上所不能实现的。

上述分析表明,预算线与无差异曲线相切是消费者获得最大效用的条件。

这个结论的经济意义在于：当预算线和无差异曲线相切时，预算线的斜率等于无差异曲线的斜率，即：

$$\frac{P_x}{P_y} = \left|\frac{\Delta Y}{\Delta X}\right|。$$

边际替代率 $\left|\frac{\Delta Y}{\Delta X}\right|$ 意味着用 ΔX 去代替 ΔY，消费者的满足程度没有变。这就是说，增加 ΔX 所增加的商品 X 的边际效用 $\Delta X \cdot MU_x$ 肯定等于减少 ΔY 所减少的商品 Y 的边际效用 $\Delta Y \cdot MU_y$，$\Delta X \cdot MU_x = |\Delta Y| \cdot MU_y$。这个等式可以写成 $\frac{|\Delta Y|}{\Delta X} = \frac{MU_x}{MU_y}$。因此，预算线的斜率与无差异曲线的斜率相等意味着 $\frac{P_x}{P_y} = \frac{MU_x}{MU_y}$，或者 $\frac{MU_x}{P_x} = \frac{MU_y}{P_y}$。序数效用分析和基数效用分析的结论是一致的。

当预算线和无差异曲线相切时，消费者获得了最大效用，这种状态称为消费者均衡。

第三节　最大效用原则和需求曲线

一、需求曲线的形成

当代西方经济学家认为，消费行为分析是需求函数分析的基础，它说明了为什么一种商品的需求量会随着价格的上升而减少，或随着价格的下降而增加。

按照基数效用论的解释，商品的边际效用是递减的。在以横轴表示某商品数 Q，纵轴表示边际效用 MU 的坐标系中，它是一条向右下方倾斜的曲线，如图 3.9 所示。如果商品的价格为一定，在货币收入的边际效用保持稳定的条件下，消费者为了能够得到最大的效用，必然把购买量调整到 $MU = \lambda P$ 的水平。例如，某商品的价格是 3 美元，每美元的边际效用是 20 单位，商品的价格相当于 60 单位效用，即图中的曲线 p 表示的效用。按照 $MU = \lambda P$ 的最大效用原则，消费者将购买曲线 p 和曲线 MU 的交点所表示的商品数量 q。同理，当商品的价格下降到 2 美元时，效用为 40，即 p_1 表示的效用，消费者购买数量为 q_1 的商品。因此，若把图 3.9 的纵轴改变为表示价格，边际效用曲线实际上

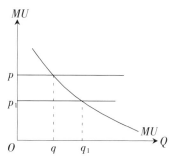

图 3.9　消费者的需求曲线

是消费者的需求曲线。把各个消费者的需求加总起来，便可以得到市场上这种商品的需求曲线。

基数效用论的分析表明：需求曲线向右下方倾斜是由边际效用递减规律和购买商品的效用最大化原则造成的。

以序数效用论为基础的解释方法有所不同。按照它的分析，在消费者的偏好和收入为一定的条件下，他的无差异曲线图和预算线随之确定，消费者为了得到最大满足而购买的商品数量也随之确定。参看图 3.10（A），假如商品 X 的价格发生了下降，预算线将绕着它与纵轴的交点向外移动，预算线与无差异曲线的切点代表的商品 X 的购买量将趋于增加。把商品 X 购买量的变化和价格变化的关系在图 3.10（B）中表示出来，就是消费者的需求曲线 D。把各个消费者的需求曲线加总起来，便可得到市场上对这种商品的需求曲线。

序数效用论的分析同样表明：购买商品的最大效用原则，是导致需求曲线向右下方倾斜的原因。

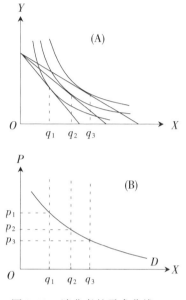

图 3.10 消费者的需求曲线

二、正常商品、低档商品和吉芬商品的需求曲线

图 3.10（A）表明，当商品 X 的价格下降时，预算线绕着它与 Y 轴的交点向外移动，从而产生了替代效应和收入效应。然而对于不同种类的商品来说，替代效应和收入效应的作用不同。

对于正常商品（normal goods）来说，当它的价格下降时，消费者将会用这种商品去代替别的商品，替代效应使这种商品的需求量增加；另外，当它的价格下降时，消费者的实际收入增加了，他会增加对各种商品的需求，收入效应也使这种商品的需求量增加。因此，正常商品的需求曲线向右下方倾斜，如图 3.10（B）曲线 D 所示。

对于低档商品（inferior goods）来说，当它的价格下降时，替代效应使它的需求量增加，但由于它的需求的收入弹性是负数，收入效应使它的需求量减少。一般来说，低档商品的替代效应大于收入效应，低档商品的需求曲线同样向右下方倾斜。

当低档商品的替代效应小于收入效应，低档商品成为吉芬商品（Giffen

goods)。英国经济学家吉芬（R. Giffen）在1845年发现，马铃薯价格的上升反而造成马铃薯需求量增加。后来经济学家们把这种类型的商品称为吉芬商品。吉芬商品有两个特点：第一，它是一种低档商品，需求的收入弹性为负数；第二，它的开支在消费者的支出中占有较大份额，因而收入效应足以超过替代效应。吉芬商品的需求曲线向右上方倾斜。

三、消费者剩余

消费者剩余（consumer surplus）是指消费者购买一定数量的某种商品的时候愿意支付的总价格大于实际支付的总价格之间的差额。

如图3.11所示，图中的曲线 D 是需求曲线，它表示消费者在购买不同数量的某种商品的时候愿意支付的价格。这样，当消费者购买该商品的数量是 Oq 时，他愿意支付的总价格是需求曲线 D 中 ab 以下，即 $Oabq$ 的面积。但是，他实际上支付 Op 的价格购买 Oq 数量的这种商品，即实际支付的总价格是 $Opbq$ 的面积。消费者愿意支付的总价格（$Oabq$ 的面积）与实际支付的总

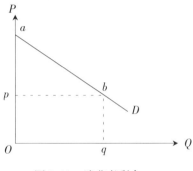

图3.11　消费者剩余

价格（$Opbq$ 的面积）之差，构成了消费者剩余（pab 的面积）。消费者剩余实际上是消费者得到的总效用大于他支付货币所失去的总效用的差额。

从图3.11可以看到，假定其他条件不变，商品的价格越低，消费者剩余就越大。

第四节　最大效用原则和恩格尔曲线

前面通过分析商品价格的变化对消费者均衡的影响可以得到商品的需求曲线，下面通过考察消费者收入的变化对消费者均衡的影响可以得到收入－消费曲线，并进而得到恩格尔曲线。

收入－消费曲线（income-consumption curve）表示消费者收入的变化对消费者均衡的影响。在图3.12中，横轴 X 表示食品的数量，纵轴 Y 表示消费者的货币收入。假定消费者的月收入为1000美元，食品的价格是5美元，消费者的预算线就是 BL_1。它意味着如果把全部收入用于购买食品，可买到200单位；如果完全不购买食品，可把1000美元全部用于购买其他商品；另外也可以选择预算线 BL_1 上任何一点所表示的食品和其他商品的组合。假定其他条件不变，消费者的货币收入增加到1500美元或2000美元，预算线将从 BL_1 移向

BL_2 和 BL_3。它们分别与无差异曲线相切于 A，B，C 三点。把这三点连接起来，便得到收入-消费曲线（$I-C$）。它说明在消费者均衡即消费者获得最大效用的条件下，随着货币收入的增加，对食品的购买量也将增加。

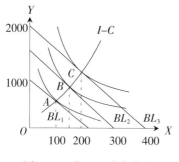

图3.12　收入-消费曲线

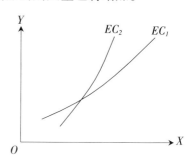

图3.13　恩格尔曲线

如果把收入-消费曲线在以纵轴 Y 表示货币收入、横轴 X 表示对某商品的支出（购买量与价格的乘积）的坐标系中表现出来，它便成为恩格尔曲线（Engel curve）。① 例如上面分析的食品收入-消费曲线成为图3.13中的 EC_1 曲线。恩格尔曲线表示消费者的货币收入与他对某种或某组商品的支出之间的关系。例如 EC_1 说明随着收入的增加，消费者对食品的开支也在增加。如果再绘出其他商品的恩格尔曲线，如住房的恩格尔曲线 EC_2，并把它与 EC_1 比较，那么这组恩格尔曲线说明：在低收入的条件下，消费者在食品上的支出大于在住房上的支出；随着收入的增加，住房支出在收入中的比重逐渐增大。

由于正常商品的需求的收入弹性是正数，正常商品的恩格尔曲线是向右上方倾斜的曲线；包括吉芬商品在内的低档商品的需求的收入弹性是负数，低档商品的恩格尔曲线是向左上方倾斜的曲线。

第五节　消费行为原理的应用

利用消费决策原理可以分析消费者的选择，从而为厂商的产品设计提供依据。

例如，某汽车公司准备推出新型号的汽车，但如何确定款式和性能，是较难解决的问题。诚然，一辆汽车的款式和性能越好，消费者就越喜欢。但是，一辆汽车的款式和性能越好，价格就越高。因此，在汽车售价大致确定的情况下，该汽车公司对款式和性能必须作出选择。为了解决这个问题，该汽车公司

---

①　恩格尔（E. Engel）是德国的统计学家。他是研究家庭预算的先驱。

可以通过两种方式进行市场调查：第一种方式是直接向消费者调查他们对款式和性能的偏好以及他们对两者之间替代关系的看法；第二种方式是根据以往消费者购买不同款式和性能的汽车的统计资料分析款式和性能的关系。假定经过调查，该汽车公司发现消费者的偏好可以分为两种类型，它们的无差异曲线如图3.14（A）和（B）所示。图（A）表明，这部分消费者偏好性能，他们为了增进一点性能而放弃较多的款式；图（B）表明，这部分消费者偏好款式，他们为了增进一点款式而放弃较多的性能。调查情况显示，后一部分消费者多于前一部分消费者。

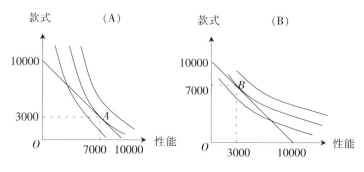

图 3.14 消费者对汽车特性的选择

假定该汽车公司准备在性能和款式上花费 10000 美元，也就是消费者需要在性能和款式上支出 10000 美元，那么将得到预算线。预算线与两组无差异曲线的切点表明，第一组消费者认为性能值 7000 美元而款式值 3000 美元，第二组消费者认为款式值 7000 美元而性能值 3000 美元。

根据对消费者选择的分析，该汽车厂商可以作出如下决策：第一，把款式和性能定位于图 3.14 预算线上 A，B 两点之间接近 B 点的地方，以兼顾两组消费者的选择；第二，生产较多的注重款式的汽车，生产较少的注重性能的汽车，以适应两组消费者不同的选择。

居民消费行为的分析还可以应用于政府对居民的税收和补贴的分析。

例如，政府对居民征税，可以采用征收个人所得税的方式即对居民的收入征税，也可以采用征收货物税的方式即对具体的商品消费征税。这两种征税方式的影响如图 3.15 所示。

在图 3.15 中，坐标系的横轴表示消费者购买某种商品 X 的数量，纵轴表示该消费者对其他商品的支出总额，ab 线表示该消费者在收入为一定的条件下的预算线。如果政府对商品 X 的消费征收一定的税收，相当于商品 X 的价格上升，该消费者的预算线从 ab 移动到 ac。如果政府对该消费者的收入征收同样数量的税收，相当于该消费者的收入减少，该消费者的预算线从 ab 移动

到 de。由于政府对商品 X 的消费征税只影响到该消费者对商品 X 的需求量，而政府对消费者的收入征税影响到该消费者对所有商品的需求量，该消费者在前一种情况下减少商品 X 消费的数量要大于在后一种情况下减少商品 X 消费的数量，即 cb 大于 eb。该消费者的三条预算线 ab、ac、de 与无差异曲线群的切点 x、y、z，决定了他的对商品 X 与其他商品的消费选择。

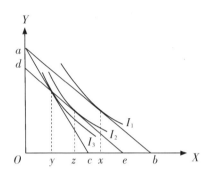
图 3.15 征收所得税和货物税的影响

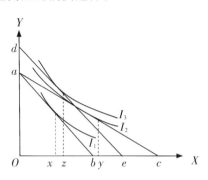
图 3.16 直接补贴和间接补贴的影响

从图 3.15 可以得到下述结论：第一，在政府征税的数额为一定的情况下，该消费者在征收所得税情况下得到的效用要优于在征收货物税的情况下得到的效用。其原因是：在征收货物税的情况下，该消费者只有减少对商品 X 需求量的选择；在征收所得税的情况下，他既可以减少对商品 X 的需求量，也可以减少对其他商品的需求量，从而可以进行更加合理的选择。第二，在政府征税的数额为一定的情况下，政府对商品 X 的消费征税导致该消费者对商品 X 的需求量从 Ox 减少到 Oy；但是，政府对个人所得征税导致该消费者对商品 X 的需求量从 Ox 只减少到 Oz。

因此，政府可以得到这样的启示：如果只是考虑征收一定的税额，征收所得税比征收货物税要好，因为消费者的效用损失比较小；如果考虑限制某种商品的消费，征收货物税比征收所得税要好，因为消费者对这种商品的消费减少的幅度比较大。

在图 3.16 中，坐标系的横轴表示消费者租用房子的面积，纵轴表示该消费者对其他商品的支出总额，ab 线表示该消费者在收入为一定的条件下的预算线。如果政府直接将房租补贴发给业主，相当于降低房租，该消费者的预算线从 ab 移动到 ac。如果政府将房租补贴作为一般补贴发给消费者，相当于该消费者的收入增加，该消费者的预算线从 ab 移动到 de。由于政府直接对房租补贴只影响到该消费者租房的面积，而政府间接对房租补贴影响到该消费者对所有商品的需求量，该消费者在前一种情况下增加租房的面积要大于在后一种情况下增加租房的面积，即 cb 大于 eb。该消费者的三条预算线 ab、ac、de 与无差异曲线群的切点 x、y、z，决定了他对商品 X 与其他商品的消费选择。

从图 3.16 可以得到下述结论：第一，在政府补贴的数额为一定的情况下，该消费者在得到间接房租补贴的情况下得到的效用要优于在得到直接房租补贴的情况下得到的效用。其原因是：在直接给予房租补贴的情况下，该消费者只有增加租房面积的选择；在间接给予房租补贴的情况下，他既可以增加租房的面积，也可以增加对其他商品的需求量，从而可以进行更加合理的选择。第二，在政府补贴的数额为一定的情况下，政府直接对房租补贴导致该消费者租房面积从 Ox 增加到 Oy；但是，政府间接对房租补贴导致该消费者租房面积从 Ox 只增加到 Oz。

因此，政府可以得到这样的启示：如果只是考虑给予一定的补贴，间接给予房租补贴比直接给予房租补贴要好，因为消费者的效用增加比较大；如果考虑改善消费者住房条件，直接给予房租补贴比间接给予房租补贴要好，因为消费者对增加租房面积的幅度比较大。

第4章 居民的储蓄行为

第一节 居民的储蓄动机

一、储蓄动机

居民获得收入以后，除了用于消费（consumption）就是用于储蓄（saving）。居民的储蓄是由下述动机形成的：

第一，生命周期储蓄动机。人们在工作的时候取得收入，在退休以后没有收入。为了能够在退休以后进行消费，他们必须在工作的时候储蓄，人们的这种储蓄动机叫作生命周期储蓄动机。美国经济学家莫迪利安尼（F. Modigliani）对储蓄的研究表明：人们通常把他们的收入均分于生命周期的各个时期上，而不是在工作的时期消费很多，在退休的时期消费很少。

第二，保留遗产储蓄动机。人们为了给下一代留下遗产而进行储蓄的动机叫作保留遗产储蓄动机。具有这种动机的人为了增加下一代的消费而牺牲了他自己的消费。他们的消费越少，他们下一代的消费就越多。美国经济学家对美国储蓄的研究表明：大多数美国人除了为孩子的高等教育筹集资金以外，一般不会给孩子留下很多钱。这就是说，他们保留遗产储蓄的动机较弱。但是，少数富有的美国人则为下一代留下数额巨大的资金，他们保留遗产储蓄的动机较强。

第三，谨慎储蓄动机。人们为了预防未来发生的意外事件而进行储蓄的动机叫作谨慎储蓄动机。在人们的生活中，有可能发生意料不到的疾病或事故，为了应付这些事件他们需要进行储蓄。但是，随着保险业的发展和政府社会福利制度的实行，人们既可以得到健康、汽车、事故等私人保险的保护，也可以得到失业、贫困、伤残等社会保险的保护，因此，在谨慎储蓄动机下进行储蓄的数量趋于减少。

第四，均匀消费储蓄动机。对于许多职业的居民来说，他们收入的变化是很大的。他们在某一年里得到较高的收入，在下一年里则只得到较低的收入。由于人们不能为收入变化所带来的风险购买保险，他们需要在收入较高时进行数额较大的储蓄，以用于收入较低时的消费支出。人们的这种储蓄动机叫作均匀消费储蓄动机。均匀消费储蓄动机与生命周期储蓄动机不同，前者强调储蓄在收入高的年份和收入低的年份起着平衡作用，后者强调储蓄在工作阶段和退休阶段起着平衡作用。

第五，目标储蓄动机。人们为了实现某些特定的目标如购买住宅、汽车等而进行储蓄的动机叫作目标储蓄动机。目标储蓄动机在现实生活中是普遍存在的，人们为了筹集耐用消费品的支出，或者为了筹集孩子的教育费用，都要进行目标储蓄。

人们的储蓄动机是各种各样的。但从上面的分析可以看到，储蓄的基本动机是稳定消费，如稳定工作阶段和退休阶段的消费、正常时期和非常时期的消费、收入高年份和收入低年份的消费等。

二、生命周期模型

美国经济学家莫迪利安尼研究了个人在他的生命周期里的收入、消费和储蓄方式，提出了生命周期模型。

假定一个人 20 岁开始工作，60 岁退休，他在一生中的消费支出保持稳定，那么他的收入、消费和储蓄曲线如图 4.1 所示。图（A）表明，当一个人开始工作时，他的收入不高，但他需要购买汽车、房子等，他的消费支出大于收入，这样他不得不向银行申请贷款，从而形成了负储蓄。但是，随着这个人工作年限的增加，他的收入逐渐增加，并在约 35 岁时开始超过消费支出而出现了正储蓄。当他年满 60 岁退休的时候，他的收入达到了最大值。接着，他的收入开始下降，最后不得不使用以前的储蓄而出现了负储蓄。根据图（A）所说明的这个人的收入和消费的关系，可以得到图

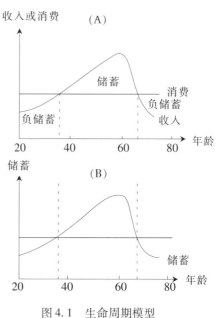

图 4.1 生命周期模型

（B）所表示的他的储蓄的变化：开始是负储蓄，接着是正储蓄，然后又是负储蓄。

例如，假定这个人第一个 20 年是年轻时期，第二个 20 年是中年时期，第三个 20 年是退休时期；他年轻时期每年获得 20000 美元收入，中年时期每年

获得 60000 美元收入，退休时期每年领取 10000 美元退休金；再假定利率为零，未来收入的现值等于未来收入本身。那么他的生命周期资源的现值（present value of life time resources，简称 PVLR）为：

$$PVLR = 20000 \times 20 + 60000 \times 20 + 10000 \times 20$$
$$= 1800000。$$

再假定他每年的消费水平不变，在零利率的条件下他的生命周期的年消费水平是 C，那么

$$60 C = 1800000，$$
$$C = 30000。$$

上述分析表明，这个人在年轻时期的负储蓄是 10000 美元（= 20000 − 30000），中年时期的正储蓄是 30000 美元（= 60000 − 30000），退休时期的负储蓄是 20000 美元（= 10000 − 30000）。

第二节　居民的储蓄决策

一、储蓄决策

人们的储蓄决策实际上是关于在什么时候消费的决策，如果他们今天消费得更少些，也就是他们今天的储蓄更多些，那么他们在明天就可以消费更多些。

人们的储蓄决策可以利用预算线和无差异曲线来分析。在图 4.2 里，横轴表示某人第一个时期的消费支出，纵轴表示此人第二个时期的消费支出。假定某人第一个时期的收入是 OW，在不考虑他第二个时期的收入的情况下，他可以有多种选择。首先，他把第一个时期的收入全部用于消费支出，那么在第二个时期中，从上一个时期留下的收入为零，第二个时期的消费支出为零。这样，便在图中得到 A 点。其次，他把第一个时期的收入全部用于储蓄，那么，第一个时期的消费支出为零，第二个时期的消费支出是第一个时期的储蓄以及储蓄的利息。设 i 表示利息率，第二个时期的消费支出是 $W(1+i)$。这样，又在图中得到 B 点。把 A，B 两点连接起来，便得

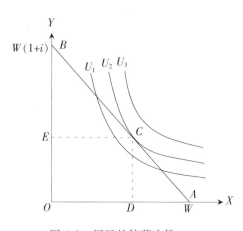

图 4.2　居民的储蓄决策

到预算线 AB。

另外，在这个人对第一个时期的消费支出和第二个时期的消费支出的偏好为一定的条件下，可以得到这个人对两个时期消费支出的无差异曲线，如图 4.2 中的曲线 U 所示。无差异曲线表明，它所表示的第一个时期的消费支出和第二个时期的消费支出的各个组合对于这个人来说是无差异的。由于要增加第一个时期的消费支出，就要减少第二个时期的消费支出，无差异曲线是向右下方倾斜的曲线。由于一条特定的无差异曲线表示特定的福利，那么离原点稍远的无差异曲线表示更多的两个时期的消费支出的组合，因而表示更高的福利。所以，对于某个人来说，存在着一个无差异曲线群，离原点越远的无差异曲线代表福利程度越高。

这个人的储蓄决策，实际上是在预算线上进行选择的问题。人们进行储蓄的利益是将来可以消费更多的商品，因为储蓄可以得到利息；人们进行储蓄的代价是等待，因为他现在减少了消费。因此，这个人怎样在预算线上进行选择，取决于他对现在消费和未来消费的偏好。如果他偏好于现在消费，那么他将选择预算线 AB 上接近 A 点的点，他的储蓄决策就是减少储蓄；如果他偏好于未来消费，那么他将选择预算线 AB 上接近 B 点的点，他的储蓄决策就是增加储蓄。如果这个人的偏好用图 4.2 的无差异曲线群 U_1，U_2，U_3 表示，那么无差异曲线和预算线的切点 C，是他在现有的收入和利息率条件下可以获得最大福利的现在消费和未来消费的组合。这就是说，这个人在第一个时期的消费支出是 OD，储蓄是 DA，第二个时期从第一个时期储蓄而来的消费支出是 OE。

二、利息率的变化对储蓄决策的影响

利息率的变化将对储蓄决策产生影响，假定利息率 i 提高了，由于预算线在纵轴上的截距 = 上一个时期的储蓄 ×（1 + i），预算线将绕着它与横轴的交点向外移动，如图 4.3 中从预算线 AB 移向 AC 所示。

利息率的提高对第一个时期的消费支出也就是对第一个时期的储蓄存在两种效应：一种是收入效应，另一种是替代效应。首先，利息率的提高使人们储蓄的利息收入增加了，即使人们在一定程度上增加第一个时期的消费支出也不会带来第二个时期的消费支出的减少，

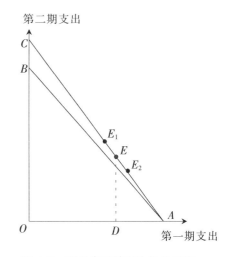

图 4.3 利息率对储蓄决策的影响

所以人们倾向于增加两个时期的消费支出，这就是收入效应。收入效应造成第一个时期的储蓄减少。其次，利息率的提高使人们在第一个时期放弃一定数量的消费支出可以在第二个时期有更多的消费支出，所以人们选择用未来的消费支出替代现在的消费支出，从而减少第一个时期的消费支出，这就是替代效应。替代效应造成第一个时期的储蓄增加。如果替代效应大于收入效应，人们将选择位于 E 点左边的点，如 E_1 点，他们在第一个时期的储蓄增加；如果收入效应大于替代效应，人们将选择位于 E 点右边的点，如 E_2 点，他们在第一个时期的储蓄减少。

第三节　居民的储蓄方式

居民的储蓄是指没有用于目前消费的收入的储存。在现实的经济里，居民储蓄的方式是多种多样的。

第一，银行存款。居民可以把收入存入银行的定期存款账户或者购买银行的存款单据。存款单据是银行发行的定期存款凭证，它与银行定期存款账户在性质上是相似的，不同处在于银行定期存款账户不能转让而存款单据可以转让。在许多国家里，银行存款保险机构对银行存款提供保险，假如银行倒闭，居民可以得到存款的某个比例或某个限额的赔偿，所以居民承担的风险较小。居民选择银行存款的储蓄方式得到的收益是存款利息。

第二，共同基金。共同基金（mutual fund）是一种投资方式，它通过发行基金单位收集资金，由基金托管人保管并由基金管理人用于投资，投资收益在扣除管理费用以后分派给基金单位的购买者。因此，居民可以选择购买基金单位的方式进行储蓄。由于共同基金管理机构聘请专家来进行投资，同时又可以利用分散投资的方法减少风险，居民选择这种储蓄方式承担的风险较小，得到的收益一般高于银行存款利息。

第三，政府证券。政府证券主要包括国库券、政府票据和政府债券。国库券是政府发行的短期债务凭证，它的期限是 1 年或 1 年以上。政府票据和政府债券是政府发行的中长期债务凭证，它们的期限是 1 年以上。国库券通常按低于面额的价格发行，按面额偿还，两者的差额构成购买国库券的利息。政府债券按面额发行，并标明确定的利息率，持有政府债券可以定期得到利息。由于政府的债务是以政府税收为担保的，居民购买政府证券的风险为零，但是所获得的利息也较低。

第四，公司债券。公司债券是公司发行的长期债务凭证，它具有确定的利息率和偿还日期，居民购买公司债券以后可以定期得到利息。由于在公司破产以后，拍卖公司资产偿还公司债务的次序是银行贷款、公司债券持有者、优先股票持有者、普通股票持有者,购买公司债券有可能出现到期不能取回本金和利息的风险。某公司的经营状况越差,购买该公司债券的风险就越大。为了使人们了解各公司不能定期支付利息和到期偿还本金的可能性,公司债券市场定期公布各公司信誉的评价等级。以美国标准·普尔评价公司(Standard & Poor's)为例,它把各公司的信誉分为 AAA,AA,A,BBB,BB,B,CCC,CC,C,D,共 10 个等级。前 4 个等级称为投资等级,表示风险较小;后 6 个等级称为投机等级,表示风险较大。那些具有较大风险的债券称为垃圾债券。一般来说,购买债券所承担的风险越大,所得到的收益越高。

第五,公司股票。公司股票包括普通股票和优先股票。普通股票是具有投票权,其股息随着公司利润的变化而变化的股票;优先股票是没有投票权或仅具有限的投票权,其股息不随着公司利润变化而变化的股票。公司在获得利润以后,需要把一部分利润用于扩大再生产,这部分利润称为未分配利润;另一部分利润分配给股票持有者,这部分利润构成股息。公司股票和公司债券不同:公司股票持有者和发行股票的公司的关系是所有者和被所有者的关系,公司债券持有者和发行债券的公司的关系是债权人和债务人的关系。股票没有偿还的日期,它的股息是可变的;债券有确定的偿还日期,它的利息是不变的。由于在公司破产的时候股东最后得到赔偿,而公司只有在资产不足以抵补债务时才会破产,所以股票持有者一般得不到赔偿。因此,购买股票存在较大的风险,但是,购买股票可以得到较高的收益。

第四节 居民储蓄方式的选择

居民在选择储蓄方式的时候,需要考虑下述因素:

第一,收益。居民的储蓄收益分为两个部分:一个部分是利息或股息的收益,另一个部分是资本增值的收益。居民的储蓄收益与储蓄数额之比称为收益率,如果用 R 表示储蓄收益,M 表示储蓄数额,t 表示储蓄天数,那么年收益率 $= \dfrac{R}{M} \times \dfrac{365}{t}$。资本增值是指金融资产价格上升所带来的收益。假定某居民支出 100 美元购买了 1 股股票,他在 1 年里得到了 10 美元的股息,并在第 1 年结束的时候按照 105 美元的价格卖出了这股股票,那么该居民的股息收益是 10 美元,资本增值收益是 5 美元,总收益是 15 美元,年收益率是 15%(= 15 ÷ 100)。在前述 5 种储蓄方式中,除了银行定期存款账户不可能产生资本增值收益外,其他储蓄方式都有可能带来资本增值收益。在居民决定储蓄的时候,资本增值的收益还没有实现,所以居民主要根据他对资本增值收益的预期来选择储蓄方式。假定其他因素不变,哪一种储蓄方式的收益率较高,居民将选择哪一种储蓄方式。

第二，风险。风险是指居民不能取得储蓄收益甚至造成储蓄损失的可能性。人们对待风险有三种态度：第一种是厌恶风险，他们通常会选择风险较小而收益率尽量高的储蓄方式。第二种是爱好风险，持有这种态度的人通常会选择收益率高而不管风险是否大的储蓄方式。第三种是中性风险，持有这种态度的人没有确定的厌恶风险或爱好风险的倾向。当他们的储蓄额不大时，他们选择收益率较高的储蓄方式；当他们的储蓄额较大时，他们选择风险较小的储蓄方式。但是，不管人们对待风险的态度如何，假定其他因素不变，哪一种储蓄方式的风险较小，居民将选择哪一种储蓄方式。

第三，流动性。流动性是指把金融资产转变为现金的可能性。如前所述，居民储蓄包括多种动机，其中包括谨慎储蓄动机和均匀消费动机。要满足这两种动机，居民需要在必要的时候把金融资产转换为现金，所以需要保持金融资产的流动性。假如其他因素不变，哪一种储蓄方式流动性较大，居民将选择哪一种储蓄方式。

第四，赋税。政府对不同类型的金融资产的收益征收不同的赋税。由于居民关心的不是储蓄的税前收益而是税后收益，即他们实际得到的收益，政府的赋税优惠将对居民储蓄方式的选择产生重要影响。假定其他因素不变，哪一种储蓄方式得到政府赋税优惠较多，居民将选择哪一种储蓄方式。

但是，在现实的经济里，鱼和熊掌不能兼得。在有效的市场里，即在价格完全反映资产的特征而没有讨价还价余地的市场里，收益和其他因素的关系如图4.4所示：收益越高，风险越大；流动性越大，收益越低；赋税优惠越多，收益越低。

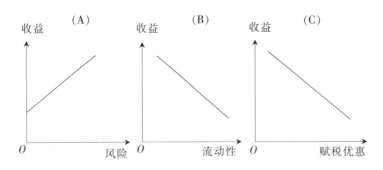

图4.4　收益与风险、流动性、赋税优惠的关系

按照收益、风险、流动性、赋税这四个因素来分析各种储蓄方式，可以得到各种储蓄方式在不同方面的优劣（如表4.1所示）。居民可以根据自己的需

要进行选择。

表 4.1 储蓄方式的选择

方式	税前收益	风险	流动性	赋税优惠
存款账户	低	低	高	无
存款单据	稍高于存款账户	低	稍低于存款账户	无
共同基金	稍高于存款单据	低	高	无
国库券	低	低	高	有
政府债券	高于国库券	低	低于国库券	有
公司债券	高于政府债券	较高	较低	无
股票	高	高	较低	无

第五节 储蓄行为原理的应用

现代西方经济学的储蓄决策原理表明，居民的储蓄是由居民对现在消费和未来消费的选择决定的，居民在现在消费和未来消费的预算线和无差异曲线的切点上实现了现在消费和未来消费的最优选择，决定了储蓄的数量。

储蓄对一个国家的长期经济增长具有重要的作用。如果储蓄越多，即没有被消费的国民收入越多，那么用于投资并形成资本的资金就多，这个国家的经济增长就越快。既然储蓄的数量是由各个居民现在消费和未来消费的预算线和无差异曲线的切点决定的，在不能改变居民对现在消费和未来消费的偏好的前提下，政府可以通过调整预算线的方法增加储蓄。

政府改变居民现在消费和未来消费的预算线的方法是降低对居民储蓄利息征收的税，以提高居民储蓄的实际利息率，使预算线绕着它与横轴的交点向外移动，以增加储蓄的数量。美国布什政府在 20 世纪 80 年代实施的"家庭储蓄计划"，就是以此为基础提出来的。根据"家庭储蓄计划"，各个家庭可以建立一个特殊的储蓄账户，人们在该账户里的存款必须存满 10 年，政府根据不同的存款额给予不同的税收优惠。"家庭储蓄计划"对储蓄的影响如图 4.5 所示。

设某家庭的税收工资收入是 OW，利息率是 i，假定对家庭储蓄的利息完全免税，家庭将来可以得到的收入是 $W(1+i)$，从而可以得到预算线 AB。假定对家庭的储蓄不免税，在税率为 t 的条件下，家庭将来可以得到的收入是

$W[1+(i-it)]$,从而可以得到预算线 AC。但是,按照"家庭储蓄计划",储蓄在 2500 美元以下不征税,超过 2500 美元将征税,预算线成为 AD。如果家庭的无差异曲线群如图 U_1,U_2 所示,那么实行"家庭储蓄计划"和对储蓄利息征税相比,储蓄的数量从 W_2W 增加到 W_3W,增加的储蓄数量为 W_3W_2。

从布什政府实行"家庭储蓄计划"的实际结果来看,该计划刺激了储蓄,但储蓄的增加并不显著。

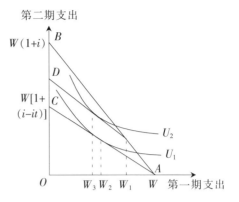

图 4.5 家庭储蓄计划的影响

第5章 居民的就业行为

第一节 居民的劳动供给决策

一、收入和闲暇的预算线

当代西方经济学家认为,居民的劳动供给决策实际上是在收入和闲暇之间进行选择。如果居民选择争取更多的收入,那么他的闲暇的时间将减少,他的劳动供给量将增加;如果居民选择享受更多的闲暇,那么他将失去本来可以获得的收入,他的劳动供给量将减少。这样,居民提供多少劳动量可以使他的收入和闲暇的组合达到最优状态呢?这个问题可以利用收入和闲暇的预算线以及无差异曲线来解决。

收入和闲暇的预算线表示在居民的时间为一定的条件下,居民可以获得的收入和闲暇的组合。假定某人的睡眠时间是8小时,其余16小时可以用于工作和闲暇,如果他每小时的工资是5美元,那么他的收入和闲暇的预算线如图5.1的AB线所示。在图5.1中,横轴表示闲暇,以小时为单位;纵轴表示收入,以美元为单位。如果这个人把16小时全部用于工作,他可以得到80美元收入,如点A所示;如果他把16小时全部用于闲暇,

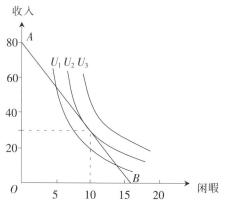

图5.1 居民的劳动供给决策

那么他的收入为零,如点B所示。把点A和点B连接起来,便可以得到这个人的收入和闲暇的预算线。该预算线的斜率的绝对值等于5,即这个人每增加1小时闲暇将放弃5美元的收入。

二、收入和闲暇的无差异曲线

收入和闲暇的无差异曲线是指曲线上各点所表示的收入和闲暇的组合对于

某个居民来说是无差别的。居民的收入和闲暇的无差异曲线是由居民对收入和闲暇的偏好决定的。如果居民偏好收入，那么无差异曲线将比较平坦，这表明居民为了得到一定的收入愿意放弃较多的闲暇；如果居民偏好闲暇，那么无差异曲线将比较陡峭，这表明居民为了得到一定的闲暇愿意放弃较多的收入。假定某人收入和闲暇的无差异曲线如图 5.1 中的 U_1 曲线所示，由于收入和闲暇越多，代表福利程度越高，在这个人的无差异曲线图里，离原点越远的无差异曲线代表的福利程度越高。

收入和闲暇的无差异曲线的斜率的绝对值，表示以闲暇替代收入的边际替代率。

三、居民的劳动供给决策

把收入和闲暇的预算线与无差异曲线放置在同一个坐标系里，如图 5.1 所示。从图中可以看到，无差异曲线和预算线的切点所表示的收入和闲暇的组合，是现有时间和偏好条件下最优的组合。在切点上，以闲暇替代收入的边际替代率等于增加每小时闲暇所放弃的收入的比率。这个人每天享受 10 小时闲暇，工作 6 小时，获取 30 美元的收入。

第二节 收入的提高对劳动供给的影响

一、非工资收入对劳动供给的影响

当居民的非工资收入增加时，将会对他的劳动供给量产生影响。居民非工资收入增加的原因是多种多样的：他可能继承了一笔遗产，可能因股票价格暴涨而获得高额收入，等等。继续图 5.1 的例子，假定这个人因非工资收入增加每天可以增加消费支出 20 美元，即每天的收入增加 20 美元，由于他每天用于闲暇和工作的时间不变，仍为 16 小时，他的预算线从 AB 移向 CDB，成为一条折线（图 5.2）。折点 D 表示，即使这个人不工作，他也有 20 美元的收入。新的预算线 CDB 与无差异曲线的切点表明，在新的均衡状态下，这个人将每天享受 12 小时的闲暇，工作 4 小

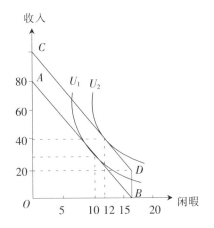

图 5.2 非工资收入对劳动供给的影响

时，每天可以得到 20 美元工资收入和 20 美元非工资收入。这就是说，非工资收入的增加将导致劳动供给量减少。

二、工资收入对劳动供给的影响

工资率的变化对劳动供给有着重要影响。

假定工资率提高了，每小时工资从 5 美元提高到 6.25 美元，那么如图 5.3 所示，预算线 AB 绕着它与横轴的交点向外移到 CB。工资率的提高产生两种效应：一是替代效应，由于享受 1 小时闲暇比以前付出更大的代价，或者多工作 1 小时可以得到更多的收入，所以居民倾向于用收入去替代闲暇，替代效应使劳动的供给量增加；二是收入效应，由于工资率的提高使居民的处境更好，他愿意享受更多的闲暇，所以收入效应使劳动供给量减少。假如在工资率没有提高以前某人选择每

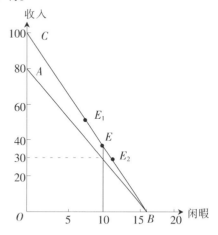

图 5.3 工资收入对劳动供给的影响

天享受 10 小时闲暇即工作 6 小时，工作 6 小时即获取 30 美元收入，那么在替代效应大于收入效应的情况下，闲暇时间将会减少而工作时间将会增加，他将会选择预算线 CB 上 E 点左侧的点，如 E_1 点；在收入效应大于替代效应的情况下，闲暇时间将会增加而工作时间将会减少，他将会选择预算线 CB 上 E 点右侧的点，如 E_2 点。

在居民的工资率水平较低时，他们的生活水平并不高，所以工资率上升带来的替代效应大于收入效应，劳动的供给量随着工资率的上升而增加。在居民的工资水平较高时，他们的生活水平较高，所以工资率上升带来的收入效应大于替代效应，劳动的供给量随着工资率的上升而减少。因此，劳动的供给曲线在以劳动时间为横轴、以工资率为纵轴的坐标系里表现为一条向后弯曲的曲线，如图 5.4 所示。

从上述分析过程可以看到，劳动的供给曲线所以向后弯曲，是由于在工资率上升造

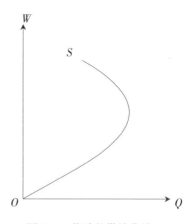

图 5.4 劳动的供给曲线

成预算线绕着与横轴的交点向外移动时,居民在收入和闲暇之间作出能够使他获得最大福利的选择造成的。

第三节 人力资本的成本和收益

一、现在贴现值的计算

当代西方经济学家认为,将来的 1 美元和现在的 1 美元在价值上是不同的,现在的 1 美元是现在就可以用于消费、储蓄或投资的,而将来的 1 美元是将来才能用于消费、储蓄或投资的,所以将来 1 美元的现在价值小于现在的 1 美元。现在贴现值(present discount value)是指根据年利息率把一项资产的未来收益折算而成的现在价值。现在贴现值取决于三个因素:能够得到未来收益的时间,未来收益的大小和利息率的高低。

假定未来收益和利息率为一定,那么某项资产能够得到收益的日期离现在越远,它的现在贴现值就越小。例如,假如利息率为 6.4%,未来收益是 1 美元,现在存入 0.94 美元,在 1 年后可以得到 1 美元 $[\approx 0.94 \times (1+6.4\%)]$;现在存入 0.89 美元,在 2 年后可以得到 1 美元 $[\approx 0.89 \times (1+6.4\%)^2]$;现在存入 $\dfrac{1}{(1+6.4\%)^t}$ 美元,在 t 年后可以得到 1 美元 $\left[\approx \dfrac{1}{(1+6.4\%)^t} \times (1+6.4\%)^t\right]$。反过来说就是,1 年后得到 1 美元的现在贴现值是 0.94 美元,2 年后得到 1 美元的现在贴现值是 0.89 美元,t 年后得到 1 美元的现在贴现值是 $\dfrac{1}{(1+6.4\%)^t}$ 美元。从这个例子可以看到,随着能够得到同等收益的年限的延长,同一项资产的现在价值不断下降。如果用 N 表示未来的收益,i 表示利息率,t 表示期间,那么一项资产的现在贴现值(PDV)是:

$$PDV = \frac{N}{(1+i)^t}。$$

现在贴现值的计算公式表明:未来的收益(N)越大,利息率(i)越小,能够得到收益的期间(t)离现在越近,现在贴现值就越大。

按照第 t 年收益的现在贴现值计算公式,如果已知某一项资产第一年的收益是 N_1,第二年的收益是 N_2,第 t 年的收益是 N_t,而且 N_1,N_2,…,N_t 的值是不同的,那么在利息率等于 i 的条件下,这项资产第一年得到收益 N_1 的现在贴现值是 $\dfrac{N_1}{1+i}$,第二年得到收益 N_2 的现在贴现值是 $\dfrac{N_2}{(1+i)^2}$,第 t 年得到收

益 N_t 的现在贴现值是 $\frac{N_t}{(1+i)^t}$。把它们加总起来，便得到这项资产所提供的全部未来收益 N 的现在贴现值（PDV）：

$$PDV = \frac{N_1}{1+i} + \frac{N_2}{(1+i)^2} + \cdots + \frac{N_t}{(1+i)^t}。$$

这就是现在贴现值计算的一般公式。

年收益恒等的现在贴现值公式是一般公式在 $N_1 = N_2 = \cdots = N_t$ 时的特例。如果 $N_1 = N_2 = \cdots = N_t = N$，那么上式就成为：

$$\begin{aligned}PDV &= \frac{N}{1+i} + \frac{N}{(1+i)^2} + \cdots + \frac{N}{(1+i)^t} \\ &= -N + N\left[1 + \frac{1}{1+i} + \left(\frac{1}{1+i}\right)^2 + \cdots + \left(\frac{1}{1+i}\right)^t\right]。\end{aligned}$$

根据无穷几何级数计算公式 $1 + K + K^2 + \cdots = \frac{1}{1-K}$，并令 $K = \frac{1}{1+i}$，则

$$\begin{aligned}PDV &= -N + N\left(\frac{1}{1-\frac{1}{1+i}}\right) = -N + N \cdot \frac{1+i}{i} \\ &= -N + \frac{N}{i} + N = \frac{N}{i},\end{aligned}$$

即成为年收益恒等的现在贴现值计算公式。

二、人力资本及其收益

当代西方经济学家认为，对物投资形成的是物质资本，对人投资形成的则是人力资本。人力资本（human capital）是指因人的素质的提高和健康的改善而具备的一种生产能力。与物质资本存量的增加会给投资者带来更大的收益一样，人力资本存量的增加也会给投资者带来更大的收益。

对人力资本的投资可以采取多种方式，如接受正规教育、医疗保健等。不论采取什么方式，对人力资本的投资都要付出一定的成本。例如，通过正规教育和职业训练的方式进行投资要付出两种成本：一种是明显成本，如学费、生活费、交通费等各项因教育和训练而产生的费用；另一种是隐含成本，即假如不接受教育和训练而参加工作所能够取得的收入。但是，对人力资本的投资也可以获得收益。例如，人们接受教育和训练以后可以从事更加专门化的工作或更好地从事原来的工作，从而可以得到更高的收益。

对人力资本投资的收益可以利用资本收益的现在贴现值公式来计算。资本收益的现在贴现值公式是在已知资本的一系列收益和利息率的条件下，用于估算资本的现在价值。但是，如果已知对人力资本投资所付出的成本和在将来可

以得到的一系列收益,则可以利用资本收益的现在贴现值公式计算投资的收益率。

设对人力资本投资的成本是 C,投资者预料到的将来的 n 个时期中所获得的额外收益是 I_1, I_2, $\cdots$, I_n,所要求的收益率是 R,那么

$$C = \frac{I_1}{1+R} + \frac{I_2}{(1+R)^2} + \cdots + \frac{I_n}{(1+R)^n}。$$

美国经济学家约翰逊(T. Johnson)曾经对学校教育和职业培训方面的人力资本的投资收益率进行了研究,他所得到的结果如表 5.1 所示。

表 5.1 1959 年美国北部白种男劳动力人力资本投资的收益率

受教育的年限(年)	在学校教育方面的投资(美元)	在职业训练方面的投资(美元)	对人力资本的总投资(美元)	在整个生命期的总收入(美元)	人力资本投资收益率(%)
9~11	3760	15316	19076	220025	24.6
12	9408	14704	24112	245433	21.5
13~15	11293	17170	28463	278323	17.5
16	27800	18216	46016	341856	15.5
17+	40738	23033	63771	380626	13.5

资料来源:约翰逊:《对人力资本投资的收益》,载《美国经济评论》1970 年 9 月号,第 546~560 页。

约翰逊的研究表明:第一,不论受教育程度如何,对职业训练的投资都大致相同。这意味着大多数人在开始工作以前都需要大约相同程度的就职准备。第二,对于受教育 9~11 年的中学毕业生来说,对人力资本的投资主要是对职业训练的投资。在 19076 美元的总投资中,只有 3760 美元是对学校教育的投资,有 15316 美元是对职业训练的投资。但是,随着受教育年限的增加,对学校教育的投资在总投资中的比例迅速提高。第三,对人力资本的投资越大,在整个生命期间所得到的收入平均来说就越高。例如,受过 16 年教育的学院毕业生的总收入要比中学毕业生多 100000 美元。第四,尽管人力资本投资越大,收入越高,但是投资收益率却呈下降趋势,例如从 24.6% 下降到 13.5%。

美国经济学家雷津(A. Razin)和康普贝尔(J. D. Campbell)则对人力资本收益的现在贴现值进行了研究。他们假定人们进入大学后第 5 年取得收入,工作期间为 44 年,这样对大学教育的投资收益的现在贴现值为:

$$PDV = \frac{I_5}{(1+i)^5} + \frac{I_6}{(1+i)^6} + \cdots + \frac{I_{44}}{(1+i)^{44}}。$$

雷津和康普贝尔把利息率确定为 3%,利用美国国家科学基金(National

Science Foundation）1969 年关于受过高等教育的劳动力收入的资料，得到了不同学科学士学位获得者的收益的现在贴现值，如表 5.2 所示。

表 5.2　学士学位获得者的收益的现在贴现值

学　科	现在贴现值（美元）	学　科	现在贴现值（美元）
数学	342068	心理学	262127
经济学	339482	农业科学	225118
计算机科学	306733	生物学	215691
政治学	300000	社会学	213590
物理学	282758		

资料来源：雷津和康普贝尔：《大学资源的内部配置》，载《西部经济杂志》1972 年 9 月号，第 315 页。

这项研究意味着人们可以根据投资成本来作出人力资本的投资决策。例如，如果人们接受 4 年经济学教育所付出的成本低于 339482 美元，那么人力资本投资可以取得较高的收益；如果所付出的成本高于 339482 美元，那么对人力资本投资从经济上分析是不可取的。

但是，美国经济学家贝尔曼（J. R. Behrman）、波拉克（R. A. Pollak）和陶伯曼（P. Tauhman）认为，受过高等教育的人所得到的较高的收入，并不能完全归因于受过高等教育。这也许是因为他们比较聪敏，即自然能力较强；或者是因为他们出生于比较富裕的家庭，从而可以谋到较高收入的职业。为了排除这些因素对收入的影响，他们研究了受过不同教育的孪生兄弟的收入，得到了下述经验公式：[①]

$$\log\left(\frac{E_1}{E_2}\right) = 0.28\log\left(\frac{S_1}{S_2}\right) + 0.014。$$

式中：E_1 和 E_2 分别表示孪生兄弟的年收入；S_1 和 S_2 分别表示他们受教育的年限。由于他们是孪生兄弟，自然能力和家庭条件相同，他们收入的差别可以基本归因于受教育的差别。

根据这个等式，如果从美国 1980 年的典型事例得到受过 12 年教育的人每年收入为 18400 美元，那么受过 16 年教育的孪生兄弟将得到 20225 美元。假定工作期间是 40 年，利息率是 3%，那么接受高等教育所得到的额外收益的现在贴现值是 42176 美元。

---

① 贝尔曼、波拉克和陶伯曼：《父母的选择和子孙的供给》，载《政治经济学杂志》1982 年 2 月。

第四节 人力资本的投资决策

一、对人力资本投资的选择

居民对人力资本投资的选择可以用消费可能性曲线和无差异曲线来进行分析。

假定居民在退休前的时间可以划分为两个时期：一个是年轻时期，另一个是成年时期，那么年轻时期和成年时期消费支出的关系可以用图5.5中的曲线 AB 表示。在图5.5中，横轴表示居民年轻时期的消费支出，纵轴表示成年时期的消费支出。如果居民减少年轻时期的消费支出，以在学校接受更长时间的教育，那么他在成年以后就可以找到收入较高的职业，从而成年时期的消费支出可以增加。因此，表示居民在年轻时期消费支出和成年时期消费支出之间选择的消费可能性曲线 AB 是一条向右下方倾斜的曲线。另外，由于居民每增加1单位成年时期的消费支出，需要放弃年轻时期的消费支出将增加，即机会成本递增，因此，消费可能性曲线 AB 是一条凹向原点的曲线。

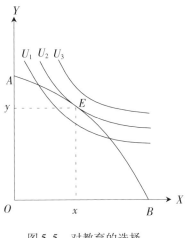

图5.5 对教育的选择

消费可能性表示居民对年轻时期消费支出和成年时期消费支出进行选择的可能性，无差异曲线即表示居民对年轻时期消费支出和成年时期消费支出的偏好。如果居民偏好成年时期消费支出，那么无差异曲线较平坦，即居民为了得到一定的成年时期消费支出愿意放弃更多的年轻时期消费；反之，无差异曲线较陡峭。在居民的偏好为一定的条件下，无差异曲线表示各种年轻时期消费支出和成年时期消费支出的组合对于居民来说是无差别的。无差异曲线群则表示对于居民来说具有不同福利的无差异曲线，离原点越远的无差异曲线代表福利程度越高。假定该居民的无差异曲线图如图5.5中曲线 U_1，U_2，U_3 所示，那么无差异曲线 U_2 与消费可能性曲线 AB 的切点 E，决定了该居民最大福利的选择：他愿意年轻时期的消费支出为 Ox，成年时期的消费支出为 Oy。在横轴 OB 的线段内，越靠近 B 点的选择表示居民只愿意接受较短时间的教育，越靠近 O 点的选择表示居民愿意接受较长时间的教育。

二、对人力资本投资的决策

居民接受多长时间的教育为好，取决于他对年轻时期消费支出和成年时期消费支出的偏好；而居民的偏好既有经济的因素，也有非经济的因素。从经济的角度来看，美国经济学家约翰逊的研究表明，接受教育的时间越长，他所获得的总收入将越高，但他对人力资本投资的收益率将越低。因此，如果仅仅从投资回报来看，应该选择接受较短时间的教育；如果从一生中可以获得更高收入来说，应该选择接受更长时间的教育。从非经济因素来看，居民将会考虑接受较长时间的教育使他们可以享受更加丰富的精神生活，可以选择更加高尚的职业，等等。因为不同的人对上述因素的考虑不同，所以不同的人对年轻时期消费支出和成年时期消费支出有不同的偏好和不同的无差异曲线。

另外，在居民决定接受教育的年限以后，在选择什么专业的问题上同样受经济因素和非经济因素影响。从经济的角度来看，居民将会优先选择下述两类专业：一类专业是把未来的收入按照现行年利息率折算成的现在贴现值高于从事这个专业的学习所耗费的成本的专业。两者的差额越大，人力资本投资的收益率越高。另一类专业是未来可以获得较高收入的专业。尽管这类专业需要花费的成本较高，对人力资本投资的收益率并不高，但由于它能够提供较高的收入，居民仍愿意现在花费较高的成本去换取将来稳定的较高的收入。从非经济角度来说，居民选择什么专业还取决于他们的兴趣和爱好、与该专业有关的职业的社会地位和稳定程度等。居民将根据各种经济的和非经济的因素选择专业。

第五节　就业行为原理的应用

就业决策原理表明，居民对劳动时间和闲暇时间的选择将在收入和闲暇的预算线和无差异曲线相切时形成均衡，而工资率的变化所带来的替代效应和收入效应将对收入和闲暇的均衡产生影响。判断工资率变化所带来的替代效应和收入效应的大小，对政府制定和实施经济政策有着重要的作用。

以美国为例。美国政府在1987年准备降低个人所得税税率以刺激经济的发展。部分经济学家认为，降低个人所得税税率所带来的替代效应远大于收入效应，因而劳动的供给将会增加。劳动供给的增加一方面能够导致产量的增加，另一方面还能够通过收入的增加带来税收总额的增加。如果这种意见是对的，政府应该坚决和较大幅度地降低个人所得税税率。然而，多数经济学家认为，降低个人所得税税率所带来的替代效应会大于收入效应，但是两种效应的差别并不大,劳动的供给不会大幅度增加。如果这种意见是对的,政府应该适度地降低个人所得税税率。后来,降低个人所得税税率的效果表明,多数经济学家的意见是对的,劳动的供给没有明显增加。

第6章 厂商的成本决策

第一节 厂商的生产函数

一、企业的制度

在西方国家里，企业制度主要有三种类型：

第一种是业主制（proprietorships）。业主制企业是由一个人独资经营的企业，这个人就叫作业主。业主对企业的债务负担无限的责任。当企业破产的时候，业主的财产除了可以留下极少数以外，必须用来偿还债务。

第二种是合伙制（partnerships）。合伙制企业是两个或两个以上的人合资经营的企业。他们分担一部分资本，分享一定比例的利润，也分摊一定比例的亏损和债务。

合伙人对合伙制企业的债务负担无限的责任。如果合伙人在企业中的份额是1%，那么，在企业亏损或破产的时候，他必须承担这1%的债务。但是，如果其他合伙人无法赔偿剩下的债务，则他有责任偿还。另外，除非经其他合伙人同意，任何合伙人都不能把自己的份额转让给别人。而且，当一个合伙人想退出企业时，整个合伙制企业就要解散。合伙制企业的这些特点限制了它的发展。

第三种是公司制（coorporations）。公司是通过发行股票筹集资金的为股东所有的企业。股东对公司债务负有有限的责任。当公司亏损或者破产的时候，股东的损失是他们投入的股份。如果股东不想再持有某个公司的股票，他可以到证券市场出售股票。公司制与业主制和合伙制相比有许多优点，因而它能够大量地筹集资金而迅速发展起来。

在公司里，由股东选举产生董事会，再由董事会聘任总经理。现代公司的所有权和管理权已经分离，公司的所有者是股东，管理者是经理和职员。

二、公司融资结构

公司主要通过下述途径筹集资金：第一，通过从银行取得贷款来筹集资金，或者通过发行公司债券来筹集资金，这种途径称为债务融资（debt financed）。第二，通过发行股票来筹集资金，或者保留一部分本来应该分配给股东的利润来筹集资金，这种途径称为股权融资（equity financed）。公司债务与股权的比例，称为公司融资结构或者资本结构。

美国经济学家莫迪利安尼和米勒（M. H. Miller）于1958年创立的现代资本结构理论证明，在一系列严格的假定条件下，厂商的市场价值仅仅取决于未来的收益，不受它的资本结构的影响。这意味着不论厂商采取什么方式筹集资金，都是无关紧要的，这个理论被称为MM定理。

MM定理的假定条件是：不存在储存成本，不存在政府税收，不会发生银行倒闭，投资者可以按照与公司相同的利率借入资金，可以获得与经营者相同的信息，交纳税收和支付利息前的收益不受债务使用的影响，等等。在这些假定条件下，MM定理利用套利证明资本结构对厂商的市场价值无关紧要。设债务融资可以给厂商带来比股权融资更高的市场价值，那么拥有债务融资的厂商股份投资者将会卖出股份，然后用卖出股份得到的资金和借入的资金买入股权融资厂商的股份以增加收益。这样，债务融资厂商的股份价格将会下降，而股权融资厂商的股份价格将会上升，从而使两家厂商的市场价值趋于相等。这意味着一家厂商的市场价值与采用债务融资还是采用股权融资没有关系。

在上述分析中，厂商的市场价值是指按照一个与该厂商所冒风险相当的贴现率把该厂商交纳税收和支付利息前的收益（earning before interest and taxes，简称 EBIT）折成的现值。

根据MM定理，套利过程如下：假定有两个厂商A和B，它们的资本结构不同但其他情况均相同；厂商A的债务是4000000美元，利率是7.5%，厂商B则全部通过发行股份融资。再假定两个厂商的 EBIT 是900000美元并且保持不变，全部收益均用于支付股息，那么，厂商的普通股票的总市场价值 S 就是未来收益的现在贴现值。

设 D 是股息，K 是贴现率，NI 是净收益，i 是利率，D 是债务，T 是税率，那么

$$S = \frac{D}{K} = \frac{NI}{K} = \frac{(EBIT - iD)(1 - T)}{K}。$$

根据MM定理的假定条件，$T = 0$，所以

$$S = \frac{EBIT - iD}{K}。$$

假定在套利发生以前，两个厂商的贴现率相同，$K_a = K_b = 10\%$，那么

厂商B的股票的价值 $(S_b) = \dfrac{EBIT - iD}{K_b} = \dfrac{900000 - 0}{0.10}$

$$厂商 B 的总市场价值 (V_b) = D_b + S_b = 0 + 9000000 = 9000000;$$

$$厂商 A 的股票的价值 (S_a) = \frac{EBIT - iD}{K_a}$$

$$= \frac{900000 - 7.5\% \times 4000000}{0.10}$$

$$= 6000000,$$

$$厂商 A 的总市场价值 (V_a) = D_a + S_a$$

$$= 4000000 + 6000000$$

$$= 10000000。$$

厂商 A 的市场价值超过了厂商 B 的市场价值。假定某投资者拥有 10% 的厂商 A 的股份,这些股份的市场价值是 600000 美元 ($=10\% \times 6000000$)。该投资者可以卖出这些股份得到 600000 美元,再借入相当于厂商 A 的债务的 10% 的资金 400000 美元 ($=10\% \times 4000000$),然后买入 10% 的厂商 B 的股份 900000 美元 ($=10\% \times 9000000$),并且把剩余的 100000 美元 ($=1000000 - 900000$) 按照 7.5% 的利率贷放出去。在按贴现率 ($K_a = K_b = 10\%$) 发放股息的条件下,该投资者过去和现在的收入情况如下:

$$过去的收入 = 600000 (持有 10\% 厂商 A 的股份) \times 10\%$$
$$= 60000 (美元),$$

$$现在的收入 = 900000 (持有 10\% 厂商 B 的股份) \times 10\%$$
$$- 400000 \times 7.5\% (借入资金支付的利息)$$
$$+ 100000 \times 7.5\% (贷放资金支付的利息)$$
$$= 67500 (美元)。$$

如果投资者都这样进行投资,厂商 A 的股份的价格将下降,厂商 B 的股份的价格将上升,直到这两个厂商的市场价格相等为止。

然而,经济学家们认为,MM 定理忽略了下述因素:第一,破产的风险。在债务比率提高的情况下,破产的风险增加,所以债务和股份的比例不是无关紧要的,厂商将会限制借款规模。第二,税收影响。按照税收制度,利息是由债权人缴税,利润则由股东缴税。假定其他条件不变,举债对厂商更有吸引力。第三,经理激励。在担负债务的情况下,经理会感觉有压力,因而会努力提高效率。但是,债务仍有适度规模的问题。债务过轻,经理压力不大,有可能出现资源浪费的情况;债务过重,经理为生存而努力,有可能造成经营的混乱。因此,厂商对融资结构仍存在选择的问题。

三、企业委托-代理问题

在企业里，股东或业主不可能了解经理或工人所做的一切事情，而股东或业主要监督经理或工人有效地工作需要承担很高的成本，这样就造成经理或工人掌握的信息多于股东或业主这种信息不对称的情况，从而产生委托-代理问题。

在就业安排中，一个人的福利取决于另一个人的雇用，代理关系就存在了。代理人是行为人，而委托人是授权于行为人的人。具体地说，在股东和经理的关系里，股东是委托人，经理是代理人；在业主和工人的关系里，业主是委托人，工人是代理人。在委托人和代理人的关系中，代理人的行为既会影响自身的利益，也会影响委托人的利益，但委托人具有支付报酬以及在必要时终止委托-代理关系的权力。另外，委托人不能直接监督代理人的具体行为，但代理人也不能控制他所选择的行为的最终结果。由于信息不对称和监督成本较高，尽管存在风险，代理人的行为仍有可能与委托的目标不一致，这就是委托-代理问题。

就私人企业来说，大多数股东都只持有很小比例的公司股份，对于他们来说，要搜集和使用信息的代价是很高的，他们很难掌握经理干得如何的信息。这样，大多数公司实际上被经理阶层所控制。由于股东对经理缺乏有效的监督，信息是不对称的，经理们的行为有可能与股东的目标不一致。例如，股东的目标是利润最大化，经理们则可能追求企业的增长和市场份额，从而使自己拿到更多的奖金；或者追求他们的权力、他们的工作保障、他们所得到的尊重等。虽然经理们可以选择他们的行为，但他们不能控制他们行为的最终结果。如果经理们偏离股东目标太远，股东们会要求董事会减少经理的薪金或者撤换经理。这就是私人企业的委托-代理问题。

对于公共企业来说，企业的所有者是政府，企业的经营者是经理，由于政府对经理监督的成本很高，同样产生信息不对称的问题。经理们关心的可能是他们的权力或奖金，而不是公共利益，从而与政府的目标发生偏离。但是，经理行为也不能偏离政府目标太远，政府设有有关机构对经理进行监督。另外，政府也可以撤换经理。这就是公共企业的委托-代理问题。

要解决委托-代理问题，必须建立代理人为委托人的目标工作的激励机制。激励制度的设计，就是解决委托-代理问题的方法之一。

假设一个业主雇用一个工人制造手表，这个工人可以付出较少的努力，也可以付出较多的努力。在这个工人付出的努力为一定的条件下，由于存在各种随机因素，他创造的利润也是不一样的。如果把付出不同的努力划分为不努力和很努力，把随机因素的影响划分为坏运气和好运气，这个工人创造利润的情况如表6.1所示。在表中，a 表示努力的系数。这就是说，工人的努力会造成闲暇的损失和精力与体力的付出，因而产生一定的成本，假设很努力的成本是10000美元，那么工人的努力成本 $c = 10000a$，即工人在不努力时成本为零，很努力时成本为10000美元。

现在再从业主的角度来考虑委托-代理问题。在利润不确定和工人的行为无法有效监督的条件下，业主必须建立有效的激励机制以使工人的行为符合业主利润最大化的目标。假定业主设计了下述奖励计划：如果工人不努力，奖励工资为零；如果工人很努力，奖励工资为12000美元。

表6.1　制造手表的利润

单位：美元

努力程度	坏运气	好运气
不努力（$a=0$）	10000	20000
很努力（$a=1$）	20000	40000

按照这样的安排，工人在不努力的情况下奖励工资为零，业主在好运气和坏运气概率相同的情况下利润是15000美元［=（10000+20000）÷2］。工人在很努力的情况下奖励工资为12000美元，在减去很努力成本10000美元后仍获得2000美元净报酬；业主在好运气和坏运气概率相同的情况下利润是30000美元［=（20000+40000）÷2］，净利润是18000美元（=30000-12000）。在实行这种奖金支付制度以后，工人的行为倾向于与业主的目标相一致。

除了奖金支付制度以外，业主还可以与工人签订利润分享合同。按照这个合同，工人分享的利润=工人生产的利润-18000美元。这样也可以达到与奖金支付制度同样的效果。

四、企业生产函数

生产函数（production function）表示商品的产出量和生产要素投入量之间的函数关系。如果用 X_1，X_2，$\cdots$，X_n 表示第一、第二、……、第 n 种生产要素的投入量，用 Y 表示某商品最大的产出量，那么这种商品的生产函数是：

$$Y = f(X_1, X_2, \cdots, X_n)。$$

例如，某汽车厂每天生产100辆汽车。为了生产这些汽车，它至少需要若干单位的原材料、工人劳动、机器设备等生产要素投入量。那么，100辆汽车和各种生产要素最小投入量之间的关系，或者汽车的最大产量和各种生产要素既定的投入量之间的关系，就是这个汽车厂在这个时期里的生产函数。

关于生产函数的概念应注意两个问题：一是生产函数取决于技术水平。如果技术水平提高了，用同样的生产要素投入量可以生产出更多的产量，生产函数将随之改变。二是要生产一定数量的商品，生产要素投入量的比例通常是可以变动的。例如劳动和机器设备的比例、一种材料和另一种材料的比例发生变化以后，仍然能够生产出同样数量的产品。

如果把生产要素分为劳动 L 和资本 C 两大类，那么生产函数可以表达为 Y = f(L，K)。

五、柯布－道格拉斯生产函数

20 世纪 30 年代后期，美国经济学家柯布（C. W. Cobb）和道格拉斯（P. H. Douglas）根据美国 1899—1922 年制造业的统计资料，分析了这个期间劳动和资本两大类生产要素对产量的影响，得到了柯布－道格拉斯生产函数：

$$Y = KL^{\alpha}C^{1-\alpha}。$$

式中：Y 表示产量；L 表示劳动投入量；C 表示资本投入量；K 是正的常数；α 是小于 1 的正数。

柯布和道格拉斯的分析表明，制造业产量的增长大约 3/4 是劳动的贡献，其余 1/4 是资本的贡献。

第二节　边际产量递减规律

一、总产量、平均产量和边际产量

总产量（TP）是投入一定量的生产要素以后所得到的产出量的总和。

平均产量（AP）是平均每单位生产要素投入量的产出量。如果用 Q 表示生产要素的投入量，那么 $AP = \dfrac{TP}{Q}$。

边际产量（MP）是增加或减少 1 单位生产要素投入量所带来的产出量的变化。如果用 ΔTP 表示总产量的增量，用 ΔQ 表示生产要素的增量，那么 $MP = \dfrac{\Delta TP}{\Delta Q}$。

在其他条件不变的情况下，如果保持其他生产要素投入量不变而使某一种生产要素连续增加，那么总产量、平均产量和边际产量将表现出类似于表 6.2 所表示的变化。把表中总产量、平均产量和边际产量随着生产要素投入量的增加而变化的情形用图像表现出来，便得到图 6.1。图中横轴表示某生产要素投入量，纵轴表示产量，TP，AP 和 MP 分别是总产量、平均产量和边际产量曲线。

表 6.2　具有一个变动生产要素的生产函数

某生产要素投入量（Q）	总产量（TP）	平均产量（AP）	边际产量（MP）
1	100	100	100
2	220	110	120
3	270	90	50
4	300	75	30
5	320	64	20
6	330	55	10
7	320	46	-10
8	300	38	-20

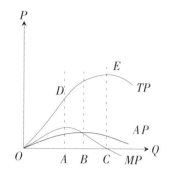

图 6.1　总产量、平均产量和边际产量的变化

三条产量曲线既互相区别也互相联系：

第一，总产量、平均产量和边际产量的变化有一个共同的特点：随着生产要素投入量的增加，它们都先趋于上升，然后到达最高点，最后趋于下降。

第二，在 OA 表示的生产要素变化范围内，总产量以增量递增的形式增加，平均产量和边际产量不断增加。当总产量到达 D 点时，增量由递增变为递减，平均产量继续增加，边际产量达到最大值。

第三，在 AC 表示的生产要素变化范围内，总产量以增量递减的形式增加，平均产量继续增加到最大值，然后开始减少；边际产量不断减少。当总产量到达 E 点时，增长比率等于零，总产量达到最大值。这时平均产量继续减少，边际产量等于零。

第四，在 C 的右方表示的生产要素变化范围内，总产量、平均产量和边际产量全部趋于减少。

第五，边际产量曲线通过平均产量曲线的最高点。当最后增加 1 单位生产要素所增加的产量即边际产量大于过去全部生产要素的平均产量时，包括增加的产量在内的新的平均产量必然大于原来的平均产量，这意味着平均产量上升。相反，当最后增加 1 单位生产要素所增加的产量即边际产量小于过去全部生产要素的平均产量时，包括增加的产量在内的新的平均产量必然小于原来的平均产量，这意味着平均产量减少。既然边际产量曲线位于平均产量曲线的上方时平均产量曲线上升，位于平均产量曲线的下方时平均产量曲线下降，那么，边际产量曲线将在平均产量曲线的最高点与平均产量曲线相交。假定变化前后的平均产量分别是 $\frac{TP}{Q}$ 和 $\frac{TP'}{Q'}$，边际产量是 $\frac{\Delta TP}{\Delta Q}$。当 $\frac{\Delta TP}{\Delta Q} > \frac{TP}{Q}$ 时，$\frac{TP + \Delta TP}{Q + \Delta Q}$

$> \frac{TP}{Q}$,所以 $\frac{TP'}{Q'} > \frac{TP}{Q}$;当 $\frac{\Delta TP}{\Delta Q} < \frac{TP}{Q}$ 时,$\frac{TP + \Delta TP}{Q + \Delta Q} < \frac{TP}{Q}$,所以 $\frac{TP'}{Q'} < \frac{TP}{Q}$。因此,边际产量曲线一定通过平均产量曲线的最高点。

在现代西方经济学中,通常把产量的变化划分为三个阶段。例如在图 6.1 中,第一阶段从 O 到 B,以平均产量曲线的最高点为界限。第二阶段从 B 到 C,以总产量达到最大值为界限。第三阶段是 C 以后的阶段。这种划分方法的意义在于:由于第一阶段固定的生产要素投入量过多而在第三阶段变动的生产要素投入量过多,厂商常常选择第二阶段中的某一产量水平。例如,在完全竞争的条件下,如果厂商的产量处于第一阶段,因为增加生产要素投入量可以使产量以更大的比例增加,所以厂商决不会停留在这个阶段而至少把产量推进到第一和第二阶段的分界处。但是,当厂商继续把产量增加到第二和第三阶段的分界处时,总产量达到最大。这时,他决不会再跨前一步。如果他把产量推进到第三阶段,增加生产要素投入量反而减少产量。

二、边际产量递减规律

边际产量递减规律(the law of diminishing marginal product)是指在其他生产要素保持不变的条件下,如果连续地增加某种生产要素的投入量,那么到达某一点以后,总产量的增量即边际产量是递减的。

边际产量递减规律要发生作用必须具有三个前提条件:第一,生产要素投入量的比例是可变的。这就是说,在保持其他生产要素不变而只增加某种生产要素投入量的时候,边际产量才发生递减。如果各种生产要素投入量按原比例同时增加,边际产量不一定递减。第二,技术水平保持不变。如果技术水平提高了,在保持其他生产要素不变而增加某种生产要素时,边际产量不一定递减而有可能递增。第三,所增加的生产要素具有同样的效果。如果增加的第二个单位的生产要素比第一个单位有更大的效率,那么边际产量不是递减而可能是递增。

在具备这三个条件的情况下,边际产量递减规律所以发生作用,其原因在于保持不变的生产要素和不断增加的生产要素,存在一个能够使它们都发挥最大效率的最优组合。在没有达到最优组合以前,变动的生产要素相对于固定的生产要素来说还少,因而增加变动的生产要素可以使它们的效率得到更充分的发挥,这时边际产量是递增的。但是从达到最优组合开始,如果再继续增加变动的生产要素,变动的生产要素相对于固定的生产要素来说就太多,因而边际产量递减规律发生作用。

第三节 规模报酬的变化

如果撇开其他生产要素不变而只增加某种生产要素投入量这个前提条件，转而考察当全部生产要素投入量按原有比例同时增加时对产量的影响，问题就从边际产量转为规模报酬（returns to scale）。

产量和规模之间的关系可以划分为下述三种情形：一是规模的报酬递增。这意味着如果全部生产要素投入量增加1倍，产量将增加1倍以上。二是规模的报酬不变。这意味着如果全部生产要素投入量增加1倍，产量也增加1倍。三是规模的报酬递减。这意味着如果全部生产要素投入量增加1倍，而产量的增加少于1倍。厂商在扩大生产规模时，一般是依次经过规模报酬递增阶段、规模报酬不变阶段，再到达规模报酬递减阶段。

规模报酬递增的原因主要是生产专业化。

首先，在生产规模扩大时，可以使用专用的设备、自动化的生产线等，从而提高生产率。其次，在生产要素同时增加的时候，还可以提高劳动专业化的程度。例如，假定原来一个工人使用一台车床生产10种零件。当工人和车床的数量同时增至10倍时，如果让一个工人使用一台车床专门生产一种零件，工人的熟练程度将提高，更换刀具和材料的时间将更节省，产量的增加肯定大于10倍。

当规模扩大到生产专业化的好处得到充分利用，生产要素的效率得到充分发挥的时候，规模报酬到达不变阶段。这时，生产要素增加1倍，产量也大致增加1倍。但是，如果规模继续扩大，那么到一定程度以后，规模报酬将递减。

规模报酬递减的原因是规模过大所产生的协调上的困难。例如，当厂商的规模不是很大时，管理人员可以及时地解决各种问题和协调各种活动。但是当厂商的规模十分巨大时，管理和指挥系统将十分庞杂。一些重要的问题只能一级一级地经过指挥系统才能反映给决策者，决策者的决定也要一级一级地经过指挥系统才能传达到作业单位。这样往往会贻误时机，造成规模的报酬递减。

第四节 最小成本原则

一、生产要素的边际替代率

生产要素的边际替代率（marginal rate of substitution）是指在产量不变的条件下，当某种生产要素增加1单位时，另一种生产要素所减少的数量。假定有 X，Y 两种生产要素，它们是可以相互替代的。如果用 ΔY 表示生产要素 Y 变化的数量，用 ΔX 表示生产要素 X 的增量，用 MRS_{xy} 表示以生产要素 X 代替 Y 的边际替代率，那么，

$$MRS_{xy} = \left|\frac{\Delta Y}{\Delta X}\right|。$$

例如，在洗衣机的生产上，铝和钢这两种材料在一定的范围内可以相互替代。如果在产量不变的前提下，增加 1 单位铝可以减少 2 单位钢，那么以铝代钢的边际替代率等于 2。

当代西方经济学家认为，如果不断地增加一种生产要素以代替另一种生产要素，那么在产量不变的条件下，1 单位这种生产要素所能代替的另一种生产要素的数量将不断减少。这就是说，生产要素的边际替代率是递减的。

生产要素的边际替代率递减是边际产量递减规律造成的。1 单位生产要素 X（ΔX）所以能代替若干单位生产要素 Y（ΔY），是因为生产要素 X 的增加带来的产量增量（MP_x）正好等于生产要素 Y 的减少所带来的产量减量（MP_y）。$\Delta X \cdot MP_x = |\Delta Y| \cdot MP_y$。所以，用生产要素 X 代替 Y 以后，产量没有变化。但是，根据边际产量递减规律，当一种生产要素的投入量不断增加的时候，它的边际产量将递减。因此，当生产要素 X 不断增加的时候，它的边际产量（MP_x）不断减少。这时，在产量不变的前提下，1 单位生产要素 X 所能代替的生产要素 Y 的数量减少了。

等式 $\Delta X \cdot MP_x = |\Delta Y| \cdot MP_y$ 可以写成 $\frac{|\Delta Y|}{\Delta X} = \frac{MP_x}{MP_y}$。所以，以生产要素 X 代替 Y 的边际替代率可以写成 $MRS_{xy} = \frac{MP_x}{MP_y}$。

只要生产要素是可以相互替代的，每两种生产要素之间都存在边际替代率。

二、等产量曲线

等产量曲线（isoguants lines）表示用曲线上的点所表示的生产要素组合可以生产出同样的产量。

例如，表 6.3 说明某厂商在生产 100 台电冰箱时可以选择的生产要素 X 和 Y 的组合。这就是说，如果不用生产要素 X 的话，他要用 10 单位生产要素 Y；如果不用生产要素 Y 的话，他要用 5 单位生产要素 X。同时，他也可以既用生产要素 X 也用生产要素 Y。但是，不论厂商选择哪一个生产要素的组合，他所得到的产量是一样的。依照等产量表作图，可以得到如图 6.2 所示的等产量曲线。图中横轴表示生产要素 X，纵轴表示生产要素 Y，IQ 表示能够用不同的生

产要素组合生产同一数量产品的等产量曲线。

表6.3 等产量表

生产要素 X	生产要素 Y
0	10
1	6
2	3
3	1
4	$\frac{1}{4}$
5	0

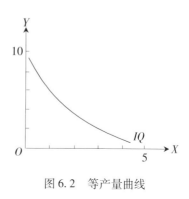

图 6.2 等产量曲线

等产量曲线具有下述性质：

第一，生产要素 X 的投入量越多，生产要素 Y 的投入量就越少，等产量曲线向右下方倾斜，它的斜率一定是负数。

第二，等产量曲线上任何一点的斜率的绝对值 $\left|\frac{\Delta Y}{\Delta X}\right|$ 等于在这一点上以生产要素 X 代替 Y 的边际替代率（MRS_{xy}）的绝对值。

第三，随着生产要素 X 的投入量增多，以生产要素 X 代替 Y 的边际替代率递减，即要用越来越多的生产要素 X 才能代替生产要素 Y，因而等产量曲线的右端几乎与横轴平行。同理，等产量曲线的左端几乎与纵轴平行。因此，等产量曲线凸向原点。

第四，在同一个坐标平面中，等产量曲线不可能相交。假如两条等产量曲线相交，这就意味着用交点表示的生产要素组合可以生产不同水平的产量，这是不可能的。

由于等产量曲线的几何特点与无差异曲线相似，它也被称为生产无差异曲线。但是等产量曲线和无差异曲线有着重大的区别。除了它们在内容上不同，即前者表示产量，后者表示等效用以外，它们在性质上也不同：前者是客观的，后者是主观的。

三、等成本曲线

等成本曲线（isocost lines）表示在生产要素价格为一定的条件下，花费一定的成本所能购买的生产要素组合。

例如，假定生产要素 X 和 Y 的价格分别为 60 美元和 30 美元，成本为 210 美元，那么利用这一定量的成本可以购买如表 6.4 所示的生产要素组合。把等成本表在图像上反映出来,便可得到图 6.3 中的等成本曲线 IL。

表 6.4 等成本表

生产要素 X	生产要素 Y
3.5	0
2.5	2
1.5	4
0.5	6
0	7

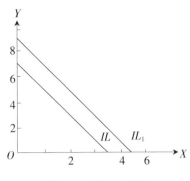

图 6.3 等成本曲线

由于成本为一定,如果用 x,y 分别表示若单独购买生产要素 X 或 Y 时所买到的数量,因 P_x 和 P_y 分别表示生产要素 X 和 Y 的价格,那么 $P_x \cdot x = P_y \cdot y$,即 $\dfrac{y}{x} = \dfrac{P_x}{P_y}$。所以,等成本曲线的斜率 $\left(\dfrac{y}{x}\right)$ 的绝对值等于生产要素 X 与 Y 的价格比率 $\left(\dfrac{P_x}{P_y}\right)$。例如,在上述例子里,单独购买生产要素 X 的成本 ($=60 \times 3.5$) 等于单独购买生产要素 Y 的成本 ($=30 \times 7$),等产量曲线的斜率 $\left(\dfrac{7}{3.5}\right)$ 等于生产要素 X 与 Y 的价格比率 $\left(\dfrac{60}{30}\right)$。

在生产要素价格和成本为一定的条件下,就有一定的等成本曲线。在生产要素价格不变的前提下,如果成本增加了,等成本曲线将向右上方平行移动。例如,在上面例子中的成本若增加至 270 美元,等成本曲线将从 IL 移向 IL_1。反之,等成本曲线将向左下方移动。

四、最小成本原则

利用等产量曲线和等成本曲线,可以求得用最小成本生产既定产量的最优生产要素组合。

在图 6.4 中,假定有三条等成本曲线 IL,IL_1 和 IL_2,它们分别表示 2.7 万、2.1 万和 1.5 万美元的成本。等产量曲线 IQ 代表 100 台电冰箱。等成本曲线 IL 与等产量曲线 IQ 相交,意味着用 2.7 万美元购买交点 A 和 B 所表示的生产要素组合可以生产 100 台冰箱。但是,2.7 万美元的成本并不是最小成本。从图中可以看到,当成本减少时,即当等成本曲线向左下方移动时,它仍然能与等产量曲线 IQ 相交。等成本曲线 IL_2 与等产量曲线 IQ 既不相交亦不相切,意味着 1.5 万美元的成本虽然最低,但用它生产不出 100 台冰箱。若要生产

100台电冰箱，还需要增加成本，亦即使等成本曲线 IL_2 向右上方移动。只有当等成本曲线和等产量曲线相切时，才能实现成本的最小化。因为等成本曲线稍微向右上方移动一点，成本将增加；稍微向左下方移动一点，则生产不出既定产量。所以切点表示的生产要素组合，是用最小成本生产出既定产量的最优生产要素组合。在这个例子里，最小成本是 2.1 万美元（IL_1），最优生产要素组合是 Ox 单位生产要素 X 和 Oy 单位生产要素 Y。

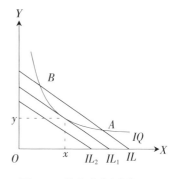

图6.4 最小成本原则

在等成本曲线和等产量曲线的切点上，两者的斜率相等，即 $\dfrac{P_x}{P_y} = \dfrac{MP_x}{MP_y}$ 或 $\dfrac{MP_x}{P_x} = \dfrac{MP_y}{P_y}$。因此，最小成本原则是两种生产要素的边际实物产量分别与各自的价格之比相等：

$$\frac{MP_x}{P_x} = \frac{MP_y}{P_y}。$$

如果把这个结果应用于多种生产要素，最小成本原则成为：

$$\frac{MP_x}{P_x} = \frac{MP_y}{P_y} = \frac{MP_z}{P_z} = \cdots。$$

第五节 成本决策原理的应用

成本决策原理对于厂商的经营管理具有重要意义。特别是随着线性规划的发展，数学分析手段更加完善，成本决策原理在西方国家得到了广泛的应用。

例如，假定一个农民用两种饲料 A 和 B 饲养牲畜。在每天的食谱中，三种营养物Ⅰ，Ⅱ，Ⅲ 必须不低于最低含量。在这些条件下，怎样配制饲料才能使成本为最小呢？

在图 6.5 中，横轴表示饲料 A 的数量，纵轴表示饲料 B 的数量。每头牲畜每天需营养物Ⅰ的最低含量，用 OF 磅饲料 A 或 OE 磅饲料 B 都可以达到。因此，EF 线表示不同的饲料 A 和饲料 B 的组合都可以提供营养物Ⅰ的最低含量。它的斜率表明饲料 A 含有

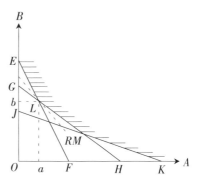

图6.5 最小成本的饲料组合

的营养物比饲料 B 丰富得多，仅仅使用数量 OF 的饲料 A 就能达到要使用数量为 OE 的饲料 B 才能达到的营养物 I 的最低含量。同样，GH 线和 JK 线分别表示可以达到营养物 II 和 III 最低含量的饲料 A 和 B 的组合。

粗线段 $ELMK$ 上的任何一点所表示的饲料 A 和 B 的组合，都可以满足三种营养物 I，II，III 的最低含量。但是，粗线段上除折角外的任何一点所表示的饲料组合，都正好达到某种营养物的最低含量，而超过了其余两种营养物的最低含量。这条线段近似于等产量曲线，线段上及右方都是最小成本的点的可能区域。

当饲料 A 和 B 的价格为已知时，等成本曲线的斜率就确定了。它等于饲料 A 的价格与饲料 B 的价格之比。相对于不同的成本，就有平行的等成本曲线。通过粗线段 $ELMK$ 最低点的等成本曲线，如图中的虚线 R 所表示的成本，是满足前提条件的最低成本，Oa 和 Ob 就是两种饲料的最优组合。因为每头牲畜每天对某种营养的摄取量和每种饲料每单位所含各种营养的不同分量都有实际资料，所以最低成本的饲料组合有实际的解。

当代西方经济学家认为，成本决策原理不仅可以应用于厂商的决策，而且还可以应用于其他领域的决策。

第 7 章　厂商的生产决策

第一节　厂商的成本

一、经济成本

在现代西方经济学中，经济成本（economic cost）是厂商使用生产要素时应该支付的代价。它包括明显成本（explicit cost）、隐含成本（implicit cost）和正常利润（normal profit）。

明显成本是厂商支付给外部资源所有者的成本。例如，厂商在进行生产的时候，他需要雇用劳动者，向别的厂商购买机器设备和原材料，向土地所有者租用土地，向银行借取贷款，等等。厂商对外部生产要素所有者所支付的报酬构成明显成本。

隐含成本是厂商使用自己拥有的部分资源时应该支付的成本。例如，厂商在生产过程中参加部分时间的劳动，或动用自己的资金购买机器设备和原材料，使用自己的土地建造厂房和仓库，等等。厂商对使用自己的资源应该支付的报酬构成隐含成本。

正常利润是厂商使用自己的资本金或股东的资本金所支付的成本。

现代西方经济学中的经济成本与会计成本是两个有所不同的概念。会计的成本概念不会涉及企业所有者参与劳动应该支付的报酬、使用企业所有者的自有资金应该支付的费用、把废气或废水排放到大气或河流中所引起的环境污染费用等，但这一切都是经济成本。例如，假定某个小企业在年末获得了22000美元的利润，但该企业的业主每周工作60个小时而没有领取工资。又假定该业主在别的企业里从事同样性质和数量的工作可以得到45000美元的收入。那么，从会计成本的角度来看，该企业是盈利的；从经济成本的角度来看，该企业是亏损的。

二、短期成本和长期成本

在短期内，某些生产要素投入量是固定的，厂商只能改变其他生产要素投入量来增加或减少产量。例如，在短期内，厂房设备是固定不变的。厂商只能在既定的厂房设备的生产能力范围内，通过增减工人和原材料的方法来改变产量。在短期内厂商从事生产所发生的成本称为短期成本。

在长期内，厂商有足够长的时间增购在短期里固定不变的生产要素。因此，任何生产要素投入量都将是可变的。在长期内厂商从事生产所发生的成本称为长期成本。

在短期和长期之间，没有确切的时间划分。但是短期成本和长期成本则有明显的区别：前者是在部分生产要素不变，部分生产要素可变的条件下付出的成本；后者是在所有生产要素均为可变条件下付出的成本。

三、总成本、平均成本和边际成本

总成本（TC）是生产某一特定数量产品所付出的成本总额。

短期总成本包括两部分：总固定成本（TFC）和总变动成本（TVC）。固定成本是不随着产量的变化而变化的成本。例如，贷款利息是一种固定成本。厂商在取得贷款时已承诺在一定时期内按商定的利率支付利息，在这期间不管是生产还是停产，是增产还是减产，厂商都要按期支付利息。除贷款利息外，保险费、财产税、厂房设备的折旧费和维修费、即使停产也要雇用的人员的工资等，都是固定成本。变动成本是随着产量变化而变化的成本。例如工人的工资、原材料和燃料的费用、营业税等，都是变动成本。

平均成本（AC）是平均每单位产量的成本。如果用 Q 表示产量，$AC = \dfrac{TC}{Q}$。因为短期总成本等于总固定成本和总变动成本之和，所以 $AC = \dfrac{TC}{Q} = \dfrac{TFC + TVC}{Q} = \dfrac{TFC}{Q} + \dfrac{TVC}{Q}$，即短期平均成本等于平均固定成本（$AFC$）和平均变动成本（$AVC$）之和。

边际成本（MC）是增加或减少 1 单位产量所导致的总成本的变化。如果以 ΔQ 表示产量的增量，以 ΔTC 表示总成本的增量，那么 $MC = \dfrac{\Delta TC}{\Delta Q}$。

第二节 厂商的成本函数

成本函数（cost function）表示成本和产量之间的函数关系。根据时期的不同，成本函数分为短期成本函数和长期成本函数。

一、短期成本函数

表 7.1 表明了平均成本、平均固定成本、平均变动成本和边际成本随着产

量变化而变化的一般趋势。

表 7.1 成本表

某商品产量 (Q)	平均成本 (AC)	平均固定成本 (AFC)	平均变动成本 (AVC)	边际成本 (MC)
1	190.00	100.00	90.00	90
2	135.00	50.00	85.00	80
3	113.33	33.33	80.00	70
4	100.00	25.00	75.00	60
5	94.00	20.00	74.00	70
6	91.67	16.67	75.00	80
⋮	⋮	⋮	⋮	⋮

根据成本表作图，可得到图 7.1 中的平均成本曲线、平均固定成本曲线、平均变动成本曲线和边际成本曲线。各条曲线的特点如下：

（1）平均固定成本曲线是向右下方倾斜的曲线。平均固定成本是平均每单位产量付出的总固定成本。在短期内，固定成本保持不变。因此，随着产量的增加，每单位产量分摊到的固定成本持续减少，即平均固定成本趋于下降。

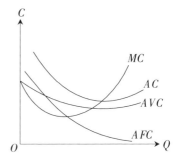

图 7.1 成本曲线

（2）平均变动成本曲线是 U 形曲线。平均变动成本是平均每单位产量付出的总变动成本。在生产过程中，固定生产要素和变动生产要素之间存在着一个最优的组合。当开始增加变动生产要素以增加产量时，由于变动生产要素逐渐趋向与固定生产要素相配合所需要的最优数量，每单位变动生产要素所带来的产量逐渐增加，即平均变动成本趋于减少。但是，到达了固定生产要素和变动生产要素的最优组合以后，如果还继续增加变动生产要素以增加产量，两种生产要素的配合就变得不适当了。这时每单位变动生产要素带来的产量逐渐减少，所以平均变动成本到达一定点后将趋于上升。

（3）平均成本曲线是 U 形曲线。平均成本等于平均固定成本与平均变动成本之和，所以平均成本的变化由平均固定成本和平均变动成本的变化构成。当产量从零开始增加的时候，平均固定成本和平均变动成本趋于下降，所以平均成本也趋于下降。但是，当产量继续增加的时候，虽然平均固定成本仍在下降，但由于变动生产要素的使用量越来越大，平均变动成本与平均固定成本相比在平均成本中的比重越来越大，而平均变动成本到达一定点后将趋于上升，所以它或迟或早将抵销平均固定成本下降的影响而导致平均成本上升。

（4）边际成本曲线也是 U 形曲线。边际成本是增加单位产量所增加的总成本。但由于在短期内固定成本不变，所以增加 1 单位产量所增加的是总变动成本。与平均变动成本变化的原因相似，在没有达到固定生产要素和变动生产要素的最优组合以前，增加变动生产要素可以使两种生产要素的效率得到更充分的发挥，因而产量是递增的，这时边际成本趋于下降。在达到固定生产要素和变动生产要素的最优组合以后，固定生产要素的潜力殆尽，增加变动生产要素所带来的产量发生递减，所以边际成本趋于上升。这意味着边际成本递增是由边际产量递减造成的。

（5）边际成本曲线一定在平均成本曲线和平均变动成本曲线的最低点与它们相交。从图 7.1 可以看到，边际成本曲线和平均成本曲线之间的关系无非有三种情况：一是边际成本小于平均成本，即边际成本曲线位于平均成本曲线的下方；二是边际成本大于平均成本，即边际成本曲线在平均成本曲线的上方；三是边际成本等于平均成本，即边际成本曲线和平均成本曲线相交。

在第一种情况下，因为增加 1 单位产量所增加的成本小于这时候的平均成本 $\left(\dfrac{\Delta TC}{\Delta Q} < \dfrac{TC}{Q}\right)$，所以增加这个单位产量后的平均成本 $\left(\dfrac{TC'}{Q'} = \dfrac{TC + \Delta TC}{Q + \Delta Q}\right)$ 一定小于原来的平均成本 $\left(\dfrac{TC}{Q}\right)$。这意味着只要边际成本曲线位于平均成本曲线下方，平均成本曲线一定是下降的。

在第二种情况下，增加 1 单位产量所增加的成本大于这时候的平均成本 $\left(\dfrac{\Delta TC}{\Delta Q} > \dfrac{TC}{Q}\right)$，所以增加这个单位产量以后的平均成本 $\left(\dfrac{TC'}{Q'} = \dfrac{TC + \Delta TC}{Q + \Delta Q}\right)$ 一定大于原来的平均成本 $\left(\dfrac{TC}{Q}\right)$。这意味着只要边际成本曲线位于平均成本曲线的上方，平均成本曲线一定上升。

既然当边际成本曲线在平均成本曲线下方时平均成本曲线一定下降，当边际成本曲线位于平均成本曲线上方时平均成本曲线一定上升，而平均成本曲线又是 U 形曲线，那么边际成本曲线与平均成本曲线唯一可能的交点只能是平均成本曲线的最低点。

短期边际成本与固定成本无关，增加 1 单位产量所增加的成本是总变动成本。根据上述分析，边际成本曲线也一定在平均变动成本曲线的最低点与它相交。

二、长期成本函数

在长期里,厂商有足够的时间扩大生产规模以增加产量,因而一切成本都是可变的。

假定某厂商原生产规模较小,后来逐渐扩大生产规模以增加产量。如图7.2所示,在横轴表示产量、纵轴表示成本的坐标系中,厂商选择了五种生产规模。$AC-1$是在最小规模条件下的短期平均成本曲线,$AC-5$是在最大规模条件下的短期平均成本曲线。在这五条短期平均成本曲线中,$AC-3$既低于$AC-1$和$AC-2$,也低于$AC-4$和$AC-5$。在当代西方经济学

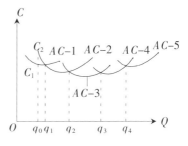

图7.2 长期平均成本曲线(1)

家看来,这是规模报酬变化所造成的后果。在规模较小时,扩大规模能够产生规模节约,使规模扩大1倍所带来的产量增量不止1倍,因而平均成本趋于下降。但是当规模扩大到一定程度后,过大的规模产生了协调困难的问题,规模扩大1倍所带来的产量小于1倍,即平均成本趋于上升。

从图7.2中可以看到,如果厂商准备生产Oq_1范围的产品,他将选择第一种生产规模,因为在这种规模中进行生产,他付出的成本最低。例如,当产量为q_0时,若选择第一种规模,厂商付出的成本是q_0C_1。但若选择第二种生产规模,他将付出q_0C_2的成本。当产量增至q_1到q_2的范围时,厂商在第二种规模中进行生产,成本最低。同理,要生产q_2q_3,q_3q_4和高于q_4的产量,厂商将分别选择第三、四、五种生产规模。

既然厂商在长期里可以调整生产规模,他将按不同的产量水平来选择不同的生产规模,以使他付出的成本最小。因此,能够用最低的成本来生产不同数量产品的短期平均成本曲线构成了长期的平均成本曲线,如图7.3中粗线所示。

从理论上说,厂商能够选择的生产规模不止五种,而是有无限多种。这就是说,任何产量变化都会引起适合这一变化的规模的变化。因此,短期平均成本曲线是无限的。由最低的短期平均成本所构成的长期平均成本曲线,就是无数短期平均成本曲线的切线,如图7.3中LAC所示。因为长期成本曲线不是一条水平线,而是一条U形曲线,所以长期平均成本曲线不可能在短期平均成本曲线的最低点和它相切;当长期平均

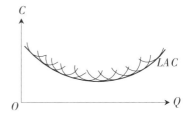

图7.3 长期平均成本曲线(2)

成本下降时，长期平均成本曲线在短期平均成本曲线最低点的左边和它相切；当长期平均成本上升时，长期平均成本曲线在短期平均成本曲线最低点的右边和它相切；只有在长期平均成本曲线的最低点，它才与短期平均成本曲线的最低点相切。在几何学的意义上，长期平均成本曲线称作短期平均成本曲线的包络曲线（envelope curve）。

与长期平均成本曲线相似，长期总成本曲线也是短期总成本曲线的包络曲线，如图7.4（A）所示。在长期里，一切成本都是可变的。所以当产量 Q 为零时，总成本等于零，长期总成本曲线经过原点。另外，在长期里，生产者可以选择生产规模，因而他可以用最低的成本去生产一定的产量。假定有三种生产规模，它们的短期总成本曲线用 STC_1，STC_2 和 STC_3 表示。当生产者的产量为 Oq_1 时，他一定选择成本最低的第一种生产规模，总成本为 q_1C_1。同样，当生产者的产量为 Oq_2 和 Oq_3 时，他将选择第二种和第三种生产规模，总成本为 q_2C_2 和 q_3C_3。如果时间可以缩短，规模可以细分，那么就有许多短期总成本曲线。它们的最低点构成了长期总成本曲线。从图中可以看到，长期总成本曲线和各短期总成本曲线相切，它是由这些切点所构成的。

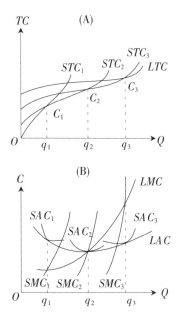

图7.4　长期总成本曲线和边际成本曲线

长期边际成本曲线与长期平均成本曲线和长期总成本曲线不同。边际成本在图像上表现为总成本曲线上各点的切线的斜率。在图7.4的 C_1 点上，短期总成本曲线 STC_1 的切线的斜率等于产量为 Oq_1 时的短期边际成本 SMC_1，长期总成本曲线 LTC 的切线的斜率等于产量为 Oq_1 时的长期边际成本 LMC。因为 C_1 点是 STC_1 和 LTC 的切点，所以 $SMC_1 = LMC$，短期边际成本曲线 SMC_1 和长期边际成本曲线 LMC 在产量为 Oq_1 时相交。同理，短期边际成本曲线 SMC_2，SMC_3 和长期边际成本曲线在产量为 Oq_2 和 Oq_3 时相交。另外，长期边际成本曲线 LMC 通过长期平均成本曲线 LAC 的最低点。短期边际成本曲线 SMC_1，SMC_2 和 SMC_3 也分别通过短期平均成本曲线 SAC_1，SAC_2 和 SAC_3 的最低点。

第三节 厂商的收益

在现代西方经济学中,收益是厂商出售产品所得到的收入。

收益可以划分为总收益、平均收益和边际收益。

总收益(TR)是厂商出售产品得到的全部收入。如果用 P 表示产品的价格,Q 表示产品的数量,则 $TR = P \cdot Q$。

平均收益(AR)是厂商平均出售每单位产品得到的收入。$AR = \dfrac{TP}{Q} = \dfrac{P \cdot Q}{Q} = P$。平均收益就是产品的价格。

边际收益(MR)是厂商增加或减少 1 单位产量所带来的总收益的变化。如果用 ΔTR 表示总收益的增量,用 ΔQ 表示产量的增量,则 $MR = \dfrac{\Delta TR}{\Delta Q}$。

在完全竞争的条件下,商品的市场价格对于个别厂商来说是既定的,他不可能改变市场价格而只能接受市场价格。例如,如果某厂商提高他的商品的价格,消费者将不购买他的商品而购买别的厂商的商品。所以,厂商增加 1 单位产量所增加的收益只能是这个单位产量的价格即平均收益。这就是说,平均收益和边际收益总是相等并且保持不变,如表 7.2 所示。按照表 7.2 的数据,在以横轴表示数量、纵轴表示价格或收益的坐标系中作出总收益、平均收益和边际收益的图像,得到的总收益曲线是经过原点、以价格为斜率的直线,平均收益曲线(AR)则与边际收益曲线(MR)重合并且是水平的,如图 7.5 所示。

表 7.2 平均收益和边际收益

产量 (Q)	价格 ($)	总收益 ($)	平均收益 ($)	边际收益 ($)
1	200	200	200	200
2	200	400	200	200
3	200	600	200	200
4	200	800	200	200

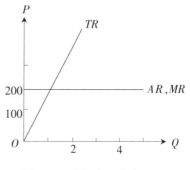

图 7.5 平均收益曲线和边际收益曲线

第四节 最大利润原则和供给曲线

一、供给曲线的形成

厂商在决定生产多少商品时，他总是比较出售 1 单位商品所得到的收益和生产这个单位商品所付出的成本，也就是比较边际收益和边际成本。如果边际收益大于边际成本，厂商将增加产量。虽然随着产量的增加，边际成本趋于上升，在边际收益不变的条件下，增加 1 单位产量所增加的利润比以前少了，但是他的总利润却有所增加。当厂商把产量增加到边际收益等于边际成本的水平时，厂商把可能得到的利润都得到了，这时厂商的利润达到最大化。如果厂商还继续增加产量，那么边际成本继续上升，边际收益将小于边际成本，即厂商增加 1 单位产量所带来的收益还不足以弥补生产这个单位产量所付出的成本。这时厂商的利润将减少。因此，厂商获得最大利润的原则是边际收益等于边际成本（$MR=MC$）。在完全竞争条件下，由于平均收益（价格）和边际收益是一致的，最大利润原则也可以表述为价格等于边际成本（$P=MC$）。

利润最大化原则是支配着供给函数的规律。它说明为什么一种商品的供给量会随着价格的上升而增加，或随着价格的下降而减少。

参看图 7.6。图中横轴表示某商品数量，纵轴表示商品价格；MC 和 AVC 分别表示边际成本曲线和平均变动成本曲线；p 表示价格曲线，即平均收益曲线和边际收益曲线。

边际成本曲线与平均变动成本曲线交于 D 点。这一点称为停止营业点。前述成本分析表明，在短期内，厂商的成本分为固定成本和变动成本。固定成本不因产量的变化而变化，变动成本则随着产量的变化而变化。当厂商停止

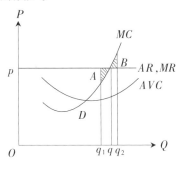

图 7.6 厂商的供给曲线

生产时，他不需要支付变动成本，但必须照付固定成本。因此，从理论上分析，当价格低于平均成本但高于平均变动成本时，虽然厂商处于亏损状态，但为了弥补部分固定成本，他将继续生产。但是当价格等于平均变动成本时，厂商不论生产与否都不能补偿固定成本，因而厂商到了停止营业的界限。当价格低于平均变动成本时，厂商如继续生产，将不但不能弥补固定成本，而且连一部分变动成本也不能弥补。因为停止生产所受到的损失只是应该支付的固定成本，所以厂商一定停产。因此，要使厂商继续生产，价格必须大于或等于 D 点所表示的最低的平均变动成本。

应该指出，上面关于停止营业点的分析是在全部固定成本均为沉没成本的假定下进行的。沉没成本（sunk cost）是指已经付出并且不能收回的成本。如果固定成本中某一部分在厂商停产以后可以收回，那么，在商品价格高于平均变动成本的情况下厂商也会停产。

在停止营业点以上，厂商将按照价格等于边际收益的最大利润原则安排生产。例如，当价格等于 Op 时，厂商将提供 Oq 的商品。如果厂商的产量是 Oq_1，那么由于价格高于边际成本，他没有生产足以取得最大利润的产量，因而他将损失如阴影部分 A 所表示的利润。如果厂商的产量是 Oq_2，他将发生如阴影部分 B 所表示的亏损。因为厂商总是按利润最大化原则决定他的供给量，所以在不同的价格下都可以在边际成本曲线上找到相应的商品供给量。这就是说，边际成本曲线在停止营业点 D 以上的部分便构成了表示商品的价格和供给量之间关系的厂商的供给曲线。把各个厂商的供给加总起来，就可以得到在市场上这种商品的供给曲线。

二、生产者剩余

生产者剩余（producer surplus）是指生产者在生产一定数量的某种商品时得到的总价格大于他所支付的总成本之间的差额。

如图 7.7 所示，图中的曲线 S 是供给曲线。前面的分析表明，生产者的供给曲线实际上是他的边际成本曲线的一部分。因此，当生产者生产某种商品的数量是 Oq 时，他所支付的总成本是供给曲线 S 上 ab 以下的部分，即 $Oabq$ 的面积。但是，当生产者以 Op 的价格出售 Oq 数量的商品时，他所得到的总价格是 $Opbq$ 的面积。生产者得到的总价格（$Opbq$ 的面积）减去他所支付的总成本（$Oabq$ 的面积）之差，就是他的生产者剩余（apb 的面积）。

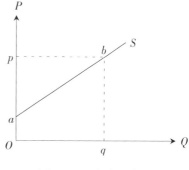

图 7.7　生产者剩余

从图 7.7 中可以看到，商品的价格越高，生产者剩余就越大。

三、最小成本原则和最大利润原则

应该指出，最大利润原则和最小成本原则并不是一致的。最小成本原则说明了对于某一特定产量来说如何使成本降到最低，但是这个产量不一定是使厂商获得最大利润的产量。在这个产量水平上，如果边际收益大于边际成本，厂商仍需增加产量才能得到最大利润。这就是说，在各种不同的产量水平上，按照最小成本原则都可以实现成本的最小化。但是只有唯一的一个产量水平，才能使厂商得到最大利润。因此，最小成本原则不是最大利润的充分条件。但是，当厂商实现了最大利润的时候，就这一产量水平来说成本一定是最小，也就是说最小成本原则必须得到满足。如果成本不是最小，那么利润肯定不是最大。所以最小成本原则是最大利润的必要条件。

这个结果还可以利用公式推导出来。最小成本原则是 $\frac{MP_x}{P_x} = \frac{MP_y}{P_y}$，最大利润原则是 $MR = MC$。在完全竞争条件下，使用生产要素的边际收益等于边际产量（MP_x 或 MP_y）与产品价格（P）的乘积，边际成本是生产要素的价格（P_x 或 P_y）。因此，最大利润原则可以写成 $MP_x \cdot P = P_x$ 和 $MP_y \cdot P = P_y$，或 $\frac{MP_x \cdot P}{P_x} = \frac{MP_y \cdot P}{P_y} = 1$。这意味着即使最小成本原则 $\left(\frac{MP_x}{P_x} = \frac{MP_y}{P_y}\right)$ 得到满足，最大利润原则 $\left(\frac{MP_x \cdot P}{P_x} = \frac{MP_y \cdot P}{P_y} = 1\right)$ 不一定能得到满足。最小成本原则不是获得最大利润的充分条件。但是，若把最大利润原则等式的两边同时除以产品价格 P，可得到 $\frac{MP_x}{P_x} = \frac{MP_y}{P_y} = \frac{1}{P}$，即生产要素的边际产量和它们的价格之比相等。这意味着最小成本原则是获得最大利润的必要条件。只有在生产要素的边际产量与它们的价格之比相等并且都等于产品价格的倒数的条件下，最小成本原则才正好与最大利润原则一致。

第五节　生产决策原理的应用

当代西方经济学家认为，在现实的厂商经营活动中，要确定增减 1 单位产量所带来的成本变化是困难的，但要计算增减批量产品所带来的成本变化则是可能的。因此，要利用生产决策原理来安排生产，可以用增量成本即增加批量所增加的成本取代边际成本，两者在数值上是近似的。

生产决策原理可以用于多方面的生产经营活动。例如，如何根据成本原理安排生产就是其中一个例子。假定某一厂商有两个车间，它们在不同的技术装备下生产同样的产品。这样，厂商将面临着这样一个问题：在短期内，在这两个车间之间如何安排生产，才能使生产一定量的产品所花费的总成本为最小。由于固定成本不变，总成本为最小意味着总变动成本为最小。

假如厂商根据经验统计资料，得到图 7.8 表示的两个车间的边际成本曲线。图中横轴表示产量，纵轴表示边际成本。车间 A 的边际成本曲线 MC_a 从左到右，车间 B 的边际成本曲线 MC_b 从右到左。两条边际成本曲线相交于 E 点。

厂商要使产量 OO_1 的总变动成本降到最低，他应该按照边际成本相等的原则安排生产，即让车间 A 生产 OQ 所示的产量，让车间 B 生产剩下的部分 O_1Q。如果让车间 A 生产超过 OQ 的产量如 OQ_1，那么车间 A 生产 QQ_1 的产量所需要的成本高于车间 B，结果总变动成本将增大；如果让车间 B 生产超过 O_1Q 的产量如 O_1Q_2，那么车间 B 生产 QQ_2 的产量所需要的成本高于车间 A，结果同样是总变动成本增大。因此，厂商按照 E 点来确定产量的配置，总变动成本为最小。

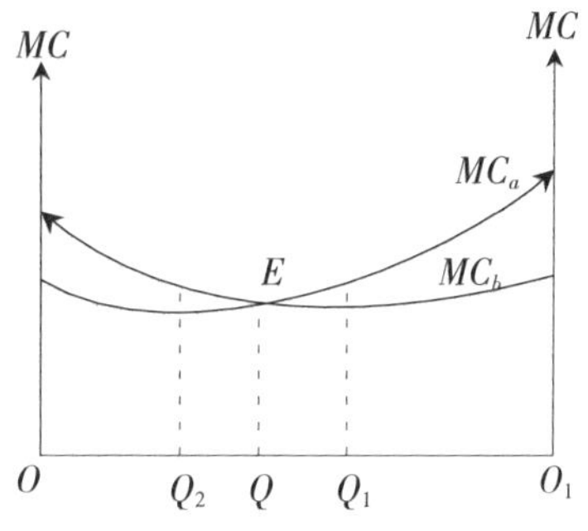

图 7.8　产量的配置

又如，当厂商准备生产一种新的产品时，利用生产决策原理可以进行盈亏分析，从而决定是否应该投产。

假定某厂商根据生产记录得到如表 7.3 所示的成本表。再假定它的产品价格是 1 美元。这个厂商就可以制作出如图 7.9 所示的盈亏分析图。图中横轴表示产量，纵轴表示总收益或总成本。直线 TR 表示总收益，即价格和产量的乘积。直线 TFC 表示总固定成本，它保持在 1000 美元的水平上。直线 TC 表示总成本，它与总固定成本之差等于总变动成本。直线 TR 和 TC 的交点称为盈亏平衡点（break-even point）。在盈亏平衡点上，产量是 2000 单位，总收益是 2000 美元，总成本也是 2000 美元，厂商得到了正常利润。从图中可以看到，当产量少于 2000 单位时，厂商将发生亏损；当产量大于 2000 单位时，厂商将得到超额利润。

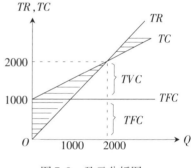

图 7.9　盈亏分析图

表 7.3　成本表　　　　　　　　　　　　　　　　单位：$

总产量 (Q)	总成本 (TC)	总固定成本 (TFC)	总变动成本 (TVC)	平均成本 (AC)	平均变动成本 (AVC)
0	1000	1000	0		
1000	1500	1000	500	1.50	0.50
2000	2000	1000	1000	1.00	0.50
3000	2500	1000	1500	0.83	0.50

盈亏分析的意义在于它以图表的形式明确地表示出企业所面临的选择。在这个例子里，这个厂商若要生产这种产品，它的目标产量必须是 2000 单位。如果从市场条件来看，销售量不可能达到 2000 单位，那么该厂商需要考虑是否投产这种产品。

第8章 厂商的价格决策

第一节 完全竞争条件下厂商的产量和价格决策

一、完全竞争

当代西方经济学家认为,一个完全竞争(perfect competition)的市场,应具备下述条件:

第一,有许多买者和卖者,他们之中任何一个人都不可能影响商品的价格。

第二,各个厂商生产的同类产品彼此之间没有差别。

第三,生产资源可以自由和迅速地流进或流出某一行业。

第四,买者和卖者对市场现状和可能的变化都有足够的知识。

二、完全竞争条件下厂商的收益

图8.1表明,在完全竞争的条件下,价格对于厂商来说是既定的,因而平均收益和边际收益总是相等,平均收益曲线和边际收益曲线重合并且同为水平线。在图中,价格 p 是市场价格,即在市场供给量和需求量相等时的均衡价格。而个别厂商的产量是均衡交易量中的一部分。这意味着在价格 p 下,消费者将全部购买厂商愿意提供的商品。因此,图

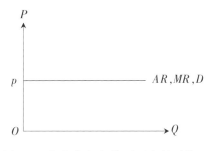

图8.1 完全竞争条件下厂商的平均
收益、边际收益和需求曲线

8.1中的平均收益曲线实际上表示消费者对这个厂商的产品的需求曲线 D。

三、厂商短期的产量决策

在完全竞争的条件下,厂商不能决定商品的价格,他只能按照市场价格决定他的产量。

要使厂商在短期内进行生产，最基本的条件是价格大于或等于平均变动成本（$P \geqslant AVC$），否则厂商将不会提供产品。在此前提下，厂商将根据价格等于边际成本的原则（$P = MC$）调整生产。对于厂商来说，它既是利润最大化原则，也是亏损最小化原则。

参看图 8.2。图中横轴表示商品数量，纵轴表示货币单位，AC，AVC 和 MC 分别是厂商的平均成本、平均变动成本和边际成本曲线。当价格等于 Op 时，厂商按照利润最大化原则（$P = MC$）把产量确定为 Oq。在这种情况下，厂商每单位产量的成本是 qc，收益是 qb，总成本是长方形 $aOqc$ 的面积，总收益是 $pOqb$ 的面积。因此，厂商获得了长方形 $pacb$ 的面积所表示的超额利润。

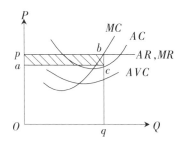 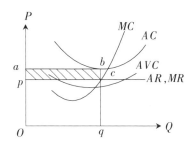

图 8.2　完全竞争条件下厂商短期的产量决策（1）　　图 8.3　完全竞争条件下厂商短期的产量决策（2）

再参看图 8.3。当价格为 Op 时，它虽然低于平均成本但高于平均变动成本，厂商按照亏损最小化原则（$P = MC$）将把产量确定为 Oq。$P = MC$ 所以是亏损最小化原则，是因为短期内厂商的固定成本是不变的，厂商增加 1 单位产量所增加的成本等于所增加的变动成本。这样，厂商把亏损减少到什么程度，取决于他在多大程度上补偿固定成本。当 $P > MC$ 时，厂商增加 1 单位产量所增加的收益大于他所增加的变动成本。这意味着厂商增加产量还能多弥补一点固定成本。因此厂商将继续增加产量并一直到 $P = MC$ 为止。

在 Oq 的产量水平上，厂商的总成本是长方形 $aOqb$ 的面积，总收益是长方形 $pOqc$ 的面积，厂商的亏损是长方形 $apcb$ 的面积。

不论厂商是获得超额利润还是发生亏损，只要价格高于平均变动成本，在短期内他都将继续生产。

四、厂商长期的产量决策

假定某厂商获得了超额利润。在追求利润的动机推动下，别的厂商将纷纷进入这个行业，从而使商品的供给增加，市场价格下降。只要超额利润不消失，别的厂商向这个行业的流动就不会停止，市场价格就继续趋于下降（如图 8.4 中 p_1 向 p 的移动）。

相反，假定厂商存在着亏损，这个行业的厂商将纷纷退出这个行业。结果商品的供给减少，市场价格上升。只要厂商的亏损不消失，这个行业的厂商向外流动就不会停止，市场价格就将继续上升（如图 8.4 中 p_2 向 p 移动）。

因此，只有在既没有超额利润又没有亏损的条件下，也就是价格曲线和长

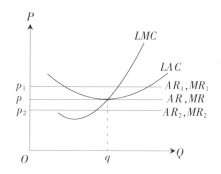

图 8.4　完全竞争条件下厂商长期的产量决策

期平均成本曲线 LAC 相切的时候，厂商不再进入或退出这个行业，价格达到了均衡。在均衡价格 Op 下，厂商按照最大利润原则（$P = MC$）把产量调整到价格曲线和长期边际成本曲线 LMC 相交时的产量 Oq（如图 8.4 所示）。价格曲线是水平线，它一定相切于长期平均成本曲线的最低点。另外，长期边际成本曲线也在长期平均成本曲线的最低点与它相交。所以，价格和产量长期均衡的条件是 $P = LAC = MR = LMC$。

第二节　垄断竞争条件下厂商的产量和价格决策

一、垄断竞争

垄断竞争（monopolistic competition）的市场存在下述特征：

第一，各厂商的产品存在着差别。产品差别指同类产品在商品本身存在的差别如质量、包装、牌子、商标等，或者是同类商品在销售条件的差别如卖者的地理位置、服务质量、交货的及时性和可靠性等。由于产品存在差别，各厂商都能够在一定程度上排除别的厂商的竞争，而处于一定的垄断地位。例如，香烟有多种牌子。由于人们对这些香烟有不同的偏好，生产不同香烟的厂商就各自具有一定的垄断因素。又如，销售位置对商品的价格和销售量也有影响。由于人们不愿意为购买一些普通的商品而花太多时间，因而地理位置越优越的商店，其垄断地位越强，它的价格和销售量可以高于其他商店。

第二，市场上有许多厂商，他们能较为自由地进入或退出某个行业。因此，即使存着产品差别，竞争仍然是不可避免的。例如，假定某厂商的产品在牌子、质量等方面都处于劣势，然而他不但可以通过降价与别的厂商进行价格竞争，而且还可以通过产品变异和广告与别的厂商进行非价格竞争。产品变异

指的是质量竞争,即厂商通过提高质量、改进包装、增加分量等方法进行竞争;广告是指厂商利用宣传来增强消费者对他的产品的偏好。

垄断和竞争并存是垄断竞争市场的基本特点。

二、垄断竞争条件下的平均收益和边际收益

在垄断竞争的条件下,由于产品存在差别,厂商不是仅仅接受价格而是可以影响价格。当厂商减少或增加产品数量的时候,因为消费者对他的产品的偏好是稳定的,他可以提高价格或只能降低价格。在这种情况下,厂商的平均收益和边际收益不再相等,也不再保持不变。

表 8.1 是厂商的平均收益和边际收益表。第一、二列表明在不同的价格下消费者愿意购买的商品数量,也就是在不同的价格下厂商可以提供的数量,它是消费者对厂商产品的需求表。第三列是平均收益。因为平均收益就是价格,所以它在数值上与第一列相同。第四列是边际收益,它是总收益($P \cdot Q$)的增量。从表 8.1 可以得到如图 8.5 所示的平均收益曲线 AR 和边际收益曲线 MR。

表 8.1 垄断竞争条件下的平均收益和边际收益

价格 $P(\$)$	数量 Q	平均收益 $AR(\$)$	边际收益 $MR(\$)$
10	1	10	10
9	2	9	8
8	3	8	6
7	4	7	4
6	5	6	2

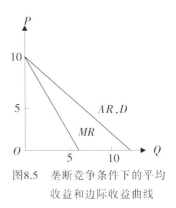

图8.5 垄断竞争条件下的平均收益和边际收益曲线

从表 8.1 和图 8.5 中都可以看到,平均收益和边际收益都趋于减少,而且边际收益总是小于平均收益。平均收益和边际收益趋于减少的原因是:随着商品数量的增加,价格不断下降,所以平均每单位产量的收益和增加 1 单位产量所增加的收益都减少了。平均收益总是大于边际收益的原因是:厂商如果要多出售 1 单位商品,那么全部商品都要降价,因此总收益的增量一定小于这时候的价格即平均收益。例如,当商品数量从 1 单位增加到 2 单位时,并不是第一单位按 10 美元出售,第二单位按 9 美元出售,而是两个单位都按 9 美元出售。这样,增加第二个单位以后,总收益增加了因多出售这个单位商品所增加的平均收益 9 美元,却减少了第一个单位商品因降价而损失的 1 美元。因此边际收益是 8 美元,少于平均收益。

另外，价格就是平均收益，第一、二列构成的需求表与第一、三列构成的平均收益表重合，即需求曲线 D 与平均收益曲线 AR 是同一条曲线。

三、垄断竞争条件下厂商短期的产量和价格决策

与完全竞争的情况不同，在垄断竞争条件下，厂商不是根据既定的价格来确定产量，而是要考虑到产量和价格之间的关系，作出产量和价格的决策。

在短期内，由于产品存在差别，厂商能够在一定程度上排除别的厂商的竞争，因此他可以获得超额利润。图 8.6 表明，厂商按照最大利润原则（MR = MC），把产量调整到边际收益曲线和边际成本曲线相交时的产量水平 Oq，再根据需求曲线 D 把价格确定在 Op 的水平上。从图中可以看到，厂商的平均成本是 qb，平均收益是 qc。这就是说，厂商总成本是长方形 Oabq 的面积，总收益是 Opcq 的面积，超额利润为 apcb 的面积。

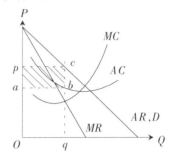

图 8.6 垄断竞争条件下厂商短期的产量和价格决策

四、垄断竞争条件下厂商长期的产量和价格决策

在长期里，虽然厂商的产品存在着差别，但并不能完全排除别的厂商的竞争，也不能排除其他厂商进入这个行业。由于这个厂商获得了超额利润，别的厂商将纷纷流入这个行业，结果供给不断增加。在这种情况下，新来的厂商发现，为了在竞争中生存下来，把商品价格降低一些是必要的。原有厂商也发现，要使产量维持在原来的水平，不能不降低商品价格。因此，平均收益曲线向下平行移动，边际收益曲线也随之向下移动，如图 8.7 所示。

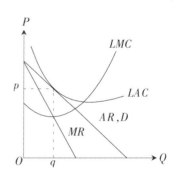

图 8.7 垄断竞争条件下厂商长期的产量和价格决策

当平均收益曲线向下移动到与平均成本曲线相切的时候，超额利润完全消失，别的厂商不再流入这个行业，价格 Op 达到均衡。同时，厂商把产量确定在边际收益曲线与长期边际成本曲线相交时的产量水平。所以，在长期里，厂商的产量和价格的均衡条件是：平均收益等于长期平均成本（AR = LAC）和边际收益等于长期边际成本（MR = LMC）。但是与完全竞争的情形同，平均收益、平均成本、边际收益和边际成本并不都相等。

五、垄断竞争和完全竞争的比较

许多当代西方经济学家认为,垄断竞争与完全竞争相比存在下述缺点:

第一,销售成本较高。垄断竞争厂商在产品变异和广告等方面展开的非价格竞争,造成了各种形式的浪费,如过多的广告费、过多的商品招牌、过分的装潢等。

第二,价格较高。在垄断竞争的条件下,向右下方倾斜的平均收益曲线是在平均成本曲线的下降部分与它相切的。切点所表示的均衡价格,高于完全竞争条件下呈水平线的平均收益曲线在平均成本曲线最低点与它相切所表示的价格。

第三,产量较低。垄断竞争厂商的产量在没有达到最低的平均成本以前就形成均衡,因而它的产量低于完全竞争条件下厂商的产量。

第三节 寡头垄断条件下厂商的产量和价格决策

一、寡头垄断

寡头(oligopoly)是指在市场上只有少数几个卖者,而且他们的产品很少差别或没有差别的情形。

在寡头垄断的条件下,由于只有少数几个厂商,他们产量的高低对价格有着影响:产量高则价格低,产量低则价格高。所以,寡头厂商的平均收益、边际收益曲线和垄断竞争条件下的情形相似,它们都向右下方倾斜,而且平均收益曲线位于边际收益曲线的上方。

二、共同改变价格条件下寡头厂商的产量和价格决策

在寡头垄断条件下,厂商生产几乎完全相同的产品。假如某厂商降低价格而其余厂商不作出反应,他们的销售量将受到严重损害。而如果其余厂商同样降低价格,结果是两败俱伤。因此,寡头厂商意识到他们的利益相互依赖,从而谋求共同的价格。

在共同改变价格的条件下,不论是短期还是长期,寡头厂商的产量和价格决策如图8.8所示。厂商将把产量调整到边际收益和边际成本相交时的水平

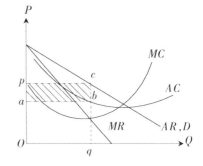

图8.8 寡头厂商的产量和价格决策

Oq，同时根据需求曲线把价格确定为 Op。厂商获得了超额利润。

三、单独改变价格条件下寡头厂商的产量和价格决策

假定某厂商单独改变价格，其余厂商会作出适当反应，结果将导致这个厂商需求曲线的变化。

参看图 8.9。图中 DD 是寡头厂商一起改变价格时某厂商的需求曲线，它相当于图 8.8 中的 D。dd 是这家厂商单独提高价格时的需求曲线。MR 和 mr 分别是对应于 DD 和 dd 的边际收益曲线。图中 c，q 点分别与图 8.8 中的 c，q 点相应。

假定均衡价格 qc 表示各寡头厂商认为最有利的价格。在价格 qc 以上，如果这家厂商单独提高价格，那么别的厂商将保持他们的价格不变，以争夺这家厂商的

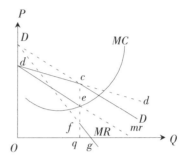

图 8.9 单独改变价格条件下寡头厂商的产量和价格决策

市场。在这种情况下，这家厂商的需求曲线不再是 Dc 曲线，而是有很大弹性的 dc 曲线。这意味着商品的需求量变得对价格的变化十分敏感，只要这家厂商提高价格，他的总收益将急剧减少。与需求曲线相应的边际收益曲线是 de。另外，在价格 qc 以下，如果这家厂商降低价格，那么别的厂商将同样降价以抵制这家厂商的竞争。由于寡头厂商共同改变价格，这家厂商的需求曲线是缺乏弹性的曲线 cD。这意味着共同降价虽然产量会增加，但总收益却会减少，到一定程度边际收益成为负数。

因此，不论是短期还是长期，在单独改变价格的情况下，厂商的需求曲线是折线 dcD，边际收益曲线是折线 $defg$。厂商将按照利润最大化原则把产量调整到 Oq，把价格确定为 qc。

折向的需求曲线表明，在寡头的条件下，厂商缺乏改变价格的刺激，因而价格是刚性的。厂商对于价格的态度，取决于估计他的对手将做什么和不做什么。

四、寡头厂商的准协议

在寡头垄断的条件下，少数几个厂商彼此难以战胜对方，因而将会产生相互依存和相互勾结的倾向。勾结的最普遍的形式是组成卡特尔（cartel），即厂商之间签订正式的协定来控制产量，分享市场和维持价格。但是在美国等一些西方国家里，组成卡特尔一般来说是非法的。因此寡头厂商往往采用心照不宣的勾结方法，即自觉地采取相似的行动。寡头厂商的这种行动称为缔结准协议

(quasi agreements)。

缔结准协议的方式有：

第一，实行价格领先制（price leadership）。它是指寡头厂商在没有公开勾结的情况下协调他们的价格。通常的情况是本行业最大的一个厂商率先宣布改变价格，其他厂商随之仿效。

第二，采取一致的定价方法。为了在同行业中形成稳定的价格格局，各寡头厂商采取统一的成本加成的定价方法，即在企业平均成本加上一定百分比的利润。如果各厂商的成本变化情况相似，这种定价方法使他们的价格一致。即便各厂商的成本变化情况不同，这种定价方法也可以使他们采取一致的行动。例如，当政府增减销售税时，各厂商都按相应百分比改变价格。

第三，制定限制性价格。如果寡头厂商经常获得高额利润，别的厂商有可能侵入这个行业。所以寡头厂商往往制定限制性价格，即预防新厂商进入的价格。在限制性价格下，寡头厂商用牺牲某些短期利润的方法来换取长期的较大利润。

与完全竞争下的厂商相比，寡头厂商和垄断竞争厂商同样存在着销售成本较高、价格较高和产量较低的问题。

五、囚犯的困境与寡头厂商的价格

近年来，西方经济学家们利用博弈论来分析寡头厂商的定价行为。博弈论（game theory）又称为对策论，是由出生在匈牙利的美国数学家纽曼（J. Neumann）开创的。关于博弈论的一个著名的例子是囚犯的困境。假定囚犯 A 和 B 分别被关押在不同的房间，彼此之间不能互通信息，他们被告知下述可能性：如果两个囚犯都坦白，将各被判入狱 5 年；如果两个囚犯都不坦白，将难以对他们提出有力的起诉而各被判入狱 2 年；如果 1 个囚犯坦白而另一个囚犯不坦白，他们将分别被判入狱 1 年和 10 年。这两个囚犯面临的可能的结果如表 8.2 所示，他们的入狱时间用负收益来表示。

表 8.2 囚犯的困境　　　　　　　单位：年

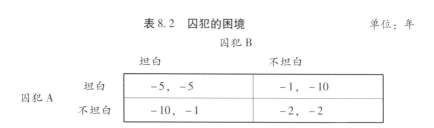

		囚犯 B	
		坦白	不坦白
囚犯 A	坦白	−5，−5	−1，−10
	不坦白	−10，−1	−2，−2

从表中可以看到，虽然两个囚犯都不坦白入狱的时间最短，但任何一个囚犯不坦白都要冒被对方出卖的危险。因此，不论对于囚犯 A 还是囚犯 B 来说，

坦白是最优的对策,他们被判入狱 5 年的可能性最大。

寡头厂商经常发现他们处于类似的囚犯的困境。假定有两个厂商 A、B,它们的成本和需求结构相同。他们既可以选择正常的价格,也可以选择较低的价格。在这种情况下,他们发现他们获得的利润不但取决于自己,而且取决于对方。

参看表 8.3。在左上方的格子里,表示在 A、B 厂商都选择正常价格的情况下,它们各自得到 10 美元的利润。在右上方的格子里,表示 A 厂商选择正常价格而 B 厂商选择较低价格的情况下,它们分别遭受 10 美元和 100 美元的亏损。在左下方的格子里,表示 A 厂商选择较低价格而 B 厂商选择正常价格的情况下,它们分别遭受 100 美元和 10 美元的亏损。在右下方的格子里,表示在 A、B 厂商都选择较低价格的情况下,它们各自遭受 50 美元的亏损。

表 8.3 寡头厂商的价格选择

		B 厂商	
		正常价格	较低价格
A 厂商	正常价格	$10, $10	-$10, -$100
	较低价格	-$100, -$10	-$50, -$50

从表 8.3 可以看到,如果双方都选择正常价格,那么双方都得到利润。如果双方都降价竞争,那么双方都遭受损失。如果只有一方降价竞争,他损害了对方的利益,使对方遭受损失,但是他自己也由于按照低于成本的价格出售产品而遭受更大的损失。

这两个厂商在进行博弈时,最简单的一种选择是占优策略(dominant strategy)。所谓占优策略是指不论其他博弈者采取什么策略,该博弈者的策略都是最优的;例如,对于 A 厂商来说,不论 B 厂商采取什么价格策略,选择正常价格是最优的;对于 B 厂商来说,不论 A 厂商采取什么价格策略,选择正常价格也是最优的。在两个厂商都采取占优策略时,所形成的均衡称为占优均衡(dominant equilibrium)。

但是,在实际的博弈过程中,经常是不能实现占优均衡的。从表 8.4 可以看到,如果双方都选择正常价格,那么双方都得到较低的利润。如果双方都提高价格并且采用某种合谋的形式,那么双方得到较大的利润。如果只有一方提高价格,他的销售量将减少,他遭受损失,对方则得到较高的利润。

这样,A、B 厂商将处于两难的处境,他们都不敢冒提高价格的风险。显然,不论谁提高价格,只要对方不跟进,他将遭受损失。B 厂商将判断 A 厂商会选择正常价格,因此他也将选择正常价格。这个过程揭示了博弈的一个准则：博弈者将把自己采取的策略建立在假定对方会实行最优利益的方案的基础上。在这种情况下形成的均衡称为纳什均衡（Nash equilibrium）。① 所谓纳什均衡是指如果一方选择了某种策略，另一方选择了他所能选择的最优策略。假定在 A 厂商选择了策略 a 的前提下，B 厂商选择 b，而且 b 是厂商 B 所能选择的最优的策略，那么（a，b）的策略组合就是纳什均衡。

表 8.4　寡头厂商的对抗博弈

		B 厂商	
		较高价格	正常价格
A 厂商	较高价格	$100,　$200	-$20,　$150
	正常价格	$150,　-$30	$10,　$50

例如，在表 8.4 的例子里，对于 B 厂商来说，如果 A 厂商选择了提高价格，他将选择正常价格；如果 A 厂商选择了正常价格，他仍然选择正常价格。由于 B 厂商会假定 A 厂商选择对自己有利的最优策略，也就是假定 A 厂商不会提高价格，便形成了（正常价格，正常价格）的纳什均衡。

占优均衡和纳什均衡是相互区别的。占优均衡一定是纳什均衡，但是纳什均衡未必是占优均衡。例如，在表 8.3 的例子里，不论 B 厂商采取什么策略，正常价格都是 A 厂商的最优策略；不论 A 厂商采取什么策略，正常价格都是 B 厂商的最优策略。这种均衡即是占优均衡，也是纳什均衡。但是，在表 8.4 的例子里，不论 B 厂商采取什么策略，正常价格都是 A 厂商的最优策略，这既是占优策略，也是纳什策略。但是，对 B 厂商来说，正常价格是他的纳什策略，但不是他的占优策略。如果 A 厂商提高价格，他可以得到更高的利润。

从上面的分析可以看到，纳什均衡是一种非合作均衡（non-cooperative equilibrium）。很明显，这两家厂商都在选择对自己最有利的策略，他们没有进行合谋。但是，在现实的经济中，特别是在寡头垄断的条件下，还存在合作性均衡（cooperative equilibrium）。寡头厂商 A 和 B 将采取各种心照不宣的方式进行勾结，以分别得到 100 美元和 200 美元的高额利润。

---

①　纳什（J. F. Nash）是美国数学家，他因为在博弈论方面取得突出的成绩而获得诺贝尔经济学奖。

第四节 完全垄断条件下厂商的产量和价格决策

一、完全垄断

完全垄断（perfect monopoly）意味着市场上只有单一的卖者，并且没有别的行业能够生产其产品的替代品。在完全垄断条件下，厂商产量构成了市场的全部供给量，它的多寡直接对价格产生影响。因此，厂商平均收益曲线和边际收益曲线都向右下方倾斜，边际收益曲线位于平均收益曲线的下方。

二、完全垄断条件下厂商短期的产量和价格决策

在短期内，厂商按照利润最大化原则（$MR = MC$）把产量调整到边际收益曲线和边际成本曲线相交时的水平Oq，如图8.10所示。同时根据平均收益曲线确定与Oq相应的价格水平为Op。

三、完全垄断条件下厂商长期的产量和价格决策

在长期里，厂商可以通过扩大生产规模来增加产量。但是，厂商在扩大生产规模时，现有的生产规模必须已得到充分利用，否则厂商将不会扩大生产规模。因此，如图8.11所示，当厂商按照最大利润原则（$MR = MC$）把产量调整到边际收益曲线与长期边际成本曲线相交的水平时，与厂商生产规模相适应的短期边际成本曲线也一定在这一产量水平上与边际收益曲线相交。同时，厂商将根据平均收益曲线确定与产量相应的价格。

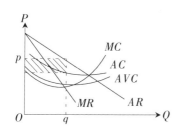

图8.10 完全垄断条件下厂商短期的产量和价格决策

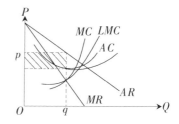

图8.11 完全垄断条件下厂商长期的产量和价格决策

四、价格差别

在上述分析中，垄断厂商对于一定量的商品只索取统一价格。但是，在某种情况下，垄断厂商为了增加利润，对不同的买者索取不同的价格。所谓价格

差别（price discrimination）就是指厂商对同一种商品索取两种或两种以上的价格，而且这些价格的差别不反映成本的差别。

实行价格差别的条件是：

第一，卖者是一个垄断者，或者他至少拥有一定程度的垄断权力，因而他可以控制价格。

第二，卖者能够了解不同层次的买者购买商品的意愿或能力。也就是说，他知道不同的买者对商品所具有的不同的需求弹性。

第三，各个市场是相互分离的。如果某厂商不能分离他的商品市场，那么买者都会到价格最低的市场去购买商品，这个厂商也就无法实行价格差别。

价格差别按程度的不同可以划分为三个等级：

一级价格差别是指垄断厂商确切地知道消费者的意愿，他对每个消费者所索取的价格高到使他们几乎要拒绝购买，但又不会拒绝购买的程度。因为消费者的意愿不同，垄断厂商对每个人索取的价格将存在差别。例如某消费者在价格为 1 美元的时候购买 10 单位商品。这意味着第 10 个单位商品的边际效用是 1 美元，其余 9 个单位商品的边际效用都高于 1 美元，消费者得到了消费者剩余。假定这个消费者从这 10 个单位商品得到的总效用是 40 美元，由于他实际只支付了 10 美元，消费者剩余是 30 美元。如果垄断厂商熟知这一点，他将把 10 个单位商品作为一个销售单位，要价 40 美元。消费者想拒绝这一高价，但他从 10 个单位商品得到的效用又确实正好等于他放弃 40 美元所放弃的效用。在这种一级价格差别条件下，消费者剩余完全转变为垄断厂商的利润。

二级价格差别是指垄断厂商把商品购买量划分为两个或两个以上的等级，对不同等级的购买量索取不同的价格。例如，某电力公司在收费价目表上把每月耗电量规定为三个或三个以上的等级，耗电越少的等级价格越高。如图 8.12 所示，电力公司把耗电量划分为 OA，AB 和 BC 三个等级，对它们的收费分别为 p_1，p_2 和 p_3。如果这个电力公司按统一价格收费，在出售的电量为 OC 的情况下，电价只能是 p_3。这时消费者剩余等于 EFp_3 的面积。但是电力公司按三个等级收费使消费者剩余减少到 G、H、I 三个三角形面积的总和，其余部分转变为电力公司的利润。

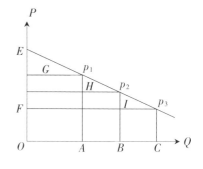

图 8.12　二级价格差别

三级价格差别是指垄断厂商把买者划分为两个或两个以上的类别，对每类买者收取不同的价格。假定某垄断厂商把买者划分为 A 和 B 两个市场，分别出售不同数量的商品。厂商为了使总收益达到最大，他必须使两个市场中的边际收益都相等。如果边际收益不等,例如市场 A 的边际收益是 5 美元,市场 B 是 4 美元,那么把市场 B 的 1 单位商品拿到市场 A 出售,厂商的总收益还可以增加。如果边际收益已经相等,例如每一个市场上边际收益都是 5 美元,厂商若再减少 1 单位市场 B 的商品而拿去市场 A 出售,由于供给量增加,市场 A 的边际收益将小于 5 美元,厂商的总收益将减少。所以只有在两个市场的边际收益相等时,厂商才得到最大收益。由于两个市场的需求弹性不同,相同的边际收益意味着垄断厂商在市场 A 和 B 索取的价格不同。这就是说,垄断厂商通过在需求弹性较大的市场上制定较低价格的方法得到了更大的收益。

在产量为一定的条件下,实行价格差别的厂商获得的利润大于实行单一价格的厂商所获得的利润。

第五节 价格决策原理的应用

厂商价格决策原理揭示了竞争和垄断条件下厂商的价格决策,这样就给垄断程度的测度以及垄断条件下厂商的定价方法提供了理论上的依据。

厂商价格决策原理表明,在竞争的条件下,价格等于边际成本;在垄断的条件下,价格高于边际成本。这样,就可以根据厂商可以获得最大利润的价格超过边际成本的程度来度量垄断的程度。美国经济学家勒纳(A. Lerner)根据这种思想提出用价格减去边际成本再除以价格得到的加价率来表示垄断的程度,如下式所示:

$$L = \frac{P - MC}{P}。$$

这个公式被称为勒纳垄断程度测度公式。

勒纳垄断程度测度公式的取值范围是 0~1 之间。如果 $L=0$,意味着价格等于边际成本,该厂商是完全竞争的厂商;如果 $L>0$,意味着价格高于边际成本,该厂商是垄断厂商。L 值越大,厂商的垄断程度越高。但是,在实际应用勒纳垄断程度测度公式的时候,由于很难度量边际成本,通常用平均可变成本来代替边际成本。

另外,勒纳垄断程度测度公式不是度量垄断程度的唯一指标,在现实中还可以用市场的集中程度即少数厂商的产量在市场产量中所占的比率,以及设置进入该行业的障碍来阻止别的厂商的竞争等指标来反映垄断程度。

另外,根据厂商价格决策原理,还可以得到垄断厂商的定价方法。设 R 是总收益,Q 为产量,P 为价格,那么边际收益 MR 可以用下面的公式表示:

$$MR = \frac{\Delta R}{\Delta Q} = \frac{\Delta(P \cdot Q)}{\Delta Q}。$$

增加 1 单位产量所增加的收益 $\Delta(P \cdot Q)/\Delta Q$ 由两个部分构成：第一部分是增加 1 单位产量按照价格 P 出售所得到的收益 P；第二部分是由于厂商面临着向右下方倾斜的需求曲线，增加 1 单位产量将导致价格一定幅度的下降 $\Delta P/\Delta Q$，不仅增加这个单位的产量降价出售，而且全部产量都降价出售的产量的收益，即导致 $Q(\Delta P/\Delta Q)$ 收益的减少。这样，有：

$$MR = P + Q\frac{\Delta P}{\Delta Q} = P + P \cdot \frac{Q}{P} \cdot \frac{\Delta P}{\Delta Q}。$$

根据需求弹性的计算公式 $E_d = P/Q \cdot \Delta P/\Delta Q$，有：

$$MR = P + P \cdot \frac{1}{E_d}。$$

在利润最大化 $MR = MC$ 的条件下，

$$P + P \cdot \frac{1}{E_d} = MC,$$

$$\frac{P - MC}{P} = -\frac{1}{E_d}。$$

这个计算公式为厂商的定价提供了一个简单的方法：在边际成本上的加价 $(P - MC)$ 占价格的比例，应该等于需求价格弹性的倒数的相反数。由于需求价格弹性是一个负数，该价格是一个正数。该公式可以整理为：

$$P = \frac{MC}{1 + \frac{1}{E_d}}。$$

例如，如果需求的价格弹性等于 -4，边际成本是 9 美元，价格确定在 12 美元可以得到最大利润。

从这个定价公式可以看到，如果某种商品需求的价格弹性很大，价格接近于边际成本，垄断厂商的价格接近于竞争厂商的价格。这说明，需求的价格弹性很大对垄断厂商不是一件好事。

另外，根据厂商价格决策原理，寡头和垄断造成社会资源的浪费、产量的下降和社会福利的减少。政府应该设法限制寡头和垄断的发展，促进自由竞争，以提高社会资源的效率。

美国政府很早就制定了反托拉斯法。它的第一部反托拉斯法是 1890 年制定的《谢尔曼法》。该法规定：目的在于限制贸易的联合或勾结都是非法的。美国最高法院在 1911 年实施《谢尔曼法》时对它作了新的解释：只有不合理的对贸易的限制，如协议、合并、掠夺市场或类似行为才属于《谢尔曼法》的制裁范围。这个解释几乎使《谢尔曼法》全部丧失了作用。

1914 年，美国国会通过了《克莱顿法》，对《谢尔曼法》作了进一步的澄清：禁止目的在于减少竞争的区别对待的价格和束缚性的契约，禁止人们建立目的在于减少竞争的连锁董事会以及为了同一目的的通过收购竞争者的普通股票而进行的合并。同年国会还通过《联邦贸易委员会法》，决定成立联邦贸易委员会，授予它进行调查、举行听证会和作出停止营业判决的权力。但是，最高法院又利用条文解释使该法没有得到真正的执行。直到1938年通过《惠勒－利修正案》，才恢复了联邦贸易委员会的权力。

1950年，美国国会通过《塞勒－凯弗维尔反合并法》。该法不仅禁止通过购买股票进行合并，而且还禁止通过购买资产进行合并。它不仅禁止横向合并（生产相同产品的厂商的合并），而且还禁止纵向合并（处在同一生产过程的不同阶段的厂商的合并）和混合合并（生产无关产品的厂商的合并）。

第二次世界大战以后，特别是20世纪60年代以后，美国政府也做了一些限制垄断的事情。

首先，美国司法部门比以前更严格地执行反托拉斯法，对一些垄断厂商提出了起诉。例如，1961年，司法部指控通用电器公司和威斯汀豪斯公司等最大的几家公司的经理，在旅馆秘密聚会缔结价格协议。最后法院判决若干经理有期徒刑，并勒令这些公司向顾客赔偿。又如，20世纪80年代，司法部对美国电报电话公司提出起诉，控告它垄断了美国的长途电话业务。后来，美国电报电话公司拆为7家公司。20世纪90年代，司法部又指控微软公司采用各种方法排斥别的企业的竞争，垄断了操作系统的市场。经过长时间的诉讼，最后取得和解，微软公司同意改变定价方式，政府则对微软公司实行监督。

其次，政府对公用事业进行调节。公用事业部门包括电力、煤气、电报电话、交通运输等行业。公用事业的特点是一个地区无需有两家公用事业公司。例如，同一地区有两家电话公司是不经济的。所以，公用事业部门常常是独家经营。这种情形在现代西方经济学中叫作自然的垄断（natural monopoly）。为了防止公用事业公司利用独家经营的地位操纵价格，政府向公司颁发许可证时，规定最高的收费标准，以保护消费者。

虽然美国实行反托拉斯法已经100多年，但由于这个问题不仅仅是经济问题，而且也是政治问题，实际上任何一届政府都不愿意严格执行反托拉斯法。当代西方经济学家承认，谁也不能肯定地回答反托拉斯法是否有效地抑制了垄断和促进了竞争。

第9章　市场和交换的效率

第一节　市场信息的不对称

一、市场

市场（market）是买者和卖者之间进行交换的有组织的场所。但是，市场不一定是有形的，即不一定有具体的地理上的位置；它也可以是无形的，即由买者和卖者通过电讯工具形成的市场。根据买卖对象划分，市场可以划分为下述三种类型：

第一，商品市场。商品市场是买卖商品的市场。从交易的对象划分，商品市场包括物品市场和劳务市场。从交易的数量划分，商品市场包括批发商品市场和零售商品市场。从交割时间划分，商品市场包括商品现货市场和商品期货市场。商品现货市场是成交以后马上进行交割的市场；商品期货市场是指现在签订标准化的合同，确定买卖商品的价格和数量，然后在未来某个确定的日子进行交割的市场。

第二，生产要素市场。生产要素市场是买卖实物生产要素的市场。从交易的对象划分，生产要素市场包括劳动市场、资本品市场、土地市场、自然资源市场。生产要素市场与其他市场相比存在一个较为显著的特点，就是在生产要素市场上买卖的可以是生产要素的所有权，也可以是生产要素的使用权。例如，设备、土地、河流等生产要素的租用，交易的是生产要素的使用权。

第三，金融市场。金融市场是进行资金融通的市场。金融市场与商品市场和生产要素市场不同，商品市场和生产要素市场进行的是实物的交易，金融市场进行的是金融资产的交易。

从金融资产期限划分，金融市场包括货币市场和资本市场。货币市场是指进行期限在 1 年或 1 年以下的资金借贷的市场。在货币市场上，主要进行存款单据、商业票据、回购协议、国库券等金融资产的交易。存款单据（certificate of deposit）是银行发行的定期存款凭证，人们购买存款单据相当于存入定期存款。商业票据（commercial paper）是大公司为筹集短期资金而发行的短期债务凭证。回购协议（repurchase agreements）是商业银行或投资者为筹集短期资金而签署的一种协议，按照这个协议，商业银行或投资者向顾客提供证券，从顾客那里取得资金；然后在约定的时间，再向顾客交还资金，从顾客那里取回证券。国库券是政府为筹集资金而发行的短期债务凭证。资本市场是指进行期限在1年以上的资金借贷或者无期限的证券买卖的市场。在资本市场上，主要进行公司债券、政府债券和股票的交易。

从金融资产的交割时间和方式划分，金融市场包括金融现货市场、金融期货市场和金融期权市场。金融现货市场是指成交以后在两个营业日内进行金融资产交割的市场；金融期货市场是指现在签订标准化的合同，确定买卖金融资产的价格和数量，然后在未来某个确定的日子进行交割的市场；金融期权市场是指买卖双方达成协议，由买方向卖方支付一定的费用以后，取得了在一定的时间内按照一定的价格买卖一定数量的金融资产的权利的市场。

在不考虑政府作用的条件下，商品市场、生产要素市场和金融市场的关系如图9.1所示。厂商通过在生产要素市场向居民购买生产要素的服务，货币从厂商流向居民。居民通过商品市场向厂商购买商品，货币从居民流向厂商。另外，居民把一部分货币投入金融市场，使一部分货币经过金融市场从居民流向厂商。

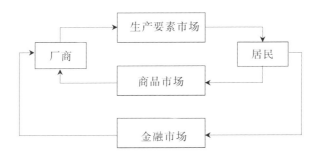

图9.1 商品市场、生产要素市场和金融市场

二、市场信息的不对称

在前面关于商品市场、消费者决策和生产者决策的分析中，实际上假定消费者和生产者对于他们面临的选择具有完全的信息，所以市场参与者拥有的信息是对称的。但在现实的经济里，交易双方的一方可能比另一方掌握更多的信息。这样，市场信息是不对称的。

在各种市场里，卖方比买方掌握更多信息的典型例子是旧货市场。在旧货市场上买卖的是已经使用过的商品，卖者比买者更清楚旧货的质量和缺陷，而买者只有把旧货买回去并经过使用以后才能真正了解旧货的情况，所以，市场信息是不对称的。另外，买方比卖方掌握更多信息的典型例子是保险市场。保险公司收取的保险费是根据一般的人或财产发生事故的概率计算出来的。对于那些认为自己的财产发生事故可能性极小的人来说，他们不会购买保险单；对于那些认为自己或自己的财产发生事故可能性极大的人来说，他们会积极购买保险单。因此，市场信息同样是不对称的。

信息不对称的情况是广泛存在的。在劳动市场上，雇员对自己的工作能力比雇主知道得多；在名画市场上，经纪人对名画是真品还是赝品比购买者知道得多；在借贷市场上，借者对自己的偿还能力比贷者知道得多；如此等等。

在市场信息不对称的情况下，市场会产生逆向选择的现象。例如，在旧车市场上，由于卖者比买者掌握更多的信息，买者会认为大多数的旧车的质量都是不高的，从而不愿意支付较高的价格。这样，质量较高的旧车难以进入旧车市场，从而造成了质量较低的车淘汰质量较高的车这种逆向选择的现象。又如，在保险市场上，由于买者比卖者掌握更多的信息，保险公司认为前来购买保险单的人发生事故的概率较高，从而提高保险单的价格。这样，发生事故概率较低的人不愿意购买保险单，从而造成了发生事故概率大的人淘汰了发生事故概率低的人的逆向选择现象。

三、解决信息不对称问题的方法

解决信息不对称问题的方法之一是声誉。如果卖方的声誉很高，即使市场信息是不对称的，买方也会相信卖者提供的商品质量是高的，从而可以减少市场信息不对称对市场交易活动的影响。例如，在旧车市场上，如果卖方的声誉很好，买方将会产生信任感而愿意支付合理的价格买下旧车。

解决信息不对称问题的方法之二是市场信号。在市场上，卖方向买方或买方向卖方会传递有关产品质量信息的信号，这就是市场信号。通过市场信号，可以在一定程度上解决信息不对称问题。例如，在劳动市场上，雇员对于自己的能力了解得比雇主要多，但雇主可以通过某些市场信号，如雇员的学历、毕业的学校等来了解雇员的能力，从而在一定程度上解决信息不对称问题。

解决信息不对称问题的方法之三是保证。如果卖方能提供保证或保证书，对他的产品质量提供承诺，那么即使市场信息是不对称的，买方也愿意购买卖方的产品。例如，如果电视机的生产厂商保证在5年内免费维修电视机，这说明厂商对他生产的电视机的质量是有信心的，买方将乐意购买这家厂商的电视机。

四、信息的搜寻

在各种类型的市场上,普遍存在着价格或质量的分散性。在商品市场上,价格的分散性表现为相同的商品在不同的商店里以不同的价格出售,质量的分散性表现为质量不同的商品在不同的商店里以相似的价格出售。类似的情况在其他市场里也存在,例如,劳动者在不同的厂商里从事相同的工作可以得到不同的报酬,厂商按相同的报酬雇用的劳动者具有不同的质量,如此等等。因此,人们将会在市场搜集信息,希望以最低的价格购买质量好的商品。这种搜集信息的过程称为搜寻。

但是,搜寻是有成本的。例如,假定某消费者要购买一台个人计算机,他需要到不同的商店去搜寻信息,进行比较。这样,他不但要支付交通费,而且还要花费时间,从而也就失去了他在这段时间里所得到的利益,即还要支付机会成本。随着搜寻时间的延长,机会成本在增加,所以搜寻的边际成本随着搜寻时间的延长而递增。在横轴表示搜寻时间、纵轴表示搜寻边际成本的坐标系里,边际成本曲线 MC 是一条向右上方倾斜的曲线,如图 9.2 所示。同时,搜寻是有收益的。例

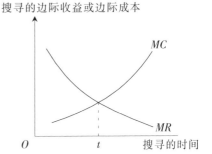

图 9.2 搜寻的成本和收益

如,消费者经过搜寻,以较低的价格买进一台质量较高的个人计算机。然而,由于人们在搜寻的时候总是从最有希望的方向开始,因此,搜寻的边际收益将是递减的。在以搜寻时间为横轴、搜寻边际收益为纵轴的坐标系里,搜寻的边际收益曲线 MR 是一条向右下方倾斜的曲线,如图 9.2 所示。在搜寻边际收益等于边际成本的时候,时间 Ot 为最优的搜寻时间。如果花费的时间小于 Ot,搜寻的边际收益大于边际成本,搜寻并没有获得最大的收益;如果花费的时间大于 Ot,搜寻的边际收益小于边际成本,搜寻得不偿失;只有花费的时间为 Ot 时,搜寻的边际收益等于边际成本,搜寻的收益达到最大化。

搜寻要花费成本意味着完全竞争的市场是不存在的。如前所述,在完全竞争的条件下,单个厂商面临的需求曲线是水平的,如果他提高商品的价格,他将失去整个市场。但是,由于搜寻是有成本的,如果厂商降低商品的价格,他不可能把别的顾客都吸引过来;如果厂商提高商品的价格,他也不可能失去全部顾客。这样,单个厂商面临的需求曲线将向右下方倾斜,竞争肯定是不完全的。

第二节 交换的效率

在某种商品配置的状态下,如果能够通过商品的交换使双方都能够得到更大的效用,那么这种商品的配置是无效率的;如果一个人的效用只有在另一个人的效用减少的情况下才有可能增加,那么这种商品的配置是有效率的。能够使交换双方通过商品交换得到最大效用的条件叫作交换的最优条件。

假定有 A,B 两个人,他们都消费 X,Y 两种商品。消费者 A 和 B 都有商品 X 和商品 Y。那么,消费者 A 怎样与消费者 B 进行商品的交换,才能使双方的总效用达到最大?

在消费者 A 和 B 的偏好为一定的条件下,商品 X 和商品 Y 的各种组合对于他们来说也就有一定的效用。这就是说,消费者 A 和 B 都有各自的无差异曲线图。如果把消费者 B 的无差异曲线图绕着原点按顺时针方向旋转 180°,并且使它的横轴和纵轴与消费者 A 的无差异曲线图的纵轴和横轴相接,得到一个艾奇渥斯盒形图(Edgeworth box diagram)①,如图 9.3 所示。盒形图的宽(AY,BY)表示商品 Y 的数量,长(AX,BX)表示商品 X 的数量。A 和 B 分别表示消费者 A 和 B 的无差异曲线图的原点。I_a,II_a,III_a 表示消费者 A 从低到高的三条无差异曲线。I_b,II_b,III_b 表示消费者 B 从低到高的三条无差异曲线。

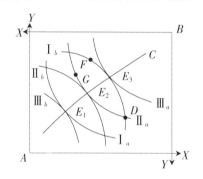

图 9.3 最优交换条件

由于消费者 A 和 B 的无差异曲线图都有无数条无差异曲线,因此对于消费者 A 的任何一条无差异曲线来说,肯定有一条消费者 B 的无差异曲线与它相切。在图中,假定 I_a 和 III_b,II_a 和 II_b,III_a 和 I_b 分别相切于 E_1,E_2 和 E_3。把切点用平滑的曲线连接起来,就得到一条曲线。这条曲线叫作交换契约曲线(exchange contract curve),用 C 表示。

假定商品 X 和 Y 的组合不在交换契约曲线上,例如在 II_a 和 I_b 的交点 D 上,这时消费者从 D 点表示的商品组合中没有得到最大效用。如果消费者 A 用商品 X 与消费者 B 的商品 Y 的交换使得点 D 移向 E_3 点,那么消费者 B 从商品的消费中所得到的效用没有改变,仍然是无差异曲线 I_b 表示的效用水平,

---

① 艾奇斯渥(F. Y. Edgeworth)是英国经济学家,他首先提出用无差异曲线来分析交换的最优条件。

但是消费者 A 所得到的效用则从 $Ⅱ_a$ 上升到 $Ⅲ_a$ 表示的水平。但是到达 E_3 点以后，如果消费者 A 继续用商品 X 与消费者 B 交换商品 Y 到达点 F，消费者 B 的效用仍然没有变，但消费者 A 的效用则低于 $Ⅲ_a$ 所表示的水平了。

当然，消费者 B 也可以用商品 Y 与消费者 A 交换商品 X，使 D 点移向 E_2 点。这样消费者 A 从商品的消费中所得到的效用没有改变，仍然是 $Ⅱ_a$ 所表示的效用水平。但是消费者 B 得到的效用则从 $Ⅰ_b$ 上升到 $Ⅱ_b$ 所表示的效用水平。但是到达 E_2 点以后，如果消费者 B 继续用商品 Y 与消费者 A 交换商品 X 而到达 G 点，消费者 A 的效用没有变化，但消费者 B 的效用已低于 $Ⅱ_b$ 所表示的效用水平。

从上述分析可以看到，如果 D 点沿着 $Ⅰ_b$ 移向 E_3，消费者 A 得益但消费者 B 并未受到损失；如果 D 点沿着 $Ⅱ_a$ 移向 E_2，消费者 B 得益但消费者 A 并未受到损失。这表明，如果 D 点既不沿着 $Ⅰ_b$，也不沿着 $Ⅱ_a$ 移向契约曲线，而是在契约线 E_2E_3、无差异曲线 E_3D 和 E_2D 构成的范围内移向契约曲线，那么，因为在这个范围内消费者 A 的无差异曲线都高于 $Ⅱ_a$，消费者 B 的无差异曲线都高于 $Ⅰ_b$，所以在交换过程中双方都能够得益。由于这个缘故，图形 E_2E_3D 叫作双方得益的区域。

在交换双方的无差异曲线的切点上，两条无差异曲线的斜率相等，即交换双方以商品 X 代替商品 Y 的边际替代率相等。所以，交换最优条件是：两种商品的边际替代率对交换双方都相等。在到达最优交换条件时，交换形成了均衡。

图 9.3 分析了最优条件，但它并未分析 D 点将移向契约曲线 E_2E_3 上的哪一点，也就是没有分析交换应该按什么价格进行，才可能使双方都达到最大效用。①

假定在完全竞争的市场上，消费者 A 拥有 x_a 单位商品 X 和 y_a 单位商品 Y，消费者 B 拥有 x_b 单位商品 X 和 y_b 单位商品 Y，他们的无差异曲线分别用 a 和 b 表示。用艾奇渥斯盒形图的长表示商品 X 的数量，宽表示商品 Y 的数量，便得到图 9.4。

效用原理的分析表明，预算线的斜率等于价格的比率。假定商品 X 和商品 Y 的最初的价格比率是预算线 MN 所表示的价格比率。在盒形图里，这条预算线是消费者 A 和 B 所共同的，价

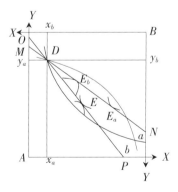

图 9.4 均衡价格的形成

---

① 本部分分析在教学过程中可以根据实际情况删略。

格比率 P_x/P_y 对于双方来说都是相等的。如果预算线 MN 与消费者 A 的无差异曲线相切于 E_a，与消费者 B 的无差异曲线相切于 E_b，E_a 和 E_b 点不重合，那么这意味着按照这个价格比率，消费者 A 愿意购买的商品 X 的数量大于消费者 B 愿意出售的数量，消费者 A 愿意出售的商品 Y 的数量大于消费者 B 愿意购买的数量。这就是说，商品 X 的价格相对于商品 Y 来说过于便宜，使它的需求量大于供给量。

消费者 A 为了买到他愿意购买的商品 X 的数量，他宁愿对商品 X 支付更高的价格，或者为了卖出他愿意出售的商品 Y 的数量，他宁愿对商品 Y 要求更低的价格。这样，价格比率 P_x/P_y 将上升，预算线的斜率增大。假定当预算线移到 OP 所表示的位置时，消费者 A 的无差异曲线与预算线的切点同消费者 B 的无差异曲线与预算线的切点相重合，均为 E 点。那么按照这个价格比率，消费者 A 希望购买的商品 X 的数量与消费者 B 希望出售的数量相等，消费者 A 希望出售的商品 Y 的数量与消费者 B 希望购买的数量相等。这个价格就是 A，B 双方交换商品的均衡价格。通过交换，A，B 双方在 E 点达到最大的效用。

因此，如果用 X_a 和 Y_a 表示消费者 A 原来拥有的商品 X 和 Y 的数量，X_b 和 Y_b 表示消费者 B 原来拥有的商品 X 和 Y 的数量，消费者 A 和 B 的边际替代率是 MRS_a 和 MRS_b，那么均衡的价格 P_x/P_y 和双方达到最大效用时消费者 A 所拥有的商品 X，Y 的数量 X'_a，Y'_a 与消费者 B 所拥有的商品 X，Y 的数量 X'_b，Y'_b，必须符合下述条件

$$P_x X'_a + P_y Y'_a = P_x X_a + P_y Y_a, \tag{1}$$

$$P_x X'_b + P_y Y'_b = P_x X_b + P_y Y_b, \tag{2}$$

$$MRS_a = MRS_b = P_x/P_y。 \tag{3}$$

等式（1）表示消费者 A 原来对商品 X 和 Y 的总支出（如 D 点）等于在均衡点的总支出（如 E 点）；等式（2）表示消费者 B 原来对商品 X 和 Y 的总支出等于在均衡点的总支出（如 E 点）。这就意味着在交换过程中双方的总支出都没有变化，D 点和 E 点在同一条预算线 OP 上。等式（3）表示商品 X 替代商品 Y 的边际替代率不但对于消费者 A 和消费者 B 相等，而且还同商品 X 的价格与商品 Y 的价格之比相等。这意味着消费者 A 的无差异曲线与消费者 B 的无差异曲线相切而且切点在预算线 OP 上。

交换契约曲线 C 是交换双方无差异曲线的切点的集合，它说明了交换的效率。在交换契约曲线上，交换双方从现有的商品中得到了最大的效用。或者说，交换使现有商品在两人之间达到最适度的配置。任何离开交换契约曲线的移动不是使一个人的境况坏下去，就是使两个人的境况一同坏下去。这种商品

的配置叫作帕累托有效配置。①

但是，交换有效率并不必然意味着公平，公平取决于人们的价值判断。关于公平有四种看法：第一种是平均主义的看法，即社会的所有成员得到同样数量的商品才是公平的；第二种是罗尔斯主义的看法，即境况最糟的人达到效用最大化才是公平的；第三种是功利主义的看法，即社会所有成员达到总效用最大化才是公平的；第四种是市场主导的看法，即市场的结果才是最公平的。

本节主要说明两个消费者如何通过交换达到商品的有效配置。但在现实的经济中，存在许许多多的消费者，因而交换的情况十分复杂。但是，如果市场是完全竞争的，那么通过市场机制可以实现商品的有效配置。

第三节　生产的效率

生产者双方通过生产要素交换得到最大产量的条件叫作生产的最优条件。

假如有两个生产者 A 和 B，他们都利用 X 和 Y 两种生产要素生产不同的商品。生产者 A 用生产要素 X 和 Y 的不同组合所生产的同一产量用等产量曲线 I_a 表示。根据同样道理，生产者 A 增加生产要素 X 和 Y 所能达到的其他产量水平，用等产量曲线 II_a 和 III_a 表示。在这三条等产量曲线中，I_a 代表的产量水平最低，III_a 代表的水平最高。相应地，生产者 B 的等产量曲线按产量水平从低到高分别用 I_b，II_b 和 III_b 表示。

和最优交换条件分析相似，把生产者 B 的等产量曲线围绕着原点按顺时针方向旋转 180° 并使它与生产者 A 的等产量曲线图相配合，使得到另一种类型的艾奇渥斯盒形图，如图 9.5 所示。

由于生产者 A 和 B 利用生产要素可以生产出不同的产量，假如产量可以无限细分的话，他们都有无数条等产量曲线。因此，在盒状图中，他们的等产量曲线必定相切。在图中，生产者 A 的等产量曲线 I_a，II_a 和 III_a 分别与生产者 B

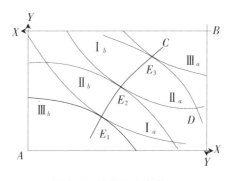

图 9.5　最优生产条件

的等产量曲线 III_b，II_b 和 I_b 相切于 E_1，E_2 和 E_3。把切点连起来的曲线 C 叫作生产契约曲线。

假定目前生产者 A 用 D 点表示的生产要素组合生产等产量曲线 II_a 表示的

---

① 帕累托（V. F. D. Pareto）是意大利经济学家，他对最优化分析作出了重要贡献。

产量，生产者 B 同样用 D 点表示的生产要素组合生产等产量曲线 I_b 表示的产量。这时，生产者 A 和 B 的产量并没有达到最大化。如果使点 D 在 DE_2E_3 的区域内移向由等产量曲线的切点组成的 C 线时，交换双方的产量都在增加。在等产量曲线的切点上，他们得到了最大产量。

在等产量曲线的切点上，以生产要素 X 代替生产要素 Y 的边际替代率对生产者双方都相等。所以，生产的最优条件是：两种生产要素的边际替代率必须对生产者双方都相等。如果用 MRS_a 和 MRS_b 表示生产者 A、B 的生产要素边际替代率，用 P_x 和 P_y 表示生产要素 X 和 Y 的价格，那么生产的最优条件是 $MRS_a = MRS_b = P_x/P_y$。

生产契约曲线 C 是等产量曲线的切点的集合。离开生产契约曲线的移动意味着不是使其中一种产品减少，就是两种产品都减少。沿着生产契约曲线的移动意味着一种产品增加而另一种产品减少。在生产契约线上，生产是有效率的。

第四节 产品组合的效率

在一个经济社会里，如果利用现有的社会资源能够生产出数量最大的产品，并且用这些产品达到最大的效用，那么产品组合将是有效率的。

在一个经济社会里，利用现有的社会资源所能生产的数量最大的产品组合可以用生产可能性曲线表示。如图 9.6 所示，如果以横轴表示商品 X 的数量，以纵轴表示商品 Y 的数量，那么生产可能性曲线为 AB。

生产可能性曲线的斜率等于商品 X 对商品 Y 的边际转换率（MRT_{xy}），它表示增加 1 单位商品 X 的生产所要放弃的商品 Y 的数量，即 $MRT_{xy} = \Delta Y/\Delta X$。而商品 X 对商品 Y 的边际转换率衡量相对于生产商品 X 的边际成本来说，生产商品 Y 所花费的边际成本。如果用 MC_x 和 MC_y 表示生产商品 X 和 Y 的边际成本，那么

$$MRT_{xy} = MC_x/MC_y。$$

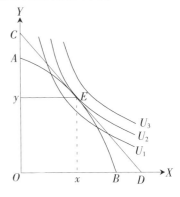

图 9.6 产品组合的效率

例如，假定商品 X 对商品 Y 的边际转换率为 2，这意味着增加 1 单位商品 X 的生产要放弃 2 单位商品 Y 的生产，由于这时候生产 1 单位商品 X 和 2 单位商品 Y 花费的社会资源一样，也就是说成本是一样的，1 单位商品 X 的边际成本是 1 单位商品 Y 的边际成本的 2 倍。

另外，在一个经济社会里，假定各个社会成员的偏好是相似的，那么可以得到全体社会成员的无差异曲线和无差异曲线群，如图 9.6 中 U_1，U_2，U_3 曲线所示。如前所述，无差异曲线的斜率等于以商品 X 代替商品 Y 的边际替代率 MRS_{xy}，离原点越远的无差异曲线代表的效用水平越高。

从图 9.6 中可以看到，当无差异曲线 U_2 与生产可能性曲线 AB 相切时，利用现有资源生产出来的数量为 Ox 的商品 X 和数量为 Oy 的商品 Y 得到了无差异曲线 U_2 表示的最大的效用。由于 E 点在生产可能性曲线上，这是利用现有的社会资源生产的最大产量；又由于 E 点在离原点最远的与生产可能性曲线有共同点的无差异曲线 U_2 上，这是利用现有的产品所能得到的最大的效用。因此，在 E 点上，产品组合是有效率的。

无差异曲线 U_2 与生产可能性曲线 AB 相切意味着在切点上它们的斜率相等，即

$$MRT_{xy} = MRS_{xy}。$$

就无差异曲线来说，切点 E 表示以商品 X 代替商品 Y 的边际替代率等于 OC/OD，而商品 Y 与商品 X 的数量之比是它们的价格之比的倒数，所以 $MRS_{xy} = P_x/P_y$。就生产可能性曲线来说，$MRT_{xy} = MC_x/MC_y$。因此，在切点上，

$$\frac{P_x}{P_y} = \frac{MC_x}{MX_y}。$$

$MRT_{xy} = MRS_{xy}$，$P_x/P_y = MC_x/MC_y$ 是产品组合具有效率的条件。交换的效率、生产的效率和产品组合的效率，是一个经济具有帕累托效率的三个基本条件。从上面的分析可以看到，不论收入分配是否公平，完全竞争的市场都具有帕累托效率。另外，帕累托有效配置可以通过市场机制来实现。

第五节　交换原理的应用

交换原理试图说明消费者如何通过商品的交换来增进双方的效用，以及生产者如何通过生产要素的交换来增进双方的产量。这种分析是一种理想状态的分析，有利于探讨什么样的体制或机制使商品和生产要素的交换达到这种状态。

即使交换原理是一种纯理论的分析，但它仍然具有应用价值。假定有一个厂商，它利用两个生产基地来生产同一种产品。如本章的图 9.5 所示，基地 A 利用劳动和资本两种生产要素可以生产的等产量曲线用 $Ⅰ_a$，$Ⅱ_a$，$Ⅲ_a$ 表示，基地 B 利用劳动和资本两种生产要素可以生产的等产量曲线用 $Ⅰ_b$，$Ⅱ_b$，$Ⅲ_b$ 表示。这样，该厂商可以在两个生产基地进行劳动和资本的合理配置。如果用 MRS_a 和 MRS_b 表示基地 A 和 B 的生产要素边际替代率，用 P_x 和 P_y 表示劳动

和资本这两种市场价格，那么当厂商对这两个生产基地劳动和资本的配置达到下面的状态时，该厂商用一定的劳动和资本生产出最大的产量：

$$MRS_a = MRS_b = P_x/P_y。$$

第 10 章 生产要素的价格和收入分配

第一节 在产品、生产要素市场完全竞争的条件下生产要素的价格

一、生产要素的需求

厂商在使用某种生产要素时首先要考虑它的边际产量价值。

边际产量价值（VMP）是指厂商增加 1 单位生产要素而增加的实物产量所带来的货币收益。在完全竞争的产品市场条件下，生产者和消费者都不可能影响商品的价格，厂商生产的产品将按同一价格出售，厂商增加 1 单位产量所增加的收益就是产品的价格。如果用 MPP 表示边际实物产量，用 P 表示商品的价格，那么

$$VMP = MPP \cdot P。$$

例如，如果增加 1 单位生产要素可以增加 20 单位产量，而每单位产量的价格是 10 美元，那么这种生产要素的边际产量价值 VMP = 20 × 10 = 200（美元）。

在边际产量递减规律的作用下，边际实物产量趋于递减，所以生产要素的边际产量价值是递减的，如表 10.1 所示。把表中边际产量价值随生产要素数量变化的情况用图像表现出来，就可以得到图 10.1 中的边际产量价值曲线 VMP。从图中看到，它是一条向右下方倾斜的曲线。

厂商在使用这种生产要素时还要考虑它的边际资源成本。

边际资源成本（MRC）是厂商增加 1 单位生产要素所增加的成本。在完全竞争的生产要素市场上，厂商和居民均不能影响生产要素的价格，所以边际资源成本就是平均资源成本。和厂商确定产量的最大利润原则相似，厂商决定生产要素使用量的最

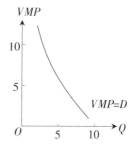

图 10.1 完全竞争条件下的边际产量价值曲线

大利润原则是：$VMP = MRC$。当边际产量价值大于边际资源成本时，厂商增加生产要素能够增加利润总量。但是，随着生产要素的增加，边际产量价值不断减少。当边际产量价值减少到与边际资源成本相等时，如果厂商还增加生产要素，那么边际产量价值将小于边际资源成本。这时厂商将发生亏损。因此，只有在边际产量价值等于边际资源成本时，厂商才能从生产要素的使用中获得最大利润。

因为厂商根据最大利润原则（$VMP = MRC$）决定他对某种生产要素的需求量，所以在表 10.1 中，当生产要素价格等于 12 美元时，厂商将购买 2 单位生产要素；当生产要素价格等于 10 美元时，厂商将购买 3 单位生产要素；如此等等。这意味着边际产量价值和生产要素数量的对应关系与生产要素的价格和生产要素数量的对应关系完全吻合。因此，图 10.1 中的纵轴同样可以用来表示价格，边际产量价值曲线实际上就是某厂商对生产要素的需求曲线。

表 10.1　在产品、生产要素市场完全竞争的条件下生产要素的需求

生产要素单位（Q）	总产量（TP）	边际实物产量（MPP）	产品价格（P）	总收益（TR）	边际产量价值（VMP）
1	7.0		2	14.0	
2	13.0	6.0	2	26.0	12.0
3	18.0	5.0	2	36.0	10.0
4	22.2	4.2	2	44.4	8.4
5	25.8	3.6	2	51.6	7.2
6	29.0	3.2	2	58.0	6.4
7	32.0	3.0	2	64.0	6.0

厂商对某种生产要素的需求是市场对这种生产要素的需求的一部分。但是，市场对某种生产要素的需求并不是所有厂商对这种生产要素需求简单相加的总和。其原因是，如果生产要素的价格下降，全体厂商都会像个别厂商那样增加对生产要素的需求量，因而总产量增加。在产品需求不变的条件下，产品价格下降。因此，个别厂商的边际产量价值是边际实物产量与不变的产品价格的乘积，而作为全体厂商的边际产量价值是边际实物产量与下降了的产品价格的乘积。这样，随着生产要素数量的增加，全体厂商的边际产量价值曲线比个别厂商的边际产量价值曲线下降得更快，因而全体厂商的需求曲线陡峭。

如图 10.2（A）所示，假设市场上有 n 个相同的厂商，单个厂商对某种生产要素的需求曲线为 d。当生产要素的价格是 Op_1 时，每个厂商对这种生产要

素的需求量是 Oq_1。设坐标系（B）横轴的单位是坐标系（A）横轴单位的 n 倍，市场上对这种生产要素的需求量是 Oq_1。这样，便可以得到市场上对这种生产要素的需求曲线上的一点 A。假定生产要素的价格从 Op_1 下降到 Op_2，各个厂商将增加这种生产要素的需求量。结果产量增加，产品价格下降，生产要素的边际产量价格下降，即厂商对生产要素的需求曲线从 d 向左移动到 d'。单个厂商按 Op_2 的价格将购买 Oq_2 的生产要素，而不是 Oq_3 的生产要素。在市场上，n 个厂商对生产要素的购买量等于坐标系（B）中的 Oq_2。这样，又得到市场上对这种生产要素的需求曲线上的另一点 B。用同样的办法，还可以得到其他的点。把这些点连接起来，就可以得到市场上对这种生产要素的需求曲线 D。

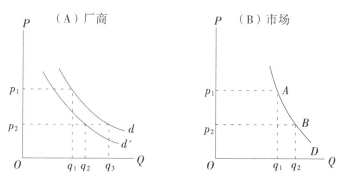

图 10.2　市场的需求曲线

二、生产要素的需求弹性

生产要素的需求弹性取决于下述因素：

第一，用这种生产要素生产的商品的需求的价格弹性。如果某种商品的需求量富有价格弹性，那么商品价格的变化对商品需求量的影响较大，从而对生产这种商品的生产要素的需求量影响也较大。而生产要素的价格和商品的价格是互相联系的，这意味着生产要素的需求量对自身价格变化也很敏感。例如，假定生产要素价格上升了，成本的增加导致商品价格的提高。由于商品富有价格弹性，它的需求量大幅度减少，对生产要素的需求量也大幅度减少，所以生产要素也富有需求的价格弹性。一般来说，假定其他条件不变，用某种生产要素生产的商品需求的价格弹性越大，这种生产要素需求的价格弹性也越大。

第二，这种生产要素的费用在总成本中的比重。假定工资和原材料费用在一种商品的生产成本中分别占 50% 和 10%。劳动价格提高 10%，将使这种商品的生产成本上升5%（=50%×10%）；原材料价格提高10%，只使这种商品的生产成本上升1%（=10%×10%）。随着成本的上升，商品价格将提高，商品的需求量从而生产要素的需求量将减少。由于工资费用在成本中的份额较大，劳动需求量的减少就显然要大于原材料需求量的减少。因此，假定其他条件不变，某种生产要素费用在总成本中的份额越大，它的需求的价格弹性就越大。

第三，其他生产要素替代这种生产要素的可能性。假如某种生产要素完全不能被其他生产要素替代，那么它的价格上升以后，厂商仍然要使用这种生产要素，因而它的需求价格弹性较小。但是假如某种生产要素完全可以被其他生产要素替代，那么它的价格上升以后，厂商将用其他生产要素代替它，因而它的需求的价格弹性较大。一般来说，其他生产要素代替某种生产要素的可能性越大，这种生产要素的需求的价格弹性将越大。

三、生产要素需求的变化

生产要素需求的变化取决于下述因素：

第一，商品的需求。生产要素的需求是派生需求。商品需求的变化会通过商品价格影响生产要素的边际产量价值，从而对生产要素的需求产生影响。假定商品需求的增加使商品价格从表10.1中的2美元上升到3美元，这样边际产量价值随之增加，新的边际产量价值曲线将位于原边际产量价值曲线的右边，即生产要素的需求增加了。

第二，生产要素的边际实物产量。在商品价格不变的条件下，生产要素的边际实物产量越高，边际产量价值就越高，生产要素的需求就越大。生产要素的边际实物产量可以通过下述途径提高：①科学技术的进步。科学技术进步带来更加先进的生产方法和技术装备，大大提高了生产要素的边际实物产量。②其他生产要素的质量和数量。例如，同一数量的工人配备的资本数量越多，质量越好，生产要素的边际实物产量就越高。③生产要素自身的质量。假如其他条件不变，较高质量的生产要素的边际实物产量一定多于较低质量的生产要素的边际实物产量。这意味着上述因素变化以后，虽然生产要素的边际实物产量仍然是递减的，但每增加1单位生产要素所增加的实物产量都要高于这些因素不变前的水平。

第三，其他生产要素的价格。假定某厂商使用X和Y两种生产要素，他对生产要素X的需求将受到生产要素Y的价格的影响。在生产要素Y是X的替代品的情况下，生产要素Y的价格下降将导致厂商用它代替生产要素X，生产要素X的需求将减少。这种影响称为生产要素的替代效应（substitution effect）。但是，生产要素Y的价格下降同时导致商品成本的减少，厂商有可能为了扩大产量而增加全部生产要素的购买，因而生产要素 X 的需求将增加。这种影响称为生产要素的产量效应（output effect）。因此，生产要素 X 的需求在何种程度上受生产要素 Y 的价格的影响取决于替代效应和产量效应的净影响。另外，在生产要素 Y 是 X 的补足品的情况下，当生产要素 Y 的价格下降时，Y 的需求量将增加，生产要素 X 的需求随之增加。

四、生产要素的供给

生产要素的需求来自厂商，供给来自居民。居民掌握有各种生产要素如劳动、资本、土地等。居民向厂商提供生产要素表现为居民受雇于厂商、向厂商出租或出售实物资本和土地等。

在生产要素市场完全竞争的条件下，居民不可能影响生产要素的价格，而只能接受生产要素的现行价格。所以，在以横轴表示生产要素数量、纵轴表示生产要素价格的坐标系里，居民的生产要素的供给曲线是一条水平线。如图 10.3（A）所示。它表明，居民按生产要素的现行价格提供他们愿意提供的生产要素的数量。但是，在整个市场上，由于全体居民对价格的变化作出的反应相似，生产要素的供给曲线不再是一条水平线，而是一条向右上方倾斜的曲线。市场上生产要素的供给曲线表明，厂商愿付的价格越高，居民愿意提供的生产要素的数量就越多；反之，居民愿意提供的生产要素的数量就越少。

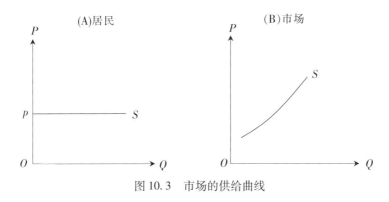

图 10.3 市场的供给曲线

五、生产要素的价格

与商品均衡价格的形成一样，生产要素的均衡价格是生产要素的供给量和需求量相等时的价格。在图 10.4 中，曲线 D 和 S 分别表示生产要素的需求曲线和供给曲线。假如价格是 Op_1，这时生产要素的供给量是 Oq_1，需求量是 Oq'_1，生产要素的短缺量是 $q_1q'_1$。为了得到生产要素，厂商愿意支付更高的价格，价格存在上升的趋势。假如价格是 Op_2，这时生产要素的需求量是 Oq_2，

供给量是 Oq_2'，过剩 q_2q_2'。居民为了提供生产要素不得不降低价格，价格存在下降的趋势。只有当生产要素的供给量等于需求量时，生产要素的价格不再变动。这时均衡价格是 Op，均衡交易量是 Oq。

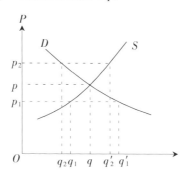

图 10.4 生产要素的均衡价格

第二节 在产品市场不完全竞争但生产要素市场完全竞争的条件下生产要素的价格[①]

一、生产要素的需求

在产品市场不完全竞争的条件下，厂商在使用生产要素时要考虑它的边际产量收益。

边际产量收益（MRP）是指厂商增加 1 单位生产要素而增加的实物产量所带来的货币收益。

在完全竞争的条件下，产品价格对于厂商来说是既定的。但是在不完全竞争的条件下，也就是在垄断竞争、寡头、垄断的条件下，产品数量的多寡将影响产品的价格。这样，边际产量收益与边际产量价值不同，它不是边际实物产量与不变的产品价格的乘积，而是边际实物产量与边际收益的乘积。如果用 MPP 表示边际实物产量，MR 表示边际收益，那么

$$MRP = MPP \cdot MR。$$

边际产量收益所以等于边际实物产量与边际收益的乘积，是因为：根据定义得

$$MRP = \Delta TR/\Delta Q,$$

---

① 如果教学时数不够，本节的分析可以删略。

ΔTR 表示总收益的增量，ΔQ 表示生产要素的增量，而
$$MR = \Delta TR/\Delta Y,$$
ΔY 是产量的增量，即
$$\Delta TR = \Delta Y \cdot MR_\circ$$
这样
$$MRP = (MR \cdot \Delta Y)/\Delta Q_\circ$$
由于
$$MPP = \Delta Y/\Delta Q,$$
所以
$$MRP = MPP \cdot MR_\circ$$

表 10.2 说明不完全竞争条件下某厂商使用某种生产要素的边际产量收益。它和表 10.1 的差别是产品的价格随着产量的增加而递减，因而在生产要素的数量相同时边际产量收益也较低，在图像上表现出来是边际产量收益曲线较陡峭，如图 10.5 中 MRP 所示。不完全竞争厂商对生产要素的需求缺乏价格弹性，意味着他倾向于限制产量。在其他条件相同的情况下，不完全竞争厂商提供的产量少于完全竞争厂商。

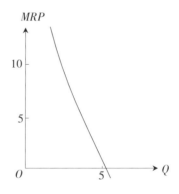

图 10.5 不完全竞争条件下某生产要素的边际产量收益曲线

表 10.2 在产品市场不完全竞争但生产要素市场完全竞争的条件下某生产要素的边际产量收益

生产要素单位（Q）	总产量（TP）	边际实物产量（MPP）	产品价格（P）	总收益（TR）	边际产量产量（MRP）
1	7.0		2.60	18.20	
2	13.0	6.0	2.40	31.20	13.00
3	18.0	5.0	2.20	39.60	8.40
4	22.2	4.2	2.00	44.40	4.80
5	25.8	3.6	1.80	46.44	2.04
6	29.0	3.0	1.60	46.40	-0.04

厂商在使用生产要素时同样还要考虑边际资源成本。边际资源成本是厂商增加 1 单位生产要素所增加的成本。在完全竞争的要素市场上，边际资源成本

就是平均资源成本,即生产要素的价格。厂商将按照使用生产要素的最大利润原则($MRP = MRC$)决定生产要素的需求量,生产要素的边际产量收益曲线就是厂商对这种生产要素的需求曲线。

在产品市场不完全竞争条件下,单个厂商对生产要素的需求曲线与整个市场对生产要素的需求曲线的关系,在不同的情况下有所不同。如果厂商在产品市场上是垄断竞争者、寡头垄断者或完全垄断者,那么整个市场对生产要素的需求就是各个厂商对生产要素需求的总和。如果在产品市场上只有部分厂商是垄断竞争者或寡头垄断者,那么整个市场对生产要素的需求就不能是各个厂商对生产要素需求的简单相加。这种情况与完全竞争条件下的情况相似。生产要素的价格变化导致产品市场供给的变化,产品供给的变化引起产品的平均收益和边际收益的变化,从而带来各个厂商对生产要素需求的变化。因此,市场上对生产要素的需求曲线一般陡于单个厂商对生产要素的需求曲线。

二、生产要素的价格

在产品市场不完全竞争但生产要素市场完全竞争的条件下,居民只能在既定的价格下提供生产要素,在以横轴表示生产要素数量、纵轴表示生产要素价格的坐标系中,单个居民的供给曲线是一条水平线,全体居民即整个市场的生产要素的供给曲线是一条向右上方倾斜的曲线。

与产品市场和生产要素市场均为完全竞争的情况相似,当整个市场生产要素的需求量等于供给量时,即生产要素的需求曲线和供给曲线相交时,便形成了均衡的生产要素的价格。

第三节 在产品、生产要素市场不完全竞争的条件下生产要素的价格[①]

一、生产要素的需求

如前所述,在产品市场不完全竞争但生产要素市场完全竞争的条件下,厂商对生产要素的边际产量收益曲线是一条向右下方倾斜的曲线。然而,在生产要素市场不完全竞争的条件下,例如存在买方垄断,即在生产要素市场上厂商处于垄断地位的条件下,边际资源成本(MRC)不再等于平均资源成本(ARC),也就是不再等于生产要素的价格。由于厂商处于买方垄断的地位,即作为唯一的买者出现在生产要素的市场上,但生产要素并不过剩,厂商购买的

---

① 如果教学时数不够,本节的分析可以删略。

生产要素越多，对生产要素所付的价格就要越高。又由于厂商增购生产要素时，不是仅对增加的生产要素支付更高的价格，而是对全部的生产要素支付更高的价格，生产要素的边际资源成本大于平均资源成本。例如，假定厂商购买 1 单位生产要素时支付 2 美元的价格，购买 2 单位生产要素时支付 3 美元。如果厂商购买第一单位生产要素支付 2 美元，购买第二单位生产要素支付 3 美元，那么边际资源成本即增购 1 单位生产要素所增加的成本等于第二单位生产要素的平均资源成本即第二单位生产要素的价格。但实际上，当厂商购买 2 单位生产要素时，不是对第一单位生产要素支付 2 美元，第二单位支付 3 美元，而是同时对 2 单位生产要素都支付 3 美元的价格。这样，增加 1 单位生产要素所增加的成本等于 4（$=3\times2-2\times1$），大于平均资源成本。

在产品市场和生产要素市场不完全竞争的条件下，厂商同样根据使用生产要素的最大利润原则（$MRP=MRC$）进行生产。但由于边际资源成本（MRC）高于平均资源成本（ARC）即生产要素价格，边际产量收益曲线不完全等同于生产要素的需求曲线。例如，假定 2 单位生产要素的边际产量收益是 2 美元，如果生产要素的价格是 2 美元，在要素市场完全竞争的条件下，由于生产要素的边际资源成本等于生产要素的价格，厂商按照使用生产要素的最大利润原则（$MRP=MRC$）将使用 2 单位生产要素。但是，在生产要素市场不完全竞争的条件下，边际资源成本高于生产要素的价格，例如是 3 美元，厂商根据使用生产要素的最大利润原则（$MRP=MRC$），在生产要素价格为 2 美元时，将使用少于 2 单位的生产要素。这就是说，如果把边际产量收益曲线的纵轴所表示的边际产量收益改为表示生产要素的价格，边际产量收益曲线向左方移动构成生产要素市场不完全竞争条件下的生产要素的需求曲线。

如前所述，产品市场上不完全竞争的情况不同，单个厂商对生产要素的需求与整个市场对生产要素的需求的关系也不同。但不论怎样，整个市场对生产要素的需求曲线是一条向右下方倾斜的曲线。

二、生产要素的供给

在生产要素市场不完全竞争的条件下，例如存在买方垄断的条件下，厂商要购买更多的生产要素，就要支付更高的价格。也就是说，居民要提供更多的生产要素，就要得到更高的价格。表 10.3 说明了生产要素市场不完全竞争条件下的生产要素的供给。

表 10.3 的第 1 列和第 2 列构成市场上生产要素的供给表。它说明生产要素的价格越高，生产要素的供给量就越多。由于生产要素的价格就是平均资源成本，表 10.3 的第 1 列和第 2 列构成生产要素的平均资源成本表。它表明生产要素的平均资源成本随着生产要素数量变化而变化的情况。表 10.3 的第 1

列和第 4 列则构成生产要素的边际资源成本表。它表示生产要素的边际资源成本随着生产要素数量变化而变化的情况。正如本节第一部分所说明的，因为要增加生产要素时不是仅对增加的生产要素支付更高的价格，而是对全部生产要素支付更高的价格，所以边际资源成本大于平均资源成本。

表 10.3　生产要素市场不完全竞争的条件下生产要素的供给

生产要素的数量	生产要素的价格	生产要素的总资源成本	生产要素的边际资源成本
1	0.500	0.50	
2	1.000	2.00	1.50
3	1.500	4.50	2.50
4	2.125	8.50	4.00
5	2.900	14.50	6.00
6	3.833	23.00	8.50
7	4.928	34.50	11.50

根据表 10.3 作图，便可得到市场上生产要素的供给曲线和边际资源成本曲线，如图 10.6 中的 $S=ARC$ 和 MRC 曲线所示。

三、生产要素的价格

在产品市场和生产要素市场不完全竞争的条件下，处于买方垄断地位的厂商将根据最大利润原则（$MRP=MRC$）决定生产要素的使用量，再根据市场上生产要素的供给情况决定使用这些生产要素所要支付的价格。如图 10.6 所示，厂商把生产要素的使用量确定在边际产量收益曲线（MRP）与边际资源成本曲线相交的水平 Oq 上，再根据生产要素的供给曲线 $S=ARC$ 决定使用 Oq 单位的生产要素所要支付的价格 Op。

显然，生产要素市场不完全竞争条件下的生产要素的价格 Op，低于生产要素市场完全竞争条件下生产要素的价格 Op'。这意味着生产要素所有者所得到的收入减少了。

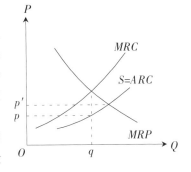

图 10.6　不完全竞争条件下生产要素的价格

第四节 收入分配的不均等

一、洛伦兹曲线和基尼系数

洛伦茨[①]曲线（Lorenz curve）是表示收入分配平均程度的图像。

在图 10.7 中，横轴表示人口的百分比，纵轴表示收入的百分比。对角线 OD 表示占人口一定百分比的人一定得到同样百分比的收入，因而它叫作绝对平均曲线。直角边 OCD 表示占人口 99% 的人没有得到任何收入，而 1% 的人得到了 100% 的收入，所以它叫作绝对不平均曲线。实际的收入分配曲线位于绝对平均曲线和绝对不平均曲线之间，这就是洛伦兹曲线（LC）。它表示在一个现实的经济社会里，占人口一定百分比的人究竟得到了多少百分比的收入。洛伦兹曲线的绘制过程如下：首先，按照家庭的年收入从低到高排列。其次，按照家庭收入从低到高的次序分别计算不同比例的家庭占多大比例的收入。最后，把家庭比例和收入比例的对应点连接起来，便构成洛伦兹曲线。如图 10.7 中的洛伦兹曲线说明了某经济社会 40% 的人口得到了 20% 的收入，80% 的人口得到了 60% 的收入，等等。

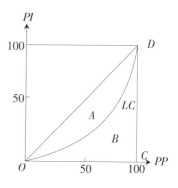

图 10.7　洛伦兹曲线

如果用 A 表示绝对平均曲线和洛伦兹曲线之间的面积，用 B 表示洛伦兹曲线和绝对不平均曲线之间的面积，那么表示收入分配平均程度的基尼[②]系数（Gini coefficient）的计算公式是：

$$GC = \frac{A}{A+B}。$$

当 A 等于零时，基尼系数等于零，洛伦兹曲线与绝对平均曲线重合，这时收入分配是绝对平均的；当 B 等于零时，基尼系数等于 1，洛伦兹曲线和绝对不平均曲线重合，这时收入分配是绝对不平均的。因此，基尼系数的数值从零到 1。基尼系数越大，表示收入分配越不平均。由于基尼系数根据洛伦兹曲线衡量收入分配的平均程度，它也称为洛伦兹系数。

洛伦兹曲线还可以用于表示其他类型的收入分配的平均程度。图 10.8 表

---

① 洛伦茨（M. O. Lorenz）是美国经济学家。
② 基尼（C. Gini）是意大利经济学家。

示财产分配的平均程度。图中横轴仍然表示人口的百分比，纵轴表示财产或收入的百分比。LC_1 是收入分配的洛伦茨曲线，LC_2 是财产分配的洛伦茨曲线。曲线表示在美国财产分配的不均等大于收入分配的不均等。

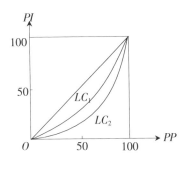

图10.8　财产分配的不平等

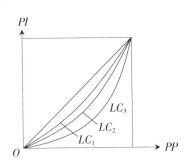

图10.9　职业收入的不平等

图10.9 表示各种职业收入分配的平均程度。图中横轴表示某职业人数的百分比，纵轴表示该职业收入的百分比。LC_1，LC_2 和 LC_3 分别表示美国大学教师、医生和律师收入分配平均程度的洛伦茨曲线。从图中可以看出，相对来说，大学教师职业的收入分配是最平均的，律师职业的收入分配是最不平均的。

二、收入分配不均等的原因

根据当代西方经济学家的解释，收入的不均等是由下述因素造成的：

第一，财产的差别。在西方国家里，少数人掌握了绝大部分财产，多数人没有或只有少量财产。这种财产分配的不均是造成收入分配差别的主要原因。另外，由于财产是世袭的，由财产差别而来的收入差别将继续存在。

第二，能力的差别。人有着不同的智力、体力和艺术能力。智力较高的人可以从事需要专门知识的高收入的职业，智力较低的人只能从事简单的低收入的工作。身体强壮和协调性较好的人可以成为高收入的运动员，具有艺术天赋的人则可成为高收入的艺术家。人的能力差别也造成了收入的差别。

第三，教育和训练的差别。不同的人受教育和训练的程度不同。有的人有机会接受更高的教育，而有的人因生活困难不得不放弃升学，这样就形成了教育和训练的差别。这种差别导致职业和技术的差别，从而带来了收入的差别。

第四，工作偏好和冒险精神。有的人甘愿从事危险劳累的工作，愿意不辞劳苦地日夜兼职，或敢冒投资的风险，这些人的收入就高；反之，那些厌倦工作、保守畏缩的人，收入就低。

第五节　生产要素价格原理的应用

现代西方经济学的生产要素价格原理表明，生产要素的价格是由生产要素的需求和供给决定的。美国政府对军人工资的调整，是生产要素价格原理应用的一个例子。

随着科学技术的发展和军队装备水平的提高，美国地面作战部队的比例一直趋于减少。到20世纪90年代，美国地面作战部队在整个军队中所占的比例仅为16%。与此同时，技术兵种则不断增加。结果，对机械师、电脑分析员、技师等技术人员的需求不断增加，但这种需求总得不到满足。

美国政府对这个问题的研究表明，在军队技术结构发生变化的情况下，军队的军阶结构基本上没有发生变化。在军官里，工资的增加主要由服役时间决定，结果造成具有不同技术水平的军官得到同样的工资。另外，技术人员在军队中得到的工资一般低于他们在私人部门工作所得到的工资。如图10.10所示，在以横轴表示技术人员的数量、纵轴表示技术人员工资的坐标系里，军队技术人员的需求曲线和供给曲线分别为 D 和 S。由于现行的工资 Ow' 低于均衡工资 Ow，结果造成军队技术人员的短缺 qq'。

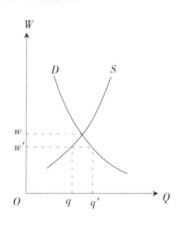

图 10.10　美军技术人员的短缺

面对这个问题，政府决定调整军队的工资结构，并且增加军人再服役奖金的数额，以增加技术人员的供给和再服役，使这个问题得到了一定程度的缓解。

另外，根据生产要素价格原理，包括劳动在内的生产要素的价格是这种生产要素的供给与需求决定的，它也可以为政府关于生产要素市场的政策制定提供指导。

以劳动者工资率的决定为例。专业人士提供高素质的劳动服务，市场上对专业人士愿意支付的工资率较高，所以专业人士劳动的需求曲线 D 在以横轴表示劳动数量、纵轴表示工资率的坐标系里靠近左上方。另外，专业人士接受过良好的教育，而且数量有限，专业人士劳动的供给曲线 S 在同样的坐标系里靠近左方（图10.11）。

蓝领工人的情况不同，他们的劳动的需求曲线靠近坐标系的右下方，供给曲线靠近下方（图10.12）。这样，专业人士的工资率和蓝领工人的工资率存在差距，专业人士的工资率高于蓝领工人的工资率。

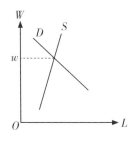

图 10.11　专业人士的工资率

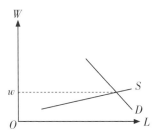

图 10.12　蓝领工人的工资率

在这种情况下，现在来考虑发达国家政府的移民政策。如果发达国家政府选择比较自由的移民政策，发展中国家的低素质劳动者将会大量流向发达国家，蓝领工人劳动的供给增加，将会进一步扩大本来就存在的收入分配的差距。美国的情况说明了这一点。在 20 世纪 50 年代，美国的移民主要来自发达国家。到 20 世纪 80 年代以后，美国的移民主要来自发展中国家，结果造成美国教育程度低的劳动者的收入相对于教育程度高的劳动者的收入来说大幅度下降。

因此，发达国家的政府需要控制低素质劳动者移民的数量，同时引进高素质劳动者，这样才不会造成收入分配的两极分化，保持社会的相对稳定。

第11章 工资、利息、地租和利润

第一节 劳动和工资

一、完全竞争条件下的工资

工资是使用劳动所付的价格。在现代西方经济学中，劳动者包括：各厂商的工人，如蓝领工人、白领工人等；自由职业者，如教师、医生、律师等；小企业所有者，如理发师、零售商、修理工等。

工资一般是指工资率，即每单位时间的工资。工资划分为货币工资和实际工资：货币工资是每单位时间以货币形式得到的工资；实际工资是用货币工资所能买到的物品和劳务的数量，因而也称为货币工资的实际购买力。实际工资取决于货币工资和商品的价格，它与货币工资成正比，与商品价格成反比。工资原理所分析的工资是实际工资。

在完全竞争的劳动市场里，劳动者和厂商的数目很多，他们自己的供给量和需求量在市场上所占的份额很小，因而他们都不能影响劳动的价格。在这个条件下，劳动的需求取决于它的边际收益产量，它的需求曲线是向右下方倾斜的。劳动的供给则取决于下述因素：

第一，劳动的成本，即劳动者养活自己和家庭以及接受必要的教育和训练所需要的费用。如果工资越高，就越能够弥补劳动的成本，劳动的供给量就越大。

第二，劳动者对收入和闲暇的偏好。如果劳动者偏好收入，劳动供给量将随工资的提高而增加；反之劳动的供给量会减少。由于劳动者可以自由选择职业，厂商要得到更多的劳动，就必须支付更高的价格，以促使劳动者放弃其他的就业机会。因此，劳动的供给曲线是向右上方倾斜的。

在某种劳动的市场里，均衡的工资率和均衡就业量是由这种劳动的供给和需求决定的。如图11.1（A）所示。图中横轴表示劳动数量，纵轴表示工资率。劳动的供给曲线 S 和需求曲线 D 相交于 E，决定了均衡的工资率 Ow 和均衡的就业量 Oq。

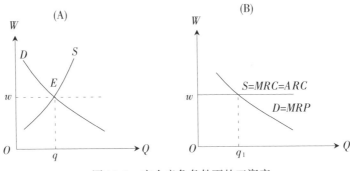

图 11.1 完全竞争条件下的工资率

对于个别厂商来说，他们只能按照现行的工资率雇佣他所需要的劳动。而工资率既是厂商对每单位劳动支付的代价即平均资源成本（ARC），也是对新增加的劳动单位支付的代价即边际资源成本（MRC）。劳动的供给曲线就是平均资源成本曲线或边际资源成本曲线，它们都是水平线。厂商根据 $MRP = MRC$ 的最大利润原则，把劳动的雇佣量确定在 Oq_1 的水平上，如图 11.1（B）所示。

个别厂商雇佣劳动的工资率就是劳动市场上的均衡工资率。各个厂商雇佣的劳动量的总和等于劳动市场上的均衡雇佣量。假如有 100 个厂商，每个厂商同样雇佣 Oq_1 的劳动，那么 $Oq = 100 \times Oq_1$。

一般来说，劳动的供给曲线是向右上方倾斜的。但是正如前面分析过的那样，精确的研究表明：劳动的供给曲线最初向右上方倾斜，但是到了一定的点后将转向左上方倾斜，其形状如图 11.2 中曲线 S 所示。这就是说，在工资率开始提高的时候，劳动的供给量趋于增加。但到达 C 点以后，工资率的继续上升不但没有带来劳动供给量的增加，反而造成劳动供给量的减少。

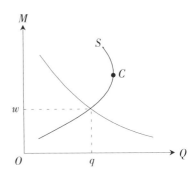

图 11.2 向后弯的劳动供给曲线

在劳动供给曲线向后弯的情况下，均衡工资率和均衡雇佣量如图 11.2 所示。

二、买方垄断条件下的工资①

在现实的经济社会里，许多劳动市场都不是完全竞争的。当劳动市场上只有一个或少数几个厂商的时候，他们在劳动市场中便形成买方垄断。在这种情

---

① 如果教学时数不够，本部分分析可以删略。

况下，厂商雇佣劳动的数量对工资率产生影响。

为简单起见，假定某一地区某类劳动只有唯一的雇主。在这种条件下，这家厂商所面临的劳动供给曲线不再像完全竞争条件下那样是水平的，它与市场上商品的供给曲线一样是向上倾斜的。这意味着厂商要吸引更多的劳动，就必须支付较高的工资，如图11.3中曲线 S 所示。

劳动供给曲线上每一点都表示为了吸引某一数量的劳动而平均对每单位劳动支付的工资率。因为工资率等于平均资源成本（ARC），所以劳动供给曲线实际上是厂商的平均资源成本曲线，他雇佣的劳动越多，他需要支付的平均资源成本就越高。但是，厂商要雇佣更多的劳动，他不可能只对新增加的劳动支付更高的工资率，而必须对所雇佣的全部劳动支付更高的工资率。不然，相同的

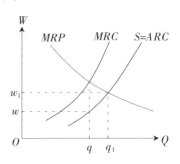

图11.3 买方垄断条件下的工资率

劳动的工资率将因先后不同而高低不等，这是原来雇佣的劳动者所不能接受的。对全部劳动支付同样的工资率意味着多增加1单位劳动所增加的成本即边际资源成本（MRC）大于平均每个单位劳动的工资率即平均资源成本，其差额等于原有劳动力提高的工资的总和。因此，边际资源成本曲线（MRC）不再与平均资源成本曲线（ARC）重合，而是在它的上方（参看图11.3）。

表11.1说明了买方垄断条件下边际资源成本和平均资源成本的关系。例如，当厂商雇佣第一单位劳动时，工资率是6美元。当他增雇1单位劳动时，工资率是7美元。但他不可能仅对第二单位劳动支付7美元，而是对所雇佣的两个单位的劳动同样支付7美元。这样，边际资源成本大于平均资源成本的部分，就是原来第一单位劳动所提高的工资总和1美元。同理，当厂商继续增雇劳动时，边际资源成本都大于平均资源成本，而且差距越来越大。

表11.1 买方垄断条件下的平均资源成本和边际资源成本

劳动单位 （Q）	工资率 （W）	平均资源成本 （ARC）	总资源成本 （TRC）	边际资源成本 （MRC）
1	6.0	6.0	6.0	6.0
2	7.0	7.0	14.0	8.0
3	8.2	8.2	24.6	10.6
4	9.6	9.6	38.4	13.8
5	11.2	11.2	56.0	17.6
6	13.0	13.0	78.0	22.0

厂商为了得到最大利润，他将按照 $MRP = MRC$ 的原则把雇佣的劳动量确定在边际收益产量和边际资源成本曲线的交点表示的劳动量 Oq 上（参看图 11.3）。按照劳动的供给曲线或平均资源成本曲线，相对于雇佣量 Oq，厂商愿付的工资率是 Ow。所以，均衡的工资率和就业分别为 Ow 和 Oq。

从图 11.3 可以看到，如果劳动市场是完全竞争的，均衡的工资率和就业量分别是 Ow_1 和 Oq_1，分别高于买方垄断条件下的均衡工资率 Ow 和均衡就业量 Oq。这就表明，假如其他条件不变，垄断厂商通过雇佣较少的劳动量和支付较低的工资率获得了最大利润。劳动者所得到的工资率低于他的边际收益产量。社会的就业量和产量都受到了损失。

三、卖方垄断条件下的工资[①]

当代西方经济学家认为，不仅买方即厂商可以影响劳动市场，卖方即工会也可以控制劳动市场。在许多劳动市场中，劳动者通过组织工会集体与厂商讨价还价，从而形成劳动市场的卖方垄断。

假定在某种劳动市场上，厂商很多，彼此间为雇佣劳动进行竞争；但工会力量强大，它能够控制劳动的供给。在这种卖方垄断的条件下，工资率的决定如图 11.4 所示。

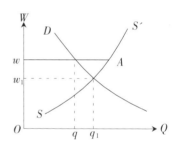

图 11.4 卖方垄断条件下的工资率

假定不存在卖方垄断，均衡的工资率和就业量分别是 Ow_1 和 Oq_1。但是工会不接受均衡工资率而要求把它提高到 Ow 的水平。在这种情况下，劳动的供给曲线已不再是 SS' 曲线，而是 wAS' 曲线。这意味着若工资率低于 Ow 的水平，工会将拒绝提供劳动。如果厂商决定接受较高工资的要求以免遭受罢工带来的损失，他将把劳动雇佣量调整到需求曲线和新的供给曲线相交时的水平 Oq。这就是说，如果厂商能够解雇工人的话，高于均衡水平的工资将造成劳动者失业。

工会能够在多大程度上既提高工资又不造成过多失业，取决于劳动需求对工资率的弹性。劳动需求越缺乏弹性，厂商的雇佣量对工资率的反应就越不敏感，提高工资所带来的失业就越少。劳动的需求弹性除了取决于如前述的产品需求的价格弹性、工资成本在总成本中的比重和其他生产要素替代劳动的可能性以外，还取决于时间。在短期内，厂商在工资提高的情况下不会马上裁减工人，劳动的需求弹性较小；但在长期里，厂商有足够时间用机器设备来替代劳

---

① 如果教学时数不够，本部分分析可以删略。

动,劳动的需求弹性将增大。

四、双边垄断条件下的工资[①]

双边垄断是指在劳动市场中既存在着买方垄断又存在着卖方垄断。在双边垄断的条件下,工资率将取决于双方的力量对比。

图 11.5 结合了买方垄断和卖方垄断的情形。根据前面的分析,垄断厂商将把工资率压低到 Ow_1 的水平,工会则要求把工资率提高到 Ow_2 的水平。工资率最终在什么水平上形成均衡,取决于劳资双方的力量和协议策略。如果垄断厂商力量较强,工资率在 Ow 和 Ow_1 之间形成均衡;如果工会力量较强,工资率在 Ow 和 Ow_2 之间形成均衡;如果双方力量平衡而相互抵销,工

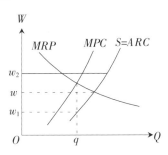

图 11.5 双边垄断条件下的工资

资率将在 Ow 的水平上形成均衡。因此,当代西方经济学家认为,与单边垄断的劳动市场相比,双边垄断的劳动市场的工资率更有可能接近于竞争条件下的工资率水平。

五、工资的差异

在现实的经济社会里,工资水平有着很大的差异。按照工资原理,工资率是由劳动的供给和需求决定的,那么为什么在不同的行业里,或是在同一行业的不同类型的工作里,劳动的供给和需求会有所不同呢?

按照当代西方经济学家的分析,工资差别是由下述因素造成的:

第一,补偿性的工资差别。各种职业的社会地位、工作条件、工作内容或危险程度是不同的,因而它们对人们吸引力是不同的。对于那些社会地位低微、工作环境肮脏、工作内容乏味、就业很不稳定的职业,只有用提高工资的方法才能招募到工人。在这些职业里,需求趋于增加而供给很少,所以均衡的工资率较高。在现代西方经济学中,这种单纯用于补偿职业之间非金钱差异的工资差别叫作补偿性的工资差别。它说明了为什么垃圾清扫工人比旅馆服务员工资高,建筑业工人比制造业工人收入多,等等。

第二,劳动质量不同的工资差别。劳动者的质量并非完全相同,他们在脑力、体力、受教育程度和技术熟练程度上都存在着差异。例如,在劳动者中只有小部分人具有成为专家的内在能力,而在这些人中又只有小部分有条件接受

[①] 如果教学时数不够,本部分分析可以删略。

优良的教育和训练而成为现实的专家。因此，那些能力较高、受教育较好的人才的供给相对于需求来说很少，所以他们的工资水平较高。劳动质量不同的工资差别说明了为什么技术精湛的著名医生要比普通医生挣得多，熟练工人要比不熟练工人收入高，等等。

第三，市场不完全性的工资差别。如果说补偿性的工资差别和劳动质量不同的工资差别有助于解释不同职业和同一职业中不同工作的工资差别的话，市场的不完全性则能够解释同一职业和同一种工作的工资差别。市场的不完全性表现在下述三个方面：

（1）地区差异造成的劳动不流动性。劳动者在某地区出生和成长，他们往往不愿离开自己熟悉的环境。中老年人为了退休金更不愿意迁移到别的地区。即使愿意搬迁的人也往往由于对其他地区的工作机会和工资标准缺乏了解而却步。劳动由于地区差异而形成的不流动性造成了不同地区的同一个职业和同一种工作的工资差别。

（2）通行制度造成的劳动不流动性。工会为了维持较高的工资标准，往往对本行业的人数实行限制。因此，即便有人为了得到更高的工资愿意由一个地区迁移到另一个地区，他们也常常得不到允许就业的"工会卡"（union card），以致无法就业。劳动由于制度的阻碍而形成的不流动性维持和加剧了同一个职业和同一种工作的工资差异。

（3）社会歧视造成的市场不完全性。虽然许多国家的政府颁布了各种立法反对歧视，但是性别歧视、种族歧视和宗教歧视仍在不同程度上存在。它造成了从事同一个职业和同一种工作的女工、有色人种和异教徒的工资较低。

第二节　借贷资金和利息

一、利息率的决定

利息是指对借入的资金所付的报酬。利息率是指对借入的资金所付的价格，它等于利息与借入资金的数额即本金的比率。如果 i 表示利息率，n 表示利息，M 表示本金，那么 $i = \dfrac{n}{M}$。

按照计算利息的期限，利息率分为年利息率、月利息率和日利息率，它们通常分别以本金的百分之几、千分之几和万分之几来表示。在借贷市场上，利息率通常以年利息率表示，因此存在如何根据年利息率计算某一段时间的利息率的问题。假定年利息率为 i，借入资金的实际天数为 t，如果 1 年按 365 天计算，则这段时间的实际利率 $i' = \dfrac{t}{365} i$，这段时间实际支付的利息 $n' = M \times \dfrac{t}{365} i$。

这就是说，如果借入资金的期限是 3 个月，那么由于 3 个月是 1 年 1/4 的时间，3 个月的利息率是 1 年利息的 1/4。

按照计算利息的方法，利息的计算分为单利和复利两种方式。单利计算方法是只对本金计算利息，不对以前得到的利息支付利息。例如，假定某人贷放 100 美元，如果年利息率是 5%，那么按单利计算方法，他第 1 年得到本金的利息 5 美元，第 2 年再次得到本金的利息 5 美元。因此，设本金为 M，年利息率为 i，那么按照单利的计算方法，第 t 年后得到的本金和利息是 $M(1+ti)$。复利计算方法是不仅对本金支付利息，而且对以前得到的利息支付利息。例如，假定某人贷放 100 美元，如果年利息率是 5%，那么按复利计算方法，他第 1 年得到利息 5 美元，第 2 年不仅得到本金的利息 5 美元，而且还得到上一年利息的利息 0.25 美元。所以，设本金为 M，年利息率为 i，那么按照复利的计算方法，第 t 年后得到的本金和利息是 $M(1+i)^t$。

利息率划分为名义利息率和实际利息率。名义利息率是指以货币形式支付的利息率，实际利息率是名义利息率减去通货膨胀率后的利息率。因此，实际利息率 = 名义利息率 - 通货膨胀率。

假定通货膨胀率为零，名义利息率等于实际利息率。在某一种资金的借贷市场上，利息率是由借贷资金的供给和需求决定的。资金的需求量是利息率的函数。在预期利润率或预期得到的效用为一定的情况下，利息率越高，厂商借入资金用于投资或居民借入资金用于消费的代价就越大，他们愿意借入资金的数量就越小。因此，资金的需求量随着利息率的上升而减少，资金的需求曲线在以横轴表示资金数量、纵横表示利息率的坐标系里表现为一条向下方倾斜的曲线，如图 11.6 曲线 D 所示。另外，利息率越高，资金的供给者得到的收益就越高，资金供

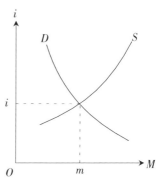

图 11.6 利息率的决定

给量就越大。因此，资金供给曲线在以横轴表示资金数量、纵轴表示利息率的坐标系里表现为一条向右上方倾斜的曲线，如图 11.6 曲线 S 所示。在资金需求曲线和供给曲线相交的时候，决定了均衡利息率 Oi 和均衡借贷数量 Om。

二、信贷配给和资金的供给曲线

当居民和厂商愿意支付现行利息率，但却不能按现行利息率获得他们希望获得的资金时，这种状态叫作信贷配给（credit rationing）。

信贷配给是由银行对贷款风险的防范造成的。银行是借贷资金的主要供给者，当利息率达到一定程度后继续上升时，银行将认为最有可能偿还贷款的最

优借款者不会前来借款,而前来借款的借款者存在着不能偿还贷款的可能性。这是因为在利息率较高的情况下,借款者支付利息的负担较重,对于那些经营稳健、信誉良好的借款者来说,他们不再借入款项;对于那些前来借款的借款者来说,他们试图通过争取较高的收益来弥补较高的利息成本,所以他们承担较大的风险,到期不能偿还本金和利息的可能性也将增加。正由于这个原因,银行将作出逆向选择:利息率上升但资金供给反而减少。这样,银行将会实行信贷配给的措施。

银行作为贷款者的选择可以用图 11.7 说明。在图 11.7 中,横轴表示利息率,纵轴表示贷款者的利息收益。贷款者的收益曲线 R 表明,利息率存在一个最优水平 Oi,在利息率超过这个水平以后,由于贷款风险增加,贷款收益反而减少。因此,当利息率上升到一定程度时,贷款者将会减少资金的供给并实行信贷配给的措施。

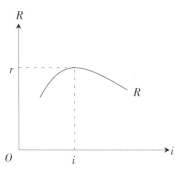

图 11.7 贷款收益和利息率的关系

信贷配给有三种情况:①对于某种类型的借款者来说,他们能够得到资金,但是他们实际得到的资金少于他们希望得到的资金;②对于某种类型的借款者来说,有的借款者可以得到资金,有的借款者则得不到资金;③对于某种类型的借款者来说,他们全部得不到资金。

在贷款者实行逆向选择和信贷配给的条件下,资金供给曲线成为向后弯曲的曲线。在图 11.8 中,横轴表示资金数量,纵轴表示利息率。在利息率上升到 Oi(相当于图 11.5 中的利息率 Oi)以前,利息率的上升导致资金的供给的增加,资金的供给曲线向右上方倾斜。在利息率上升到 Oi 以后,贷款者实行信贷配给,他们不提高利息率而是按现行利息率配给他们愿意提供的资金 Om_1。从图中可以看到,在信贷配给的条件下,资金短缺的数量为 m_1m_2。

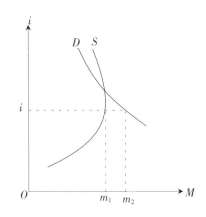

图 11.8 信贷配给条件下的资金供给

三、利息率的差异

利息率是由资金借贷市场上资金的需求和供给决定的。但是,由于不同的

资金借贷市场的特点不同,它们的资金的需求和供给也不同,利息率将表现出差异。利息率的差异是由下述因素造成的:

第一,风险程度。借者不能偿还贷款的可能性越大,贷者为了弥补风险所要求的利息率就越高。例如,公司债券的利息率一般高于政府债券的利息率,其原因是:购买政府债券的风险小,政府一定能够按期还本付息;但是购买公司债券要承担风险,一旦公司倒闭,贷者将受到损失。

第二,时间长短。在其他条件不变的情况下,贷款的时间越长,利息率就越高。这是因为贷者一旦发放了长期贷款,即使在这段时间内存在更有利可图的机会,他也不能收回这部分贷款。为了弥补可能受到的损失,他将要求更高的利息率。而借者也由于他能在较长时间内使用这笔贷款以应付他的需要,他也愿意支付较高的利息率。

第三,管理成本。贷者在发放贷款时要做簿记等项工作,因而付出一定的成本。管理的成本越高,利息率也越高。假如其他条件不变,贷款不论多少,管理成本相差不大,所以数额较小的贷款利息率高于数额较大的贷款利息率。

第三节 土地和地租

一、绝对地租

地租是使用土地而支付的租金。它是由土地的供给和需求决定的。

土地的需求取决于它的边际产量收益。边际产量收益越高,它的需求量就越大;反之,它的需求量就越小。在边际收益递减规律的作用下,土地的边际产量收益是递减的。因此,土地的需求曲线是向右下方倾斜的。在图 11.9 中,横轴表示土地数量,纵轴表示地租,土地的需求曲线是 D。

土地的供给是固定的。某经济社会有多少土地,它的土地供给量就是多少。所以,土地的供给曲线完全没有弹性,如图中垂直线 S 所示。当代西方经济学家强调,土地没有生产成本,它是自然的赠予。人们通过清理、排水、灌溉等方法,可以增加土地的效用,但土地数量并没有增加。

土地的供给是固定的意味着地租主要取决于土地的需求。在图 11.9 中,土地供给曲线和需

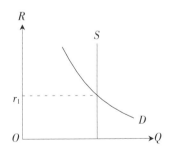

图 11.9 地租的决定

求曲线的交点决定了均衡地租 r_1。当土地的需求减少的时候,均衡地租趋于下降,但土地供给量仍保持不变。这意味着土地需求的变化只有价格效应而没有

数量效应。

二、级差地租

在前面的分析中，全部土地都假定具有同样的生产率①，所以它们都具有同样的需求曲线。但是，在现实的经济社会里，土地的生产率存在很大的差别。如果土地的肥沃程度、雨量充足程度、气温适宜程度、地理位置的远近等因素不同，在同样面积的土地上投入同样的生产要素所得到的产量将不同。因此，土地的生产率不同，它的边际收益产量就不同，人们对它的需求也不同。一般说来，土地的生产率越高，它的边际收益产量就越高，人们对它的需求就越大。在图 11.10 中，假定某经济社会有四种类型的土地，它们按生产率从低到高分为四个等级。与此相适应，土地的需求曲线分别为 D_1、D_2、D_3 和 D_4。D_1 是生产率最低的土地的需求曲线，D_4 是生产率最高的土地的需求曲线。由于土地的供给是固定的，所以土地的供给曲线 S 仍然是垂直线。从图中可以看到，假设各种类型土地的供给相同，需求曲线 D_2、D_3 和 D_4 与供给曲线 S 的交点分别决定了均衡的地租 r_2、r_3 和 r_4。均衡地租之间的差额就是级差地租。需求曲线 D_1 与供给曲线 S 没有交点，这意味着第一等级土地的质量太差，无法用于种植农作物，因而它没有产生地租。

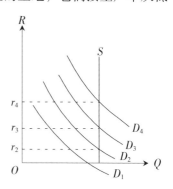

图 11.10 级差地租

三、经济租金和准租金

在现代西方经济学中，当使用某一种生产要素时，为了防止它转移到别的用途而必须支付的报酬，叫作转移收入（transfer earnings）。它所得到的总报酬中超过转移收入的剩余部分称为经济租金（economic rent）。

土地所得到的地租是经济租金。土地的供给是固定的，不管地租怎样变化，土地的供给量仍然保持不变。换句话说，土地是自然的赠予，即使地租降到接近于零的水平，土地所有者也会提供土地，否则他们将什么也得不到。因此，地租不是经济社会为得到土地而必须支付的报酬，它是一种剩余。除了土地和自然资源以外，某些生产要素的报酬也有一部分是经济租金。例如，一个篮球明星在美国可以得到 200 万美元或者更多的年收入。这是因为像他这样的专门人才的供给在短期内是相对固定的，而对他的需求却增长很快，所以，他

---

① 生产率是指每单位生产要素的产量，即平均实物产量。

的收入大大超过了使他留在篮球界所必须支付的最低报酬，其剩余的部分就是经济租金。

在大多数情况下，一种生产要素的实际报酬既有转移收入，也有经济租金。图 11.11 说明了实际收入中转移收入和经济租金的划分。图中横轴表示生产要素的数量，纵轴表示生产要素的价格。当生产要素的供给曲线（S'）完全有弹性即水平的时候，对生产要素支付的报酬全部都是转移收入。这意味着如果对这种生产要素不按价格 Op 支付，就不能得到这种生产要素。当生产要素的供给曲线（S''）完全没有弹性即垂直的时候，对生产要素支付的报酬全部是经济租金。

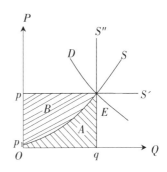

图 11.11　转移收入和经济租金的划分

这意味着即使把这种生产要素的价格降到接近于零，也不会导致它的供给量的减少。由于通常的生产要素的供给曲线是向右上方倾斜的，对生产要素支付的报酬一部分是转移收入，一部分是经济租金。如图 11.11 所示，当生产要素的价格从 Op 降到 Op_1 时，生产要素的供给量在减少。所以 p_1E 线是使不同数量的生产要素不转移到其他用途所支付的最低价格。当生产要素的使用量确定在 Oq，价格确定在 Op 时，生产要素所有者得到的转移收入是曲线 p_1E 下面的面积 A，经济租金是曲线 p_1E 上面的面积 B。

准租金（near rent）则是指在短期内供给固定不变的生产要素的报酬。例如，在短期内，工厂或机器设备的供给量是固定不变的，要建造一座新的工厂或生产一部新的机器设备都需要有一段时间。因此，在这段时间内，如果需求增加了，生产要素所得到的报酬就要提高。增加的这部分报酬就是准租金。但是，在长期里，这些生产要素的供给不是固定不变的。随着需求的增加，它的供给也将增加。因此，在长期里，准租金将消失。这种生产要素的报酬所以称为"准租金"，是因为它在短期里和地租的特点相似，属于一种租；但它又不是真正的租，它在长期里将消失。

四、自然资源的价格[①]

许多自然资源都是可枯竭的，如矿藏、石油等。这些可枯竭的自然资源的生产不同于经济物品的生产。在通常情况下，现在的经济物品的生产对未来经济物品的生产没有必然的影响。但是，由于自然资源的存量是有限的，现在的

---

① 如果教学时数不够，本部分分析可以删略。

自然资源生产的扩大将导致未来的自然资源生产的缩小。因此，自然资源的生产者在作出现在的生产决策时，必须考虑到一种额外的成本，即放弃未来的产量所形成的机会成本。当代西方经济学家把因现在生产自然资源而不得不放弃未来自然资源的生产所造成的机会成本称为稀缺成本（scarcity cost）。稀缺成本的存在意味着厂商在现在从事自然资源的生产时不仅要考虑实际支付的生产成本，而且还要考虑未来生产减少的机会成本。

稀缺成本的存在对自然资源的产量和价格产生影响。在不考虑稀缺成本的条件下，厂商生产自然资源的情形与生产经济物品的情形相同。他们的供给曲线都是向右上方倾斜的。它反映了在勘探、开采、精炼自然资源过程中所形成的实际边际成本的变化情况。如图 11.12 中的 S 曲线所示。假定市场上对自然资源的需求曲线是 D，那么供给曲线 S 和需求曲线 D 的交点，决定了自然资源的均衡价格 Op 和均衡交易量 Oq。但是，由

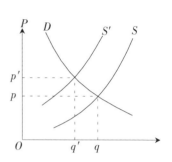

图 11.12　自然资源的价格

于生产自然资源不仅要付出实际的生产成本，而且要付出未来生产下降的机会成本，而供给曲线反映的是边际成本的变化，所以稀缺成本的存在导致供给曲线 S 向上方移动，如移动到 S'。两者之间的垂直距离，反映了生产自然资源的稀缺成本。从图中可以看到，随着产量的增加，稀缺成本也不断增加。供给曲线 S' 和需求曲线 D 的交点，决定了自然资源的均衡价格 Op' 和均衡交易量 Oq'。比较发生稀缺成本前后的均衡价格和均衡产量可以看到，由于厂商认识到自然资源的稀缺性，他们有保留地进行自然资源的生产，因而自然资源的产量较低，价格较高。

稀缺成本的存在影响到自然资源的价格，但稀缺成本的大小又取决于厂商对未来资源价格的预期。如果厂商预料到未来自然资源的价格将上升，这意味着现在进行生产将导致未来收益较大幅度的减少，也就是稀缺成本上升了；反之，稀缺成本将下降。

厂商估计稀缺成本的过程可以用下述例子来解释。假定某个拥有一个银矿的厂商预料到 1 盎司白银在 20 年后的售价是 1 美元。由于他的银矿蕴藏量是固定的，现在开采并出售 1 盎司白银意味着 20 年后少出售 1 盎司白银和少得到 1 美元的收益。假定利息率是 5%，那么在 20 年后得到 1 美元收益的现在贴现值是 0.38 美元。再假定厂商对于现在还是 20 年后出售 1 盎司白银感到无关重要，那么现在 1 盎司白银的价格应该是 0.38 美元。如果现在 1 盎司白银的价格低于 0.38 美元，厂商现在不会生产白银而等到 20 年后才开采，从而导致白银价格的上升；如果价格高于 0.38 美元，厂商现在会尽可能多地生产白银

而不会等到 20 年后才开采,从而导致白银价格的下降;只有价格等于 0.38 美元,才能形成现在的白银均衡价格。

如果厂商现在生产白银的实际成本是每盎司 0.20 美元,市场是完全竞争的,那么稀缺成本将等于每盎司 0.18 美元,即均衡价格与实际成本之间的差额。

上述分析表明,如果生产白银的实际成本不变,厂商对白银未来售价的预期不变,市场上对白银的需求不变,那么白银的市场价格将趋于上升。因为根据现在贴现值的计算公式,在 19 年后得到 1 美元的现在贴现值高于在 20 年后得到 1 美元的现在贴现值,在 18 年后得到 1 美元的现在贴现值高于在 19 年后得到 1 美元的现在贴现值,如此等等。

第四节 利润的来源

当代西方经济学家认为,经济利润只产生于现实的动态经济。

在静态经济的条件下,各种经济因素如生产技术、资源供给、消费偏好是稳定的,成本、收益、供给和需求都保持不变。这意味着经济的未来是可以预测的,生产和价格决策的后果一清二楚,任何风险都不存在。因此,在静态经济里,没有对风险的报酬。另外,在完全竞争的条件下,超额利润也不可能存在。假定某一行业得到了超额利润,别的厂商就会进入这个行业以分享超额利润,直到超额利润最后消失。同时,经营亏损也不存在。如果某一行业发生了亏损,这个行业的厂商就会纷纷退出该行业,直到亏损最后消失。所以,在完全竞争的静态经济里,全部成本,包括明显成本、隐含成本和正常利润,都得到补偿,没有以剩余形式存在的经济利润。

在现实的动态经济里,经济利润产生于风险、企业家的创新和垄断。

第一,在动态的经济里,未来是不确定的。这意味着厂商要承担某种风险。一部分经济利润就是对承担风险的报酬。在现代西方经济学中,风险划分为可保险的风险和不可保险的风险。有的风险如火灾、洪水、盗窃、事故等能够在一定程度上估计到,这类风险是可保险的,厂商可以预先采取措施加以避免,或至多支付一些保险金就能够得到保险。但有的风险如无法控制的需求的变化和由此带来的收入变化,或者没有预料到的供给变化和由此带来的成本变化,都是不可保险的。厂商无法预先采取措施避免它的发生,更不能求助于保险公司。正是这种不可保险的风险才是经济利润的潜在源泉。

不可保险的风险产生于经济周期的变化或经济环境的变化。经济繁荣给厂商带来了丰厚的利润,经济萧条则导致大批厂商破产。即使在充分就业的没有通货膨胀的经济里,消费者的偏好、资源供给条件也在不断变化,它改变着厂商的成本和收益，不是给厂商带来额外收益，就是给厂商带来亏损。因为厂商要承担这种不可保险的风险，他有可能因经营不善而导致破产，所以他们要得到高于在没有风险的情况下所得到的报酬。这种对不可保险风险的报酬就构成了经济利润的一个部分。

第二，企业家在经营的过程中不断进行创新。他们或者引进一种新的生产方法，使生产成本大大降低；或者设计出一种新产品，使需求大大增加。这就是说，企业家为了得到更多的利润而有目的地从事降低成本、增加收益的活动。当企业家进行创新的时候，在短期内别的厂商来不及模仿，因而他们处于一种垄断的地位而得到了额外的收益。另外，企业家的创新是在一种不确定的环境里进行的，尽管他们事先对市场进行过周密的研究，他们的创新也可能在经济上被证明是失败的。由于创新是一种特殊的风险，厂商也要求得到更多的报酬。对创新的报酬构成经济利润的另一部分。

第三，经济利润的第三个部分来自垄断。它既可以产生于卖方垄断，也可以产生于买方垄断。当一个规模巨大的厂商是某个商品市场的主要卖者的时候，他可以通过控制供给来提高价格，而相互独立的众多买者只能接受这一价格。这样，垄断厂商就通过控制市场来获取垄断利润。另外，当一个规模巨大的厂商是某个生产要素市场的主要买者时，他可以通过控制需求来压低价格，而相互竞争的卖者只能接受这一价格。生产要素价格的下降导致了生产成本的下降，在产品价格不变的情况下使厂商得到了超额利润。

因此，经济利润由对风险的报酬、对创新的报酬和垄断利润构成。

第五节 分配原理的应用

根据工资率决定的原理，工会可以通过下述途径提高工资：

第一，控制劳动的供给。工会除了提高劳动需求以外还可以利用控制劳动供给的方法。图11.13表明，当劳动的供给曲线向左方移动时，工资率将从 w 上升到 w_1。

工会为了达到这一目的，可以采用多种方法：①工会争取各种有助于控制劳动供给的立法，像限制移民，禁止使用童工，建立强迫性的退休制度，减少劳动时间，等等。在许多西方国家里，工会已成功地实现了这些目标。②一些技术性较强的工会用诸多规定来限制工

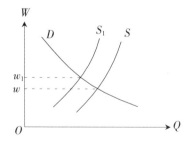

图11.13 劳动供给减少对工资率的影响

会会员人数，如延长学徒期，提高入会费，降低对新会员的保护，等等。然后它们通过迫使厂商只雇佣工会会员的方法，控制劳动的供给。美国医学协会（AWA）是最成功地实行这项措施的工会。③一些工会向政府施加压力，促使政府通过一些立法，规定必须符合某些特定要求的人，才能从事某些行业的工作。这些规定包括受教育的年限、工作经验的多寡、个人性格等，其目的是保护已从业人员的就业机会和工资水平。在美国，已有许多行业取得了政府的这类特许权。

第二，提高工资率。虽然有些工会用限制工会成员人数的方法提高工资率，但大多数工会努力把一切工人组织起来，向厂商施加压力以提高工资率。如果厂商拒绝工会的要求，全体工人将举行罢工，劳动的供给量降为零。图 11.14 说明，若把工资率提高到均衡水平以上，厂商将解雇工人。因此，工会能否提高工资，还取决于它能否有效地制止厂商解雇工人。

另外，分配原理还可以为政府的政策制定提供指导。美国政府关于最低工资标准政策的制定就是一个例子。

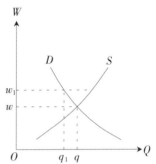

图 11.14 工资率的提高对就业的影响

美国政府从 1938 年开始制定和实施最低工资标准，即厂商支付给工人的工资不能低于这个下限。美国每小时的最低工资标准在 1938 年为 0.25 美元，到 2009 年提高到 7.25 美元。美国的最低工资标准政策引起经济学界的激烈争论。

不赞成实行最低工资标准的经济学家指出，最低工资标准的实施导致低素质劳动者就业的下降。如图 11.15 所示，低素质劳动者的需求曲线 D 和供给曲线 S 的交点，决定了均衡的工资率。但是，如果政府将最低工资率确定在均衡工资率以上，将导致 $L'L''$ 的失业。

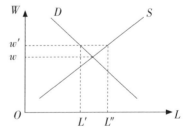

图 11.15 最低工资标准政策的效应

这部分经济学家用计量分析证明，最低工资标准的实施主要导致青少年劳动者的失业。最低工资标准每提高 10%，青少年劳动者的就业将下降 1%～3%。

但是，赞成实行最低工资标准的经济学家认为，低素质劳动者需求的价格弹性是很低的，据测算为 0.1～0.3。因此，最低工资标准的实施不会导致低素质劳动者需求较大幅度的减少，从而可以导致低素质劳动者收入的增加。对此，反对实行最低工资标准的经济学家指出，这种收入的增加是以损失劳动市场的效率以及损害劳动密集型产品的竞争力为代价实现的。如果政府要增加这部分劳动者的收入，对这部分劳动者给予补贴比实行最低工资标准要好。

从美国政府实施最低工资标准政策的实际情况来看，美国政府减少了对劳动市场的干预，最低工资标准在制造业平均工资中所占的比例从1947年的60%降低到目前的30%左右。

第12章 公共物品和公共选择

第一节 公共物品

公共物品（public goods）是政府提供的物品和劳务，如道路、公路、桥梁、国家安全、公共教育、疾病控制等。公共物品具有两个特点：

第一，非排斥性（nonexclusivity）。对于私人物品来说，一个人能否使用这种物品，取决于他是否支付了价格。如果他支付这种物品的价格，他就可以使用这种物品，并且排除了别人购买和使用这种物品的可能性。这种特点叫排斥性（exclusivity）。对于公共物品来说，不论一个人是否支付这种物品的价格，他都可以使用这种物品。也就是说，这种物品提供给全社会的任何一个人，谁都可以从中得益。例如，国家安全就是一种公共物品，不管人们是否为此缴纳了赋税，他们都可以受到保护。又如，控制疾病也是一种公共物品，不论人们是否为此而支付了代价，他们都可以从中得到好处。

如果一种物品具有非排斥性，它是难以成为私人物品的。例如，假定某个小镇有500个居民，每个居民对于观看焰火愿意支付10美元的代价。在放焰火的成本是1000美元的条件下，提供放焰火这种劳务可以得到4000美元的净收益（$=10 \times 500 - 1000$）。但是，焰火具有非排斥性的特点，如果某个投资者以出售门票的方式来举行焰火晚会，由于不买门票的人同样可以观看焰火，便出现了搭便车者。搭便车者（free rider）是指得到一种物品的利益但没有对此支付代价的人。这样，放焰火对私人来说是无利可图的，焰火不能成为私人物品。但是，镇政府可以向每个居民增加2美元的税收，用于举办焰火晚会，每个居民可以得到8美元的净福利（$=10-2$），焰火便成为公共物品。由此可见，对于具有非排斥性的物品，私人提供是无效率的，政府提供才是有效率的。

第二，非竞争性（nonrivalry）。当公共物品向更多的人提供服务的时候，社会的边际成本等于零。这就是说，尽管更多的人得到了公共物品的服务，但社会并没有因此而付出额外的成本。这种性质叫作非竞争性。例如，在不拥挤的条件下，多一个人或少一个人过一座桥，并不会带来社会边际成本的增加或减少。因此，对于过桥人来说，他们不存在竞争的关系，不会由于有一个人要过桥，另一个人就不能过桥。与公共物品不同，私人物品既具有竞争性又具有非竞争性。对于一部分私人物品来说，要增加供给量，就要付出额外的成本，即边际成本为正数。因此，某人得到了某私人物品，另一个人就不能再得到它。例如，某人购买了一辆汽车，那么别人就不能使用这辆汽车。他们是相互竞争的。但是，对于另一部分私人物品来说，要增加消费量，也无需付出额外的成本，边际成本为零。在这种情况下，消费者之间也不存在竞争的关系。例如，电影院、音乐厅、体育馆、足球场等私人物品已经生产出来，只要没有达到饱和状态，增加多一个消费者不会带来额外的成本。

应该指出，由政府提供的具有非排斥性和非竞争性的物品，才是公共物品。有的物品尽管是由政府提供的，但不具有非排斥性和非竞争性的物品，不是公共物品。例如，政府在街头建立的电话亭，人们要支付费用才能打电话，而且一个人在打电话时另一个人就不可能在同一个电话亭里打电话。这样的物品就不是公共物品。另外，有的物品尽管具有非竞争性，但不是由政府提供的，也不是公共物品。例如，私人集资建造的桥梁。人们过桥要支付一定的费用。尽管多一个人过桥没有带来额外成本，这样的物品也不是公共物品。

第二节 公共物品的最优产量

一、以市场的方式确定产量

既然公共物品是由政府提供的，那么政府应该生产多少公共物品呢？

假定某社会只有 A，B 两个消费者，D_a 和 D_b 是这两个消费者对某种物品的需求曲线。如果这种物品是私人物品，把消费者 A 和 B 的需求曲线在水平方向上相加，就可以得到市场的需求曲线 D，如图 12.1（A）所示。在这里，所以要在水平方向上把个人的需求曲线相加，是因为个人的需求曲线表示按各种可能的价格的个人需求量，他们的需求量之和就是按各种可能的价格的市场需求量。假定市场的供给曲线是 S，那么需求曲线 D 和供给曲线 S 的交点 E，决定了均衡产量 Oq 和均衡价格 Op。效用原理表明，消费者的需求曲线实际上是边际效用曲线；成本原理也表明，生产者的供给曲线实际上是边际成本曲线。因此，在均衡产量水平上，每个消费者得到的边际利益（边际效用）等于边际成本，因而这个产量是最优产量。在图 12.1（A）中，当均衡产量是 Oq，均衡价格是 Op 时，消费者 A 的边际利益是 q_aE_a，消费者 B 的边际利益是 q_bE_b，每个消费者的边际利益均等于边际成本。如果这种商品是公共物品，需要把消费者 A 和 B 的需求曲线在垂直的方向上相加，才能形成市场的需求曲

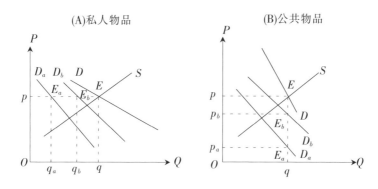

图 12.1　私人物品和公共物品的均衡产量

线 D，如图 12.1（B）所示。在这里，所以要在垂直的方向上把个人的需求曲线相加，是因为公共物品具有非排斥性和非竞争性的特点。消费者使用的都是同样数量的同一种物品（如同一个图书馆）。他们对各种可能数量的公共物品所愿意支付的价格之和，构成了社会对各种可能数量的公共物品所支付的价格。假定市场的供给曲线是 S，那么需求曲线 D 和供给曲线 S 的交点 E，决定了均衡产量 Oq 和均衡价格 Op。均衡产量 Oq 也是最优产量。在这个产量水平上，社会的边际利益等于社会的边际成本。如图 12.1（B）所示，当均衡产量为 Oq，均衡价格为 Op 时，社会的边际成本是 qE，消费者 A 的边际利益是 qE_a，消费者 B 的边际利益是 qE_b，社会的边际利益（$qE_a + qE_b$）等于社会的边际成本（qE）。

上面所分析的用市场的方法决定公共物品的数量主要是决定诸如公共工程这样的公共物品的数量，如果要决定诸如环境保护这样的公共物品的数量，则采用不同的方法。

环境保护也是一种公共物品。首先，它具有非排斥性的特点，不管人们是否支付了代价，他们都可以享受良好的环境。其次，它具有非竞争性的特点，政府向更多的人提供良好的环境，社会边际成本等于零。

假定某家厂商排放的废气造成了该地区的空气污染，给社会带来了边际社会成本。社会成本表现为更多人患呼吸道疾病，造成了对各种物品的腐蚀，影响了城市的美观，等等。边际社会成本将随着该厂商排放废气数量的增加而增加。因此，在用纵轴表示减少单位废气排放量的费用、用横轴表示废气排放数量的坐标系里，边际社会成本曲线表现为一条向右上方倾斜的曲线，如图 12.2 中的曲线 MSC 所示。

但是，该厂商可以采用控制废气排放的技术和设备来减少废气的排放量。它采用的控制废气排放的技术和设备越多，排放的废气数量就越少，但边际成本就越高。因此，在同样的坐标系里，厂商边际成本曲线是一条向右下方倾斜的曲线，如图 12.2 中的曲线 MCA 所示。

由于边际社会成本的减少就是社会边际收益的增加，即更少人患呼吸道疾病，更少对各种物品的腐蚀，对城市美观的影响更少，等等，当废气排放量从右方向 x 点接近即减少废气排放量时，根据边际的概念，社会收益的增加相当于 MSC 下方的面积，厂商成本的增加相当于 MCA 下方的面积，收益大于成本。但是，如果超过 x 点继续减少废气排放量，社会收益的增加仍然相当于 MSC 下方的

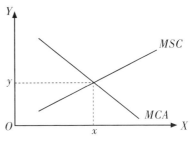

图 12.2　最优废气排放量的决定

面积，厂商成本的增加仍然相当于 MCA 下方的面积，收益小于成本。因此，社会边际成本曲线 MSC 和厂商边际成本曲线 MCA 的交点所决定的废气排放量是最优的废气排放量。

但是，如何使厂商废气的排放量降低到 Ox 呢？可以采用三种方法：

第一，制定排放标准。例如，将排放标准确定在图 12.2 中的 Ox 的水平上。如果厂商排放的废气超过这个标准，将对该厂商给予经济处罚或法律制裁。

第二，征收排放费。例如，对厂商每排放 1 单位废气征收图 12.2 所示的 Oy 的费用。在 x 点的右方，厂商每减少 1 单位废气排放的边际成本小于 Oy，厂商减少废气的排放是有利的。到达 Ox 的时候，厂商减少废气排放的边际成本正好等于所缴纳的排放费。在 x 点的左方，厂商每减少 1 单位废气排放的边际成本大于 Oy，厂商减少废气的排放是不利的。这样，该厂商就把废气的排放量确定在 Ox 的水平上。

第三，发放排放许可证。在只有一家厂商造成空气污染的情况下，发放排放许可证的方法与制定排放标准的方法是相似的。例如，将允许废气排放的数量确定在 Ox 的水平上，可以起到同样的效果。但是，如果有多家厂商排放废气，发放排放许可证可能优于制定排放标准的方法和征收排放费的方法。

在存在多家厂商的情况下，由于技术条件不同或生产的产品不同，要达到同样的排放标准所付出的代价不同。如果采用制定排放标准的方法，对于部分厂商来说，可能要付出很高的代价才能达到规定的排放标准，这样对这部分厂商造成很大影响。但是，如果采用发放排放许可证的方法，由于许可证可以买卖，这部分厂商就会进行成本和收益的核算，从而可以对是否买进排放许可证进行最优的选择。

同样，在存在多家厂商的情况下，如果采用征收排放费的方法，排放废气

较少的厂商需要与排放废气较多的厂商缴纳同样的排放费，从而对这部分厂商造成不利影响。但是，在发放排放许可证的情况下，由于每张排放许可证都规定了废气排放量并且可以交易，各个厂商就会根据成本和收益进行核算，然后作出买卖排放许可证的选择，这样有可能将厂商的成本降到最低。

二、以投票的方式确定产量

但是，在现实的经济生活中，由于公共物品具有非排斥性的特点，公共物品的产量不是简单地由公共物品的需求和供给的相互关系决定的。显然，一个人不支付费用也可以消费公共物品，因而他对公共物品也就不存在他所愿意支付的价格。市场也就不存在公共物品的需求曲线。这就是说，公共物品不能像上述分析的那样通过市场来决定产量，只能采用其他方法。

公共物品的生产是由投票的方式决定的。在私人部门里，人们对物品的偏好是通过他们所愿意支付的价格表达的。在公共部门里，人们对物品的偏好则是通过他们的投票表达的。公共部门根据人们的投票结果来作出决策，这叫作公共选择。显然，公共选择考虑到人们以投票的方式表达的偏好和生产公共物品要付出的成本，它也不可能完全脱离市场。

投票的原则主要有两个，一是一致原则，一是多数原则。

一致原则（unanimity rule）是指公共物品的生产方案必须由全体投票人一致通过才能实施。例如，其地方政府必须得到全体投票人的一致赞成，才能在本地区建造一座桥梁。如果公共物品的生产方案未能获得全体投票人一致赞成，那么公共部门就需要修改这个方案，直到全体投票人通过为止。一致原则保证了没有人因公共物品的生产而减少了福利，从而能够达到帕累托最优状态。但是，一致原则的实现需要花费大量的时间和资源，因而社会成本较大。在现实的经济生活中，只有在某些情况下才会采用一致原则，在大多数情况下采用的是多数原则。

多数原则（majority rule）是指公共物品的生产方案只需多数投票人通过就能实施。例如，某地方政府只要得到多数投票人赞成就可以在本地区建造一座桥梁。在这里，所谓多数可以是超过二分之一多数、三分之二多数、四分之三多数等。究竟采用哪一种多数，取决于公共物品的生产对人们影响的程度。在采用多数原则作出公共选择时，往往会发生下面两个问题：

第一，多数人投票同意而少数人投票反对意味着多数人得益而少数人受损。由于福利的大小是不能比较的，这样不但不可能达到最优状态，而且还难以确定社会总效用是增加了还是减少了。

第二，出现不确定的投票结果。例如，假定由 3 个投票人决定以什么方式建造公共游乐场所，投票人 A 的偏好次序是收费、借钱、课税，B 的偏好次序是借钱、课税、收费，C 的偏好次序是课税、收费、借钱。这样，多数人认为收费优于借钱，多数人认为借钱优于课税，多数人认为课税优于收费，从而无法产生确定的投票结果。

三、提高公共部门的效率

当代西方经济学家认为，政府部门生产公共物品往往会缺乏效率，其原因有：①政府部门垄断着公共物品的供给。政府部门在生产公共物品的时候，没有受到私人部门的竞争，因而处于垄断的地位。这种垄断地位使公共物品的生产缺乏效率。②政府部门没有利润动机的刺激。政府部门是非营利机构，因而缺乏一种动力去实现成本的最小化和利润的最大化，从而在生产公共物品的时候缺乏效率。③政府部门存在着过度供给的倾向。政府部门的支出来自预算。不同的政府部门为了各自的利益，往往都强调本部门所生产的公共物品的重要性，希望获得尽可能大比例的预算。结果造成某些公共物品的过度供给，损害了效率。

要促进政府部门的经济效率，可以采用下述方法：

第一，让私人承包公共物品的生产。政府部门需要向社会提供公共物品，但不是非自己生产不可。政府部门可以用招标的方式，让私人部门投标承包公共物品的生产。由于私人部门相互之间存在竞争，政府部门就可以花费较小的成本生产出同样数量的公共物品。例如，政府要建造一条公路，可以向私人建筑商招标，要价最低的建筑商将获得这条公路的建造权。

第二，与私人部门进行竞争。政府部门可以和私人部门一起生产同一种公共物品，以促进两个部门之间的竞争，提高政府部门的效率。例如，政府要提供中小学义务教育。为了提高效率，政府可以向适龄学生发放证明，学生可以选择公立学校或私立学校入学，政府按照证明的多少拨款给学校。这样，公立学校为了得到政府的教育经费，就要提高教育质量，与私立学校竞争。

第三，分散政府部门的权力。如果政府部门的权力过于集中，规模过于庞大，运行起来就不灵活，工作也就缺乏效率。因此，即使政府部门拥有生产某种公共物品的权力，也应该使权力分散化。在其他条件不变的情况下，分权比集权更有效率。

第三节 不完全公共物品的定价

一、不完全公共物品的收费种类

政府提供的物品除了公共物品外，还有不完全公共物品。如前所述，公共物品是政府提供的、具有非排斥性和非竞争性特点的物品。不完全公共物品（merit goods）则是政府提供的，可能具有非竞争性特点，但不具有非排斥性特点的物品。例如，政府建造一条高速公路，私人汽车通过这条高速公路需要交费。在这里，高速公路就是政府提供的有价物品。它不具备非排斥性的特点。也就是说人们使用这条高速公路时，必须支付代价。

人们使用不完全公共物品所支付的费用主要有下面几种：

第一，执照费用。执照费用是人们使用物品时按时间支付的费用。人们交纳了这项费用后，就取得政府发放的执照，从而可以在一定的期间里使用不完全公共物品。例如，使用公路或水道所交纳的执照费，就是这种类型的费用。

第二，入场费用。入场费用是人们使用不完全公共物品时按是否进入所在场地所支付的费用。人们交纳了这项费用以后，就可以进入所在的场所，使用不完全公共物品。例如，人们进入政府设立的公园、游泳池、高尔夫球场等所支付的费用，就是这种费用。

二、不完全公共物品的定价原则

不完全公共物品的定价可以采取下述方法：

第一，垄断定价法。如图12.3所示，政府部门可以按照边际收益等于边际成本（$MR = MC$）的最大利润原则，把产量确定在边际收益曲线（MR）和边际成本曲线（MC）相交的地方Oq，索取qp的价格。垄断定价法使政府部门得到了p_3p的超额利润。

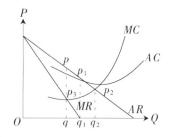

图12.3 不完全公共物品的定价方法

第二，平均成本定价法。如图12.3所示，政府部门也可以按照平均收益等于平均成本（$AR = AC$）的原则，把产量确定在平均成本曲线（AC）和平均收益曲线（AR）相交的地方Oq_1，索取q_1p_1的价格。平均成本定价法使政府部门的收益正好弥补成本，政府部门仅仅得到正常利润。

第三，边际成本定价法。如图12.3所示，政府部门还可以按照平均收益等于边际成本（$AR = MC$）的原则，把产量确定在平均收益曲线（AR）和边际成本曲线（MC）相交的地方Oq_2，索取q_2p_2的价格。

当代西方经济学家认为，垄断定价法、平均成本定价法和边际成本定价法各有利弊，但采用平均成本定价法较为合理。垄断定价法虽然可以给政府部门带来最大利润，但它迫使消费者支付较高的价格，从而损害了消费者利益和社会福利。边际成本定价法可以使社会多生产1单位不完全公共物品所付出的成本（MC）等于消费者多得到1单位不完全公共物品所得到的价值（P），从而使社会福利达到最大化。但是，对于许多不完全公共物品如公园、博物馆、高速公路等来说，经营的固定成本很高，但变动成本却很小，因而边际成本很低。如果按边际成本定价，其收益不足以支付不完全公共物品的经营和维修费用，政府部门将蒙受亏损。平均成本定价法则有许多好处：首先，在现实的生产过程中，边际成本难以估计，但平均成本却易于估计，按平均成本定价是简单易行的方法；其次，按平均成本定价使收益可以弥补成本，从而能够保证不完全公共物品的经营、维修和更新；最后，按平均成本定价，政府部门只得到正常利润，其价格不出现过高或偏低的情况。

　　第四，两部门定价法。政府部门在提供不完全公共物品的服务时，索取两种不同的价格：一种是固定使用费，另一种是变动使用费。固定使用费是一般地使用不完全公共物品所支付的价格，变动使用费是特殊地使用不完全公共物品所支付的价格。例如，游客游览公园首先要支付入园费，然后再按照在公园内使用不同的特定设施而支付不同的价格。又如，参观者参观博物馆要支付入馆费，在博物馆内如要照相或取得其他的劳务，则要支付额外的费用。

　　第五，高峰负载定价法。许多不完全公共物品的使用都存在高峰期。例如，高速公路在上下班的时间，公园等娱乐场所在节假日的时间，都出现拥挤的现象，从而带来了额外的拥挤成本。为保证不完全公共物品的使用得到合理的分配，政府可以在非高峰期制定较低的价格，在高峰期制定较高的价格。这就是高峰负载定价法。

第四节　公共选择原理的应用

　　公共选择理论对于政府提供公共物品具有重要的应用价值。

　　1968年，美国费城决定实施空气质量管制，以限制空气中的二氧化硫含量。根据测算，费城边际社会成本曲线和边际治理成本曲线如图12.4所示。

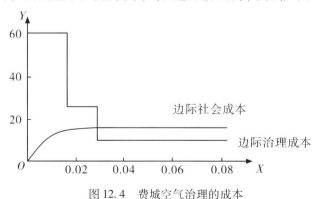

图12.4　费城空气治理的成本

在图 12.4 中，纵轴表示每单位二氧化硫含量（0.01 毫克/100 万立方米）的成本，用 100 万美元表示；横轴表示二氧化硫的含量，用毫克/100 万立方米表示。由于控制二氧化硫含量在不同的程度上采用不同的技术，边际治理成本曲线是阶梯形的。另外，当二氧化硫含量开始增加的时候，边际社会成本迅速增加。但是，当二氧化硫含量达到中等程度以后，边际社会成本保持稳定，边际社会成本曲线呈上升到水平的形状。

在费城，空气中二氧化硫含量造成的社会成本主要是支气管炎、肺炎、肺气肿、气喘、感冒的发生以及金属、石料、油漆等各种材料受到侵蚀。降低二氧化硫含量的成本主要是将燃料从煤炭和石油转变为煤气或天然气。最后，费城政府决定将二氧化硫含量控制在边际社会成本曲线和边际治理曲线交点的地方，即空气中二氧化硫含量为 0.0275 毫克/100 万立方米，这被认为是最有效率的治理方法。

另外，目前国际上关于碳排放指标的交易，也采用了发放排放许可证的方法。随着世界经济的发展，人类社会对化石能源的消耗大规模增加，导致大气中二氧化碳含量增加，从而对地球上的气候造成了极为不利的影响。

1997 年 12 月，联合国气候变化框架公约参加国在日本京都达成了《京都议定书》，目标是"将大气中的温室气体含量稳定在一个适当的水平，进而防止剧烈的气候改变对人类造成伤害"。2005 年 2 月，《京都议定书》正式生效，这是人类历史上首次以法规的形式限制温室气体排放。

按照《京都议定书》，各个参与国必须对二氧化碳的减排作出量化的具体承诺。如果在规定的时间内难以实现承诺的二氧化碳的减排指标，可以向别的能够实现二氧化碳减排承诺的国家购买二氧化碳排放指标。世界全球碳排放市场由此形成。因为目前全球碳排放量过大的情况是发达国家过去的经济发展造成的，所以对发达国家制定碳排放的标准要比发展中国家严格，目前净买入碳排放指标的国家主要是发达国家。

美国不仅在过去的 100 年是最大的碳排放国，而且也是现在最大的碳排放国。美国于 1998 年签署了《京都议定书》。但 2001 年 3 月，布什政府以"减少温室气体排放将会影响美国经济发展"和"发展中国家也应该承担减排和限排温室气体的义务"为借口，拒绝批准执行《京都议定书》。

第 13 章 市场失灵和政府的经济职能

第一节 市场失灵

一、垄断与市场失灵

现代西方经济学认为，在完全竞争的条件下，市场的需求和供给决定价格，而价格又调节着市场的需求量和供给量，从而实现社会资源的有效配置。但是，在存在垄断的条件下，竞争受到限制，市场调节将会失灵。

垄断有两种情形：一种是自然垄断，另一种是市场垄断。

自然垄断是指一个行业由一家厂商来生产将达到最高效率的情况下所产生的垄断。自然垄断的产生有两个原因：一个原因是规模经济，另一个原因是范围经济。规模经济（economy of scale）是指随着产量的增加平均成本趋于下降的情形。在某些行业里，特别是在公用事业部门里，当厂商的产量增加时，平均成本不是先趋于下降再趋于上升，而是不断地趋于下降，因而由一家厂商来提供产品是最经济的和最有效率的。例如，在一座城市里，由一家水厂提供自来水或由一家电厂提供电力，成本将降低；由一家以上的水厂或电厂来提供自来水或电力，成本将提高。因此，某些产品的性质决定了由一家厂商来生产是最经济的，从而形成了自然垄断。范围经济（economy of scope）是指一家厂商同时生产多种相似的产品所产生的成本节约的情形。例如，一家生产轿车的厂商具备生产汽车的技术和设备，它在生产客车和卡车方面将具有某种优势。如果这家生产轿车的厂商增加客车和卡车品种的生产，将比另外建立新的工厂生产客车和卡车节约成本。因此，当某家厂商凭借着它的优势扩大生产范围时，便产生了自然垄断。

市场垄断是指由于某家或某几家厂商控制了市场的供给或需求而产生的垄断。市场垄断的产生有两个原因：一个原因是产品差别，另一个原因是法律限制。产品差别是指由于某种产品本身的差异或销售条件的差异造成买者对这种产品具有特定的偏好，从而使生产这种产品的厂商处于垄断地位。法律限制是指政府对某些行业竞争的限制，它包括专利限制、进入限制和外贸限制。首先，政府为了鼓励发明的积极性，对发明者的专利给予保护，赋予发明者独自生产具有专利的产品或使用具有专利的生产方法，从而使发明者在某种产品的生产上处于垄断地位；其次，政府为了得到递增的规模收益或实现生产成本的下降，特许某一家或某几家大厂商经营某个行业的生产，从而使这家或这些厂商处于垄断地位；最后，政府为了保护国内某些行业，对国外同类产品的进口征收高额关税或实行低额配额，从而使生产这些产品的厂商处于垄断地位。

在存在自然垄断或市场垄断的条件下，垄断厂商可以对商品的价格实行控制，商品的价格不能真正反映市场供求的情况并随着供求的变化而变化，市场的调节将失灵。

二、外部效应与市场失灵

外部效应（externalities）是指个人或企业的行为直接影响到其他个人或企业，但其他个人或企业并没有因此而支付成本或得到补偿的情形。外部效应分为正的外部效应和负的外部效应两种情况。

正的外部效应是指个人或企业的行为对其他个人或企业产生有利的影响，但产生有利影响的个人或企业没有得到补偿，得到有利影响的个人或企业没有支付成本的情形。例如，一个养蜂人在一个果园旁边养蜂，促进了果树的结果，但种果树的人没有因此而支付成本，养蜂人也没有因此而得到补偿。

负的外部效应是指个人或企业的行为对其他个人或企业产生不利的影响，但产生不利影响的个人或企业没有支付成本，遭受不利影响的个人或企业没有得到补偿。例如，某家化工厂排出的污水污染了河流，对下游的鱼场造成了损害，但化工厂没有因此而支付成本，鱼场也没有因此而得到补偿。

在存在外部效应的情况下，通过市场对社会资源的配置不是有效的。当一家企业的生产产生负的外部效应而又没有为此付出代价时，社会将为此付出代价，这种代价叫作社会成本。显然，在完全竞争的市场上，由商品的供给和需求所决定的商品价格只反映了企业的成本，而没有反映社会成本。由于这些商品价格没有反映社会成本，造成这些商品产量过高，社会资源的配置是不合理的，市场的调节发生失灵。

三、信息不完全与市场失灵

市场能够实现社会资源的有效配置，是以人们能够完全掌握市场信息为前提的。当消费者了解各种商品的特性以及自己对各种商品的偏好时，他就可以在各种可能的价格下对商品的需求量作出合理的选择。同样，当生产者了解各种生产要素的效用和价格，以及各种生产技术的作用和成本时，他也可以在各种可能的价格下对商品的供给量作出合理的决策。因此，在具备充分的市场信息的条件下，市场能够形成合理的价格，市场价格的变化能够导致社会资源的合理配置。

但是，在现实的经济里，市场信息是不充分的。消费者不可能完全了解各种可选择的商品的特性以及他们对这些商品的偏好，生产者也不可能完全掌握各种可选择的生产要素和生产技术的效用和成本，因而消费者和生产者的选择不一定是最优的，社会资源的配置不一定是有效的。

另外，在现实的经济里，市场信息不仅是不充分的，而且是不对称的。市场信息的不对称分为两种情形：一种情形是卖者比买者掌握更多的信息，另一种情形是买者比卖者掌握更多的信息。在信息不对称的市场上，价格不能真实地反映供给和需求情况。

由此可见，在市场信息不充分或不对称的条件下，市场的调节也是不充分的。

四、收入分配与市场调节的缺陷

如前所述，各种生产要素的价格如工资、利息、地租是由生产要素的供给和需求决定的。在生产要素市场的调节下，决定了各种生产要素价格的高低，也决定了收入在不同生产要素所有者之间的分配。

当代西方经济学家认为，市场的调节能够解决收入分配的效率问题，但不能解决收入分配的公平问题。拥有财产的人即使不劳动也可以得到高收入，没有财产的人即使辛勤劳动也可能只得到低收入；掌握技能的人在生产要素市场上处于有利地位，没有技能或患病或残疾的人在生产要素市场上处于不利地位；有的人是亿万富翁，有的人则无家可归。美国经济学家萨缪尔森曾经说过：看不见的手"是有效率的，但是它对公正或平等却是盲目的。人们最终是富还是穷部分地依赖于他们从父母那里继承的财富的多少和智力的高低，依赖他们所能提供的劳务的市场价格，还依赖他们钻井或击球的运气"[①]。

因此，市场调节难以实现公平的收入分配。

五、公共物品与市场调节的缺陷

如前所述，公共物品与私人物品最主要的区别，是公共物品具有非排斥性的特点。当一个人使用私人物品的时候，他排斥另一个人对该私人物品的使用；但是，当一个人使用公共物品的时候，他并不排斥另一个人对该公共物品的使用。由于一个人使用私人物品排斥了别人对该私人物品的使用，他愿意支付私人物品的价格，厂商也愿意生产私人物品。市场通过供给、需求和价格的

---

① 萨缪尔森：《经济学》，高鸿业译，中国发展出版社1992年版，第1173页。

相互作用对私人物品的生产和消费进行调节。但是，由于一个人使用公共物品并不排斥别人对该公共物品的使用，每个人都不愿意自己支付公共物品的价格而希望别人支付公共物品的价格，结果厂商也不愿意生产公共物品。这意味着在存在公共物品的条件下，市场调节不能导致社会资源在私人物品和公共物品之间以及在不同的公共物品之间的有效配置。

第二节 政府的经济职能

一、限制垄断

由于垄断导致市场失灵，政府应该承担起限制垄断、促进竞争的经济职能。如前所述，垄断有两种类型：一种是自然垄断，另一种是市场垄断。政府对垄断的限制也有两种类型：一种是对自然垄断的限制，另一种是对市场垄断的限制。

政府对自然垄断的限制采取对企业实行管制的方式。政府对企业的管制有两种方式：一种是价格管制，另一种是进入管制。价格管制是指政府对处于自然垄断地位的企业的价格实行管制，以防止它们为牟取暴利而危害公众利益。政府对价格的管制有三种方法：第一种是成本加成的定价方法（cost-plus pricing），即在核定企业平均成本的基础上，允许加上合理的相对固定不变的利润，形成产品的销售价格；第二种是收益比率的定价方法（rate-of-return pricing），即参照其他行业的投资收益情况确定一个合理的收益率，然后按照企业的平均成本和收益率确定产品的销售价格；第三种是最高限价的方法，即政府根据公众的意见制定企业产品的最高限价，企业产品的销售价格不得高于这个价格。

价格管制的三种方法有所区别。按照第一种方法，企业单位产品的净利润是固定的，价格则是可变的，企业可以根据成本的变化调整价格。这种方法的目的是限制企业的利润，它不考虑如何影响企业的经营状况。按照第二种方法，企业单位产品的价格是相对稳定的，政府根据企业的平均成本和合理收益率确定产品的价格后将保持该价格的相对稳定。如果企业经营状况良好，它可以获得高于"合理收益率"的收益；反之，它将得不到"合理收益率"的收益。这种方法的目的是限制企业的价格，促使企业改善经营状况。第三种方法是限定企业的最高价格，以维护消费者的利益。在政府对企业价格的管制过程中，实行前两种方法的困难是难以准确地估算企业的成本，从而难以确定企业合理的价格。特别是在实行第一种方法的时候，企业可以通过扩大成本而增加利润。实行第三种方法的困难是难以确定合适的最高限价。如果限价制定得较高，损害了消费者的利益；如果限价制定得较低，又会造成企业亏损。

政府实行价格管制的同时，还要求企业按照普遍服务（universal service）的原则进行交叉补贴（cross-subsidization）。例如，某电话电报公司在城市和乡村提供通讯服务的成本是不同的，在城市提供通讯服务的成本要低于乡村。但是政府规定，电话电报公司对城市和乡村的电话和电报收取统一的价格，然后用城市通讯业务的赢利来弥补乡村通讯业务的亏损。

进入管制则是指政府对新加入的企业加以限制，以避免多家企业的竞争造成对规模经济的损害。政府实行进入管制的方法是实行经营许可证制度。企业经营公用事业等业务，必须取得政府颁发的经营许可证，政府通过对颁发经营许可证的控制来实行进入管制。

政府对市场垄断的控制通常采用实施反垄断法的方法。对于如何划分垄断和竞争的界限、如何衡量垄断或竞争的程度，当代西方经济学家提出了可操作竞争（workable competition）的概念。可操作竞争有三项指标：

第一，产业结构标准。首先，在规模经济不受影响的情况下，厂商的数量越多，越有利于竞争。其次，厂商的规模应该大致相等，个别厂商不应该占据压倒性的市场份额。最后，对厂商进入或退出市场没有人为的限制。

第二，厂商行为标准。首先，各个厂商独立地作出生产、销售和价格决策，相互之间没有勾结或合谋。其次，厂商之间应该以效率进行竞争，而不是以不正当手段进行竞争。

第三，厂商营业标准。首先，某个行业的利润率不应该持续地大幅度地高于具有相似风险的行业的利润率。其次，缺乏效率的厂商不应该长期受到保护而存在下去。再次，同行业不同厂商之间产品的非本质差异如具有相似质量的产品的价格差异不应该过大。最后，本行业的新技术开发应该积极蓬勃而不是长期处于沉闷状态。如果达不到上述标准，就意味着发生了市场垄断，政府应该实施反垄断法予以限制。

西方发达国家一般都制定了反垄断法，但是实施反垄断法的严格程度有很大的差异。美国的反垄断法称为反托拉斯法，相对而言较为严格。美国的反托拉斯法主要限制下述三种导致垄断的行为：①组织垄断组织或者通过合谋共同制定本行业产品的价格；②超过市场份额20%的横向兼并和纵向兼并；③各种类型的价格差别，即对同一种商品索取不反映成本差异的不同的价格。美国反托拉斯法的特点是限制会导致垄断的不公平竞争而不是限制现有的垄断组织，即带有行为法的色彩。在美国，判断企业是否违反反托拉斯法主要看企业的行为。例如，企业合谋操纵价格是非法的，而不管企业是提高价格还是降低价格；企业横向兼并超过一定的份额就是非法的，而不管兼并以后是提高了效率还是降低了效率。

二、提供公共物品

公共物品有典型的公共物品和非典型的公共物品。典型的公共物品是政府提供的具有非排斥性和非竞争性的物品，非典型的公共物品是政府提供的不完全具有排斥性和竞争性的物品。例如，政府建造公路以后，可以设卡收取通行费。这样，公路不具有非排斥性，但该公路多通过一辆汽车不会增加什么成本，它具有非竞争性。

对于典型的公共物品，需要由政府来提供。例如，国家安全、公共教育、疾病控制、社会治安、行政服务，以及不能收费的桥梁、道路、公路等，具有完全的非排斥性和非竞争性，私人厂商不会生产这些物品，只能由政府来提供。政府可以通过征税的方式取得收入，然后用于提供这些公共物品。

对于非典型的公共物品，部分仍需要政府提供。例如，机场、港口、铁路等基础设施具有一定的排斥性。私人厂商可以投资建造这些基础设施，然后对使用这些基础设施的航空公司、航运公司、铁路公司收取费用。但是，这类基础设施投资数额高，回收期限长，利润率不高，私人厂商不愿意建造。因此，这类公共物品还需要由政府提供。

但是，对于某些非典型的公共物品，则可以由私人厂商提供。例如，部分可以收费的公路、桥梁、过海隧道等，虽然投资数额较大，但是利润率较高，可以由私人厂商建造。但是，在某种情况下，这类非典型公共物品由私人厂商提供会造成经济效率的损失。例如，消防队可以对居民收费，因而消防服务具有一定的排斥性。然而，提供消防服务的边际成本是很低的，在一定的范围内增加服务对象并不会增加服务成本。但是，如果在这个范围内居民不缴纳费用将得不到消防服务，那么势必造成经济效率的损失。

三、调节收入分配

在市场不能实现较为公平的收入分配的情况下，需要由政府来调节。政府对收入分配的调节表现在两个方面：一是征收赋税，二是建立社会福利制度。

征税是政府筹措支出的主要手段。政府对国家进行管理需要有多个方面的支出，而政府支出最主要的来源就是税收。因此，税收是维持整个国家正常运转所必需的，它主要不是用于调节收入分配。但是，政府可以利用税收来缓和收入分配的悬殊状况。例如，政府征收累进的个人所得税来调节收入分配。个人的收入越高，征收的税率就越高，这样高收入者缴纳的税收不仅绝对数额较高，而且相对税额也较高。又如，政府征收高额遗产税以调节财产的积聚程度。当父辈的财产留给下一代时，政府征收较高的遗产税，以缓和财产积聚而造成的收入悬殊状况。

另外，政府还实行社会保险和社会福利制度，对丧失劳动力的人、退休的老人、失业的工人、生活贫穷的人提供救助。对于社会保险，政府通常采取强制性个人储蓄和政府资助相结合的方法提供服务。在西方发达国家，雇主在发放工人工资以前，必须按照一定的比例扣除工资收入缴纳给政府。当工人失业、伤残或退休的时候，可以领取失业救济金、社会救济金和退休金。对于社会福利，政府则通过征税的方法筹措资金。在不同的西方发达国家，社会福利的差异很大。瑞典、挪威、英国、加拿大等国家提供较为完善的社会福利，如公费医疗、带薪休假、义务教育、穷人救济等；美国等国家则提供较少的社会福利，如穷人救济、儿童补贴、义务教育等。

四、政府调节的局限性

西方经济学家认为，市场经济不是完美无缺的，它存在许多缺陷，因而需要政府的调节作为补充。但是，政府对经济的调节不一定能改善经济的效率。萨缪尔森指出："应当先认识到，既存在着市场失灵，也存在着政府失灵。……当政府政策或集体行动所采取的手段不能改善经济效率或道德上可接受的收入分配时，政府失灵便产生了。"[①] 政府失灵产生于下述原因：

第一，寻租活动的存在。寻租活动（rentseeking activities）是指为了维护自己的经济利益或者为了对现有经济利益进行有利于自己的再分配而从事的非生产性活动。在这里，所谓租是指经济租金（economic rent），即生产要素所有者获得的超过生产要素机会成本的收入，寻租就是追求这种经济租金的行为。在政府对经济活动进行干预的过程中，大多数决策都是政府官员作出的。因此，各种利益集团通过各种方式影响政府官员，以使本集团得到更多的利益。同时，一些政府官员也在从事政治创租和租金抽取的活动。所谓政治创租是指政府官员以要求利益集团向他们提供某种好处为条件，利用政府政策为该利益集团创造经济租金；租金抽取则是指政府官员以作出某项不利于某利益集团的决策相威胁，迫使该利益集团向他们提供某种好处。政治创租和租金抽取助长寻租活动，造成社会资源的浪费，破坏了社会资源的有效配置。

第二，政府效率的缺乏和政策实施的困难。西方经济学家认为，在私人部门里，厂商缺乏效率就会被市场所淘汰。但是，在政府部门里，官员缺乏效率则很少被罢免。由于在政府部门中没有一种压力能像私人部门中市场惩罚的压力那样推动人们提高效率，政府部门往往是缺乏效率的。政府部门对决策的成本和效益很少认真地核算，因而容易造成社会资源的浪费。萨缪尔森指出："即使政府建造过多的水坝、过多的轰炸机、过多的漂亮的政府办公大楼，也

---

① 萨缪尔森：《经济学》，高鸿业译，中国发展出版社1992年版，第1189页。

没有借以计算这些项目经济价值的损益报告。支持如此项目的唯一需要是立法的多数，而这个可以通过由少数人向足够数量的国会议员提供竞选费用来获得。"[①] 还有，在作出经济决策的时候，政府难以掌握充分的信息。即使政府能够掌握充分的信息，按照目前经济学的发展水平也难以作出准确的判断。即使政府作出准确的判断，也难以掌握政策实行的程度。因此，政府在政策的制定和实施过程中存在许多困难。

第三节　产权的界定和科斯定理

一、产权的概念

在当代西方经济学家看来，产权是指对一种经济品的使用权、转让权和收益权。产权不是指人与物之间的关系，而是指人对物的使用过程中人们相互之间认可的关系，它用于界定人们在经济活动中得益、受损和补偿的权利。例如，假定某个人拥有对某块土地的产权，他就可以在这块土地上种植谷物、玉米或别的农作物。这个人在从事经济活动的过程中可能得益，也可能受损，他根据他的权利享受收益和承担损失。如果这个人的权利受到别人的侵害，他可以向对方索取补偿。

产权具有排他的性质。如果某个人或某个团体拥有某种经济品的产权，别的人或别的团体就不能使用这种经济品。假如产权所有者的使用权、收益权和转让权没有受到限制，该产权是完整的；反之，该产权是残缺的。

经济品的产权束或产权组合对于该经济品的交换价值具有重要的影响。例如，假定某个人对某幢房屋的产权束仅包括他对这幢房屋的使用权，这幢房屋只具有较低的交换价值。如果这个人对这幢房屋的产权束不仅包括他对这幢房屋的使用仅，而且包括不许在该房屋附近设立煤气站或化工厂的权利，这幢房屋将具有较高的交换价值。经济品的交换实际上是它的产权束的交换。

产权界定的形式就是所有制。所有制有三种类型：第一种类型是私有制。私有制是把产权界定给私人的制度，在这种制度下的产权叫作私有产权。私有产权排除了别的个人或团体对产权所有者行使他的权利的干扰。第二种类型是共有制。共有制是把产权界定为某一个团体的各个成员的制度，在这种制度下的产权叫作共有产权。该团体内的每一个成员都可以分享产权，但排除了国家或该团体外的成员对该团体内的成员行使他们的权利的干扰。第三个类型是国有制。国有制是把产权界定给国家的制度，在这种制度下的产权叫作国有产

---

① 萨缪尔森：《经济学》，高鸿业译，中国发展出版社1992年版，第1190页。

权。国有产权将按照公众接受的政治程序来决定谁可以行使国有产权的权利。

当代西方经济学家认为，在共有产权条件下，由于某团体内每一个成员都可以分享共有产权的权利，如果每一个人都最大限度地实现他对共有产权的权利，由此产生的成本需要由该团体的的其他成员来承担，因而共有产权具有负的外部效应。又由于该团体内的任何一个成员都不能排除别的成员行使他们对共有产权的权利，要协调各个人的行为所花费的谈判成本可能非常高，因而难以实现最高的效率。例如，假定某块土地是共有的，每个人都有在这块土地上狩猎、耕作或开采的权利，那么由于每个人行使共有权利所带来的成本不仅是由他承担而且是由大家承担，人们将会在这块土地上过度地狩猎、耕作或开采，结果会使这块土地上的动物存量或肥沃程度受到破坏。如果要避免这种情况发生，需要在各个成员之间达成使用土地的协议，从而要花费较高的谈判成本。

另外，在国有产权条件下，由于国有产权是由国家所选择的代理人来行使，该代理人对产权的使用、利益和转让不具有充分的权利，因而对发挥该产权的最大效益往往缺乏足够的重视。再加上国家选择代理人往往从政治利益而不是经济利益考虑，代理人行使权利不当将对国有产权的全体所有者带来损害，因而国有产权也具有负的外部效应。要减少这种外部效应，国家需要建立监察机构对代理人进行监督，同样也产生需要花费较高的监督成本的问题。

相反，在私有产权条件下，私有产权所有者在行使他的权利时所产生的全部收益由他个人所得，全部成本由他个人承担，这样他将有效地运用他的产权以获取最大利润，从而能够消除在共有产权和国有产条件下所产生的负的外部效应。

在当代西方经济学家看来，私有产权的界定使它的所有者能够得到专业化生产的利益，却不一定使它的所有者获得规模经济的好处。但私有产权具有的可分离性和可转让性使私有产权所有者在法人企业组织形式内的合作成为可能。在这里，私有产权的可分离性是指私有产权的决策权利、使用权利、收益权利可以在自愿的前提下分离。当个人保留私有产权的决策权和收益权，把私有产权的使用权集中在企业里，便组成了股份公司，即在公司的形式下进行合作。

但是，这种产权结构产生两种负的外部效应。第一种负的外部效应是由私有产权的决策权利产生的。如果每个私有产权的所有者都参与公司的决策，那么公司难以形成有效的决定，从而每个人的决策都可能对别人的私有产权造成损害。而要协调私有产权所有者的决策，同样需要花费较高的谈判成本。公司董事会就是为减小这种外部效应而产生的。由股东大会选举产生董事会进行决策，由董事会任命总经理从事日常管理工作，实现了把私有产权的决策权利集中在少数管理者手中。第二种负的外部效应是由私有产权的收益权利产生的。在公司经营失败的时候，如果要求私有产权所有者为公司的债务承担全部责任，那么富有的私有产权所有者将不愿意提供资本。有限责任制就是为减少这种外部效应而产生的。每个私有产权的所有者对公司债务所负的责任以他们提供的资本为限。

二、科斯定理

美国经济学家科斯（R. H. Coase）认为，在存在负的外部效应的情况下，可以通过界定产权的方式把外部效应内在化，从而解决市场调节失灵的问题。

例如，假定一个牛场和一个农场相邻，牛场的牛跑到农场的地里吃农作物，给农场带来负的外部效应。在这种情况下，交易费用为零，如果能够明确地界定产权，纠纷双方就可以利用市场机制制定协议，以实现损失的最小化。假定界定牛场的牛没有权利吃农场的农作物，而解决纠纷的方式可以是养牛人给予农场主3000美元赔偿，也可以是养牛人花费3500美元修筑栅栏，那么养牛人将选择赔偿3000美元；但如果修筑栅栏的费用不是3500美元而是2500美元，那么养牛人将选择修筑栅栏。相反，假定界定牛场的牛有权利吃农场的农作物，而解决纠纷的方式或者是农场主忍受3000美元的损失，或者是农场主花费3500美元修筑栅栏，那么农场主将愿意忍受3000美元的损失；但如果修筑栅栏的费用不是3000美元而是2500美元，农场主将愿意花费2500美元修筑栅栏。从上述分析可以看到，只要能够明确地界定产权，外部效应可以内在化，成为牛场或农场的成本。另外，从上述分析还可以看到，在完全竞争的条件下，只要能够明确地界定产权，市场调节就可以有效地发挥作用。假定讨价还价的成本为零，即交易费用为零，只要能够明确地界定产权而不论产权是如何界定的，最终的结果将是有效率的。假定交易费用不为零，如果能够明确地界定产权，纠纷双方也可以通过协议找到交易费用最低的安排，以实现增加的产品价值超过所花费的交易费用。但是，如果交易费用很高，将难以达成协议，从而不能产生有效的效果。

这种通过产权界定来解决外部负效应的方法叫作科斯定理。它是指如果交易成本很小，只要产权能够明确地界定，就可以实现社会资源的有效配置。

第四节 外部效应分析的应用

本章分析表明，在存在负的外部效应的情况下，市场的调节往往会出现失灵的情况。但是，科斯定理证明，如果交易成本不大，产权明晰，市场有可能实现外部负效应的内在化，从而可以有效率地解决外部负效应的问题。美国纽约市与新泽西州于 1987 年 9 月达成了解决纽约垃圾漂浮问题的办法，就是用市场的手段解决外部负效应的例子。

在 20 世纪 80 年代，从纽约港口垃圾收集站经常流散出垃圾，对新泽西州的海岸造成了污染。特别是在 1987 年 8 月 13 日，从纽约港口垃圾收集站流散出来的、包括注射器等医用废品在内的 200 多吨垃圾，在新泽西州的海岸线上形成 50 英里长的漂浮带。

新泽西州政府认为，保持新泽西州海滩不受污染是本州的权利，而纽约市政府侵犯了这个权利，因而对纽约市政府提出起诉，要求纽约市停止使用垃圾收集站。纽约市政府不愿意停止使用垃圾收集站，但它没有权利破坏新泽西州海滩的清洁。后来经过两周的谈判，纽约市政府同意采用特殊的装置来阻挡垃圾的流散，并建立一支监察队对垃圾流散情况进行监视和处置，新泽西州政府可以派人监督垃圾收集站的运行情况。作为回应，新泽西州政府撤销了对纽约市政府的起诉。

从这个例子可以看到，由于产权界定明确，交易成本不高，双方可以在代价最小的情况下实现外部负效应的内在化。但是，在产权很难界定，或者交易成本很大的情况下，通过市场调节是不能有效地解决这个问题的。在现实的经济里，外部负效应更多的是后一种情形而不是前一种情形。

美国路易斯安那州阿特卡法拉雅流域龙虾捕获问题就是不能用市场调节的方法解决外部负效应问题的另一个例子。在 20 世纪 50 年代，在该流域龙虾的捕获量每年不到 100 万磅。但是到 20 世纪 90 年代，在该流域龙虾的捕获量已经增加到 3000 万磅。显然，如此捕获龙虾存在着外部副效应：一部分人捕获的龙虾多了，另一部分人捕获的龙虾就少了；现在的人捕获的龙虾多了，未来的人就没有龙虾可捕获了。

由于龙虾是阿特卡法拉雅流域居民的共有资源，他们都拥有在该流域捕获龙虾的权利，产权无法界定。如果让该流域的全体居民来协商如何分配捕获龙虾的数量，交易成本太大。在这种情况下，市场的调节是失灵的，只能通过政府来解决这个问题。

在捕获龙虾的这个例子里，私人成本与社会成本是不等的。如图 13.1 所示，在以纵轴表示捕获龙虾的成本、以横轴表示捕获龙虾的数量

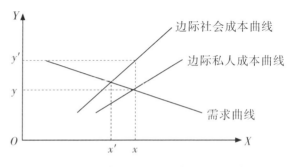

图 13.1　捕获龙虾的社会成本与私人成本

的坐标系里，由于存在外部负效应，边际社会成本曲线在边际私人成本曲线的上方。

在政府没有干预的情况下，居民根据边际私人成本曲线与需求曲线的交点决定龙虾的捕获量 Ox。但是实际上，过度捕获龙虾会导致龙虾资源的枯竭，社会将付出高于私人成本 Oy 的社会成本 Oy'。因此，合理的龙虾捕获量不是 Ox 而是 Ox'。

因此，政府需要通过限制捕龙虾的人数，限制每户捕龙虾的数量，来保证实际捕获龙虾的数量为图 13.1 中的 Ox'。

中 篇
宏观经济学

第 14 章　国民收入的核算

第一节　国内生产总值的定义及计算方法

一、国内生产总值的定义

国民收入有两重含义：一是理论分析中的国民收入，它是指国内生产总值或国民生产总值；二是作为国民收入核算指标的国民收入，它是指在社会生产过程中生产要素所有者获得的收入的总和。在没有特别说明的情况下，本书所分析的国民收入都是指国内生产总值或国民生产总值。

所以用国民收入的概念而不直接用国内生产总值或国民生产总值的概念，是因为国民生产总值的概念出现在 20 世纪 50 年代以后，国内生产总值的概念出现在 20 世纪 80 年代以后，而经济学家们 300 多年来研究产值经常用的是国民收入的概念。为了保持经济思想史的一致性，本书仍然用国民收入的概念去表述经济思想史上的各种研究产值的经济理论。

国内生产总值（gross domestic product，GDP）是指在一个国家的境内一定时期所生产的以货币来表示的物品和劳务的总值。与国内生产总值相近的另一个指标是国民生产总值。国民生产总值（gross national product，GNP）则是指一个国家的国民在一定的时期所生产的以货币来表示的物品和劳务的总值。关于国内生产总值和国民生产总值的概念应该注意下述问题：

第一，国内生产总值和国民生产总值有所不同。国民生产总值在反映一个国家的居民从事生产性活动所取得的收入时，加上本国居民从国外取得的工资、利息和利润等收入，但减去外国居民从本国取得的工资、利息和利润等收入；国内生产总值则不考虑从国外得到的或向国外支付的生产性收入，它反映一个国家在国内实际生产的物品和劳务的总值。大多数欧洲国家主要采用国内生产总值的指标，美国从 1991 年开始也主要采用国内生产总值的指标。

第二，国内生产总值和国民生产总值都是流量而不是存量，它们通常是以年度为单位度量的。

第三，国内生产总值或国民生产总值有名义和实际之分。名义国内生产总值或国民生产总值是指以现行价格计算的国内生产总值或国民生产总值，它等于各种物品和劳务的数量与它们现行价格乘积的总和。它既反映实物的变化，又反映价格的变化。实际国内生产总值或国民生产总值是指以不变价格计算的国内生产总值或国民生产总值，它只反映实物的变化。实际国内生产总值或国民生产总值和名义国内生产总值或国民生产总值的关系是：

$$\frac{\text{实际国内生产总值}}{\text{或国民生产总值}} = \frac{\text{名义国内生产总值}}{\text{或国民生产总值}} \div \text{价格指数} \times 100。$$

例如在美国，如果以 1929 年的物价指数为 100，已知 1933 年的物价指数为 75，名义国民生产总值为 480 亿美元，那么 1933 年的实际国民生产总值 = 480 亿美元 ÷ 75 × 100 = 640 亿美元。1933 年的名义国民生产总值反映了由大危机造成的实物和价格同时下降的后果；实际国民生产总值则排除了价格下降而只反映实物的减少，所以它高于名义国民生产总值。

二、国内生产总值的计算方法

国内生产总值的计算有三种方法：第一种叫作产品－支出法（output-expenditure approach），或简称支出法；第二种叫作要素－支付法（factor-payments approach），或简称收入法。支出法通过衡量对社会产量的总支出来计算国内生产总值，收入法通过衡量社会产量在生产过程中所发生的总收入来计算国内生产总值。第三种叫作生产法，它通过衡量各个生产阶段增加的价值来计算国内生产总值。按照国内生产总值计算规则，三种方法所得的结果是一致的。

用支出法计算国内生产总值必须注意避免重复计算。最终产品的制成需要经过许多生产阶段，处于这些阶段中的产品称为中间产品。例如，面包的生产经过下述阶段：第一，农民把麦种培育成小麦；第二，磨坊主把小麦磨成面粉；第三，面包师把面粉烤制成面包；第四，店员把面包售卖出去。如果简单地把各个生产阶段的中间产品的价值相加，那么就发生了重复计算。很明显，面粉的价值已包括小麦的价值，批发面包的价值包括了面粉的价值，零售面包的价值又包括了批发面包的价值。如果把中间产品价值简单相加，将使小麦的价值计算了四次，面粉的价值计算了三次，批发面包的价值计算了两次。为了避免重复计算，在用支出法计算国内生产总值时，或者只计算最终产品的价值，或者计算各种产品的增加价值。所谓增加价值（value added）是厂商生产出来的产品价值与他支付的中间产品的价值之差。将各个生产阶段增加值加起来计算国内生产总值的方法就是生产法。

另外，国内生产总值只计算国内生产的物品和劳务的价值，不包括债券、股票等金融资产交易的价值。

第二节 按支出法计算的国内生产总值

最终产品法是通过计算最终产品的支出来计算国内生产总值的方法。

在现实经济里，社会产品包括私人消费品、私人投资品、政府使用的商品，因而对社会产品的支出包括私人消费支出、私人投资支出、政府支出。但是，不论是私人消费品、私人投资品还是政府使用的商品，还涉及出口商品和进口商品，所以对社会产品的支出包括下述类型：

第一，私人消费支出，即居民对最终消费品的支出。

第二，私人投资支出，在现代西方经济学中，投资（investment）指并非用于目前消费的物品的生产，这部分物品叫作投资品。投资品包括存货、房屋和资本品。存货（inventories）是厂商储存的投入品和产品。厂商储存投入品的意义是避免投入供给的波动对生产的影响，保证生产能连续和平稳地进行；储存产品的作用则是防止产量短期波动对销售量的影响，保证按期供货。由于存货是已经生产出来但不是用于目前消费的物品，所以增加存货是一种投资的行为。资本品是人们制造出来用于生产的东西，如生产工具、机器设备、厂房建筑等。资本品同样是已生产出来但并非用于目前消费的物品，增加资本品也是一种投资行为。

投资分为总投资（gross investment）、更新投资（replacement investment）和净投资（net investment）。总投资是投资的总和，它包括更新投资和净投资。更新投资也叫作资本消耗折扣（capital consumption allowance）或折旧（depreciation），它用于补充资本品的损耗；净投资是导致投资品增加的投资，它是总投资减去更新投资后的余额。对包括更新投资和净投资在内的全部投资品的支出叫作总投资支出，对不包括更新投资在内的资本品的支出叫作净投资支出。

第三，政府支出。政府支出分为两个部分：一部分是对商品和劳务的支出；一部分是转移支付，即政府对居民进行的没有换取生产要素服务的单方面的支出，如社会福利支出等。只有前一部分政府支出才是国民收入的一部分。当政府向厂商购买商品和劳务的时候，在私人消费支出和投资支出中并没有包括对这些物品和劳务的支出，因而应该加上政府的这部分支出。当政府向居民购买生产要素的服务而生产出物品和劳务的时候，它们也构成社会产品的一部分，因而也应该加上政府的这部分支出。但是，当政府向居民进行转移支付时，它并没有换取生产要素的服务，社会产品没有相应增加，因而在计算国民收入时不应该加上这部分政府支出。因此，作为国民收入组成部分的政府支出，是排除了转移支付后的政府支出。

第四，净出口。净出口是出口总值减去进口总值之差。出口总值是本国生产而销往国外的物品和劳务的总值。但在计算消费支出、投资支出和政府支出时没有包括这部分出口物品和劳务，所以在计算国民收入时应该加上出口总值。进口总值则是外国生产而销入本国的物品和劳务的总值，它不是本国的产品。但在计算消费支出、投资支出和政府支出时已经包括了这部分物品和劳务的支出，所以在计算国民收入时应该减去进口总值。这就是说，出口总值减去进口总值的差额，即净出口，是国民收入的一个组成部分。

如果用 C 表示私人消费支出，I 表示私人总投资支出，G 表示政府支出，X 表示出口，M 表示进口，那么：

$$GDP = C + I + G + (X - M)。$$

第三节 按收入法计算的国内生产总值

在社会产品的生产过程中，居民、政府和厂商得到了下列收入：

（1）工资和薪金。它包括实得工资、应支付的社会保险金和应缴纳的所得税。在这部分收入中，居民仅仅得到实得工资和福利补助，其余部分有的要交给政府。但不管怎样，它是居民提供劳动后应得的报酬。

（2）净利息。它包括居民实得的利息和应缴纳的所得税，但是它不包括政府公债的利息。政府公债的利息是一种转移支付，它不是国民收入的一部分。净利息是居民提供货币资本后应得的报酬。

（3）租金。它包括居民实得的租金和应缴纳的所得税。另外它还应该包括居民居住自己的房屋应该支付的隐含租金。租金收入是居民提供实物资产和土地后应得的报酬。

（4）公司利润。它包括分配的利润、未分配的利润和应缴纳的公司利润税。公司利润是对企业家才能和股东所冒风险的报酬。

（5）业主收入。它包括非公司的企业如业主制企业、合伙制企业、自由职业者和农民的实得收入以及应缴纳的税收。业主收入是非公司企业的所有者从事经营活动应得的报酬。

（6）企业间接税。它包括企业向政府缴纳的销售税和货物税。企业间接税算入企业成本，因而它作为增加值的一部分算入按支出法计算的国民收入。为了使两种计算方法得到的结果相同，按收入法计算国民收入时应该加上企业间接税。

（7）折旧费。它是补偿全社会资本存量耗费的费用。

因此，按照收入法计算：

$GDP =$ 工资和薪金 + 净利息 + 租金 + 公司利润 + 业主收入 + 企业间接税 + 折旧费。

上面以国内生产总值为例说明计算方法，实际上国民生产总值的计算方法与国内生产总值是一样的，它们的区别是计算范围不同。

第四节 其他的国民收入核算指标

如前所述，国内生产总值是在一个国家境内一定时期所生产的物品和劳务的总值，这些物品包括补偿已经损耗的资本品。如果要反映在一个国家境内一定时期新生产的物品和劳务的价值，则应该采用国内生产净值的指标。国内生产净值（net domestic product）是指在一个国家境内一定时期新增加的物品和劳务的价值，它等于国内生产总值减去折旧后的余额。另外，国内生产总值或国内生产净值反映一个国家的总体经济实力。如果要反映一个国家的生活水平和生产率水平，还需要采用人均国内生产总值和每人时国内生产总值。人均国内生产总值等于国内生产总值除以该国人口之商。人均国内生产总值越高，表示该国生活水平越高。每人时国内生产总值等于国内生产总值除以该国总工作时数之商。每人时国内生产总值越高，表示该国生产率水平越高。

与上述分析相似，国民生产总值减去折旧之差叫作国民生产净值，国民生产总值除以该国人口之商叫作人均国民生产总值，国民生产总值除以该国总工作时数之商叫作每人时国民生产总值。

另外，按照国内生产总值核算体系，国内产值核算指标除了包括国内生产总值和国内生产净值外，还包括国内收入、个人收入、个人可支配收入。

国内收入（DI）是指在社会产品的生产过程中生产要素所有者应得的报酬：

$$DI = 国内生产净值 - 企业间接税 + 对企业的补贴。$$

企业间接税不是居民提供生产要素服务后应得的收入，所以应把它从国民生产净值中减去。对企业的补贴是政府对由于国家策造成的企业的亏损的补贴，因此它是对生产要素所有者应得收入所受损失的一种补偿。对企业的补贴来自企业间接税，因而应该加上这部分收入，国内收入仍包括各种所得税，这部分税收实际上是生产要素所有者从他应得的报酬中拿出来用于公共开支的收入。

个人收入（PI）是指个人在纳税前得到的收入：

$$PI = 国内收入 - 未分配的利润 - 企业交纳的利润税 + 政府的转移支付。$$

虽然未分配的利润是生产要素所有者应得到的收入，但是它被公司保留起来以用于增加生产要素所有者将来的收入，个人没有得到它，所以在计算个人收入时应该把它从国内收入中减去。同理，企业交纳的收入税个人也没有得到，也应该把它从国内收入中减去。但是，政府给予个人的福利补贴和支付给个人的公债利息，是个人得到的收入，所以应该加上这部分转移支付。

个人可支配收入（PDI）是指个人交纳所得税后的收入：

$$PDI = 个人收入 - 所得税。$$

个人可支配收入是个人实际上可以支配的，用于消费和储蓄的收入。

相应地，国民生产总值核算体系包括国民生产总值、国民生产净值（NNP）、国民收入（NI）、个人收入（PI）、个人可支配收入（PDI）。

第五节 国内生产总值的国际比较

各个国家的产值都是用本国货币表示的，如何进行国际比较呢？显然，需要将各个国家用本国货币表示的产值折算为用某种统一货币如美元表示的产值。接着的问题是，如何将各个国家的货币折算为美元？关于这个问题的解决有两种方法：一种是货币汇率法，另一种是购买力平价法。

货币汇率法是指按照外汇市场上各国货币与美元的汇率将以各国货币表示的产值折算为以美元表示的产值。但是，货币汇率是每时每刻都在变化的，通常用本年度的平均汇率来进行折算。

购买力平价法是指按照各国货币与美元的购买力所形成的平价将以各国货币表示的产值折算为以美元表示的产值。所谓购买力是某种货币购买的商品的数量，所谓购买力平价是按照各种货币的购买力来计算的彼此的比价。

两种货币购买力平价的计算可以按照下述步骤进行：第一，在这两个国家选择一组商品，这些商品必须品种一样，质量相似，有代表性，种类很多。第二，分别计算用1单位这两种货币购买这些商品的数量，即计算这两种货币的购买力。第三，建立这两种货币的比价。例如，如果1单位美元在美国可以购买0.04单位这组商品，1单位人民币在中国可以购买0.01单位这组商品，那么人民币与美元的购买力平价是4:1。

以2013年为例，按照国际货币基金组织2014年4月公布的统计资料，美国、中国和日本这三大经济体以货币汇率计算的国内生产总值分别是167997亿美元、91814亿美元和49015亿美元，以购买力平价计算的国内生产总值分别是167997亿美元、133954亿美元和46988亿美元。[①]

国际货币基金组织在计算购买力平价的时候，是将美国的价格水平作为基准，也就是将美元作为基准。由于相对于美国来说，中国的价格水平比较低，人民币的购买力比较强，人民币与美元的购买力平价为4.247:1，以购买力平价计算的国内生产总值高于以货币汇率计算的国内生产总值。同样，由于相对

---

① International Monetary Fund, *World Economic Outlook Database*, April 2014, http://www.imf.org/external/pubs/ft/weo/2014/01/pdf/text.pdf.

于美国来说,日本的价格水平较高,日元的购买力比较低,日元与美元的购买力平价是 101.806:1,以购买力平价计算的国内生产总值低于以货币汇率计算的国内生产总值。

从上面的实际数据可以看到,货币汇率和购买力评价的方法存在很大的差异。这样,就产生了这样一个问题:哪种方法更好?国际货币基金组织曾经进行如下的评价:

首先,两种货币汇率不断发生波动,而两个国家货币的购买力平价则保持相对稳定。因此,如果用货币汇率来比较一个国家的产值,即使这个国家以本国货币表示的产值没有发生什么变化,但以美元来表示的这个国家的产值有可能发生比较大的变化。

其次,一个国家的商品包括贸易商品和非贸易商品,即参与国际贸易的商品和不参与国际贸易的商品,货币的汇率仅仅与贸易商品有关,而与非贸易商品无关。但在现实的世界里,发展中国家的非贸易商品价格通常低于发达国家。因此,如果用汇率来比较发展中国家和发达国家的经济活动的时候,将低估了发展中国家的经济福利。从上面两个角度来分析,购买力平价方法优于货币汇率方法。

但是,购买力平价方法最大的缺点是难以计算。首先,计算购买力平价是一个十分艰巨的统计工作。其次,反映一个国家商品价格的变化往往会有一个时间滞后期。最后,与以前购买力平价的观察值进行比较还常常产生方法上的难题。[①]

国际货币基金组织的评价是中肯的。从比较两个国家经济活动的角度来看,购买力平价方法优于货币汇率方法。但是问题在于,在计算两个国家货币的购买力平价的过程中,如何选择商品的种类,如何比较商品的质量,如何确定每种商品的权重,都会对计算结果产生重要影响。因此,很难精确地度量两种货币购买力平价。

---

① International Monetary Fund, *Finance and Development*, March 2007, Volume 44, Number 1, http://www.imf.org/external/pubs/ft/fandd/2007/03/index.htm.

第15章 消费、储蓄和总支出函数

第一节 凯恩斯的消费函数和储蓄函数

一、凯恩斯的消费函数

消费函数（consumption function）表示消费支出和影响消费支出的所有因素之间的关系。在影响消费支出的各种因素中，最重要的因素是居民的可支配收入。所以消费函数一般表示消费支出和居民可支配收入之间的关系。消费函数可分为短期消费函数和长期消费函数。

在短期内，当可支配收入增加的时候，居民的消费支出从整体来看表现出一种稳定的趋势，如表15.1第一、二列所示。从表中可以看到，当可支配收入等于8000亿美元时，居民倾向于把全部收入用于消费；当可支配收入低于8000亿美元时，虽然居民的消费支出趋于减少，但由于居民力求维持稳定的消费标准，消费支出将大于可支配收入；当可支配收入高于8000亿美元时，居民的消费支出趋于增加，但是居民消费支出的增加将小于可支配收入的增加。

表15.1　短期消费表　　　　单位：10亿美元

可支配收入（PDI）	希望的消费支出（C）	平均消费倾向（APC）	边际消费倾向（MPC）
600	620	1.03	
700	711	1.02	0.91
800	800	1.00	0.89
900	885	0.98	0.85
1000	960	0.96	0.75
1100	1024	0.93	0.64
1200	1083	0.90	0.59
1300	1136	0.87	0.53

为了便于分析消费函数的性质和特点，当代西方经济学家提出了平均消费倾向和边际消费倾向的概念。平均消费倾向（APC）是平均每单位可支配收入的总消费支出，$APC = C/PDI$；边际消费倾向（MPC）是增加 1 单位可支配收入所增加的总消费支出，$MPC = \Delta C/\Delta PDI$。

按照表 15.1 在图 15.1 中作出消费函数的曲线，便得到消费曲线 C。从图中可以看到，消费曲线与一条 45°线相交于 E。45°线在国民收入均衡分析中起着重要的作用。因为 45°线平分表示可支配收入的横轴和表示消费支出的纵轴所形成的直角，所以在它上面任何一点都表示消费支出等于可支配收入。例如点 E 表示在可支配收入等于 8000 亿美元时，消费支出与可支配收入正好相等。

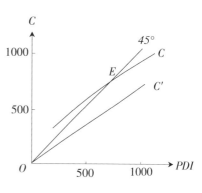

图 15.1　消费曲线

短期消费曲线表现出下述特点：①可支配收入存在着一个收支相抵的水平。在这个水平上，消费支出等于可支配收入。②在收支相抵的可支配收入水平以下，消费支出大于可支配收入。这种情形称为负储蓄（dissaving）。③在收支相抵的可支配收入水平以上，消费支出小于可支配收入。这种情形称为正储蓄。④随着可支配收入的增加，消费支出也在增加，但是消费支出的增加总是小于可分配收入的增加。

上述四个特点可用平均消费倾向和边际消费倾向的概念概括如下：在收支相抵的可支配收入水平上，$APC = 1$；当可支配收入低于这个水平时，$APC > 1$；当可支配收入高于这个水平时，$APC < 1$；在可支配收入的变化过程中，$0 < MPC < 1$。

在长期中，居民不可能通过提取储蓄的方法来维持稳定的消费水平。因此当可支配收入等于零时，消费支出等于零。随着可支配收入的增加，居民倾向于稳定地把增加的收入的一部分用于消费，一部分用于储蓄。所以，长期的消费曲线是通过原点的位于 45°线下方的直线，APC 与 MPC 大致相等，如图 15.1 中曲线 C′所示。但国民收入原理是一种短期的分析，它不研究长期的消费函数。

上述消费函数的分析认为消费支出取决于可支配收入的绝对水平，因而被称为绝对收入消费理论（obsolute income theory）。[①]

[①] 美国经济学家托宾和斯密希斯（A. Smithies）对发展凯恩斯的绝对收入消费理论作出过贡献。

二、凯恩斯的储蓄函数

储蓄函数（saving function）表示储蓄量和可支配收入之间的关系。

由于居民的可支配收入如不是用于消费，就是用于储蓄，所以短期消费函数一旦确定，短期储蓄函数随之确定，如表15.2和图15.2所示。另外，平均消费倾向和边际消费倾向一旦确定，平均储蓄倾向和边际储蓄倾向也随之确定。在现代西方经济学中，平均储蓄倾向（APS）是指平均每单位可支配收入的储蓄量，$APS = S/PDI$；边际储蓄倾向（MPS）是指增加1单位可支配收入所增加的储蓄量，$MPS = \Delta S/\Delta PDI$。

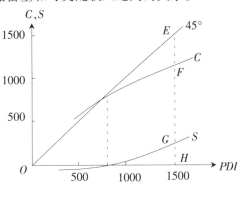

图 15.2　短期储蓄曲线

表 15.2　短期储蓄表　　　　单位：10 亿美元

可支配收入 （PDI）	希望的储蓄量 （S）	平均储蓄倾向 （APS）	边际储蓄倾向 （MPS）
600	−20	−0.03	
700	−11	−0.02	0.09
800	0	0	0.11
900	15	0.02	0.15
1000	40	0.04	0.25
1100	76	0.07	0.36
1200	117	0.10	0.41
1300	164	0.13	0.47

由于可支配收入等于消费与储蓄之和，短期消费曲线与短期储蓄曲线存在一定的联系：

第一，当短期消费曲线与45°线相交时，短期储蓄曲线必定与横轴相交。这是因为短期消费曲线与45°线相交意味着收支相抵，这时储蓄必然为零。

第二，在任何可支配收入水平上，也就是在横轴的任何一点上，短期储蓄曲线的纵坐标必然等于45°线相应的纵坐标与短期消费曲线的纵坐标之差，例如在图15.2中，$GH = EF$。其原因是：点 E 在45°线上，所以 $EH = OH$（1500单位美元的可支配收入）。但是，在这一可支配收入水平上，消费为 FH，即

储蓄 $GH = OH - FH = EH - FH = EF$。

根据同样的道理，平均消费倾向和平均储蓄倾向、边际消费倾向和边际储蓄倾向存在着一定的联系：

$$APS = 1 - APC, MPS = 1 - MPC;$$

或者：
$$APC + APS = 1, MPC + MPS = 1。$$

长期储蓄曲线与长期消费曲线相对应，它经过原点，而且在任何可支配收入水平上的纵坐标都等于同一收入水平上45°线的纵坐标与长期消费曲线的纵坐标之差。国民收入均衡的分析同样不研究长期的储蓄函数。

第二节 杜森贝里的消费函数和储蓄函数①

一、杜森贝里的消费函数

美国经济学家杜森贝里（J. S. Duesenberry）认为，居民的消费支出不是取决于可支配收入的绝对水平，而是取决于相对于以前最高收入水平而言的可支配收入水平。

在长期里，可支配收入的增长是稳定的，消费支出的增加也是稳定的。长期的消费函数即消费支出和长期可支配收入之间的关系可以用图 15.3 中位于45°线下方的直线 LR 来表示。

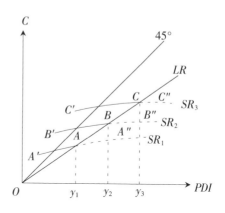

图 15.3 杜森贝里的消费曲线

但是，在短期里，可支配收入随着经济的波动而发生变化。假定经济在可支配收入为 y_1 时发生衰退，可支配收入趋于减少。由于居民总是力求维持稳定的消费水平，消费支出的下降慢于可支配收入的下降。因此，在 y_1 向左移动的时候，消费支出不是沿着 AO 的方向变化，而是沿着 AA' 的方向变化，从而形成了短期消费曲线 SR_1。当经济出现复苏，可支配收入趋于以前的最高水平 y_1 时，消费支出沿着 SR_1 曲线朝 AA' 的方向移动。但是，当可支配收入越过 y_1 继续上升时，由于居民感觉到可支配收入水平较高，他们将增加消费支出，边际消费倾向相对以前来说出现提高的现象。因此，在 y_1 向右移动的时候，消费支出不是沿着 SR_1 曲线朝 AA'' 的方向移

---

① 本节的分析在教学过程中可以根据实际情况删略。

动,而是沿着 LR 曲线朝 AB 的方向移动。

假定经济在可支配收入为 y_2 时再次发生衰退。根据相同的理由,消费支出首先沿着 SR_2 曲线朝 BB' 的方向移动,然后沿着 LR 曲线朝 BC 的方向移动。其余照此类推。因此,形成了如 SR_1、SR_2、SR_3 曲线所示的短期消费曲线。

杜森贝里的消费函数认为,居民总是根据现期可支配收入与以前最高的可支配收入的相对关系来决定消费支出和改变消费倾向,因而其理论被称为相对收入消费理论(relative income theory)。

二、杜森贝里的储蓄函数

由于居民的可支配收入不是用于消费就是用于储蓄,杜森贝里的消费函数确定以后,储蓄函数也随之确定。

杜森贝里的长期消费曲线是经过原点并且向右上方倾斜的直线,长期储蓄函数也是经过原点向右上方倾斜的直线,它的每一点的纵坐标,都等于相应可支配收入水平上长期消费曲线的纵坐标与45°线的纵坐标之差。同样,杜森贝里短期消费曲线是与长期消费曲线相交、斜率小于长期消费曲线的曲线。所以,短期储蓄曲线将是与长期储蓄曲线相交、斜率大于长期储蓄曲线的曲线,如图 15.4 所示。

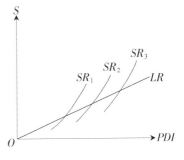

图 15.4 杜森贝里的储蓄曲线

第三节 弗里德曼的消费函数和储蓄函数[①]

一、弗里德曼的消费函数

美国经济学家弗里德曼认为,居民的消费支出不是取决于现期可支配收入的绝对水平,也不是取决于现期可支配收入与以前最高的可支配收入的相互关系,而是取决于持久收入。

居民的可支配收入分为持久收入(permanent income)和暂时收入(transitory income)。持久收入是居民认为在相当长的时间里可以得到的收入;暂时收入是居民在短期内得到的收入,它可以是正数或者负数。居民在一个时期里得到的实际收入,等于持久收入和暂时收入之和。如果暂时收入为正数,如居

---

① 本节的分析在教学过程中可以根据实际情况删略。

民得到意外的奖金，那么实际收入大于持久收入；如果暂时收入为负数，如居民遭受意外损失，那么实际收入小于持久收入。如果用 PDI 表示实际的可支配收入，用 PDI_p 表示持久收入，用 PDI_t 表示暂时收入，那么

$$PDI = PDI_p + PDI_t。$$

另外，居民的消费支出也分为持久消费（permanent consumption）和暂时消费（transitory consumption）。持久消费是居民在相当长的时间里计划的消费；暂时消费是居民在短期内的消费，它也可以是正数或负数。居民在某一个时期的实际消费，等于持久消费和暂时消费之和。如果暂时消费为正数，如居民受到广告的吸引而增购物品，实际消费大于持久消费；如果暂时消费为负数，如因市场短缺而买不到物品，实际消费小于持久消费。如果用 C 表示实际的消费，用 C_p 表示持久消费，用 C_t 表示暂时消费，那么

$$C = C_p + C_t。$$

弗里德曼用经验数据证明，持久消费与持久收入存在着稳定的函数关系。例如，他把任何一年的持久消费或持久收入看作前17年消费或收入的加权平均数，当年实际收入按33%加权，其余16年的实际收入按递减的权数加权，发现持久消费对持久收入的比率接近于常数：

$$C_p = K \cdot PDI_p。$$

例如，除去战争年代，1905—1951年持久消费函数为

$$C_p = 0.88 PDI_p。$$

这就是说，持久消费函数在图像中是位于45°线下方的通过原点的直线。

但是，暂时消费与暂时收入不存在函数关系。当居民遭受意外损失，暂时收入为负数时，他们并不减少暂时消费；当居民得到意外收入，暂时收入为正数时，他们并不增加暂时消费。这就是说，当暂时收入发生变化时，边际消费倾向为零。

因为持久消费与持久收入存在稳定的函数关系，暂时消费不受暂时收入影响，持久消费更不受暂时收入影响，所以居民的实际消费取决于持久收入。另外，尽管持久消费与持久收入存在稳定的函数关系，但暂时消费既不受暂时收入影响，也不受持久收入影响，而实际消费等于持久消费和暂时消费之和，所以实际的边际消费倾向是不稳定的。

弗里德曼认为，居民的消费支出取决于持久收入，因而其理论被称为持久收入消费理论（permanent income theory）。

二、弗里德曼的储蓄函数

由于居民的可支配收入不是用于消费就是用于储蓄，弗里德曼的消费函数确定以后，储蓄函数也随之确定。

弗里德曼的持久消费与持久收入存在稳定的函数关系，$C_p = K \cdot PDI_p$。如果用 S_p 表示持久储蓄，那么 $S_p = (1-K) PDI_p$。弗里德曼的暂时消费与暂时收入不存在函数关系，暂时储蓄与暂时收入也不存在函数关系。另外，与实际消费取决于持久收入、实际消费倾向不稳定的特点相对应，边际储蓄取决于持久收入，边际储蓄倾向也不稳定。

第四节　凯恩斯学派的总支出函数

总支出函数（aggregate expenditure function）表示对社会产品的总支出和国民收入之间的关系。对社会产品的总支出实际上也是对社会产品的总需求。

在二部门经济中，即在只存在居民和厂商两个部门的经济中，总支出（AE）等于消费支出（C）与投资支出（I）之和。因此，要分析总支出与国民收入的关系，需要分别分析消费支出和投资支出与国民收入的关系。

短期消费函数的分析已经表明消费支出与可支配收入的关系。在二部门经济中，国民收入（GDP）与可支配收入之差是折旧费与不分配的利润。如果根据统计数据确定可支配收入在国民收入中大致的比重，例如假定可支配收入是国民收入的80%，就可以从短期消费函数推导出消费支出和国民收入的关系。在表15.3中，假定可支配收入总是占国民收入的80%，第二、三列是短期的消费函数，第一、三列便构成消费支出和国民收入之间的关系。

在短期内，投资支出主要地不是取决于国民收入，而是取决于预期的利润率和利息率。在利息率不变的条件下，预期的利润率越高，投资就越大。这意味着可以假定短期投资支出在国民收入的变化过程中保持稳定。在现代西方经济学中，这种投资叫作自发投资（autonomous investment）。

因此，在二部门经济中，任何国民收入水平上的总支出都等于消费支出与不变的投资支出之和。由于消费支出随国民收入的增加而增加，总支出也随着国民收入的增加而增加。

表15.3　消费支出与可支配收入、
国民收入的关系

单位：10亿美元

国民收入（Y）	可支配收入（PDI）	希望的消费支出（C）
750	600	620
875	700	711
1000	800	800
1125	900	885
1250	1000	960
1375	1100	1024
1500	1200	1083
1625	1300	1136

在四部门经济中，即在存在居民、厂商、政府和国际市场四个部门的经济，总支出（AE）等于消费支出（C）、投资支出（I）、政府支出（G）和净出口（$X-M$）之和。

四部门经济的可支配收入与国民收入差距较大。但是同样可以通过假定可支配收入在国民收入中所占比例保持不变，把短期消费函数转换成消费支出和国民收入的关系。

在其他的支出中，短期的投资支出取决于预期的利润率和利息率，政府支出取决于政府的决定。它们与国民收入变化的关系不大，因而可以假定为常数。出口多少是由外国需求者决定的，它在短期内也保持稳定。但是进口则取决于国内需求者，消费支出、投资支出和政府支出增加将带来进口的增加。例如，当消费支出增加时，不但需要购买更多的外国消费品，而且国内消费品的生产所需要的原材料进口也将增加。而消费支出是随着国民收入的增加而增加的，这意味着进口也随国民收入的增加而增加，即净出口随着国民收入的增加而下降。在一个国家中，净出口在国民收入中所占的比例很小，所以在消费支出变化的影响下，四部门经济的总支出仍随着国民收入的增加而增加。

总支出函数的图像总支出曲线的形成可以用图 15.5 来说明。在图 15.5 中，横轴表示国民收入，纵轴表示总支出。前面的分析表明，消费支出（C）与国民收入（Y）的关系在坐标系里表现为向右上方倾斜的曲线 C。由于投资支出（I）、政府支出（G）、出口（X）不随着国民收入的变化而变化，它们在与国民收入的函数关系中可以看作常

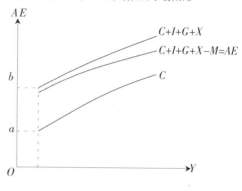

图 15.5　总支出曲线的形成

数。这样，将消费曲线 C 平行向上移动 $ab = I + G + X$ 的距离，便可以得到曲线 $C + I + G + X$。又由于进口（M）随着国民收入（Y）的增加而增加，使曲线 $C + I + G + X$ 从左到右向下移动越来越大的距离，即减去越来越大的进口（M），就可以得到总支出曲线。

第16章 国民收入的均衡和变化

第一节 二部门经济国民收入的均衡

一、国民收入均衡分析的前提条件

均衡是指因相反力量的平衡而形成的相对静止状态。因此,当国民收入既不增加也不减少时,国民收入就达到了均衡的状态。达到均衡状态的国民收入叫作均衡的国民收入(equilibrium national income)。国民收入均衡的分析有三个前提条件:

第一,假定经济社会还存在没有被利用的社会资源。例如存在失业的工人和闲置的机器设备。当这些社会资源被利用的时候,国民收入将增加。

第二,假定影响国民收入的其他因素保持不变,国民收入的变化主要取决于社会资源利用率的变化。当社会资源利用率提高的时候,国民收入将增加。

第三,假定价格水平保持稳定,国民收入的变化是由物品和劳务数量的变化所引起。这就是说,所谓国民收入的均衡是实际国民收入的均衡。

本章所分析的国民收入是指国内生产总值。

二、用收入-支出法分析国民收入的均衡

在二部门经济中,国民收入均衡的分析可以采用两种方法:一种是通过总支出和国民收入之间的比较来分析国民收入的均衡,这种方法叫作收入-支出法;另一种是通过投资和储蓄之间的比较来分析国民收入的均衡,这种方法叫作储蓄-投资法。

在二部门经济里,存在居民和政府两个部门,总支出(AE)等于消费支出(C)和投资支出(I)之和。表16.1是表示总支出函数的总支出表。图16.1是根据总支出表得到的总支出曲线(AE)。

表 16.1　二部门经济国民收入的均衡

单位：10 亿美元

国民收入（Y）	希望的消费支出（C）	希望的投资支出（I）	希望的总支出（AE）	国民收入的变化
750	620	200	820	扩大
875	711	200	911	扩大↓
1000	800	200	1000	均衡
1125	885	200	1085	收缩
1250	960	200	1160	收缩↑
1375	1024	200	1224	收缩

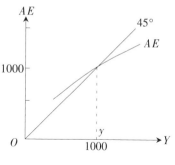

图 16.1　二部门经济国民收入的均衡

首先，从上面的表列和图形可以看到，假定国民收入为 8750 亿美元，这时希望的消费支出为 7110 亿美元，希望的投资支出为 2000 亿美元，希望的总支出等于 9110 亿美元。这意味着如果国民收入维持在这个水平上，希望的总支出超过了国民收入。这时将发生两种可能性：

第一，厂商和居民无法花掉他们愿意花掉的 360 亿美元，经济中普遍出现了供不应求的现象。这种情况给厂商发了信号：如果他们能够增加产量，他们一定能够卖掉所增加的产品。在追求利润动机的支配下，厂商将增加生产。因此国民收入有扩大的趋势。

第二，厂商用减少存货的方法来满足额外的消费需求和投资需求，因而存货将减少。为了使存货保持在适当的水平，厂商将增加生产以增加存货。因此国民收入也存在扩大的趋势。上述两种情况表明：在任何国民收入水平上，只要希望的总支出大于国民收入，国民收入将增加。

其次，假定国民收入在 11250 亿美元，这时希望的消费支出是 8850 亿美元，希望的投资支出是 2000 亿美元，希望的总支出等于 10850 亿美元。这意味着如果国民收入继续保持在这个水平上，希望的总支出小于国民收入，有 400 亿美元的产品卖不出去。这时经济中普遍发生了供过于求的现象，厂商的存货被迫增加。在这种情况下，厂商将减少生产，国民收入有收缩的趋势。所以，在任何国民收入水平上，只要希望的总支出小于国民收入，国民收入将减少。

最后，当国民收入为 10000 亿美元时，希望的消费支出是 8000 亿美元，希望的投资支出是 2000 亿美元，希望的总支出等于 10000 亿美元。在这种情况下，厂商和居民正好买到他们愿意购买的商品。经济中既没有短缺也没有过剩，厂商的存货既没有增加也没有减少。厂商乐意保持现状而不再改变产量。

国民收入处于均衡的状态。因此，当希望的总支出和国民收入相等时，国民收入形成均衡。

上述分析表明，均衡的国民收入是与希望的总支出相等时的国民收入。它在图像上表现为总支出曲线和45°线相交时的国民收入，如图16.1中的 Oy 所示。

三、用储蓄-投资法分析国民收入的匀衡

消费函数和储蓄函数的分析表明，居民的消费和储蓄之和等于可支配收入。但问题是可支配收入并不等于国民收入。

在二部门经济中，可支配收入和国民收入（GDP）相差折旧费和未分配利润两部分收入，然而折旧费和未分配利润恰好是厂商的储蓄。这意味着二部门经济的国民收入等于消费和储蓄之和，其中储蓄包括居民的储蓄和厂商的储蓄。这样，与总支出函数的分析相似，通过可支配收入与国民收入之间的比例关系，可以把短期消费函数转换成消费支出与国民收入的关系。消费支出与国民收入的关系一旦确定，由于消费支出与国民收入之差就是居民和厂商的储蓄，因而储蓄量和国民收入之间的关系也随之确定。

表16.2是表示希望的投资量或希望的储蓄量与国民收入之间关系的投资表和储蓄表。图16.2是依据表16.2作出的投资曲线和储蓄曲线。表中希望的投资保持在2000亿美元的水平上，希望的储蓄是国民收入减去希望的消费的余额。第一列和第四列构成投资表，第一列和第三列构成储蓄表。

表16.2 二部门经济国民收入的均衡

单位：10亿美元

国民收入(Y)	希望的消费支出(C)	希望的投资支出(I)	希望的总支出(AE)	国民收入的变化
750	620	130	200	扩大
875	711	164	200	扩大↓
1000	800	200	200	均衡
1125	885	240	200	收缩
1250	960	290	200	收缩↑
1375	1024	351	200	收缩

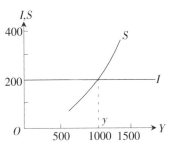

图16.2 二部门经济国民收入的均衡

首先，假定国民收入等于8750亿美元。在这一国民收入水平上，投资量为2000亿美元，储蓄为1640亿美元，希望的投资量大于希望的储蓄量。这

时，厂商的投资需求未能得到满足。这意味着生产不足，经济中发生了供不应求的现象。在这种情况下，或是厂商和居民买不到希望购买的商品，或是买到了但厂商的存货减少。在前一种情况下，厂商和居民被迫把花不掉的货币储存起来，结果储蓄增加。另外，厂商也发现如果增加生产，他们的产品将能够销售出去，所以国民收入有增加的趋势。在后一种情况下，厂商通过减少存货筹措了资金，另外厂商也需要增加生产以把存货保持在合适的水平，因此国民收入也有增加的趋势。上述分析表明，只要希望的投资量大于希望的储蓄量，国民收入将增加。

其次，假定国民收入等于 11250 亿美元。在这一国民收入水平上，投资量为 2000 亿美元，储蓄量为 2400 亿美元，希望的投资量小于希望的储蓄量。在这种情况下，目前的投资支出不足，厂商的存货被迫增加。当厂商不得不减少生产以消除过多的存货的时候，带来了国民收入的下降。因此，在任何国民收入水平上，只要希望的投资量小于希望的储蓄量，国民收入将减少。

最后，当国民收入为 10000 亿美元时，希望的投资量等于希望的储蓄量，经济中既没短缺也没过剩，厂商的存货既不增加也不减少，国民收入达到了均衡状态。

因此，均衡的国民收入也是希望的投资量等于希望的储蓄量时的国民收入。它在图像上表现为投资曲线和储蓄曲线相交时的国民收入 Oy。

不论是用收入－支出法，还是用储蓄－投资法分析国民收入的均衡，所得到的结果是一致的。因为总支出（AE）＝消费支出（C）＋投资支出（I），国民收入（GNP）＝消费（C）＋储蓄（S），所以当 $AE > GNP$ 时，$C + I > C + S$，即 $I > S$；当 $AE < GNP$ 时，$C + I < C + S$，即 $I < S$；当 $AE = GNP$ 时，$I = S$。总支出与国民收入的均衡也意味着投资量和储蓄量的均衡。在图像上，当消费曲线确定后，储蓄曲线也随之确定。在任何国民

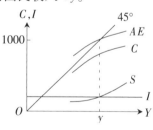

图 16.3 二部门经济国民收入的均衡

收入水平上，储蓄曲线到横轴的垂直距离等于消费曲线到 45°线的垂直距离。另外，消费曲线向上平行移动等于投资数量的距离，构成总支出曲线；横轴向上平行移动等于投资数量的距离，构成投资曲线。所以，在总支出曲线和 45°线相交的国民收入水平上，投资曲线和储蓄曲线也必定相交，如图 16.3 所示。

第二节 二部门经济国民收入的变化

一、用收入-支出法分析国民收入的变化

均衡国民收入的分析表明,在二部门经济中,总支出(AE) = 消费支出(C) + 投资支出(I)。当总支出与国民收入相等时,或者总支出曲线与45°线相交时,决定了均衡的国民收入,如图16.4的Oy所示。

现在假定居民在原消费水平上增加消费支出,或厂商决定在原投资水平上增加投资支出,这样,总支出函数发生了变化,总支出曲线从AE向上移至AE_1。在这种情况下,如果国民收入还停留在Oy的水平,总支出将大于国民收入,因而国民收入将增加。随

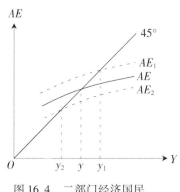

图16.4 二部门经济国民收入的变化(1)

着国民收入的增加,总支出也沿着总支出曲线增加。当总支出增加到总支出曲线与45°线交点所表示的水平时,总支出等于国民收入,国民收入在较高的水平上形成均衡(Oy_1)。同理,当消费或投资减少时,总支出曲线从AE向下移至AE_2,国民收入在较低的水平(Oy_2)上形成均衡。

因此,假定其他条件不变,消费或投资的增加将导致国民收入的增加;反之,则导致国民收入的减少。

二、用储蓄-投资法分析国民收入的变化

在二部门经济中,当投资量和储蓄量相等时,或者当投资曲线与储蓄曲线相交时,决定了均衡的国民收入,如图16.5的Oy所示。

假定投资不变,居民决定增加储蓄。这样储蓄曲线将从S向上移动到S_1,并在与投资曲线I的交点上(E_1)决定了均衡的国民收入Oy_1。同理,如果居民减少储蓄,储蓄曲线将从S向下移动到S_2,从而在与投资曲线I的交点上(E_2)决定了均衡的国民收入Oy_2。因此,假如其他条件不变,储蓄的增加将导致国民收入的减少,储蓄的减少导致国民收入的增加。

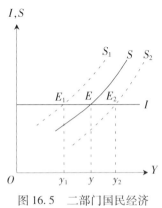

图16.5 二部门国民经济收入的变化(2)

如果假定储蓄不变，研究投资的变化对国民收入的影响，其结果和用收入-支出法得到的结果相同。

概括收入-支出法和储蓄-投资法的分析，可以得到下述结论：假定其他条件不变，消费和投资的变化将引起国民收入同方向的变化，储蓄的变化将引起国民收入反方向的变化。

第三节 四部门经济国民收入的均衡

一、用收入-支出法分析国民收入的均衡

在四部门经济中，存在居民、厂商、政府、国际市场四个部门，总支出（AE）=消费支出（C）+投资支出（I）+政府支出（G）+净出口（$X-M$）。假定可支配收入占国民收入60%，投资支出、政府支出和出口分别保持在2000亿、4000亿和1000亿美元的水平上，四部门经济的总支出与国民收入存在着如表16.3和图16.6所表示的关系。

与二部门收入-支出法的分析相似，当希望的总支出大于国民收入时，国民收入将增加；当希望的总支出小于国民收入时，国民收入将减少；当希望的总支出等于国民收入时，国民收入形成均衡。

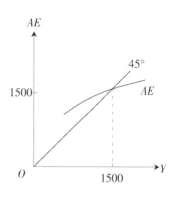

图16.6 四部门经济国民收入的均衡（1）

上述分析表明，二部门经济的均衡国民收入是四部门经济在 $AE = C + I$ 时的特例。

表16.3 国民收入的均衡　　　　　单位：10亿美元

国民收入（y）	希望的消费支出（C）	希望的投资支出（I）	希望的政府支出（G）	出口（X）	进口（M）	希望的总支出（AE）	国民收入的变化
1000	620	200	400	100	30	1350	扩大
1167	711	200	400	100	45	1366	扩大↓
1333	800	200	400	100	65	1435	扩大
1500	885	200	400	100	85	1500	均衡
1667	960	200	400	100	105	1555	收缩↑
1833	1024	200	400	100	125	1599	收缩

二、用漏出－注入法分析国民收入的均衡

在二部门经济中，除了用收入－支出法来分析国民收入的均衡以外，还可以用储蓄－投资法。同样，在四部门经济中，除了用收入－支出法以外，还可以用漏出－注入法来分析国民收入的均衡。

注入（injection）和漏出（withdraw）是指国民收入流量的注入和漏出。在图16.7中，里面的矩形表示私人经济。在私人经济里，居民向厂商提供生产要素服务并取得收入后，又向厂商购买物品和劳务，所以国民收入流量顺时针方向流动。但是，当居民和厂商发生储蓄和投资行为时，将有一部分国民收入作为储蓄流失出去，同时也有一部分国民收入作为投资注入进来。外面的矩形表示国内经济。在这个经济中，政府向私人经济征税，因此有一部分国民收入从私人经济流失出去；但政府也向私人经济支出，因而也有一部分国民收入注入私人经济中。再看整个图形。国内向国际市场购买物品和劳务，所以有一部分国民收入因进口而从国内流失出去；但国际市场也向国内购买物品和劳务，因而也有一部分国民收入因出口而注入国内。

因此，在四部门经济中，注入量（J）＝投资量（I）＋政府支出（G）＋出口（X），它对国民收入流量起着扩张的作用；漏出量（W）＝储蓄量（S）＋政府税收（T）＋进口（M），它对国民收入流量起着收缩的作用。另外，从图16.7可以看到，当投资量和储蓄量、政府支出和政府税收、出口和进口分别相等时，注入量和漏出量相等，国民收入流量形成均衡。实际上，因为凡是注入对经济都有扩张作用，凡是漏出对经济都有收缩作用，所以不必各对变量分别相等，只要总注入量与总漏出量相等，国民收入将形成均衡。这意味着投资小于储蓄或出口小于进口的缺口，可以用政府支出大于政府税收的差额弥补。

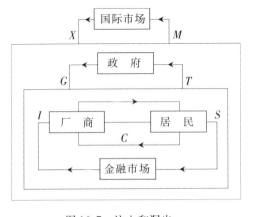

图16.7 注入和漏出

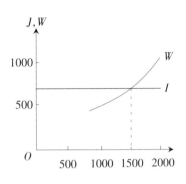

图16.8 四部门经济国民收入的均衡（2）

表 16.4 和图 16.8 表明，当国民收入增加的时候，投资支出、政府支出和出口保持不变，总注入量保持在 7000 亿美元的水平上，储蓄、税收和进口不断增加，总漏出量趋于增加。

表 16.4　四部门经济国民收入的均衡　　单位：10 亿美元

国民收入 (Y)	希望的投资 (I)	希望的政府支出 (G)	出口 (X)	希望的注入量 (J)	希望的储蓄 (S)	税收 (T)	进口 (M)	希望的漏出量 (W)	国民收入的变化
1000	200	400	100	700	130	220	30	380	扩大
1167	200	400	100	700	164	268	45	477	扩大
1333	200	400	100	700	200	318	65	583	扩大↓
1500	200	400	100	700	240	375	85	700	均衡
1667	200	400	100	700	290	433	105	828	收缩
1833	200	400	100	700	357	494	125	976	收缩↑
2000	200	400	100	700	417	560	145	1122	收缩

假定国民收入等于 13330 亿美元，注入为 7000 亿美元，漏出为 5830 亿美元，注入量大于漏出量，经济扩张的力量大于收缩的力量，国民收入趋于增加。当国民收入等于 16670 亿美元时，注入仍为 7000 亿美元，漏出为 8280 亿美元，注入量小于漏出量，国民收入趋于减少。只有当国民收入等于 15000 亿美元时，注入量等于漏出量，国民收入形成均衡。

从上述分析可以看到，二部门经济均衡国民收入的分析只是四部门经济在 $J=I$，$W=S$ 时的特例。四部门经济均衡国民收入的分析是一般的情形。

第四节　四部门经济国民收入的变化

一、用收入－支出法分析国民收入的变化

在四部门经济中，总支出（AE）除了包括消费支出（C）和投资支出（I）以外，还包括政府支出（G）和净出口（$X-M$）。图 16.9 说明，假定消费、投资、政府支出和出口任何一种支出增加了，或者进口减少了，总支出曲线将向上移动，从而带来国民收入的增加；反之，假定消费、投资、政府支出或出口减少了，或者进口增加了，总支出曲线将向下移动，从而导致国民收入的减少。

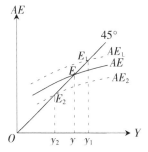

图 16.9　四部门经济国民收入的变化（1）

二、用漏出－注入法分析国民收入的变化

在二部门经济中，投资是唯一的注入，储蓄是唯一的漏出。但是在四部门经济中，注入量（J）＝投资量（I）＋政府支出（G）＋出口（X），漏出量（W）＝储蓄量（S）＋政府税收（T）＋进口（M）。

图 16.10 说明，假定注入不变，储蓄、政府税收或进口任何一种漏出增加了，漏出曲线将向上移动，从而导致国民收入的减少；相反，储蓄、政府税收或进口任何一种漏出减少了，漏出曲线向下移动，从而带来国民收入的增加。如果假定漏出不变，研究注入变化对国民收入的影响，其结果和用收入－支出法得到的结果相同。

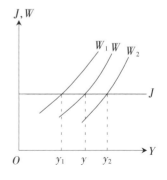

图 16.10　四部门经济国民收入的变化（2）

概括用两种方法对两个经济的分析，可以得到关于国民收入变化的总结论：假定其他条件不变，消费支出、投资支出、政府支出、出口的变化，将引起国民收入同方向变化；储蓄、政府税收、进口的变化，将引起国民收入反方向的变化。

第五节　支出的乘数作用

一、在只发生储蓄渗漏条件下的投资支出乘数

国民收入变化的分析表明，投资支出的增加能够带来国民收入的增加。但是，从数量上看，投资支出的变化不是仅仅引起同量的国民收入变化，而是带来数倍的国民收入的变化，这就是投资的乘数作用。在现代西方经济学中，乘数（multiplier）是国民收入的变化与带来这一变化的支出量最初变化的比率。例如，如果投资支出增加 100 万美元，它使国民收入增加了 500 万美元，那么投资乘数等于 5。

投资支出所以具有乘数的作用，是因为它的变化会带来一轮一轮消费支出的变化，引起总支出数倍的变化，从而最终导致国民收入数倍的变化。假定厂商储蓄为零，政府税收和进口不变，边际消费倾向是 80%，这意味着在国民收入增加的过程中所渗漏的仅仅是储蓄。现在某厂商增加 100 万美元的投资支出。生产投资品的厂商将增加价值 100 万美元产品的生产，以满足投资增加的需要。这样，国民收入将增加 100 万美元。这是国民收入第一轮的增加。但是

投资增加的影响并没有完结。当生产投资品的厂商通过出售产品得到 100 万美元以后，这 100 万美元将分解为工资、利息、租金、利润等各种收入。在边际消费倾向等于 80% 的前提下，人们将把其中的 80 万美元用于购买消费品。接着，生产消费品的厂商将增加价值 80 万美元产品的生产，以满足新的消费需求，这是国民收入第二轮的增加。当生产消费品的厂商得到 80 万美元以后，这 80 万美元又分解为各种收入，人们又按照 80% 的边际消费倾向把其中的 64 万美元用于购买他所需要的消费品，因而消费品的生产又再将增加。当这个过程一直继续下去的时候，便导致国民收入数倍的增加。

投资的乘数作用如表 16.5 所示。

表 16.5 投资的乘数作用

国民收入第一轮的增加	100.0	100×1
国民收入第二轮的增加	80.0	$100 \times 80\%$
国民收入第三轮的增加	64.0	$100 \times (80\%)^2$
国民收入第四轮的增加	51.2	$100 \times (80\%)^3$
⋮	⋮	⋮
总　　和	500	$100 \times \dfrac{1}{1-80\%}$

表中左边表示国民收入每次增加的数量，右边表示国民收入增加的数量是怎样计算出来的。把左边国民收入每次增加的数量加总起来便得到国民收入总增加量，右边则表示国民收入的总增加量是怎样计算出来的。假定用 ΔY 表示国民收入的总增加量，那么

$$\Delta Y = 100 \times 1 + 100 \times 80\% + 100 \times (80\%)^2 + 100 \times (80\%)^3 + \cdots$$
$$= 100[1 + 80\% + (80\%)^2 + (80\%)^3 + \cdots]。$$

根据无穷几何级数公式 $1 + r + r^2 + r^3 + \cdots = \dfrac{1}{1-r}$，并令 $r = 80\%$，那么

$$\Delta Y = 100 \times \dfrac{1}{1-80\%}。$$

在这里，100 是投资最初增加的数量（ΔI），80% 是边际消费倾向（MPC）。由上述分析可以得到一般的投资乘数公式：

$$K_I = \dfrac{1}{1-MPC}。$$

因为 $MPC + MPS = 1$，所以投资乘数公式还可以写成

$$K_I = \dfrac{1}{MPS}。$$

投资乘数也可以从图像上求得。假定边际消费倾向等于80%，那么边际储蓄倾向等于20%，这就决定了储蓄曲线的斜率为 $\frac{1}{5}$。图16.11假定原均衡国民收入是500单位，当投资增加100单位后，在其他因素不变的条下，国民收入增加了500单位。投资乘数等于5。

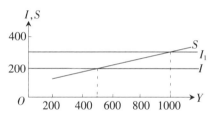

图16.11 投资的乘数作用

二、在只发生储蓄渗漏条件下的其他的支出乘数

不仅投资支出具有乘数的作用，而且任何支出都具有乘数作用。消费支出乘数和政府支出乘数分别表示消费支出和政府支出的变化所带来的国民收入变化的倍数。

在前面投资支出乘数的分析过程中，如果假定最初增加的不是投资支出而是消费支出或政府支出，那么国民收入的整个变化过程将基本相同。所以，如果用 K_C 和 K_G 分别表示消费支出乘数和政府支出乘数，那么：

$$K_C = \frac{1}{1 - MPC}, \quad K_G = \frac{1}{1 - MPC}。$$

平衡预算（balanced budget）是指政府增加同量的支出和税收。平衡预算乘数（balanced budget multiplier）表示政府增加同量的支出和税收对国民收入的影响。

国民收入变化分析表明，政府支出对国民收入起着扩张的作用，政府税收对国民收入起着收缩的作用。因此，平衡预算乘数取决于政府支出和政府税收的净影响，或者说取决于政府支出乘数与政府税收乘数之差。

政府支出乘数 $K_G = \frac{1}{1 - MPC}$。假定政府向居民征税 ΔT，居民的消费支出在边际消费倾向为80%的前提下将减少 $80\% \cdot \Delta T$。例如，当政府增税100万美元时，居民的消费便减少80万美元。这意味着税收的变化乘以边际消费倾向等于消费的变化。消费支出乘数 $K_C = \frac{1}{1 - MPC}$，所以政府税收对国民收入的影响是 $\Delta T \cdot MPC \cdot \frac{1}{1 - MPC}$，即政府税收乘数为：

$$K_T = MPC \cdot \frac{1}{1 - MPC}。$$

如果用 K_B 表示平衡预算乘数，那么

$$K_B = K_G - K_T = \frac{1}{1 - MPC} - \frac{MPC}{1 - MPC} = 1。$$

平衡预算乘数等于1，说明政府增加同量的支出和税收将带来同量的国民收入的增加。①

三、在发生储蓄和税收渗漏条件下的支出乘数②

在上述各支出乘数的分析中，政府税收被假定为不随国民收入的变化而变化。实际上，在税率不变的条件下，政府税收也会随国民收入的增加而增加。因此，当支出增加带来一轮轮国民收入增加的时候，所渗漏的不仅是储蓄，而且还有税收，各支出乘数将减小。

仍以投资支出的乘数作用为例，假定边际消费倾向仍是80%，边际税收倾向（MPT）即增加1单位国民收入所增加的税收是10%。当投资增加100万美元时，国民收入增加100万美元。但是，在国民收入增加100万美元以后，按照10%的边际税收倾向，税收将增加10万美元。余下的90万美元是可支配收入。按照80%的边际消费倾向，消费增加72万美元。当这个过程继续下去的时候，同样可得到表16.6。

表16.6 在税收可变条件下投资的乘数作用

国民收入第一轮的增加	100.00	100×1
国民收入第二轮的增加	72.00	$100 \times (1-10\%) \times 80\%$
国民收入第三轮的增加	51.84	$100 \times [(1-10\%) \times 80\%]^2$
⋮	⋮	⋮
总和	357.14	$= 100 \times \dfrac{1}{1-(1-10\%) \times 80\%}$

表16.6的结构和推算过程和表16.5相似。在表中右边的最终结果中，10%是边际税收倾向（MPT），80%是边际消费倾向（MPC）。如果用 K'_I 表示在税收可变条件下的投资支出乘数，那么

$$K'_I = \frac{1}{1-(1-MPT) \cdot MPC}$$

另外，在税收可变条件下，平衡预算乘数小于1。

四、在发生储蓄、税收和进口渗漏条件下的支出乘数③

不论是投资支出乘数、消费支出乘数，还是政府支出乘数，都是封闭经济

---

① 美国经济学家鲍莫尔（W. I. Baumol）、佩斯托（M. H. Peston）和马斯格雷夫（R. A. Musgrave）曾对平衡预算乘数原理进行过研究。
② 本部分的分析在教学过程中可以根据实际情况删略。
③ 本部分的分析在教学过程中可以根据实际情况删略。

的乘数。在存在对外贸易的条件下，当国民收入因支出增加而发生一轮一轮的增加时，由于不但存在着边际储蓄倾向和边际税收倾向，而且还存在着边际进口倾向，每一轮增加时支出将减少，乘数将减小。因此，如果把边际进口倾向定义为国民收入增加 1 单位时引起的进口的增加，用 MPM 表示，那么在不考虑税收变化条件下投资支出、消费支出和政府支出乘数为：

$$K = \frac{1}{1 - MPC + MPM};$$

在考虑税收变化的条件下，各支出乘数为：

$$K' = \frac{1}{1 - MPC + MPC \cdot MPT + MPM}。$$

与投资等支出相仿，出口的增加也将导致国民收入的增加。但出口对国民收入的影响同样受到边际储蓄倾向和边际进口倾向的制约。在不考虑税收变化的条件下出口乘数的计算公式是：

$$K_X = \frac{1}{1 - MPC + MPM};$$

在考虑税收变化的条件下，出口乘数计算公式是：

$$K_X = \frac{1}{1 - MPC + MPC \cdot MPT + MPM}。$$

五、节俭是非论

节俭长期以来都受到传统经济学家的赞扬。他们认为节俭能够增加社会的财富，使社会走向繁荣。但是自从凯恩斯经济学产生以来，这种看法被颠倒了。许多当代西方经济学家指出，节俭将导致国民收入的下降，从而带来社会财富的减少。在他们看来，节俭对个人来说无疑是一种美德，但对整个社会来说则可能是灾难。对个人适用的原则未必适用于整个社会。

节俭可能对社会造成的危害表现在下述方面：在存在闲置的社会资源的条件下，如果人们都因节俭而减少消费和增加储蓄，社会的总支出将减少，国民收入水平将下降。这样，工人失业和资源闲置的情形将更加严重。相反，如果人们都减少储蓄增加消费，社会总支出将增加，就业和国民收入水平将提高。因此，在经济萧条的情况下，告诫人们勒紧裤带增加储蓄以恢复繁荣是一种愚蠢的行为，明智的做法是鼓励政府、厂商和居民花更多的钱。

但是，节俭并不是在任何条件下对社会都是不可取的。即便在存在通货紧缩缺口的条件下，如果人们节俭是为了增加投资，这对社会将是有利的。另外，在存在通货膨胀的条件下，节俭有助于减少总需求的压力，起到缓和通货膨胀的作用。

第六节 现代国民收入理论的应用

第 15 章和第 16 章分析的内容构成凯恩斯学派的重要理论——现代国民收入理论。该理论最重要的应用是第 17 章将要分析的宏观财政政策。宏观财政政策是以现代国民收入理论为基础提出来的。第二次世界大战以后，许多国家的政府不断使用宏观财政政策来保持经济的稳定。

现代国民收入理论的另外一个方面的应用就是预测国内生产总值的变化。在现实的经济里，预测国内生产总值主要有两种基本方法：一种是时间序列预测方法，另一种是多元回归预测方法。

时间序列预测方法是通过时间序列的历史数据揭示现象随时间变化的规律，并将这种规律延伸到未来，从而对该现象的未来作出预测。使用时间序列预测方法预测国内生产总值有两种基本模型：一种是 ARMA 模型，另一种是 ARIMA 模型。

ARMA 模型是指自回归滑动平均模型（auto-regressive and moving average model），由自回归模型（简称 AR 模型）与滑动平均模型（简称 MA 模型）为基础构成。该模型将预测指标随时间推移而形成的数据序列看作一个随机序列，这组随机变量所具有的依存关系体现着原始数据在时间上的延续性。

设 Y 是预测对象的观测值，Z 为误差。作为预测对象 Y_t 受到自身变化的影响，其规律可由下式体现：

$$Y_t = \beta_1 Y_{t-1} + \beta_2 Y_{t-2} + \cdots + \beta_p Y_{t-p} + Z_t。$$

误差项在不同时期具有依存关系，由下式表示：

$$Z_t = \varepsilon_t + \alpha_1 \varepsilon_{t-1} + \alpha_2 \varepsilon_{t-2} + \cdots + \alpha_q \varepsilon_{t-q}。$$

其中 ε_t 是独立同分布的随机变量序列，即有一列随机变量，它们相互独立并且每个随机变量的分布都相同，如服从正态分布，其密度函数、期望、方差都相等。

由此，获得 ARMA 模型表达式：

$$Y_t = \beta_0 + \beta_1 Y_{t-1} + \beta_2 Y_{t-2} + \cdots + \beta_p Y_{t-p} + \varepsilon_t + \alpha_1 \varepsilon_{t-1} + \alpha_2 \varepsilon_{t-2} + \cdots + \alpha_q \varepsilon_{t-q}。$$

ARIMA 模型是指差分自回归移动平均模型（autoregressive integrated moving average model）。ARIMA 模型的基本思想是：将预测对象随时间推移而形成的数据序列视为一个随机序列，用一定的数学模型来近似描述这个序列。这个模型一旦被识别，就可以从时间序列的过去值及现在值来预测未来值。

多元回归预测方法则是指通过对两个或两个以上的自变量与一个因变量的相关分析，建立预测模型进行预测的方法。当自变量与因变量之间存在线性关系时，称为多元线性回归分析。在现实问题研究中，因变量的变化往往受几个重要因素的影响，此时就需要用两个或两个以上的影响因素作为自变量来解释因变量的变化，这就是多元回归（亦称多重回归）。当多个自变量与因变量之间是线性关系时，所进行的回归分析就是多元线性回归。如果使用多元回归预测方法，就要以现代国民收入作为基础，所选择的自变量是消费支出、投资支出、政府支出和净出口。

设 y 为因变量，x_1，x_2，…，x_k 为自变量，并且自变量与因变量之间为线性关系时，则多元线性回归模型为：

$$y = b_0 + b_1 x_1 + b_2 x_2 + \cdots + b_k x_k + e_\circ$$

式中：b_0 为常数项；b_1，b_2，…，b_k 为回归系数。b_1 为 x_2，x_3，…，x_k 固定时，x_1 每增加一个单位对 y 的效应，即 x_1 对 y 的偏回归系数；同理 b_2 为 x_1，x_3，…，x_k 固定时，x_2 每增加一个单位对 y 的效应，即 x_2 对 y 的偏回归系数；等等。

在确定了常数项以后，就可以通过消费支出、投资支出、政府支出和净出口预测国内生产总值的变化。

第17章 宏观财政政策

第一节 通货紧缩缺口和通货膨胀缺口

一、通货紧缩缺口

通货紧缩缺口（deflationary gap）是指为了达到充分就业的国民收入水平，总支出曲线需要向上移动的距离。

充分就业的国民收入也叫作潜在的国民收入（potential GNP），它是指在社会资源在正常状态下被充分利用时所能够生产的国民生产总值。由于存在着各种不可避免的原因，社会资源不可能百分之百地被充分利用。因此，当存在着一定失业率，例如4%～5%失业率条件下的国民收入，也叫作充分就业的国民收入。

如图17.1所示，假定 Oy_f 是充分就业的国民收入。总支出曲线 AE 与45°线的交点所决定的均衡国民收入 Oy 低于充分就业的国民收入，因而存在通货紧缩缺口。通货紧缩缺口的大小，等于为了达到充分就业的国民收入 Oy_f，总支出曲线 AE 必须向上移动的距离，即 AB 表示的总支出。

经济社会存在较大的通货紧缩缺口意味着发生了萧条。

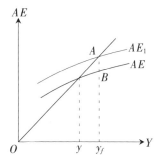

图17.1 通货紧缩缺口

由于凯恩斯的现代国民收入理论假定价格水平不变，在凯恩斯经济学意义上的通货紧缩缺口只表示产生经济衰退或经济萧条的总支出缺口。但是，一个国家的价格水平在发生经济衰退或经济萧条时往往下降。因此，现代西方经济学意义上的通货紧缩缺口还表示价格水平的下降。

二、通货膨胀缺口

通货膨胀缺口（inflationary gap）是指为了达到没有通货膨胀条件下的充

分就业的国民收入水平，总支出曲线需要向下移动的距离。在现代西方经济学中，通货膨胀的意思是价格水平的持续上涨。

如图 17.2 所示，假定 Oy_f 是充分就业的国民收入。当总支出曲线 AE 与 45°线相交于充分就业的国民收入时，如果总支出仍继续增加，那么因为社会资源已得到充分利用，国民收入难以增加，所以形成价格上涨的压力，产生了通货膨胀缺口。通货膨胀缺口的大小等于为了达到没有通货膨胀的充分就业的国民收入，总支出曲线必须向下移动的距离，即 AB 表示的总支出。

经济社会存在通货膨胀缺口意味着发生了通货膨胀。

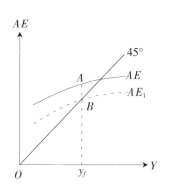

图 17.2　通货膨胀缺口

第二节　政府的税收和支出体系

一、财政政策的含义

宏观财政政策（fiscal policy）是利用政府支出和政府税收来消除通货紧缩缺口或通货膨胀缺口，以保持经济稳定的政策。宏观财政政策以凯恩斯学派的现代国民收入理论为基础，它是凯恩斯学派的政策主张。

政府支出的来源主要是政府税收。政府当年的税收和支出之间的差额叫作预算余额（budget balance）。它可以是正数、零或负数。预算余额为零叫作预算平衡（balanced budget），为正数叫作预算盈余（budget surplus），为负数叫作预算赤字（budget deficit）。如果政府增加支出而没有相应地增加税收，或者减少税收而没有相应地减少支出，这种做法叫作赤字财政（deficit financed）。

当政府发生预算赤字时，可以通过两种方法弥补：

第一，向公众借钱。政府向公众借钱的方法一是出售国库券，二是出售政府债券。国库券是一种短期债务的凭证，通常为 1 个月、3 个月或 6 个月。国库券的售价低于面值，两者之间的差额就是国库券利息。政府债券偿还时间较长，有的甚至长达 20 年。购买政府债券以后可以定期获得利息收入。

第二，增发货币。政府还可以向中央银行即政府的银行借钱。中央银行用增发货币的方法支付这笔款项。

二、政府的税收体系

政府的税收十分庞杂，它主要包括下述种类：①个人所得税，即对个人收入征收的税。②社会保险金，是为社会保险方案如失业救济、老年人保险、医疗补助等措施而征收的税。社会保险金是根据企业的工资支付额征收的。③公司所得税，即对公司利润征收的税。④销售税和货物税。销售税又称零售营业税，是对销售商品征收的税；货物税是对某些商品如酒、烟、汽油、枪支、赌博的消费所征收的税。⑤财产税，即对个人的不动产如住宅、土地等征收的税。⑥遗产税，即当财产作为遗产转交给下一代时所缴纳的税。⑦馈赠税，即当财产作为礼物赠给别人时所缴纳的税。在欧洲国家，还广泛征收价值增加税，即对每一阶段的生产征收的税。总的来说，税收可分为两大类。一类是间接税，它是对商品征收的税，如销售税和货物税；另一类是直接税，它是对人征收的税，如除销售税和货物税以外的税。

政府的税收有累进的、比例的和累退的。累进税（progressive tax）是指收入越高，税率也越高；比例率（proportional tax）是按一个固定比例征收的税；累退税（regressive tax）是指收入越高，税率却越低。由于税收可以是累进的和累退的，因而就有必要区分平均税率和边际税率。平均税率（average tax rate）是平均对每单位收入征收的税，它等于税收总额与收入总额之比；边际税率（marginal tax rate）是对增加 1 单位收入所增加的税，它等于税收增量与收入增量之比。在实际的税收中，个人所得税、遗产税和馈赠税一般来说是累进的；社会保险税、销售税和货物税等是累退的；公司所得税既不属于明显的累进税，也不属于明显的累退税。

如上所述，政府税收是按一定比率对收入征收的款项。但并不是税率越高，政府的税收就越大。税率的高低对人们的经济活动会产生一种刺激效应（incentive effect）。当税率过高时，人们不愿意努力工作以挣取更多的收入，因而收入减少，税收额也可能因此而减少。图 17.3 说明了政府税收额和税率的关系。图中横轴表示税率，纵轴表示税额，坡形曲线叫作拉弗曲线（Laffer curve）①。拉弗曲线表明：当税率为零时，

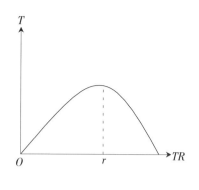

图 17.3 拉弗曲线

---

① 拉弗（A. Laffer）是美国经济学家。他提出的税收和税率的关系称为拉弗曲线。

税收额为零。当税率为100%时，没有人愿意从事经济活动，收入为零，因而税收额也为零。在税率为0～100%之间，初时随着税率的提高，税收额将增加；但是税率到了 Or 以后，继续提高会挫伤人们的积极性，收入将下降，所以税收额减少。政府的税收额在税率为 Or 时达到最大。因此，对于政府税收来说，税率 Or 是最优的税率。

三、政府的支出体系

政府的支出主要包括下述内容：①社会福利支出，即对老年人、残疾人、失业者和穷人给予的补助。②退伍军人的福利支出，如给予退伍军人的津贴和医疗补助、对丧失劳动力的退伍军人的救济等。③国防支出，如对军事设施和装备的购买、对军事人员工资的支出等。④债务利息的支出。政府通过发行国库券和债券等方式向公众借钱，因而每年需要偿还债务利息。⑤教育和职业训练支出，即政府对各类公立学校的支出。⑥科学技术研究费用，包括政府对基础科学、空间技术等方面研究的支出。⑦交通和住宅的支出，如对机场、港口、公路等基础工程的支出。⑧环境保护费用。⑨行政费用。⑩国际事务的支出，如外交使用的费用、对外国的贷款或经济援助等。

四、政府的支出和税收对经济的影响

如果政府增加支出而没有相应地增加税收，那么在总支出诸因素中政府支出增加了，在其他因素没有变化的条件下，总支出曲线将向上移动，国民收入将增加。所以，政府支出的增加有助于消除通货紧缩缺口。同理，政府支出的减少有助于消除通货膨胀缺口。

如果政府减少税收而没有相应减少支出，那么消费支出和投资支出将增加，总支出曲线将向上移动并导致国民收入的增加。所以，政府税收的减少有助于消除通货紧缩缺口。同理，政府税收的增加有助于消除通货膨胀缺口。

第三节　内在稳定器

政府可以借助内在稳定器来稳定经济。内在稳定器（built-in stabilizer）是指财政制度本身所具有的能够自动调节政府支出或税收的项目。内在稳定器的特点是：当国民收入下降时，它会自动地引起政府支出的增加和税收的减少，从而阻止国民收入进一步下降；当国民收入增加时，它又会自动地引起政府支出的减少和税收的增加，从而避免经济的过度膨胀。在这个过程中，政府没有采取行动，全凭财政体系本身的调节。

内在稳定器主要包括下述内容：

第一，累进税。政府向个人征收的税是累进的。因此，在国民收入增加的时候，个人的收入随之增加，他们所缴纳的税额将以更快的速度增加；反之，他们缴纳的税额则以更快的速度减少。这种税收制度对经济起着稳定的作用。例如，在经济萧条时期，为了刺激总支出，政府应该减税，而实际上个人缴纳的税已因国民收入水平的下降而减少了；在通货膨胀时期，为了降低总支出，政府应该增税，而个人缴纳的税已因国民收入水平上升而增加了。税收的自行变化与政府的意图正相吻合。

　　第二，社会福利支出。按照失业救济制度，人们被解雇以后，在没有找到工作以前可以领取一定期限的救济金。另外，政府也对穷人进行救济。这些福利支出对经济具有稳定的作用。例如，在经济萧条时期，政府应该增加支出以刺激总支出，正好由于失业人数增加，穷人增多，福利支出额自行增加了；在通货膨胀时期，政府应该减少支出以抑制总支出，正好由于失业人数减少，穷人减少，福利支出额也自行减少了。福利支出的变化正好与政府的意图相一致。

　　此外，不仅财政制度本身具有稳定经济的作用，人们某些习惯性行为对经济也具有稳定的作用。公司和居民储蓄就起着类似内在稳定器的作用。在日常生活中，公司习惯于维持一定的股息，居民也习惯于维持一定的生活标准。因此，公司不分配的利润和居民的储蓄将随着国民收入的增减而增减。在经济衰退时，公司和居民收入减少，他们的储蓄随之下降，漏出的减少在一定程度上阻止了经济的进一步下降；在经济繁荣时，公司和居民的储蓄因收入增加而提高，漏出的增加在一定程度上抑制了经济的过分膨胀。

　　当代西方经济学家认为，内在稳定器是政府稳定经济的第一道防线，它在轻微的经济萧条和通货膨胀中往往起着良好的稳定作用。但是，当经济发生严重的萧条和通货膨胀时，它不但不能使经济回复到没有通货膨胀的充分就业状态，而且还会起阻碍的作用。例如，当经济陷入严重萧条时，政府采取措施促使经济回升。但是当国民收入增加的时候，税收和储蓄趋于增加，福利支出却减少了。漏出和注入的变化都与政府的需要背道而驰。因此，要消除通货紧缩缺口和通货膨胀缺口，主要靠政府酌情使用的财政政策。

第四节　酌情使用的财政政策

一、财政政策的内容

　　酌情使用的财政政策（discretionary fiscal policy）是指政府通过改变支出和税收来消除通货紧缩缺口和通货膨胀缺口的措施。它包括财政支出政策和财政收入政策。财政支出政策主要通过改变支出来稳定经济，财政收入政策则主要通过改变税率来稳定经济。

例如，在经济萧条时期，政府将增加支出，如建造铁路、公路、住宅等公共工程，增加退伍军人的津贴，增加失业救济金并延长发放年限，等等；同时政府还减少税收，如降低个人所得税率、减免部分税收项目的税收、加速设备的折旧等。在通货膨胀时期，政府则减少支出，增加税收。这样，政府通过有意识地刺激总支出或抑制总支出的办法，来保持经济的稳定。

但是，财政政策的实施受到多种因素的制约。

例如，当政府用借债的方法增加支出以提高国民收入水平时，它将产生挤出效应。政府支出的来源是税收，当政府决定增加支出而不同时增加税收时，在不增发货币的条件下，政府只能用借债的方法筹措资金。但是当政府用出售国库券和债券的方法向公众借钱时，将导致利息率的上升，从而减少了私人的投资支出。政府支出对私人支出的这种影响叫作挤出效应（crowding-out effect）。

又如，在财政政策的使用过程中存在时延（time lag），它将影响财政政策的效力。第一个时延是认识的时延，即经济发生变化到人们认识到这种变化所需要的时间间隔。第二个时延是决策的时延。改变政府支出和税收需要征得国会同意，所以政府还要履行国会辩论等冗长的法律程序。最典型的例子是1968年从美国总统约翰逊提出对公司和个人征收10%的附加税以抑制通货膨胀到真正实施竟经历了1年之久！第三个时延是实施的时延。由于财政政策在实行以后不可能马上带来经济的变化，从财政政策的实行到它对经济真正产生影响，需要一定的时间间隔。由于时延的存在，财政政策往往不能起到很好的作用。譬如，假定经济发生衰退，政府决定采取扩张性的财政政策。但财政政策对经济产生影响有一段时间间隔，如果在这段时间内经济因自身的作用而恢复了，那么这项财政政策将使经济发生通货膨胀。

因此，要发挥财政政策稳定经济的作用，应该减少挤出效应和缩短时延。

二、财政政策的比较

要消除一定的通货紧缩缺口或通货膨胀缺口，政府可以采用财政支出、财政收入和同时改变支出与税收的平衡预算政策。在这三项政策中，哪一项的效力较大呢？

假定挤出效应为零，边际消费倾向等于75%。再假定不存在对外贸易。按照上述条件，如果政府增加10亿美元的支出，在乘数等于4的前提下，它将带来40亿美元的国民收入的增加。如果政府削减10亿美元的个人所得税，那么个人可支配收入增加了10亿美元，从而消费支出增加了7.5亿美元。它在乘数为 4 的前提下，将带来 30 亿美元国民收入的增加。如果政府同时增加 10 亿美元的支出和税收，总支出虽然增加了 10 亿美元的政府支出，但又减少了因个人可支配收入下降 10 亿美元而损失的 7.5 亿美元消费支出，总支出的净增额是 2.5 亿美元。在乘数等于 4 的前提下，它将带来 10 亿美元国民收入的增加。

一般说来，因为政府支出乘数 (K_G) $= \dfrac{1}{1-MPC}$，政府税收乘数 (K_T) $= \dfrac{MPC}{1-MPC}$，平衡预算乘数 (K_B) $=1$，又因 $0 < MPC < 1$，所以 $K_G > K_T > 1$。因此，要消除一定的通货紧缩缺口或通货膨胀缺口，财政支出政策的效力最大，财政收入政策的效力次之，平衡预算政策的效力最小。

应该指出，上述结论是在挤出效应为零的条件下得到的。如果挤出效应等于 25%，那么财政支出政策和财政收入政策有同样的效力；如果挤出效应大于 25%，那么财政支出政策的效力小于财政收入政策的效力。许多当代西方经济学家认为，挤出效应在现实经济中不大，上述结论一般是可以成立的。因此，要对付经济萧条，应该选择赤字预算政策而不应选择平衡预算政策。

第五节 财政政策和政府债务

凯恩斯和凯恩斯学派认为，刻板地固守平衡预算是错误的，这种做法没有发挥政府财政预算对经济的调节作用。尽管实行赤字财政的政策会带来财政赤字的问题，但失业和经济衰退是一个更严重的问题。当社会资源没有得到充分利用的时候，赤字财政是一项有效的政策。因此，对凯恩斯学派来说，要提出的不是"在经济处于小于充分就业的状态下应不应该存在财政赤字"的问题，而是"在经济处于充分就业的状态下是否存在财政赤字"的问题。充分就业赤字是指在社会资源得到充分利用时存在的赤字。在社会资源没有得到充分利用时存在赤字并不意味着会出现充分就业赤字，这是因为在失业期间税收较少，政府支出较大，但随着国内生产总值的增加，税收将会增加而政府支出减少，在充分就业时不一定存在财政赤字。凯恩斯学派认为，只要不出现充分就业的赤字，政府在财政安排上就是负责的。

虽然实行赤字财政的政策可以增加就业和缓和经济衰退，但由此而带来的政府债务的增加会对长期的经济增长带来不利影响。

首先，政府为了支付债务利息，不得不征收赋税。即使居民被征收的赋税与他们得到的政府债务利息相等，他们的积极性也会受到损害。居民会减少储蓄和减少工作时间，结果造成了经济效率的损失。这就是税收造成的对积极性的扭曲效应。

其次,政府债务的增加还会造成私人资本存量被政府债务所取代的情况,从而会影响资本的积累。假定居民准备积蓄 10000 亿美元的金融资产,如存款、债券、股票等,当政府出售政府债券时,如果不考虑国际资本流动,居民持有的非政府金融资产的数量将会减少,而这些非政府金融资产代表厂房、设备、房地产等资产,结果私人的资本存量被政府债务所取代。由于私人资本是生产性的,政府债务不全是生产性的,资本的积累就会受到影响。这种情况叫作私人资本被政府债务替代。

在存在扭曲效应和资本替代的情况下,政府债务的大量增加对长期的经济增长产生消极影响。

第六节 宏观财政政策的应用

在第二次世界大战以后,各主要国家政府对待宏观财政政策的态度发生过多次变化。以美国为例。在 20 世纪 50 年代以后和 80 年代以前,美国经历了杜鲁门(Harry S Truman)、艾森豪威尔(D. D. Eisenhower)、肯尼迪(John Fitzgerald Kennedy)、约翰逊(L. B. Johnson)、尼克松(R. M. Nixon)、福特(G. R. Ford)、卡特(J. E. Carter)七届政府,都反复采用宏观财政政策来稳定经济。例如,尼克松在 1969 年到 1973 年担任美国总统期间曾宣称:"我现在是凯恩斯主义者。"

代表共和党的里根(R. W. Reagan)从 1981 年到 1989 年担任美国总统的时期,是美国政府宏观经济政策大转变时期。里根政府提出减少政府的福利支出、减少政府对经济的干预、告别凯恩斯的经济政策、更多发挥市场的调节作用等主张。另外,里根政府利用降低个人所得税的方法刺激人们工作和投资的积极性,以达到增加供给的目的。老布什(George Herbert Walker Bush)在 1989 年到 1993 年担任美国总统期间,基本延续了里根政府的经济政策。

代表民主党的克林顿(W. J. Clinton)的执政时期是从 1993 年到 2001 年。这个时期是美国政府的宏观经济政策再次转变的时期。克林顿政府既反对完全自由放任的经济政策,又反对过度干预的经济政策,试图寻求政府适度干预经济的"第三条道路"。克林顿政府推行审慎的财政政策,争取减少政府财政赤字。

代表共和党的小布什(George Walker Bush)在 2001 年到 2009 年担任美国总统期间,又重新实行类似于里根政府和老布什政府的经济政策。代表民主党的奥巴马(B. H. Obama)在 2010 年开始执政的时候,又实行政府适度干预经济的政策。

从总体来看，在20世纪80年代以后，各主要国家政府实行宏观财政政策的频度和强度有所下降。但是，当各主要国家经济出现比较严重的经济衰退的时候，政府还是实行扩张性的财政政策。

例如，2008年9月，美国"百年一遇"的金融危机激化，对美国经济和各个主要国家的经济产生了衰退性的冲击。2009年，美国国内生产总值增长率为-2.4%，其他发达国家国内生产总值的增长率如下：日本-5.2%，意大利-5.0%，德国-5.0%，英国-4.9%，加拿大-2.6%，法国-2.2%。

美国的这场金融危机发生在小布什和奥巴马担任总统的期间，这两届总统作出不同的政策反应。在金融危机发生以后，小布什政府主要采取的政策是救助金融机构，使用7000亿美元支持或接管出现问题并对经济具有重要影响的金融机构，而没有直接实行刺激经济的宏观财政政策。但是，奥巴马政府则提出了7870亿美元的减税和公共设施建造计划，直接运用扩张性的宏观财政政策对付经济衰退。

欧洲国家的政府则直接采用扩张经济的宏观财政政策，但力度不是很大。德国政府于2008年10月5日宣布为所有私人储蓄账户提供全额担保，于2008年10月13日推出总额高达5000亿欧元的金融机构救助方案，于2009年1月12日又提出总额约为500亿欧元的经济刺激方案。英国政府于2008年3日宣布对存款的补偿上限从3.5万英镑提高到5万英镑，于2008年10月8日宣布将向银行业提供至少500亿英镑的支持，于2009年1月12日推出5亿英镑的促进就业计划。法国政府也宣布将为本国银行储户提供全额担保，还推出255亿欧元的国家振兴计划，并拨出115亿欧元为资不抵债的企业暂时支付银行贷款利息。

日本政府同样实行了扩张性的宏观财政政策，而且政策的力度远大于欧洲国家。从2009年3月开始，日本政府不断推出一揽子刺激经济的计划，到2009年9月政府支出计划的规模已经达到1024000亿日元。我国也实行了力度很大的宏观财政政策。我国政府计划在2009年和2010年两年增加4万亿元的政府支出，主要用于建造公共工程。2009年，我国国内生产总值的增长率为8.7%。

第 18 章 货币的需求和供给

第一节 货币的性质

一、货币的职能

在现代西方经济学中，货币（money）是指人们普遍接受的交换媒介。凡是被人们接受用于交换物品和劳务的东西都叫作货币。

货币执行下述职能：

（1）计算的单位。货币可以作为一切有价物的标准尺度。有了货币这种计算单位，经济社会就可以用共同的标准来表示价值的大小。例如，美国以美元作为统一的计算单位，英国用英镑作为统一的计算单位，等等。

（2）交换的媒介。人们可以用货币作为交换的手段。货币的这项职能具有重要意义。在没有货币以前，物物交换所带来的困难限制了商品生产的发展。有了货币以后，人们才可以充分发挥自己的才能，从事专业化的生产，然后通过货币交换他们的产品，从而大大地促进了社会生产的发展。在历史上，货币本身是有价值的东西，例如黄金和白银。然而在现代经济社会里，人们需要货币，并不是需要货币本身，而是因为用它能够交换各种物品和劳务，所以，货币本身可以没有价值。

（3）延期付款的手段。货币可以用作将来付款的手段。在经济社会里，人们需要签订各种契约和合同，它们都用货币作为计算单位。一旦期满，将按契约或合同用货币进行支付。

（4）价值的储藏。因为货币被人们所广泛接受，因而代表着一般的购买力，所以它也是一种方便的储藏手段。人们可以把货币留在手中，在需要的时候才使用它。但是人们储藏货币要承担机会成本：一是若把它贷放出去将得到的利息收入，二是若价格水平上涨它所减少的实际购买力。

在历史上，货币的发展经历了商品货币、贵金属、贵金属铸币、可以兑换贵金属的纸币、不兑换贵金属的纸币和商业银行存款等发展阶段。在金属货币的发展过程中，"劣币驱逐良币"的格雷欣定律（Gresham's law）[①]发挥着重要作用。例如，假定有两种铸币同时投入流通：一种铸币的实际价值与面值相同，另一种铸币的实际价值低于面值。这样，人们将保留前一种货币，使用后一种货币。劣币把良币驱逐出了流通领域。

与货币发展相适应的是货币本位的发展。

二、货币本位

一个国家的货币本位就是用作货币单位基础的商品。例如，如果一个国家的货币以一定数量的黄金作为基础，那么这个国家的货币本位就是金本位；如果以白银为基础，货币本位就是银本位。在历史上，货币本位有下述种类：

第一，金币本位制。以金币作为货币单位基础的本位叫作金币本位。完全的金币本位必须具有下述条件：首先，规定货币单位所含的黄金量。其次，可以不受限制地把黄金铸成金币，或者把金币熔成黄金。再次，可以不受限制地输出或输入黄金。最后，一切法定货币都可以按面值兑换成金币。要保证金币本位正常地发挥作用，这些条件必须得到满足。例如，金币的自由铸造，保证了黄金价格不低于它的货币价值。假如某国规定它的货币单位为1/10盎司黄金，那么1盎司黄金的价格应等于10个货币单位。如果1盎司黄金的价格低于10个货币单位，人们就不会出售黄金，而要把1盎司黄金铸成10个货币单位。同理，金币的自由熔化保证了黄金价格不高于它的货币价值。这样，每单位货币所含黄金的数量才能得以维持。

在金币本位条件下，法定货币可以兑换黄金。如果一个国家的货币供给量超过了黄金储备，而大家都要求把法定货币兑换成黄金时，黄金将发生恐慌，金币本位难以维持。

与金币本位相联系的还有金块本位和金汇兑本位。金块本位是把金块作为货币单位的基础。它与金币本位的区别在于金币本身是流通的，而金块是不流通的；在金币本位条件下货币随时可以兑换黄金，在金块本位条件下货币兑换黄金受到一定限制。金汇兑本位是指一个国家规定它的货币单位为一定数量黄金，但本国的货币不直接兑换黄金。人们要把它兑换成某一种外国货币，再用外国货币兑换黄金。金币本位、金块本位和金汇兑本位都属于金本位，其中金币本位是最严格的金本位，金汇兑本位是最不严格的金本位。

第二，复本位制。同时规定黄金和白银为货币单位基础的本位叫作复本位。实行复本位实际上是同时实行金本位和银本位。复本位的优点是：由于货币单位以两种贵金属为基础，复本位货币价值比金本位或银本位的货币更加稳

[①] 格雷欣（T. Gresham）是16世纪英国的金融学家。

定。如果金价上涨，复本位的变化小于金本位；如果银价上涨，复本位的变化小于银本位。复本位的主要问题是：它有时成为金本位，有时成为银本位，难以起到双重本位的作用。例如，如果规定黄金和白银的价格之比是 35∶1，那么在白银产量增加，价格下跌时，人们就会用白银按 35∶1 的价格比例向政府换取黄金，直到黄金用尽而使复本位变为实际上的银本位为止。

第三，不兑现本位。不把贵金属作为货币单位的基础，并且规定纸币不兑换贵金属的本位叫作不兑现本位。按照这种本位，人们可以用一种纸币兑换另一种纸币，但不能兑换贵金属。当代西方经济学家认为，在金本位或银本位条件下，一国的货币供给量取决于它的贵金属存量，而贵金属存量又取决于贵金属的勘探和开采情况，所以货币供给量不能适应经济变化和发展的需要。但是，在不兑换本位条件下，政府可以决定货币的供给量。政府不但可以使货币供给量适应经济发展的需要，而且还可以通过货币供应量的变化影响经济的发展。因此，不兑现本位更有利于政府对经济的调节。

第二节 凯恩斯学派的货币需求函数

凯恩斯学派认为，人们出于各种动机持有货币，从而形成对货币的需求。人们需要货币的动机包括交易动机、预防动机和投机动机，他们在这三种动机下需要的货币叫作交易余额、预防余额和投机余额。

第一，交易余额。在经济社会中，所有交换都需要用货币来完成。当居民向厂商购买产品时，他需要向厂商支付货币；当厂商向居民购买生产要素服务时，他也需要向居民支付货币。而居民和厂商要支付货币，他们首先必须持有货币。这种出于交换的需要而保留货币的动机叫作交易动机（transaction motive），在交易动机下形成的货币需求量叫作交易余额（transaction balances）。

一般来说，国民收入水平越高，交易量就越大，在交易动机下所需要的货币量就越大。所以，交易余额与国民收入水平同方向变化。

第二，预防余额。未来是不确定的，居民为了预防未来的意外事件，需要保留一部分货币；厂商为了应付收支的不测变化，也需要保留一部分货币。这种出于预防的需要而保留货币的动机叫作预防动机（precautionary motive），在预防动机下形成的货币需求量叫作预防余额（precautionary balances）。

假定未来的保险程度可以用预防余额与收支额之比来表示，那么在保险程度不变的条件下，收支额越大，预防余额也越大。例如，假定某厂商年收支额为 1000 万美元，10 万美元的预防余额提供了 1% 的保险程度。当厂商的收支额增加到 5000 万美元时，要保持同样的保险程度，预防余额就要增加到 50 万美元。收支额是随着国民收入水平的提高而增加的，国民收入水平越高，收支额就越大，在预防动机下所需要的货币量就越大。因此，预防余额与国民收入同方向变化。

第三，投机余额。所谓投机是指通过买卖债券来赚取收入的行为。在现实的经济社会里，人们既可以在货币的形式上保存他们的财产，也可以在可获利息的金融资产如债券上保存他们的财产。由于债券的价格是不断变化的，人们将根据债券价格的变化时而购买债券，时而出售债券。这样，他们保留的货币就时而少些，时而多些。

如前所述，债券的年收益是固定的。债券价格＝债券收益/利息率。这就是说，债券价格与利息率成反比例变化。如果利息率较低，债券价格较高，人们又预期债券价格将要下跌，那么他们将把债券卖出去。由于这些债券是在价格较低的时候买进的，现在卖出去有利可图。同时，人们将不购买债券，不然债券价格下跌会使他们遭受损失。在这种情况下，人们倾向于保留更多的货币。相反，如果利息率较高，债券价格较低，人们又预期债券价格将要上涨，那么他们将购买债券，以求在未来的债券价格上涨中赚取更多的收益。同时，人们将不出售债券，因为这些债券是在价格较高的时候买进的，现在卖出去将使他们赔本。在这种情况下，人们倾向于保留较少的货币。

由于利息率较低，债券价格较高，人们预期债券价格下跌而保留货币的动机叫作投机动机（speculative motive）。在投机动机下形成的货币需求叫作投机余额（speculative balances）。上述分析说明，投机余额受利息率制约并与利息率成反方向变化。

对货币的需求意味着把货币保留在手中，而货币本身具有完全的流动性，它可以用于任何方面的支出。所以，在现代西方经济学中，货币需求也称为流动偏好（liquidity preference）。如果用 L_1 表示交易余额和预防余额，用 L_2 表示投机余额，用 L 表示货币的需求或流动偏好，那么 $L = L_1 + L_2$。

因此，如果用 Y 表示国民收入，用 i 表示利息率，那么凯恩斯学派的货币需求函数为 $L = f(Y, i)$。

第三节　货币学派的货币需求函数[①]

货币学派经济学家认为，货币的需求不仅取决于国民收入和利息率，而且取决于一系列因素。如果用 M_d 表示货币的需求量，p 表示社会最终产品的平均价格，那么 $\dfrac{M_d}{p}$ 即实际的货币需求量是一系列因素的函数：

---

① 本节的分析在教学过程中可以根据实际情况删略。

$$\frac{M_d}{p} = f\left(Y, \omega; r_m, r_b, r_e, \frac{1}{P} \cdot \frac{dp}{dt}; u\right).$$

在货币需求函数中，Y 表示持久国民收入。它是过去、现在和将来收入的平均数。这意味着人们对货币的需求不仅受现期国民收入的影响，他们往往同时根据对过去国民收入的回顾和对将来国民收入的预期来决定保留的货币数量。

ω 表示非人力形式的财富与总财富的比率。社会财富划分为人力形式的财富和非人力形式的财富。人力形式的财富是指劳动者本身的能力。这种能力可以通过劳动转变为收入，因而它是一种财富。非人力形式的财富是指各种资产，它们也可以获得利息和租金等收入。非人力形式的财富在总财富中的比例将对货币需求量产生影响。例如，当经济发生衰退时，失业将增加，把人力形式的财富转变为收入发生了困难。在这种情形下，为了预防失业，人们倾向于保留更多的货币。这样，人力形式的财富在总财富中所占的比例越大，换句话来说就是非人力形式的财富在总财富中所占比例越小，对货币的需求就越大。

r_m 表示预期的货币名义报酬率。它是指人们预料从货币本身可以得到的以货币而不是实物表示的收益率。当货币以通货的形式出现时，它没有利息收入，货币的名义报酬率为零。当货币以活期存款的形式出现时，在美国 20 世纪 80 年代中期以前也不支付利息，货币的名义报酬率也为零。当货币以定期存款的形式出现时，它可以得到利息收入，货币的名义报酬率为正数。货币的名义报酬率对货币需求量将产生影响。例如，人们预期货币的名义报酬率越低，把随时可使用的货币保留在手中所可能损失的利息收入就越少，人们就倾向于保留更多的货币。

r_b 表示预期的债券名义报酬率。它是人们预料从购买债券可以得到的以货币表示的利息率。债券报酬率的高低对货币需求产生影响。例如，如果预期的债券名义报酬率越低，把货币保留在手中可能损失的收益就越少，人们倾向于把更多的货币保留在手中，因而对货币的需求增大。

r_e 表示预期的股票名义报酬率。它是指人们预期购买股票可以得到的以货币表示的收益率。股票报酬率的高低对货币需求产生影响。例如，如果预期的股票名义报酬率很低，甚至有丧失股本的风险，人们将倾向于把更多的货币保留在手中，因而对货币的需求增大。

$\frac{1}{P} \cdot \frac{dp}{dt}$ 表示预期的商品价格变化率或通货膨胀率。当人们预期价格水平将上涨时，他们将倾向于购买实物而尽可能少地保留货币。因此，预期的商品价格变化率对货币需求量产生影响。

u 表示其他可以影响货币效用的因素。

从上述分析可以看到，货币学派的货币需求函数和凯恩斯学派的货币需求函数相比，除了保留货币收益率（r_m）和债券收益率（r_e），改变了国民收入（Y）的含义以外，还增加了一系列因素。

第四节 货币的供给

一、货币的种类

在现代经济社会里，货币包括下述种类：

（1）硬币。硬币是一种用于小额交易的辅币。它是铜质的、铝质的或是镍质的。硬币的面值超过所含金属的价值。

（2）纸币。纸币是一种法定的货币，称为法币（legal tender）。法币的意思是，如果某人拒绝别人用纸币来偿还债务，那么他们之间的债权债务关系在法律上不再被承认。在当代西方经济学家看来，货币的性质在纸币上得到了最充分的表现：人们需要货币不是需要它本身，而是用它能够购买东西。人们接受货币是因为它被人们普遍接受。

纸币有许多优点，它便于携带和储藏，可以用来表示较大或较小的货币单位。但是，由于纸币本身没有价值，它的发行量必须受到限制。如果纸币无止境增加，它也就失去了存在的意义。因此，纸币发行的基本权力为政府所有，具体由中央银行掌握。硬币和纸币的总和称为通货或现金。

（3）存款货币。存款货币（deposit money）是指可以用支票使用的商业银行的活期存款，它也称为需求存款。在西方国家里，人们得到收入以后往往存入银行，到需要的时候才提取。这样，如果两个人在同一家银行里开有存款账户，当其中一个人向另一个人付款的时候，他不需要把存款提取出来，而只要通知银行减少他的存款，增加另一个人的存款就可以了。即便两个人在不同的银行开有存款账户，这个问题也可以通过银行间的结算来解决。支票（check）就是在这种情况下产生的。当一个人需要向另一个人付款的时候，他只要开出一张支票，银行就会根据这张支票改变这笔款项的所有权。因为人们随时都可能用支票动用他们在商业银行的活期存款，而且人们还可以随时把活期存款转换成现金，所以银行的活期存款和通货没有区别。它也是一种货币。

支票具有许多优点：它可以邮寄，可以偿还任意大的债务，付款后的支票可以用作收据，遗失可以挂失。因此，支票得到了广泛的使用。在西方国家，绝大部分交易都是用支票完成的。

（4）储蓄存款和定期存款。储蓄存款和定期存款是在一定时间以后才能提取的可以获得利息的存款。虽然储蓄存款不能以开支票的方式使用，但通常预先通知银行便可以把它转换成现金。定期存款则不能提前支取。20世纪70年代以来，一些新方法的出现使定期存款和活期存款的差别缩小了。这些方法包括：①可转让提款单（NOW）。它类似于支票，人们可以利用它转让自己的定期存款。可转让提款单于1973年首次出现在美国马萨诸塞州。在1980年中央银行的管制消除以后，它的使用范围迅速扩大。②自动转移服务（ATS）。它允许人们除保留少量活期存款外把全部存款变成可得利息的定期存款。当人们开支票使用活期存款时，银行自动把他们的定期存款转为活期存款。因此，储蓄存款和定期存款也成为一种货币。

（5）准货币。准货币（near-money）是指能够执行价值储藏职能，并且易于转换成交换媒介，但它本身还不是交换媒介的资产。例如，股票和债券等金融资产就是准货币。购买股票和债券是一种价值储藏，如把它们卖出去可转换为现金，但它们不能作为交换媒介流通。

（6）货币替代物。货币替代物（money substitutes）是指能够暂时执行交换媒介的职能，但不能执行价值储藏职能的东西。例如，信用卡就是一种货币替代物。信用卡（credit card）是一种允许它的持有者现在购买商品而到将来才付款的证明卡。在西方国家里，一般具有良好信誉的人才能领到信用卡，持有信用卡的人即便现在手上没有现金也可以购买东西，因而它是一种暂时的交换媒介。但是信用卡实际上是一种可随时取得消费信贷的证明卡，如果把它存起来将分文不值。

二、货币供给量

货币供给量是指一个经济社会中货币的总存量。在美国，货币供给量的定义有：

第一，M1。它是最狭义的货币供给量的定义，包括通货、活期存款、非银行机构发行的旅行支票、可转让提款单（NOW）和自动转移服务（ATS）。银行的旅行支票计算在活期存款内。

第二，M2。它指M1加上隔夜回购协议、隔夜欧洲美元存款、货币市场共同基金个人持有的股份、货币市场存款账户、储蓄存款、10万美元以下的定期存款。在这里，货币市场共同基金是专门投资货币市场短期资产的共同基金；货币市场存款账户是由银行经营并用于投资货币市场短期资产的账户；储蓄存款是存在银行或储蓄机构的定期存款，它一般以存折形式持有，事先通知银行可转入支票账户；定期存款是存在银行或储蓄机构的定期存款，它一般以存单形式持有，通常到期才能提取。

第三，M3。它是最广义的货币供给量的定义，包括M2和10万美元以上的定期存款、定期回购协议、货币市场共同基金由机构持有的股份。

货币供给量的定义在一个国家的不同时期有所不同,在不同的国家也有所不同。其他西方国家关于货币供给量的定义与上述定义相似,但在具体划分上有所区别。

第五节 银行和存款货币的创造

一、银行及其职能

银行是银行体系的基本单位,它是一种属于私人所有的追求利润的金融机构。银行执行下述职能:接受活期存款,接受定期存款,提供支票服务,向厂商或居民发放贷款和投资有价证券。在西方国家里,银行不是唯一的金融机构。除了银行以外,还有储蓄和贷款会社、邮政储蓄所等金融机构。

银行从事金融活动要付出成本,主要包括:①存款的利息;②银行职员的工资;③银行各种设施的费用以及其他费用。银行的总收益主要有:①贷款的利息;②购买有价证券的收入;③提供支票、不动产管理和金融咨询服务所取得的费用。总收益与成本之差便是银行的净收益。因为银行的主要净收益是贷款利息与存款利息之差,所以存款是银行生存的血液。

银行的主要业务是取得存款并且把它贷放出去,所以银行的主要债务是厂商和居民的存款以及它从别的银行取得的贷款,银行的主要资产是发放给厂商和居民的贷款、它购买的有价证券和现金储备。

银行在接受存款以后,由于厂商和居民随时都会来提取存款,银行不可能把存款全部贷放出去,而必须保留一部分现金储备。这部分现金叫作准备金。但是,银行也不必把全部存款储存起来:一则厂商和居民不可能同时来提取全部存款;二则当一部分厂商和居民提取存款的时候,另一部分厂商和居民会增加存款。因此银行的现金储备与存款之比远低于100%。在现代西方经济学中,这样的银行叫作部分储备银行。现代的银行全部都是部分储备银行。银行的现金储备和存款的比率叫作准备金比率。准备金比率的高低是由中央银行规定的。由中央银行规定的准备金比率叫作法定准备金比率。当银行保留的准备金超过按法定准备金比率应保留的准备金时,超出的部分叫作超额准备金。

二、存款货币的创造

银行体系的一个重要作用是它能够创造存款货币,从而能够影响货币的供给量。

假定:第一,法定准备金比率为10%;第二,银行不保留超额准备金;第三,没有现金从银行体系中流失出去,即贷款的增加就是存款的增加,厂商和居民持有的现金数量不变。

在以上条件下,图18.1表示,假如某居民把出售政府债券所得到的100万美元存入某一家银行(在这里称之为第一级银行)。这家银行按照10%的法定准备金比率留下10万美元的准备金后,把其余90万美元贷放给某厂商。这家厂商得到90万美元贷款后,把它存入某家银行(在这里称之为第二级银行),以便在需要的时候随时动用。这家银行得到90万美元存款后,同样按法定准备金比率留下9万美元准备金后,再把其余81万美元贷放给某厂商。当这个过程继续下去的时候,100万美元存款的增加将带来数倍存款货币的增加。

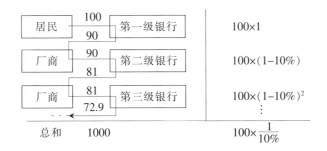

图18.1 存款货币的创造

图18.1的右边说明每一轮存款是怎样计算出来的。如果用 ΔM 表示存款货币增加的总量,那么:

$$\Delta M = 100 + 100 \times (1 - 10\%) + 100 \times (1 - 10\%)^2 + \cdots$$
$$= 100 \times [1 + (1 - 10\%) + (1 - 10\%)^2 + \cdots]$$

根据无穷几何级数公式 $1 + r + r^2 + \cdots = \dfrac{1}{1-r}$,则

$$\Delta M = 100 \times \frac{1}{10\%} = 1000。$$

这就是说,100万美元存款的增加带来了1000万美元的存款货币的增加。在这个式子中,10%是法定准备金比率。因此,如果用 R 表示法定准备金比率,用 Δm 表示最初的存款数量,用 K 表示存款货币创造的倍数,那么

$$\Delta M = \Delta m \cdot \frac{1}{R}, \quad K = \frac{1}{R}。$$

如果银行保留超额准备金,这相当于提高了法定准备金比率,它对上述存款货币的影响是降低了存款货币扩张的倍数。另外,如果现金从银行体系中流失出去,例如厂商取得贷款后并不全部存入银行,而把其中一部分作为现金保

留在手中，这样将造成每轮存款的减少，从而同样降低了存款货币增加的倍数。

银行虽然能够影响货币供给量，但它本身处于中央银行的管理和制约之下，最终决定货币供给量的是中央银行。

三、货币供给的决定

前面分析了存款货币创造的倍数，但是存款货币的数量有多少呢？如果先不考虑通货，在前面例子中，准备金总额 S 是：

$$S = 100 \times 10\% + 100 \times (1-10\%) \times 10\% + 100 \times (1-10\%)^2 \times 10\% + \cdots$$

$$= 100 \times 10\% [1 + (1-10\%) + (1-10\%)^2 + \cdots]$$

$$= 10 \times 10 = 100。$$

这样，存款货币 D 为：

$$D = \frac{1}{R+E}S。$$

式中：E 为银行保留的超额准备金比率。在前面的例子中，$E=0$。

现在加入通货的因素。通货包括厂商和居民即公众持有的通货和银行持有的通货，这意味着银行的准备金包括存放在中央银行的存款和银行持有的通货。公众持有的通货和银行的准备金成为高能货币或者基础货币。

设公众持有的通货为 C，公众每 100 美元的存款转换为现金的比率为 T，其他符号含义不变，那么基础货币 H 为：

$$H = C + S。$$

根据定义，有：

$$T = \frac{C}{D}; \quad R + E = \frac{S}{D}。$$

因此，

$$H = [(R+E) + T]D。$$

由于货币等于通货与存款货币之和，即

$$M = C + D = (1+T)D$$

$$= \frac{1+T}{(R+E)+T}[(R+E)+T]D$$

$$= \frac{1+T}{(R+E)+T}H。$$

在上面的计算公式中，法定准备金比率 R 取决于中央银行，超额准备金比率 E 取决于利率。利率越高，保留超额准备金的机会成本越大，超额准备金就越少。转换为现金的比率 T 取决于利率、收入和财富。利率越高，保留现金的机会成本越大，转换现金的数量越少；收入和财富越多，人们越不在意利息的得失，转换现金的数量可能越大。

设收入为 Y，财富为 W，那么货币供给函数为：

$$M = f(i, Y, W)。$$

但是，在现实的经济里，商业银行总是将超额准备金降低到最低限度。随着支票和银行卡的广泛采用，转换现金的数量在减少，M 受 i、Y、W 的影响很小。这样，对货币供给量影响最大的是中央银行。在经济学中，通常将货币供给量看作由中央银行决定的。只要中央银行的货币政策不变，货币供给量就为一定。在纵轴表示利率、横轴表示货币数量的坐标系里，货币供给函数的图像就成为了一条垂直线。

第19章 货币对经济的影响

第一节 传统的货币数量论

传统的货币数量论是用货币数量与价格水平联系起来以解释价格水平变动的理论①。

如果用 M 表示货币存量,用 V 表示货币流通速度即平均每单位货币每年在商品交换中易手的次数,用 P 表示最终产品的平均价格,用 Q 表示最终产品的数量,那么货币数量论的等式为:

$$M \cdot V = P \cdot Q。$$

等式左边表示,如果货币存量是 2000 亿美元,每 1 美元每年易手三次,那么这些货币可以用于购买 6000 亿美元的商品。等式右边表示,如果最终产品是 1000 亿单位,平均每单位价格是 6 美元,那么有 6000 亿美元商品用于出售。由于一个人的购买就是另一个人的售卖,$M \cdot V$ 和 $P \cdot Q$ 总是相等的。

货币数量论实际上是一个定义。在现实中,货币供给量 M 和名义国民收入 $P \cdot Q$ 是可以直接衡量到的,但是货币流通速度是观察不到的。所以,可以用货币数量论等式来表示货币流通速度:

$$V = P \cdot Q/M。$$

根据上述货币流通速度的定义,$M \cdot V$ 和 $P \cdot Q$ 必然恒等。

传统经济学家假定:

第一,货币流通速度 V 是稳定的。除了应付日常交易的需要而保留必要的数量以外,把货币留在手中而不用它赚取利息或利润是不理智的。由于人们倾向于保留一定数量的货币,在短期内,货币流通速度受习惯制约,它很少受货币数量或经济条件变化的影响。

第二,价格是完全有弹性的。它将随着短期供给和需求的变化而迅速变化。

---

① 传统的货币数量论以美国经济学家费雪(I. Fisher)和英国经济学家庇古的货币数量论为代表。

第三，实物产量不受货币因素影响。在充分就业条件下，它是由劳动生产率决定的。而劳动生产率又是由技术水平、资本存量和资源条件决定的。

按照上述假定，传统货币数量论得出一个简单的逻辑结论：因为 V 和 Q 保持稳定，P 完全有弹性，那么 $P = \dfrac{V}{Q} \cdot M$，价格水平 P 和货币存量 M 成正比例变化。例如，如果货币流通速度是 3，实物产量是 1000 亿美元，那么当货币存量为 2000 亿美元时，价格水平为 6 美元；当货币存量增加 50%，达到 3000 亿美元时，价格水平同样提高 50%，即 9 美元。因此，货币供给量不影响实物产量而只影响价格水平。货币是中性的。

第二节 凯恩斯学派的现代货币理论

一、货币供给对利息率的影响

凯恩斯学派认为，货币供给对经济的作用主要是通过利息率改变总支出，最终对经济社会的国民收入水平和价格水平产生影响。

货币供给对经济的影响的第一个环节是它对利息率的影响。

前面的分析表明，货币的需求量与国民收入同方向变化，与利息率反方向变化。货币需求量与利息率之间的关系叫作流动偏好函数（liquidity preference function）。流动偏好函数的图像叫作流动偏好曲线，如图 19.1 中的曲线 LP 所示。在以横轴表示货币数量、纵轴表示利息率的坐标系中，它是一条向右下方倾斜的曲线。粗略地说，流动偏好曲线越陡峭，一定利息率的变化所引起的货币需求量的变化就越小，也就是说，货币需求量越缺乏利息率弹性；反之，流动偏好曲线越平坦，货币需求量越有利息率弹性。

前面的分析还表明，货币供给量是由中央银行决定的。在中央银行不改变政策时，货币供给量将保持不变。因此，货币供给量不受利息率变化的影响。如图 19.1 中曲线 M_1 所示，货币供给量和利息率的关系在坐标系中表现为一条垂直线。

按照凯恩斯学派的看法，利息率是由货币供给量和需求量相等时决定的，如图 19.1 中的 Oi_1 所示。货币供给量与需求量相等叫作货币的均衡（monetary equilibrium），否则叫作货币的失衡。假定货币需求不变，中央银行决定增加货币供给，这意味着不论利息

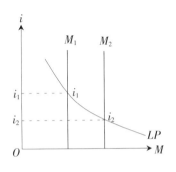

图 19.1　流动偏好曲线

率达到什么水平，货币供给量都增加了，货币供给曲线将向右方移动，因而出现货币的失衡。这种情况下，利息率趋于下降，并在货币的需求量等于供给量时重新达到货币的均衡。这个过程可以用图 19.1 中货币供给曲线 M_1 移向 M_2，利息率 Oi_1 降至 Oi_2 说明。

二、利息率对投资的影响

货币供给对经济产生影响的第二个环节是利息率对投资的影响。

在短期内投资取决于预期利润率和利息率。在预期利润率不变的条件下，利息率越低，投资量越大；利息率越高，投资量越小。投资量和利息率之间的关系叫作投资边际效率函数（marginal efficiency of investment function）。投资边际效率函数的图像叫作投资边际效率曲线。在图 19.2 中，横轴表示投资数量，纵轴表示利息率，曲线 MEI 就是投资边际效率曲线。它是向右下方倾斜的。相对来说，陡峭的投资边际效率曲线表示投资量对利息率缺乏弹性，平坦的投资边际效率曲线意味着投资量对利息率富有弹性。

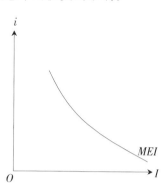

图 19.2　投资边际效率曲线

凯恩斯学派强调利息率的变化对投资量的影响并不意味着他们以为利息率的变化只对投资量产生影响，而是意味着在他们看来投资量对利息率的反应较为敏感。凯恩斯学派还以为，利息率的变化会对消费数量和出口数量产生影响。当利息率下降时，消费信贷的成本下降，消费者乐于获得贷款以增加消费支出，消费数量将增加。同时，资本为了获得更高的收益会流出该国，该国货币汇率将降值，从而刺激出口数量的增加。因此，利息率的变化将对总支出产生影响。

三、投资对国民收入的影响

货币供给对经济产生影响的第三个环节是投资对国民收入的影响。

国民收入原理表明，当投资支出增加时，在其他条件不变的情况下将导致总支出的增加，从而带来国民收入的增加。如果国民收入达到了充分就业的水平，那么投资支出的增加将引起通货膨胀。

四、货币供给对经济的影响

把上述三个环节联结起来，便可以解释凯恩斯学派的现代货币理论。

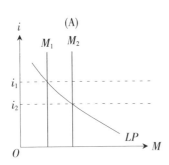
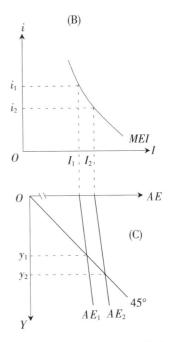

在图 19.3 中，（A）和（B）分别是流动偏好曲线和投资边际效率曲线，（C）是把总支出曲线的坐标系绕着原点顺时针方向旋转 90°而得到。（A）和（B）的纵轴用同一单位表示，（B）的横轴和（C）的纵轴用同一单位表示。

假定原均衡的利息率是 Oi_1，相应的均衡国民收入水平是 Oy_1。当中央银行决定增加货币供给时，货币供给曲线从 M_1 移向 M_2。它与货币需求曲线的交点决定

图 19-3　货币供给对经济的影响

了新的利息率水平 Oi_2。根据投资边际效率曲线，当利息率从 Oi_1 降到 Oi_2 时，投资量从 OI_1 增加到 OI_2。投资的增加使总支出曲线从 AE_1 移向 AE_2，从而导致国民收入从 Oy_1 增加到 Oy_2。如果 Oy_1 已经是充分就业的国民收入，那么总支出曲线向上移动将产生通货膨胀缺口，导致价格水平的上升。相反，当中央银行减少货币供给时，利息率将上升，投资量将减少，国民收入水平将下降。如果存在通货膨胀缺口，那么缺口将趋于消失。另外，货币需求量越缺乏利息率弹性，即曲线 LP 越陡，投资量越富有利息率弹性，即曲线 MEI 越平坦，货币供给量对经济的影响就越大。

因此，凯恩斯学派的现代货币理论的论证逻辑是：M（货币供给）$\to i$（利息率）$\to I$（投资）$\to Y$（国民收入）或 P（价格水平）。按照凯恩斯学派的现代货币理论，货币不是中性的，它对实物产量产生影响。另外，货币供给量的增加有可能引起价格水平的上升，但两者并不存在比例的关系。

第三节　货币学派的现代货币数量论

根据货币学派经济学家的分析，货币需求取决于一系列因素，它是比较稳定的。货币流通速度虽然不是不变的，但同样也比较稳定。只有取决于货币当

局的货币供给，有可能在短期内发生急剧的变化。货币供给量的增加是引起通货膨胀的主要原因。

货币供给的增加对经济的影响大致分为三个阶段：

假定最初货币供给量与需求量相适应。在货币均衡的条件下，货币流通速度为一个确定的数值。当货币当局增加货币供给时，货币供给量大于需求量，出现了货币的失衡。随着货币供给的增加，人们手中的货币将增加。但是人们并没有意识到他们手中货币的增加是由于货币当局增加货币供给所引起的，因此他们没有改变活动方式。在这种情况下货币的流通速度放慢。货币供给量的增加最初被货币流通速度的下降所抵销。这是货币供给增加对经济影响的第一个阶段。

在第二个阶段，当人们手中的货币超过了他们认为适合的数量时，他们将增加支出。这样，对物品和劳务的需求将增加。但是商品生产者还没有意识到这是货币膨胀的结果，因而将减少存货和采取步骤来增加产量。同时，由于产量不可能迅速调整，需求的增加也使价格水平开始趋于上升。这时，货币流通速度趋于稳定并有回复到原水平的倾向。在这个阶段中，货币供给增加的压力主要落在商品的生产上，其次才落在商品的价格上。因此，名义国民收入趋于增加。

在第三个阶段，需求的增加成为普遍的现象。厂商一方面发现如果提高商品价格，他的商品也能够卖出去；另一方面也发现他必须付更高的价格才能买到变得短缺的原材料。因此，在这个阶段，货币供给增加的压力大部分落在商品价格上，小部分落在商品生产上。在货币供给增加和货币流通速度回复原水平即上升的双重影响下，价格水平迅速上升，名义国民收入进一步增加。最后，直到人们保留的货币减少到一定程度后，支出不再增加，需求压力消失，通货膨胀才减缓下来。

因此，货币学派的现代货币数量论的论证逻辑是：M（货币供给）$\rightarrow PY$（名义国民收入）。按照货币学派的现代货币数量论，货币供给量会对实物产量产生影响，货币不是中性的。另外，货币供给量的增加导致价格水平的上升，但两者不一定存在比例的关系。

第四节　货币对经济影响的其他途径

长期以来，凯恩斯学派的现代货币理论在货币研究领域一直处于主流货币理论的地位。但近20多年来，凯恩斯学派的现代货币理论关于货币对经济影响的机制的分析受到质疑，经济学家们从下述方面提出了货币对经济影响的机制的看法：

第一,货币需求量与国内生产总值的关系。凯恩斯学派的现代货币理论认为,由于人们存在交易动机和预防动机,货币需求量是国内生产总值的函数。但是,在现实的经济中,随着金融市场的发展,大量的交易不是物品和劳务的交易而是金融资产的交易,而且物品和劳务的交易与金融资产的交易不存在稳定的关系。这样,由于金融资产交易同样存在着对货币的需求,货币需求量与物品和劳务的交易,因而与国内生产总值之间不存在简单而明确的关系。

第二,货币供给量对国内生产总值的影响。凯恩斯学派的现代货币理论认为,货币供给量的变化主要通过利息率对国内生产总值产生影响。例如,货币供给量的增加降低了利息率,从而刺激了投资的增加,对国内生产总值起了扩张的作用。但是,有三种理论在货币供给量通过什么途径对经济产生影响的问题上提出了不同于凯恩斯学派的看法。

第一种理论是投资和资产组合理论。该理论认为,人们在选择有价证券时,总是比较不同金融资产的收益。货币也是一种金融资产,当它以活期存款的形式存在银行的支票账户的时候,它只能带来较低的收益。当利息率下降时,人们将把他们的财产从获得利息的金融资产转移到股票上,结果带来了股票价格的上升,从而带来厂商投资的增加。按照这种理论,在货币供给量的增加导致利息率下降以后,投资不是因为借贷成本下降而增加,而是因为股票价格上升而增加。

第二种理论是消费和财富效应理论。该理论认为,当供给量的增加导致利息率下降时,股票和债券的价格趋于上升。这样,人们因财富增加而增加消费支出,从而导致国内生产总值的增加。

第三种理论是可利用的信贷规模理论。该理论关注的不是居民或厂商对货币供给量变化的反应而是银行对货币供给量变化的反应。按照这种理论,当货币供给量增加的时候,银行的存款将增加。但是,银行存款的增加并不意味着贷款必然增加。当银行存款增加的时候,银行可以有两种选择:一是购买国库券或政府债券,二是增加贷款。在下述三种情况下,银行将倾向于购买国库券或政府债券而不是增加贷款:①厂商对银行贷款的拖欠率较高;②银行的净资产因不能及时收回贷款而减少;③部分银行破产对银行体系造成不良影响。这样,即使居民和厂商因利息率下降而愿意增加借贷,他们也无法达到目的。只有银行愿意增加贷款而居民和厂商愿意增加借款时,货币供给量的增加才会对消费和投资产生影响,从而才会对国内生产总值产生影响。因此,可利用的信贷规模是决定货币供给量对经济影响的关键因素。

但是,从这三种理论可以看到,它们主要是对凯恩斯学派的现代货币理论的补充而不是对该理论的替代。货币供给量对利息率存在影响,而居民和厂商对利息率的变化会作出反应,这是经济学界普遍认可的。上述三种理论主要对利息率的变化怎样对投资产生影响，以及银行对货币供给量增加的反应如何影响消费和投资进行补充。

第五节 现代货币理论的应用

第 18 章和第 19 章分析的内容构成现代货币理论，既包括凯恩斯学派的货币理论，也包括货币学派的货币理论。现代货币理论最重要的应用是第 20 章将要分析的宏观货币政策。宏观货币政策是以凯恩斯学派的货币理论为基础提出来的。第二次世界大战以后，许多国家的政府不断使用宏观货币政策来保持经济的稳定。尽管关于如何实行宏观货币政策存在着争论，尽管各国中央银行实行宏观货币政策的目标也发生了一定的变化，但是宏观货币政策仍然是各国中央银行保持经济稳定的重要手段。

现代货币理论的另外一个方面的应用，就是认识和辨别各种"货币"的发展前景。当今时代是金融时代。在现实的经济中，不断出现这种"币"和那种"币"。不论是政府，还是厂商和居民，都存在着如何去辨别和对待这些"币"的问题。近年在世界范围出现的"比特币"，就是一个典型的例子。

比特币（Bitcoin）的概念是由化名为中本聪（Satoshi Nakamoto）的人士在 2008 年提出的。随后，他把密码学原理、对等网络技术和开源软件相结合，开发出免费的、能自我完善的比特币应用体系。2009 年 1 月 3 日，比特币问世，使用和参与的个人、组织和企业在世界范围内迅速增加，也引起了各国政府和中央银行的关注。

比特币网络通过"挖矿"的方式生成新的比特币。所谓"挖矿"实质上是用计算机解决一项复杂的数学问题，来保证比特币网络分布式记账系统的一致性。比特币网络会自动调整数学问题的难度，让整个网络约每 10 分钟得到一个合格答案。随后比特币网络会新生成一定数量的比特币奖励回答正确的人。根据比特币发行的设计原理，比特币发行数量会以递减的速度增长，直至 2140 年达到总数 2100 万个比特币为止。

比特币在形式上是一种"电子货币"，比特币的用户可以利用个人电脑、移动设备或网络上的电子钱包软件来交易比特币。到 2012 年 10 月，全世界超过 1000 户商家愿意通过他们的支付系统接收比特币的付款。① 2013 年 10 月，世界第一台比特币自动柜员机（automatic teller machine，ATM）在加拿大温哥华问世。该柜员机由加拿大 Robocoin 公司所推出，它允许用户把比特币兑换成为加元并可以提取，也允许用户通过存入加元现金购买比特币。随后，在日

---

① American Banker, *BitPay Signs* 1,000 *Merchants to Accept Bitcoin Payments*, October 12, 2012.

本、韩国、中国香港、中国大陆、中国台湾也出现了比特币 ATM 机。

2013 年 8 月，德国政府认可比特币的法律和税收地位，将其视为合法记账单位，成为世界上第一个也是到目前为止唯一的认可比特币合法地位的国家。中国、法国、俄罗斯、印度、泰国、印度尼西亚、中国台湾等国家和地区宣布比特币为非法货币或者否认比特币是合法货币。英国、挪威、丹麦、新加坡等国家认为比特币是一种虚拟商品，交易者必须依法缴税。美国、日本、瑞士等国家则持观望态度。

显然，比特币不可能成为任何国家的国内货币。如果比特币成为某个国家的国内货币，该国将失去货币主权，该国货币和金融将处在无法控制的状态，该国经济也由于比特币的增长无法适应经济的增长的需要而受到不利影响。现在的问题是，比特币是否会成为国际货币？对于这个问题的判断，取决于谁对货币具有更加深刻的理解，也取决于未来实践的检验。

笔者认为，比特币不可能成为国际货币。

第一，比特币不是商品货币。从货币的发展历史来看，货币有两种类型：商品货币和信用货币。对于商品货币如黄金来说，它是一种真正的商品，具有价值和使用价值。有人说，比特币通过"采矿"产生，还可以交换商品，因而与黄金一样具有价值和使用价值。这是一种误解。黄金的开采和炼制需要耗费大量的劳动，因而具有价值。另外，黄金很早就被人们用于制作首饰以及用于牙科等领域的材料，因而具有使用价值。黄金所以能够交换商品，在本质上是由于它的价值与别的商品价值形成对等的关系。另外，黄金即使没有成为货币，它也具有自己的使用价值。但是比特币不是一种真正的商品。虽然比特币通过"采矿"而产生，但它的价值与所交换的商品的价值完全不存在对等的关系。另外，如果人们不接受比特币用于交换商品，它完全没有使用价值。例如，信用货币的制作也需要耗费劳动，信用货币也可以用于交换商品；但是从货币意义上说，信用货币没有价值和使用价值，它是以法律的方式强制流通的。不是真正商品的东西是不可能成为商品货币的。

第二，比特币不是信用货币。在金本位制解体以后，货币成为了信用货币，它是以政府的信用为保证，并且通过法律的力量强制流通的。这意味着如果一个债权人不接受债务人支付的信用货币，他们之间的债权和债务关系不再存在。但是，比特币没有任何的信用保证，没有任何的强制力保证它的流通。现在商家所以接受比特币，是因为他们预期在一段时间内在人们的投机浪潮中比特币可以升值。一旦人们不接受比特币用于商品的交换，它将一文不值。没有信用保证和没有强制力约束的东西是不能成为信用货币的。

第三，比特币的"价值"极不稳定。不论是商品货币还是信用货币，它能成为货币的前提是价值稳定。黄金所以能够成为信用货币，是因为它的价值保持稳定。各国中央银行要使本国货币成为信用货币，也要保持货币币值的稳定。比特币在本质上是没有价值和使用价值的东西，它的"价值"是交换者赋予的，因而主要受供给与需求的影响而可能发生剧烈波动。例如，在我国的比特币平交易平台，2014年1月27日，1比特币兑换5032元人民币。但是到2014年2月25日，已下跌到1比特币兑换3185元人民币。

第四，比特币并不安全。尽管比特币的创造者使用密码学和网络技术创造出比特币，人们也在宣传着比特币的安全性，但是，由于世界上没有破解不了的密码，比特币作为一种网络货币是很不安全的。一旦比特币的密码被破解，比特币可以被破解者随意创造出来，比特币将失去任何意义。

笔者的论断留待时间和实践去检验。

第20章 宏观货币政策

第一节 中央银行及其职能

一、中央银行

中央银行（central banks）是政府的银行，是宏观货币政策的制定者和执行者。各西方国家都有自己的中央银行。例如，美国的中央银行是联邦储备系统，英国的中央银行是英格兰银行，法国的中央银行是法兰西银行，等等。

美国的联邦储备系统（The Federal Reserve System）是1914年成立的。它主要包括联邦储备委员会、联邦咨询委员会、公开市场委员会和12家联邦储备银行。

联邦储备委员会（FRB）实际上是最高决策机构，负责控制整个银行体系和货币供给量。委员会共有委员7人，任期14年，每两年有一个委员期满。委员会委员由美国总统征得参议院同意后直接任命。这些制度的目的在于保持委员会的稳定性和连续性，使它不受总统变更和财政部等政府部门的影响。

联邦咨询委员会（FAC）和公开市场委员会（FOMC）是协助联邦储备委员会工作的两个机构。前者由12家联邦储备银行推荐的12位著名的商业银行家组成，负责向联邦储备委员会提供咨询服务；后者由联邦储备委员会7名成员加上5位联邦储备银行的专家组成，负责政府债券的买卖。12家联邦储备银行则构成在联邦储备委员会管辖之下的中央银行体系，它们是非营利的金融机构。

美国的商业银行虽属于私人所有，但有近40%的商业银行是联邦储备体系的成员银行。实际上，不管是不是成员银行，全部商业银行都受到联邦储备体系的控制。

英国的英格兰银行（The Bank of England）是1694年成立的。它在很长一段时间里是一家私人的银行，但它实际上执行着中央银行的职能，把国家的需要置于自身的金融利益之上。1946年，英国政府对英格兰银行实行国有化，使它成为完全的中央银行。英格兰银行的事务由董事会管理。董事会由1名总裁、1名副总裁和16名董事组成，其中专职官员规定最多不得超过4人。董事会的成员都是精通金融和工商业的专家，由英国国王任命。董事会通过英格兰银行左右着整个英国的金融体系。

二、中央银行的职能

中央银行主要执行下述四项职能：

第一，作为商业银行的银行。中央银行接受各商业银行的存款，办理各商业银行间的结算。同时，它还向商业银行贷款。中央银行贷款给商业银行时收取的利息率叫作贴现率。

第二，作为政府的银行。中央银行掌管着政府的资金，为政府各部门的收支提供簿记服务。当政府需要借款的时候，它既可以向中央银行直接借款，也可以通过中央银行向公众借款。一般来说，中央银行直接贷给政府的款项只占政府借款的很小一部分。

第三，货币供给的控制者。中央银行有权发行货币。另外，它还可以通过各种方法影响商业银行的存款，从而控制着全社会的货币供给量。

第四，金融市场的调节者。中央银行根据经济情况的变化调节利息率，对金融市场进行管理。同时，它还肩负着支持本国金融体系以防止银行大量倒闭和发生恐慌的责任。

第二节 凯恩斯学派的宏观货币政策

一、宏观货币政策的主要内容

宏观货币政策（monetary policy）以凯恩斯学派的现代货币理论为依据，它是凯恩斯学派的政策主张。宏观货币政策主要包括三项内容：

第一项是调整法定准备金比率。中央银行有权在一定范围内调整法定准备金比率，从而影响货币的供给量。在经济萧条时期，为了刺激经济的复苏，中央银行可以降低法定准备金比率。在银行不保留超额准备金的条件下，法定准备金比率的下降给银行带来了多余的准备金，使它们得以增加贷款。这样，银行的存款和贷款将发生一轮一轮的增加，最终导致货币供给量的增加。货币供给量的增加降低了利息率，刺激了投资的增加，从而引起国民收入的增加。反之，在通货膨胀时期，中央银行可以用提高法定准备金比率的方法减少货币供给量，以抑制投资的增加，减轻通货膨胀的压力。但是，中央银行只能在一定的限度内改变法定准备金比率，如果要超过这个限度，它必须征得国会的批准。

第二项是调整贴现率。中央银行通过贴现专柜向银行提供资金，它可以利用贴现率的高低来调节银行的借款数量，从而达到影响货币供给量的目的。例如，中央银行降低贴现率会诱使银行前来借款，这样，它们就能够补充储备支持贷款，从而导致货币供给量增加。当中央银行提高贴现率时，则对银行的借款产生抑制作用，需要补充准备金的银行不得不用出售证券或抽回贷款的方法筹措资金。当厂商和居民提取存款来购买证券或偿还贷款的时候，将导致货币供给量的减少。这样，中央银行可以根据经济情况的变化，用调整贴现率的方法改变货币供给量，以影响国民收入和价格水平。

由于中央银行通过贴现专柜提供的资金只能用于补充银行短期流动资金不足，而不能作为银行发放贷款的资金，调整贴现率只能改变银行短期流动资金的松紧程度，并在这个范围内影响货币供给量。因此，这项政策更多的是表明中央银行调整货币供给量的意图。

在美国，中央银行还实行与调整贴现率相似的货币政策——调整联邦基金利率。联邦基金是银行之间为了调剂准备金的余缺而相互借贷的准备金，联邦基金利率是银行之间借贷准备金的利率。调整联邦基金利率是由中央银行确定的。当中央银行降低联邦基金利率时，将促进银行之间准备金的借贷，有助于扩大银行的信贷。相反，当中央银行提高联邦基金利率时，将抑制银行之间准备金的借贷，有助于收缩银行的信贷。

第三项是公开市场业务。公开市场业务（open market operation）是指中央银行在公开市场上买卖政府债券的活动。假定中央银行购买厂商和居民的政府债券，它付给他们支票。厂商和居民把中央银行的支票存入银行。银行再拿支票向中央银行要求兑现。中央银行一般不必支付现金，而只需相应增加银行在本行所开户头的存款。这样，中央银行购买政府债券以后，它在资产上增加了政府债券，在债务上增加了银行的存款；银行在资产上增加了它在中央银行的存款，在债务上增加了居民和厂商的存款；厂商和居民则减少了原持有的政府债券，增加了他们在银行的存款。由于银行存入中央银行的存款就是它的准备金，银行的准备金和债务增加了同一数额意味着准备金比率上升，因而它可以增加贷款。如果中央银行购买的不是厂商和居民的政府债券而是银行的政府债券，那么除去厂商和居民把中央银行支票存入银行这一环节外，整个过程是一样的。因此，不管中央银行向谁购买政府债券，结果都会导致货币供给量的增加。

假定中央银行在公开市场上把政府债券出售给厂商和居民，它便得到厂商和居民支付的银行的支票。中央银行再拿支票向银行兑现。中央银行一般不需要银行支付现金，只要相应减少银行存在本行的存款就可以了。这样银行准备金和债务减少了同一数额，准备金比率下降。假若银行原来只保留法定准备金，它只好通过出售证券或抽回贷款的方法补充准备金。如果中央银行直接把政府债券出售给银行，结果也是一样。所以，不管中央银行把政府债券出售给谁，结果都导致货币供给量的减少。

二、宏观货币政策的比较

调整法定准备金比率是一项影响剧烈的货币政策。据统计，在美国，假如各银行没有保留超额准备金，法定准备金比率提高1%，便可以迫使银行体系削减数十亿美元的贷款。这项威力巨大的政策虽然有助于使经济摆脱严重的萧条和通货膨胀，但同时也会因冲击力过大而造成经济的不稳定。另外，银行在一般情况下只保留少量超额准备金。在法定准备金比率提高的时候，它们不得不在不利的情况下抛售有价证券，因而往往造成银行的亏损。因此，调整法定准备金比率的政策在中央银行的武器库里是不常用的"重磅炸弹"。

调整贴现率也是一项重要的货币政策，但它的缺点是实行起来比较被动。中央银行可以通过降低贴现率诱使银行来借款，但它不能强迫银行来借款，所以贴现的数量常常达不到中央银行的要求。另外，中央银行不能通过贴现专柜向银行提供长期贷款，而仅仅是提供短期资金。在美国，贴现数量仅仅是银行贷款和银行持有证券的0.001%。因此，改变贴现率对银行的影响较小。贴现率的重要意义在于它是利息率变化和信贷松紧的信号。

公开市场业务与上述两项政策相比具有下述优点：①公开市场业务可以按任何规模进行。中央银行既可以大量也可以小量买卖政府债券，使货币供给量发生较大的或适度的变化。②公开市场业务比较主动和灵活。中央银行在根据经济情况的需要决定买卖政府债券数量的过程中，若发生不妥之处也可以立即纠正。③公开市场业务可以连续进行。不论是调整法定准备金比率还是调整贴现率，都只能间歇地实行，所以不一定能适应瞬时万变的金融市场的需要。但是中央银行可以流水般买卖政府债券，以适应金融市场的需要。基于上述原因，公开市场业务成为最常用的货币政策。

三、货币政策的时延

货币政策的实施也存在着时延，它制约着货币政策的效力。

一是内部时延，即从需要对经济进行调节起，到中央银行采取行动止的时间间隔。内部时延又可以分为认识时延和决策时延，即需要对经济进行调节到认识到需要调节，再到采取行动进行调节之间的时间间隔。与财政政策不同，中央银行制定货币政策不必通过冗长的法律程序，所以内部时延主要是认识时延。

二是中间时延，即货币政策的实施与货币供给量和利息率出现变化之间的时延。

三是外部时延，即货币供给量和利息率的变化到它们实际对国民收入和价格水平产生影响之间的时延。中间时延和外部时延相当于财政政策的实施时延。

货币政策的决策时延虽然较短，但实施时延则较长。它不像财政政策那样可以迅速地对支出产生影响。

第三节　辅助性的货币措施

西方各国除了广泛采用宏观货币政策外，一般也根据本国情况拟定辅助性的货币措施。

在美国，联邦储备系统曾经实行过下述措施：

第一，道义上的劝告。联邦储备系统以各种方式把自己的意图通知银行，希望它们照着去做。虽然银行对中央银行的指示不承担法律责任，但是它们的业务活动与中央银行有着密切的联系。如果它们对中央银行的劝告不予理会，将会受到中央银行的警告和业务上的限制。所以，银行一般都会认真考虑联邦储备系统的建议。

第二，对购买股票保证金的管理。在美国，购买股票不必马上支付全部金额，人们只需要先缴一部分保证金，然后凭信用购买股票。对保证金数额进行管理的目的，是根据经济情况变化，提高或降低必须支付的保证金数额，以防止股票市场的动乱。例如，在股票价格上涨时，为了防止信用过度膨胀，联邦储备系统将提高应支付的保证金数额，控制股票的购买量。

第三，对房地产抵押贷款的控制。为了控制不动产的抵押贷款，以影响建造住宅的支出，联邦储备系统对抵押贷款的偿还方式和偿还年限作出规定。例如，在通货膨胀时期，政府可以增加每年偿还的贷款数额和缩短偿还期限，使人们较难得到房地产抵押贷款，以减轻总需求的压力。

第四，对耐用消费品分期付款的调节。联邦储备系统还对购买耐用消费品应付现金的比例和分期付款的年限作出规定，以便调节人们的消费支出。例如，原来购买电冰箱需付 1/5 的现金，并在 3 年内还清其余欠款。在经济萧条的情况下，联邦储备系统将减少应付现金比例和延长分期付款的年限，以刺激消费需求。

在英国，英格兰银行曾经实行下述辅助性货币措施：

第一，发布指令。根据 1946 年颁布的《英格兰银行法》，如果英国财政部授权，英格兰银行可以向任何一家银行发布指令，要求它们执行英格兰银行的建议。但到目前为止，各银行都比较注意按英格兰银行的建议行事，英格兰银行还没有实行过发布指令这项措施。

第二，特别存款。这项措施于 1960 年开始实行，它要求各银行吸收存款以后把一定比例的款项存入英格兰银行。这部分现金可以按现行国库券利率取得利息，但不能作为储备和流动资产。这样，英格兰银行调整特别存款比例将对银行的储备产生影响。

第三，增补存款。当货币供给量增长过快时，英格兰银行可以要求各银行增补存款。增补存款与特别存款的不同之处在于：首先，特别存款是由英格兰银行的政策决定的，而增补存款是自行支付的。例如，当银行付息存款在某一期间内超过了英格兰银行规定的目标增长率时，它们必须按一定比例把超出的存款自动存入英格兰银行。增补存款的这个比例按存款增长速度累进上升。其次，特别存款支付利息，增补存款没有利息。通过这个措施，英格兰银行能够防止银行竞相用高利率的方法吸收存款，避免信贷的过度膨胀。

第四节 货币政策的工具规则和目标规则

一、货币政策的工具规则

如何使用货币政策以及利用货币政策达到什么目标，西方经济学界在理论上有不同的看法，西方国家在货币政策的实践中也有不同的看法。西方经济学家分别将侧重于手段和侧重于目标的货币政策称为工具规则和目标规则。工具规则是指中央银行运用货币政策所依据的规则，它一般是货币政策目标的反应函数；目标规则是指中央银行明确地提出一个货币政策的目标，然后运用货币政策达到这个目标。具有代表性的工具规则有麦卡勒姆规则、泰勒规则。

麦卡勒姆规则是美国经济学家麦卡勒姆（B. T. McCallum）于 1988 年在《卡内基－罗切斯特（Carnegie-Rochester）公共政策研讨会论文集》发表的论文《特征明显的货币政策规则》中提出来的。麦卡勒姆规则的基本内容是：基础货币的增量应该按照一定的系数随着名义国内生产总值的实际增长率与目标增长率的差额的变化而变化。如果名义国内生产总值的实际增长率高于目标增长率的差额，中央银行应该减少基础货币；反之，中央银行应该增加基础货币。麦卡勒姆规则的特点是根据名义国内生产总值来调整基础货币，也就是根据价格水平和实际国内生产总值来调整基础货币。

泰勒规则是美国经济学家泰勒（J. B. Taylor）于 1993 年在《卡内基－罗切斯特（Carnegie-Rochester）公共政策研讨会论文集》发表的论文《实践中的相机抉择与货币规则》中提出来的。泰勒规则的基本内容是：联邦基金利率应该按照一定的系数随着两个差额的变化而变化，这两个差额就是实际的国内生产总值与充分就业的国内生产总值的差额以及实际通货膨胀率与目标通货膨胀率的差额。具体地说，当国内生产总值与充分就业的国内生产总值的差额扩大时，联邦基金利率将随之下降；实际通货膨胀率高于目标通货膨胀率的差额扩大时，联邦基金利率将随之上升。泰勒规则形式简洁，易于操作。经济学家们利用美国 1987 年到 1992 年美国联邦储备系统货币政策的数据进行实证检验，发现美国联邦储备系统货币政策与泰勒规则拟合得很好。

二、货币政策的目标规则

货币政策的工具规则强调如何利用货币政策达到目标，货币政策的目标规则强调运用货币政策达到什么目标，虽然从这个角度看两者并没有截然的区别，但是在下述两个方面目标规则区别于工具规则：第一，工具规则往往有两个或两个以上的目标，如价格水平和国民收入，目标规则往往只强调一个目标，如货币供给量或通货膨胀；第二，工具规则主要说明如何根据经济的变化来调整货币政策，目标规则主要说明一直实行货币政策直到实现公开宣布的目标。目标规则主要有简单货币规则和通货膨胀目标制。

简单货币规则是美国经济学家弗里德曼于 1969 年在《货币与财政政策》中提出来的。弗里德曼批评了凯恩斯学派通过反复调整货币供给量来稳定经济的主张，他认为，通货膨胀是由货币供给量的过快增长引起的，凯恩斯学派的宏观货币政策并不能有效地对付通货膨胀。

首先，货币政策的实施存在着时延。货币当局只有准确地预测到时延的长度，才能正确实行货币政策。但是在现有条件下，要准确预测时延的长度是不可能的。即便货币当局掌握有过去时延的大量统计资料，但由于时延是变化不定的，它无法用过去的经验来推测未来的时延。弗里德曼认为："我们很少知道经济风怎么刮。我们需要知道当我们现在采取的措施发生作用时，风将要刮过的途径。而措施发生作用的日期是变动不定的，它从现在起可能是半年、一年或两年。要逆明年的风而动，在目前的气象学的状况下，可不是一件轻而易举的任务。"[①] 因此，货币政策常常带来经济的不稳定。

其次，货币政策把目标放在利息率的调节上是不可取的。货币当局要调节利息率必须明确区别两种利息率的变化：一种是货币需求暂时波动所引起的利息率的变化，一种是货币需求的长期变动在开始时引起的利息率变化。如果利息率变化属于第一种类型，对利息率的调节与稳定经济并不矛盾。但如果利息率变化属于第二种类型，利息率变化势在必然，对利息率的干预将带来经济的不稳定。

[①]《货币稳定规则》，福特汉大学出版社 1960 年英文版，第 93 页。

还有，货币政策的实施程序难以掌握。从经验上看，中央银行对经济常常作出过度的反应。弗里德曼指责说："总的行动来得太迟也太多了。例如在1966年早期，联邦储备银行向减少扩张的方向行动。这本来是正确的政策——虽然至少应该提前一年这样做。但当它行动时，它走得太远。结果造成战后年代货币增长率最急剧的变动。由于走得太远，在1966年底，联邦储备银行采取相反的方法。这本来是正确的政策。但它又一次走得太远，不仅恢复而且超过了早先过度的增长率。而且这一插曲并不是仅有的例外。这种做法曾经是一而再，再而三加以采取的方针。"[①]

因此，要对付通货膨胀，应该采用简单的货币规则。简单货币规则的内容是稳定货币供给量的增长率，并使它与国民生产总值的增长率相一致。例如，当国民生产总值的增长率是3%时，货币供给量的增长率也应当是3%。这样，货币供给量的增长既适应经济增长的需要，又消除了货币供给量增长过快这个通货膨胀的主要动因。

弗里德曼认为："正如所主张的，这样一个规则将消除……经济不稳定的主要原因——平抑周期的货币政策反复无常和不可预料的影响。只要货币供给量每年以一个稳定的比率增长，例如3%、4%和5%，任何衰退都是暂时的。货币供给量稳定增长所提供的通货将导致总需求的扩大。但如果货币供给量不是以高于平均水平的比率增长，在支出上任何膨胀性的增长同样也将因缺少燃料而自灭。"[②]

通货膨胀目标制是从某些国家政府的实践中所产生的货币政策的目标规则。它具有下述的基本特征：第一，从制度上规定将稳定价格水平作为货币政策的主要目标，其他的变量只是从属的目标；第二，公开宣布一个具体的通货膨胀目标值或目标区以及实现该目标值的期限；第三，中央银行独立地采用各种货币政策的手段，来实现反通货膨胀的目标；第四，中央银行需要加强与公众的交流，及时公布中央银行的决策、计划、目标等各种信息；第五，中央银行需要对通货膨胀目标制负责，必要时可以追究有关负责人的责任。

通货膨胀目标制是一些长期遭受通货膨胀折磨的国家所采取的制度。新西兰从20世纪70年代开始一直处于通货膨胀之中。为了治理通货膨胀，1985年新西兰政府开始推行大范围的公共机构的改革，其中包括对中央银行的改革，规定将稳定价格水平作为货币政策的首要目标。1989年，新西兰颁布了《储备银行法》，赋予中央银行更大的独立性，中央银行行长对通货膨胀目标制负有更大的责任。如果没有实现通货膨胀的目标值，中央银行行长需要公开

---

① 《货币政策的作用》，《美国经济评论》1968年5月，第16页。
② 《货币与财政政策》，纽约1969年英文版，第134、135页。

作出解释并有可能被免职。1990年智利和加拿大也正式实现通货膨胀目标制。到2004年，共有22个国家（其中有9个发达国家，3个转型国家，10个发展中国家）公开宣布采用通货膨胀目标制。

第五节　宏观货币政策的应用

在20世纪50年代以后和80年代以前，世界各主要国家中央银行宏观货币政策的目标是保持经济的稳定。因此，它们在经济衰退时期用扩张性的宏观货币政策去刺激经济，在通货膨胀时期用收缩性的宏观货币政策去控制价格水平。但在20世纪80年代以后，世界各主要国家中央银行货币政策的目标发生了一定的变化。在美国，里根政府明确提出放弃凯恩斯学派的政策主张，减少对经济的干预。在欧元区，欧洲中央银行宏观货币政策的目标是要保持价格水平的稳定。在世界各主要国家，宏观货币政策主要用于控制通货膨胀，宏观货币政策实施的频度和力度都有所下降。但是，当各主要国家出现比较严重的经济衰退的时候，各主要国家的中央银行仍然采用扩张性的宏观货币政策去刺激经济。

例如，2008年9月，美国"百年一遇"的金融危机激化，对美国经济和各个主要国家的经济产生了衰退性的冲击。美国和各主要国家的中央银行纷纷增加货币供给和降低基准利率以刺激经济。

从2008年11月25日到2010年4月28日，美国联邦储备系统实行第一轮量化宽松的货币政策（Quantitative Easing）。所谓"宽松"的货币政策就是扩张性的货币政策，所谓"量化"是定期定量投放货币。美国联邦储备系统通过买进美国政府支持的机构的债券以及美国房利美公司、房地美公司、联邦政府国民抵押贷款协会所担保的抵押贷款支持证券（MBS），投放了17250亿美元的基础货币。

从2010年11月4日到2011年6月，美国联邦储备系统实行第二轮量化宽松的货币政策，通过买进美国政府债券的方式投放了6000亿美元的基础货币。

从2012年9月14日开始，美国联邦储备系统实行第三轮量化宽松的货币政策，通过每月买进400亿美元抵押贷款支持证券（MBS）的方式投放基础货币。与此同时，美国联邦储备系统将联邦基金利率保持在0~0.25%的超低区间，并计划将这一水平保持到2015年年中。直到2014年6月，美国联邦储备系统才宣布逐步退出量化宽松的货币政策。

其他发达国家的情况相似。2008年10月9日，欧洲中央银行表示将向欧洲联盟的商业银行提供不限额短期贷款，并降低基准利率1.75个百分点，降低到 2.5%，以维持金融市场稳定。

2009 年 1 月 12 日，英国中央银行英格兰银行将基准利率降低到 1.5% 这个英格兰银行建立以来的最低水平。

2008 年 10 月，日本中央银行日本银行将银行之间无担保隔夜拆借利率从 0.5% 降低到 0.3%，将贷款基准利率从 0.75% 降低到 0.5%；到 2008 年 12 月，又再次将这两种利率分别降低到 0.1% 和 0.3% 的接近于零的水平。同时，日本银行从 2008 年 10 月开始每月购买 12000 亿日元的日本政府债券，从 2008 年 12 月开始将购买日本政府债券的额度提高到 14000 亿日元，到 2009 年 3 月再次将购买日本政府债券的额度提高到 18000 亿日元，已大量投放基础货币。

我国中央银行也实行了超宽松的货币政策。2008 年第四季度。我国中央银行连续 4 次降低法定准备金比率，5 次降低金融机构存贷款利率，同时通过公开市场业务投放货币。在这个季度，货币供给量（M2）从 452898.71 亿元增加到 475166.60 亿元，增加了 22267.89 亿元，季度增加幅度为 4.9%。[1] 2009 年，我国中央银行主要通过公开市场业务投放货币，货币供给量不断增加。2009 年货币供给量（M2）与 2008 年相比增长 27.6%。[2]

---

[1] http://www.pbc.gov.cn/publish/html/2008S07.htm.
[2] 中国人民银行：《中国货币政策执行报告》，2009 年第一、二、三、四季度，http://www.pbc.gov.cn/publish/chubanwu/3046/index.html.

第21章 国民收入和利息率的均衡

第一节 二部门经济的国民收入和利息率的均衡

一、IS – LM 分析

在现代西方经济学中，国民收入和利息率均衡的分析称为 IS – LM 分析，其中 I，S，L，M 分别表示投资、储蓄、货币需求和货币供给。国民收入原理表明，当投资等于储蓄（I = S）时，国民收入形成均衡；现代货币原理表明，当货币需求和货币供给相等（L = M）时，利息率形成均衡。IS – LM 分析的意义在于把两种均衡条件结合在一起，来研究整个国民经济的国民收入和利息率怎样同时达到均衡。

二、IS 曲线

IS 曲线表示要使投资等于储蓄，国民收入和利息率必须具备的关系；或者说，国民收入和利息率应该怎样配合，才能保证投资与储蓄始终相等。图 21.1 表明，如果以国民收入为横轴，利息率为纵轴，IS 曲线将是向右下方倾斜的曲线。应该指出，IS 曲线的意义并不是表明利息率与国民收入存在着严格的函数关系，也不意味着国民收入是利息率变化的原因，或者利息率是国民收入变化的原因。它只表明当利息率和国民收入存在着这样一种关系时，投资和储蓄保持相等，国民收入均衡的条件得到了满足。

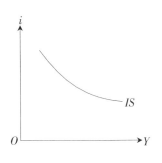

图 21.1　IS 曲线

按照当代西方经济学家的解释，IS 曲线的推导过程如下：

凯恩斯的现代货币理论表明，投资是利息率的函数，它随着利息率的上升而减少。投资和利息率之间的函数关系的图像称为投资边际效率曲线（MEI）。它在以横轴表示投资、纵轴表示利息率的坐标系里，是一条向右下方倾斜的曲线。另外，现代国民收入原理表明，储蓄是国民收入的函数，它随着国民收入的增加而增加。在以横轴表示国民收入、纵轴表示储蓄的坐标系里，储蓄曲线（S）是向右上方倾斜的曲线。

在图21.2中，（A）是投资边际效率曲线，（B）是45°线。因为坐标系的横轴表示投资，纵轴表示储蓄，所以在45°线上，投资和储蓄总是相等。（C）是储蓄曲线，（D）用于说明IS曲线是怎样形成的。图中，（A）和（B）的横轴、（B）和（C）的纵轴、（C）和（D）的横轴、（D）和（A）的纵轴都表示同样的变量，而且它们的单位都分别相同。

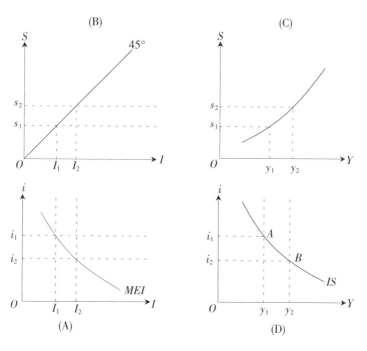

图21.2 IS曲线的形成

在（A）中，假定利息率是 Oi_1。按照投资边际效率曲线，相应的投资是 OI_1。从（B）的45°线可以看到，与投资相等的储蓄是 Os_1。根据（C）的储蓄曲线，使储蓄达到 Os_1 的国民收入是 Oy_1。这说明，在利息率为 Oi_1 时，保证储蓄等于投资的国民收入是 Oy_1，因而在（D）上可以得到利息率和国民收入的对应点 A。

现在假定利息率发生了变化，从 Oi_1 下降到 Oi_2，投资将从 OI_1 增加到 OI_2。如果国民收入还保持在原来的水平 Oy_1 上，投资大于储蓄，国民收入趋于增加。而随着国民收入的增加，储蓄也在增加。当国民收入从 Oy_1 增加到 Oy_2 时，储蓄从 Os_1 增加到 Os_2，与投资 OI_2 相等。这时，国民收入不再变化，

在 Oy_2 上形成均衡。这样,在(D)上又得到利息率和国民收入的另一个对应点 B。用同样的方法,可以得到利息率和国民收入一系列的对应点。把这些对应点连接起来,便得到 IS 曲线。显然,在 IS 曲线上的任何一点上,投资都等于储蓄($I=S$)。IS 曲线是因此而得名的。

三、LM 曲线

与 IS 曲线相似,LM 曲线表示要使货币需求量等于货币供给量,国民收入和利息率必须具备的关系;或者说,它表示国民收入和利息率应该怎样相互配合,才能保证货币需求量和货币供给量相等。图 21.3 表明,如果以国民收入为横轴,利息率为纵轴,LM 曲线是一条向右上方倾斜的曲线。同样应该注意,LM 曲线的意义并不是表明利息率与国民收入存在着函数关系,也不意味着两者存在着因果关系。它只表明,当利息率和国民收入存在这样一种关系时,货币需求量和货币供给量保持相等,货币均衡的条件得到满足。

货币供求的分析表明,货币需求量(L)=交易余额与预防余额(L_1)+投机余额(L_2)。L_1 是国民收入的函数,它随着国民收入的增加而增加。因此它在

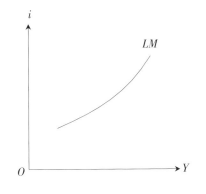

图 21.3 LM 曲线

以横轴表示国民收入、纵轴表示货币需求量的坐标系中是一条向右上方倾斜的曲线。L_2 则是利息率的函数,它随着利息率的上升而下降。它在以横轴表示货币需求、纵轴表示利息率的坐标系中表现为一条向右下方倾斜的曲线。

在图 21.4 中,(A)是 L_2 曲线,它表示投机余额与利息率的关系。(B)是在两轴上截取等距的 45°线,它表示在货币供给量不变的条件下,要保持货币需求量与货币供给量相等,L_2 增加多少,L_1 就要减少多少,以使货币需求量 L 保持不变。(C)是 L_1 曲线,它表示交易余额及预防余额与国民收入的关系。(D)用于说明 LM 曲线是怎样形成的。在图中,(A)与(B)的横轴、(B)与(C)的纵轴、(C)与(D)的横轴、(D)与(A)的纵轴分别表示同一个变量并使用同样的单位。

现在从(A)开始。假定利息率等于 Oi',按照 L_2 曲线,相应的投机余额是 OL'_2。从 45°线可以看到,当货币供给量为 OM 时,因为 $OL'_2 = L'_1M$,[①] 交易

---

① $OL'_2 = L'_1a$,$L'_1a = L'_1M$,所以 $OL'_2 = L'_1M$。

余额和预防余额必然等于 OL_1'。根据 L_1 曲线,当交易余额和预防余额等于 OL_1' 时,国民收入水平为 Oy'。因此,当利息率为 Oi' 时,使货币需求量和货币供给量相等的国民收入是 Oy',利息率和国民收入的对应点是(D)中的 A。

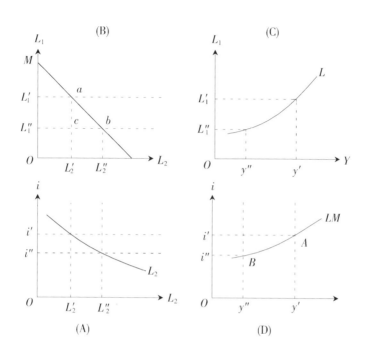

图 21.4 *LM* 曲线的形成

在货币供给量不变的条件下,假定利息率从 Oi' 下降到 Oi'',投机余额相应地从 OL_2' 增加到 OL_2''。由于货币供给量不变,投机余额要增加 $L_2'L_2''$,交易余额和预防余额必然要减少 $L_2'L_2''$[①],即交易余额和预防余额要从 OL_1' 减少到 OL_1''。要使交易余额和预防余额减少 $L_1'L_1''$,国民收入必须从 Oy' 降低到 Oy''。这样在(D)中又得到利息率和国民收入的对应点 B。用同样的方法还可以得到另外的对应点,把这些对应点连接起来就可以得到 *LM* 曲线。由此可见,*LM* 曲线任何一点都表示货币供给量等于货币需求量($L=M$),*LM* 曲线也是因此而得名的。

四、国民收入和利息率的同时均衡

在 *IS* 曲线上,任何一点都满足 $I=S$ 的条件。用推导 *IS* 曲线的方法可以证

---

① $L_2'L_2'' = cb$,$cb = ac$,$ac = L_1'L_1''$,所以 $L_2'L_2'' = L_1'L_1''$。

明，如图 21.5 所示，在 IS 曲线左下方的任何一点，$I>S$；在 IS 曲线右上方的任何一点，$I<S$。例如，在图 21.2 中的（C）中，如果使 Os_2 小于 OI_2，那么（D）中的点 B 将落在 IS 曲线的左下方；如果让 Os_2 大于 OI_2，那么（D）中的 B 点将落在 IS 曲线的右上方。这意味着在 IS 曲线外任何一点，都不能满足 $I=S$ 的条件。

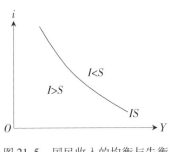

图 21.5　国民收入的均衡与失衡

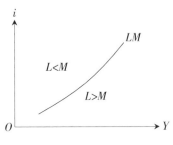

图 21.6　利息率的均衡与失衡

同样，如图 21.6 所示，在 LM 曲线上，任何一点都满足 $L=M$ 的条件。在 LM 曲线的右下方，$L>M$；在 LM 曲线的左上方，$L<M$。例如，在图 21.4 中的（C）中，如果使交易余额和预防余额大于 OL_1''，那么 $L>M$，（D）中的 B 点将落在 LM 曲线的右下方；如果让交易余额和预防余额小于 OL_1''，那么 $L<M$，（D）中的 B 点将落在 LM 曲线的左上方。

在图 21.7 中，把 IS 曲线和 LM 曲线结合在一起，两条曲线将把坐标平面分成四个部分。在这四个部分的任何一点，国民收入和利息率都是失衡的。

假定利息率和国民收入的对应点 A 处于 IS 曲线的右上方和 LM 曲线的左上方。由于 $L<S$，国民收入有减少的趋势，即点 A 趋向 IS 曲线。同时，因为 $L<M$，利息率有下降的趋势，即点 A 趋向 LM 曲线。在两股力量的作用下，点 A 将趋向于 IS 曲线和 LM 曲线的交点。

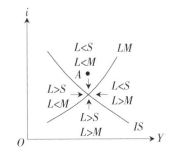

图 21.7　国民收入和利息率的同时均衡

假定 A 靠近 IS 曲线，在上述变化过程中，它在到达两条曲线交点以前向左下方运动到达 IS 曲线。这时，国民收入形成暂时的均衡。但是利息率仍处于失衡状态，利息率在下降。那么点 A 将趋向 IS 曲线的左下方和 LM 曲线的左上方。这时，因为 $I>S$，国民收入趋于增加，点 A 向右移动。但 $L<M$，利息率继续趋于下降，点 A 向下移动。在两股力量作用下，点 A 最终仍到达 IS 曲线和 LM 曲线的交点。

用同样方法可以证明，在 IS，LM 曲线交点外的任何一点，都存在向交点运动的倾向。在 IS，LM 曲线的交点上，$I=S$ 和 $L=M$ 的条件同时得到满足，国民收入和利息率同时达到均衡。

五、国民收入和利息率的均衡的变化

投资和储蓄的变化都会对 IS 曲线产生影响，从而导致国民收入和利息率的变化。

如图21.8所示，在投资边际效率曲线 MEI 和储蓄曲线 S 为一定的条件下，形成了确定的 IS 曲线。假定投资发生增加，投资边际效率曲线从 MEI 向右移向 MEI_1。从图中可以看到，当利息率为 Oi 时，相对于原投资边际效率曲线 MEI 而言的利息率和国民收入的对应点是 A，相对于现投资边际效率曲线 MEI_1 而言的利息率和国民收入的对应点是 A_1。这就是说，IS 曲线发生了向右移动。用同样的方法可以证明，当投资减少时，IS 曲线发生向左移动。

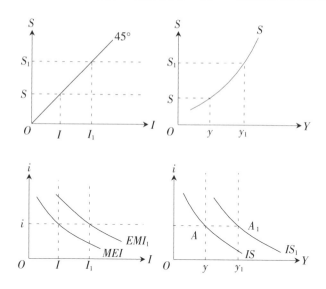

图21.8 投资的变化对 IS 曲线的影响

另外，当储蓄增加时，储蓄曲线向上移动，用相似方法可以证明，IS 曲线发生向左移动。同理，当储蓄减少时，IS 曲线发生向右移动。

在 LM 曲线为一定的条件下，IS 曲线向右移动导致国民收入水平和利息率水平的上升，IS 曲线向左移动导致国民收入水平和利息率水平的下降。

第二节 三部门经济的国民收入和利息率的均衡[①]

一、IS'曲线

在二部门经济中，国民收入均衡的条件是$I=S$。但是在存在着三个部门即厂商、居民、政府的条件下，注入量除了投资（I）以外，还有政府支出（G）；漏出量除了储蓄（S）之外，还有政府税收（T）。因此，三部门经济国民收入均衡的条件是$I+G=S+T$。

投资边际效率曲线（MEI）表示投资与利息率的关系。因为政府支出与利息率无关，它不随着利息率的变化而变化，所以让投资边际效率曲线向右方平行移动等于政府支出数量的距离，就可以得到$I+G$曲线。如图21.9所示，它表示投资加政府支出与利息率的关系。

储蓄曲线（S）表示储蓄与可支配收入的关系，经过适当的变换以后它可以用于表示储蓄和国民收入的关系。在政府征税以后，储蓄将减少。但由于边际储蓄倾向小于1，税收增加的数量一定大于储蓄减少的数量。例如，当政府征收10亿美元的所得税时，在边际储蓄倾向为20%的条件下，10亿美元税收带来2亿美元储蓄的减少。如图21.10所示，使储蓄曲线（S）向上移动一段等于税收增加数量与储蓄减少数量之间的差额的距离，便得到$S+T$曲线。它表示储蓄加政府税收与国民收入之间的关系。

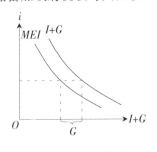

图21.9　$I+G$曲线

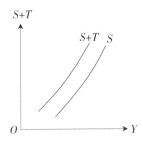

图21.10　$S+T$曲线

与二部门的分析相似，在图21.11中，当利息率从Oi_1下降到Oi_2以后，根据$I+G$曲线，投资加政府支出从$O(I+G)_1$增加到$O(I+G)_2$，大于原来的储蓄加政府税收$O(S+T)_1$，从而导致国民收入的增加。当国民收入从Oy_1增加到Oy_2时，储蓄加政府税收从$O(S+T)_1$增加到$O(S+T)_2$，与投资加政府

[①] 如果教学时数不够，本节分析可以删略。

支出 $O(I+G)_2$ 相等，国民收入在 Oy_2 上形成平衡。这样，在（D）上得到了利息率和国民收入的两个对应点 A 和 B，把它们连接起来便可以得到 $(I+G)-(S+T)$ 曲线。$(I+G)-(S+T)$ 曲线是一条向右下方倾斜的曲线，在曲线上任何一点都满足 $I+G=S+T$ 的国民收入均衡的条件。为方便起见，下面把 $(I+G)-(S+T)$ 曲线称为 IS' 曲线。

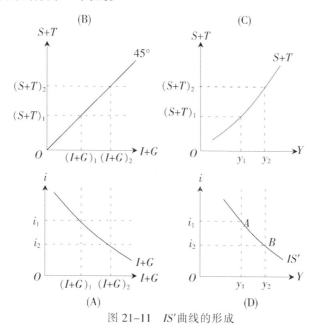

图 21-11 IS' 曲线的形成

二、国民收入和利息率的均衡

在三部门经济中，货币均衡的条件仍然是货币需求量等于货币供给量，所以三部门经济的 LM 曲线与二部门经济相同。

与三部门经济相似，IS' 曲线和 LM 曲线把坐标系平面分成四个部分，如图 21.12 所示。在每一个部分中，国民收入和利息率都处于失衡状态。在 IS' 曲线或 LM 曲线上，都只有国民收入的均衡或利息率的均衡。只有在 IS' 曲线和 LM 曲线的交点上，$I+G=S+T$，$L=M$，国民收入和利息率同时形成均衡。

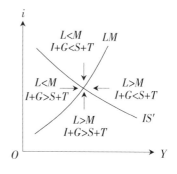

图 21.12 国民收入和利息率的均衡

三、国民收入和利息率的均衡的变化

政府支出和税收的变化都将对 IS' 曲线产生影响。

图 21.13 表明,当投资加政府支出曲线为 $I+G$ 曲线时,相应的投资加政府支出-储蓄加政府税收曲线是 IS' 曲线。假设其他条件不变,政府支出的增加将导致(A)中的 $I+G$ 曲线向右方平行移动。这时,利息率 Oi' 所带来的投资加政府支出已不是 $O(I+G)_1$,而是 $O(I+G)_2$。政府支出的增加引起国民收入的增加。当国民收入从 Oy_1 增加到 Oy_2 时,储蓄加政府税收从 $O(S+T)_1$ 增加到 $O(S+T)_2$,与 $O(I+G)_2$ 相等,国民收入在 Oy_2 上形成均衡。因此,当政府支出增加以后,同一利息率 Oi' 已不是与 Oy_1 对应,而是与 Oy_2 对应。这意味着 IS' 曲线发生了向右移动。由此可以得到下述结论:假设其他条件不变,政府支出的增加将导致 IS' 曲线向右方移动;反之,IS' 曲线向左方移动。

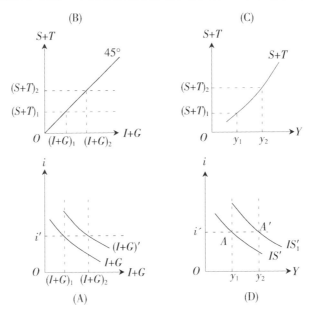

图 21.13　政府支出对 IS' 曲线的影响

另外,当政府税收发生增加或减少时,$S+T$ 曲线会发生向上或向下移动。用相似的方法可以证明:假定其他条件不变,政府税收的增加将导致 IS' 曲线向左移动;反之,将使 IS' 曲线向右移动。

政府支出和税收的变化引起 IS' 曲线的移动,货币供给量的变化则引起 LM 曲线的移动。

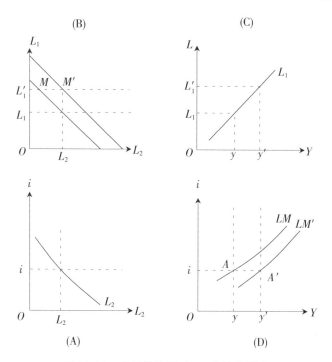

图 21.14 货币供给量对 LM 曲线的影响

如图 21.14 所示,当货币供给量增加时,(B) 中的 45°线 M 移向 M'。因此,同样的利息率 Oi 在货币供给量变化前与国民收入 Oy 对应于(D)的 A 点,在货币供给量变化以后则与国民收入 Oy' 对应于 A' 点。这意味着 LM 曲线向右方移动了。一般地说,假定其他条件不变,货币供给量的增加将导致 LM 曲线向右方移动;反之,则使 LM 曲线向左方移动。

如果政府支出与税收和货币供给量发生变化,国民收入和利息率的均衡也将发生变化。

假定其他条件不变,政府支出的增加将导致 IS' 曲线向右上方移动。例如,它使图 21.15 中的 IS' 曲线移向 IS'_1。从图中可以看到,它将引起国民收入和利息的上升。同理,政府支出的减少将引起国民收入和利息的下降。

假定其他条件不变,政府税收的增加将使图 21.15 中的 IS'_1 曲线向左下方移向 IS',从而将降低国民收入和利息率水平。同理,政府税收的减少将引起国民收入和利息的上升。

假定其他条件不变,货币供给量的增加将

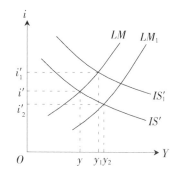

图 21.15 国民收入和货币均衡的变化

使图 21.15 中的 LM 曲线移向 LM_1。从图中可以看到，它将引起国民收入的增加和利息率的下降。同理，货币供给量的减少将引起国民收入的减少和利息率的上升。

上述分析表明，政府支出、政府税收和货币供给量的变化，都将引起国民收入和利息率的变化。

第三节　四部门经济的国民收入和利息率的均衡①

一、IS″曲线

在四部门经济里，注入量除了投资（I）和政府支出（G）外，还包括出口（X）；漏出量除了储蓄（S）和政府税收（T）外，还包括进口（M）。当 $I+G+X=S+T+M$ 时，国民收入达到均衡。

出口与利息率没有直接的联系，可以假定它在利息率变化的过程中基本保持不变。这样，把三部门经济中的 $I+G$ 曲线平行向右移动等于出口量的距离，就可以得到 $I+G+X$ 曲线，如图 21.16（A）所示。但是，进口随着国民收入

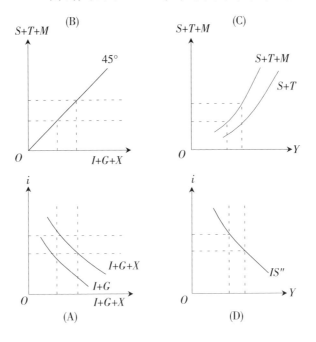

图 21.16　IS″曲线

---

① 如果教学时数不够，本节分析可以删略。

的增加而增加。根据边际进口倾向（MPM）即进口曲线的斜率，可以从三部门经济中的 $S+T$ 曲线推导出 $S+T+M$ 曲线，如图 21.16（C）所示。按照推导三部门经济 IS' 曲线的方法，可以得到四部门经济的 IS'' 曲线。图 21.16 说明了 IS'' 曲线的形成过程，最终结果表现在坐标系（D）中。IS'' 曲线表明，当利息率与国民收入存在这样一种关系，即 $I+G+X=S+T+M$ 时，国民收入均衡条件得到满足。

四部门经济的 LM 曲线与三部门经济相同。

二、BP 曲线

国际收支曲线或简称 BP 曲线是国际收支函数（balance of payments function）的图像。它表示要维持国际收支平衡，国民收入和利息率必须具备的关系。

在四部门经济中，一个国家与外国的经济往来包括两方面的内容：一是物品与劳务的进出口和政府与私人转移支付的进出，二是因实物资本和金融资产的投资而发生的资本流进和流出。前者反映在国际收支平衡表的经常项目上，后者反映在资本项目上。如果出口物品和劳务的总额加上外国政府和私人向本国的转移支付大于进口物品和劳务的总额加上本国政府和私人向外国的转移支付，那么在经常项目上将出现顺差；反之，出现逆差。如果资本的流进大于流出，那么在资本项目上将出现顺差；反之，出现逆差。如果两个项目相互补偿以后仍出现逆差，这个逆差叫作国际收支逆差；反之，叫作国际收支顺差。

出口（X）不随国民收入的变化而变化，进口（M）则随着国民收入的增加而增加。所以，净出口（$X-M$）与国民收入作反方向运动。国民收入越高，净出口越小。在以横轴表示国民收入、纵轴表示净出口的坐标系中，净出口曲线（$X-M$）是向右下方倾斜的，如图 21.17 中（C）所示。

资本的流动与利息率有关。假定外国的利息率不变，国内利息率越高，为了得到更多的利益，资本向外流动减少，向内流动增加，即净资本外流量将越小；反之，国内利息率越低，净资本外流量将越大。因此，在以横轴表示净资本外流量、纵轴表示利息率的坐标系里面，净资本外流量曲线（H）是向右下方倾斜的，如图 21.17 中（A）所示。

图 21.17 解释了国际收支平衡曲线（BP）的形成。其中（A）是净资本外流量曲线；（B）是 45°线，它表示净资本外流量与净出口额相等，两个项目的差额正好互相补偿，国际收支达到平衡；（C）是净出口曲线。

在（A）中，当利息率从 Oi_1 上升到 Oi_2 时，净资本外流量从 OH_1 减少到 OH_2。假如资本项目原来是平衡的，这时将出现顺差。为了保持国际收支平

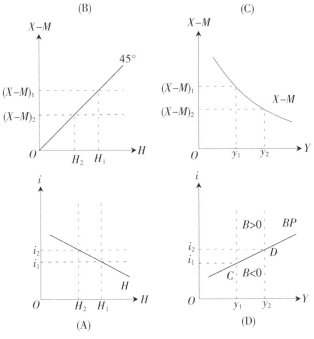

图 21-17 BP 曲线的形成

衡。根据 45°线净出口必须从 $O(X-M)_1$ 减少到 $O(X-M)_2$，使经常项目的逆差增加额等于资本项目的顺差增加额。而要使净出口从 $O(X-M)_1$ 减少到 $O(X-M)_2$，按照净出口曲线 $(X-M)$，国民收入要从 Oy_1 增加到 Oy_2。这样，在保持国际收支平衡的条件下，利息率和国民收入有两个对应点 C 和 D。把这些对应点连接起来便得到 BP 曲线。在 BP 曲线上任何一点，国际收支都保持平衡。

用推导 BP 曲线的方法可以证明，在 BP 曲线右下方的任何一点，国际收支都是逆差的（用 $B<0$ 表示）；在 BP 曲线左上方的任何一点，国际收支都是顺差的（用 $B>0$ 表示）。

三、内部均衡和外部均衡

四部门经济的内部均衡即国民收入和货币的均衡，与外部均衡即国际收支的均衡并不总是一致的，而且常常是不一致的。图 21.18 表明，假定 IS'' 曲线和 LM 曲线相交于 E，内部达到了均衡，但外部是失衡的。由于内部均衡点 E 处于 BP 曲线的下方，国际收支发生了逆差。假定 IS''_1 曲线和 LM_1 曲线相交于 E_1，内部同样也达到均衡。但内部均衡点 E_1 处于 BP 曲线的上方，国际收支出现顺差。只有当 IS'' 曲线与 LM 曲线相交于 BP 曲线上时，四部门经济的内部和外部才同时达到均衡。

但是，即使实现了内外均衡，这个均衡也不一定是充分就业的均衡。要使经济在充分就业水平上实现内外均衡，政府应该利用宏观财政政策和宏观货币政策来调节经济。例如，在图 21.19 中，Y_f 表示充分就业的国民收入水平，四部门经济的 IS'' 曲线与 LM 曲线在 BP 曲线的右下方相交于 E。这时经济既没有

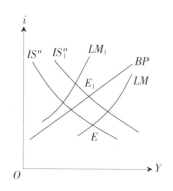

图 21.18 国际收支的失衡

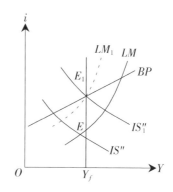

图 21.19 充分就业条件下的内外均衡

达到充分就业的内部均衡，也没有达到国际收支相抵的外部均衡。在这种情况下，单独使用财政政策或货币政策，即分别移动 IS'' 曲线或 LM 曲线，往往难以实现充分就业条件下的内外均衡。例如，当 LM 曲线向右移动以使它与 IS'' 曲线相交于充分就业水平时，国际收支仍有逆差；当 LM 曲线向左移动以使它与 IS'' 曲线相交于 BP 曲线时，国民收入又低于充分就业的水平。同样，当 IS'' 曲线向右移动以使它与 LM 曲线在充分就业水平上相交时，国际收支仍有逆差；当它继续向右移动以使它与 LM 曲线相交于 BP 曲线时，因受到充分就业国民收入的限制又难以实现。因此，最合适的方法是协调使用财政政策和货币政策。例如，采用扩张性的财政政策使 IS'' 曲线向右方移向 IS''_1，同时采用收缩性的货币政策使 LM 曲线向左方移向 LM_1，IS''_1 曲线与 LM_1 曲线同时在充分就业和国际收支平衡上相交于 E_1。这种做法的原因是：在采用扩张性的财政政策增加国民收入的时候，它不但使净出口减少，即逆差增大，而且还提高了利息率，使净资本外流量减少，即逆差减少。但两者相抵后，逆差仍然存在。因此，应该配合实行收缩性的货币政策，提高利息率，使净资本外流量继续减少。这样，经济社会将在充分就业的国民收入水平上达到国际收支的平衡。

第四节 IS-LM 分析的应用

一、经济政策的效力

当代西方经济学家认为，正如图 21.20 所表示的，LM 曲线从左到右的变化情况是开始时接近水平，然后趋于上升，最后接近垂直。为方便起见，可以把 LM 曲线划分为 Ⅰ，Ⅱ，Ⅲ 三个区域。

在区域 Ⅰ 内，LM 曲线所以接近水平是因为存在着流动性陷阱。流动性陷阱（liquidity trap）是指当利息率很低时，公众预期到利息率不可能更低了，也就是债券价格不可能更高了。在这种情况下，公众乐意把全部债券转换成现金，债券的供给是完全有弹性的。或者说，在投机动机下，对货币的需求是完全有弹性的。这意味着中央银行通过公开市场业务，虽然能够增加货币供给量，但是它想购买多少债券就有多少债券，债券的价格没有变化，货币供给量的增加已不能把利息

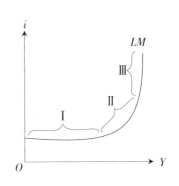

图 21.20 LM 曲线的形状

率压到更低的水平。由于投机余额完全有弹性，在图 21.4 中，L_2 曲线将成为水平线，LM 曲线相应的部分也将是水平线。

相反，在区域 Ⅲ 内，因为利息率已经很高，公众预期利息率不可能更高，即债券价格不可能更低，所以公众将大量购买债券而不保留现金，在投机动机下对货币的需求等于零。在这种情况下，投机余额完全无弹性，图 21.4 中的 L_2 曲线成为垂直线，LM 曲线相应的部分也是垂直线。

区域 Ⅰ 和 Ⅲ 都是极端的情况。前者只发生在严重经济萧条时期，后者只发生在严重通货膨胀时期。在通常情况下，LM 曲线如区域 Ⅱ 那样，向右上方倾斜。

图 21.21 说明，当经济处于 LM 曲线区域 Ⅰ 所表示的状态时，由于流动性陷阱的存在，利息率不可能再下降，扩大货币供给量使 LM 曲线移向 LM_1 以后，LM_1 曲线与 IS' 曲线的交点几乎没有变化，国民收入没有增加。这意味着货币政策已失去了作用。

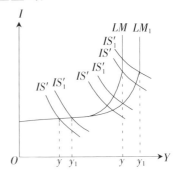

图 21.21 宏观经济政策的效力

但是如果政府增加支出或者减少税收，使 IS' 曲线移向 IS'_1，国民收入水平从 Oy 增加到 Oy_1。这表明财政政策有效地发挥了作用。因此，要摆脱严重的经济萧条，财政政策比货币政策更有效。

当经济处于 LM 曲线区域Ⅲ所表示的状态时，如果政府增加支出或者减少税收，使 IS' 曲线移向 IS'_1，结果仅仅是提高了利息率，政府支出的挤出效应接近100%，国民收入几乎没有增加。在这种情况下，财政政策失去了作用。但是，如果政府采用增加货币供给量的方法使 LM 曲线移向 LM_1，那么国民收入从 Oy 增加到 Oy_1，货币政策成为有效的手段。所以，在高价格高利息的条件下，货币政策比财政政策更有效。

如果经济处于 LM 曲线区域Ⅱ所表示的状态，财政政策和货币政策都有一定的效力。

二、经济政策的组合

$IS-LM$ 分析表明，要增强宏观经济政策的效果，应该采用相互配合的宏观财政政策和宏观货币政策。假定某经济处于图 21.22 所示的 IS'' 曲线和 LM 曲线相交的状态，均衡的国民收入和利息率分别是 Oy 和 Oi，其中均衡的国民收入 Oy 低于充分就业的国民收入水平。为了达到充分就业的国民收入水平，政府采用扩张性的宏观财政政策使 IS'' 曲线向右移动到 IS''_1。从图中可以看到，虽然 IS'' 曲线向右移动能够导致国民收入水平的增加，但同时也引起利息率的上升。利

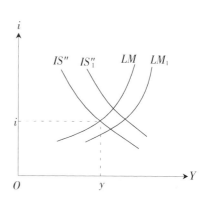

图 21.22 宏观经济政策的组合

息率的上升使政府支出挤出了一部分私人支出，影响了宏观财政政策的效果。在这种情况下，政府还应该同时采用扩张性的货币政策，使 LM 曲线向右移向 LM_1，这样，既降低了利息率水平，也提高了国民收入水平。

第22章 国民收入和价格水平的均衡

第一节 总需求函数

一、总需求函数

总需求函数（aggregate demand function）是指物品和劳务的总需求量与价格水平之间的函数关系，它可以利用现代国民收入理论中的收入－支出分析方法推导而成。前面在使用收入－支出分析方法分析均衡国民收入形成的时候，主要在价格水平保持不变的前提下分析总支出和国民收入的关系。现在则以一定的总支出函数为基础分析价格水平的变化对总支出函数的影响。

第一，价格水平的变化对消费支出的影响。凯恩斯学派对消费函数的分析表明，消费支出与可支配收入存在函数关系，消费支出随着可支配收入的增减而增减。但是，许多经济学家认为，消费支出不仅与可支配收入有关，而且与实际财富有关。可支配收入与实际财富不同：可支配收入是一个流量，它是以单位时间可以支配的货币收入来表示的；实际财富是一个存量，它是以某一个时点上拥有的资产价值总额来表示的。在可支配收入为一定的条件下，实际财富越多，储蓄将越少，消费将越多。因此，当价格水平下降时，人们以实物表示的实际财富将增加，因而在一定的可支配收入水平上的消费支出将增加。实际财富对消费支出的这种影响叫作实际余额效应（real balance effect）。[①] 根据实际余额效应，价格水平的下降在可支配收入为一定的条件下将会导致消费支出的增加，从而导致消费曲线向上移动。当代西方经济学家曾利用计量经济学方法就价格水平的下降对消费支出的影响进行了分析，他们的结论是：价格水平下降10%大约可以导致消费支出增加0.15%。

第二，价格水平下降对投资支出的影响。价格水平的下降会对投资支出产生不同的影响。首先，凯恩斯学派对货币需求函数的分析表明，货币需求量与交易量存在函数关系，货币需求量随着交易量的增减而增减。在实物产量为一

---

① 实际余额效应是由英国经济学家庇古和以色列经济学家帕廷金（D. Patinkin）提出来的。

定的条件下，如果价格水平下降，交易量将减少，货币需求量将减少。这样，在货币供给为一定的情况下，货币需求的减少导致利息率的下降，从而导致投资的增加。价格水平的变化对投资的这种影响叫作利率效应（interest rate effect）。根据利率效应，价格水平的下降对投资产生反方向的影响。其次，厂商投资的部分资金来源是本厂商的收益，当价格水平下降时，厂商一方面因产品价格下降而减少了总收益，另一方面因债务利息不变而部分成本不变，这样厂商净收益减少。由于现实经济中普遍存在信贷配给的情况，厂商不能随意增加借款，因而厂商的投资将减少。价格水平对投资的这种影响叫作信贷约束效应（credit constraint effect）。根据信贷约束效应，价格水平的下降对投资存在同方向影响。最后，在价格水平下降的情况下，厂商的资产价值和产品价格将下降，厂商的利润将减少。假定其他条件不变，厂商投资风险增加，厂商将减少投资。价格水平下降对投资的这种影响叫作厂商财富效应（firm wealth effect）。根据厂商财富效应，价格水平的下降对投资存在同方向的影响。由于上述三种效应相互抵销，价格水平的下降对投资没有明确的影响。

第三，价格水平对净出口的影响。在本国价格水平下降的条件下，本国商品以本国货币表示的价格将下降，因而按一定的汇率折算的以外国货币表示的价格也将下降，本国商品的出口将增加。另外，由于本国商品以本国货币表示的价格下降，外国商品按一定的汇率折算的以本国货币表示的价格相对上升，外国商品的进口将减少。因此，价格水平下降将导致出口增加和进口减少，即导致净出口增加。

综上所述，由于价格水平的变化对厂商投资没有明确的影响，政府支出是由政府政策决定的，因而可以假定保持不变，根据价格水平对消费支出和净出口的影响，价格水平的下降在国民收入水平为一定的条件下导致总支出增加。如图22.1所示，（A）是利用收入－支出分析方法分析国民收入均衡的图像，（B）用于分析总需求曲线，即价格水平与总支出之间的函数关系。假定价格水平是 Op_1，总支出曲线是 AE_1，从图22.1（A）可以得到，总支出曲线 AE_1 与45°线的交点决定的均衡国民收入是 Oy_1，这样，在图22.1（B）可以得到价格水平 Op_1 与国民收入 Oy_1 的对应点 A。再假

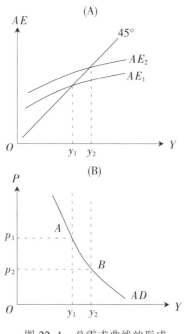

图22-1 总需求曲线的形成

定价格水平从 Op_1 下降到 Op_2,根据价格水平的变化对消费支出和净出口的影响,总支出将增加,即总支出曲线从 AE_1 移向 AE_2,总支出曲线 AE_2 与45°线的交点决定的均衡国民收入是 Oy_2,这样,在图22.1(B)又可以得到价格水平 Op_2 与国民收入 Oy_2 的对应点 B。按照同样的方法,还可以在图22.1(B)得到价格水平和国民收入的其他对应点,把这些对应点连接起来,便得到表示价格水平和国民收入之间函数关系的曲线。从这个分析过程可以看到,由于均衡的国民收入是总支出等于国民收入时的国民收入,均衡国民收入 Oy_1 和 Oy_2 是与相应的总支出相等的国民收入,它们实际上也表示总支出水平;又由于总支出表示对社会产品的总需求,在图22.1(B)中所得到的价格水平和国民收入关系的曲线可以表示价格水平和总需求量之间关系的曲线,即总需求曲线 AD。

二、总需求函数的变化

从总需求曲线形成的过程可以看到,在价格水平和总支出函数为一定的情况下,可以得到总需求曲线上的一个点。由于价格水平的变化将会引起总支出函数变化,发生变化的价格水平和相应的总支出函数形成了总需求曲线上的其他的点,从而形成了总需求曲线。因此,在分析总需求曲线的过程中,价格水平是自变量,总需求量是因变量,其他影响总需求量的因素则作为前提条件。这就是说,总需求曲线表示在其他因素不变的前提下总需求量和价格水平之间的函数关系。显然,当其他影响总需求的因素发生变化时,总需求函数将发生变化,总需求曲线将发生移动。

如图22.2所示,假定原来的总需求曲线是 AD_1,现在由于消费意愿的变化引起消费支出的增加,或者由于预期利润率的上升和利息率的下降引起投资支出增加,或者由于政府经济政策的变化引起政府支出的增加,或者由于汇率的变化引起净出口的增加,在这些因素的影响下,总支出曲线将从 AE_1 向上移向 AE_2。由于价格水平没有变化,原来价格水平 Op_1 与国民收入 Op_1 的对应点 A_1 变为价格水平 Op_1 与国民收入 Op_2 的对应点 A_2,即总需求曲线从 AD_1 向右移向 AD_2。由此可见,在均衡的国民收入水平上,如果消费支出增加,或者投资支出增加,或者政府支出增

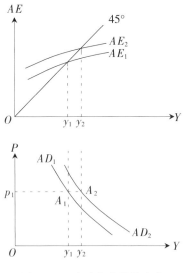

图22-2 总需求曲线的变化

加,或者净出口增加,都会引起总需求的增加,即总需求曲线向右移动;反之,则引起总需求曲线向左移动。

第二节 总供给函数

总供给函数(aggregate supply function)是指物品和劳务的总供给量与价格水平之间的函数关系。总供给函数在短期和长期表现出不同的特点,因而分为短期的供给函数和长期的供给函数。在短期里,如果价格水平上升,厂商所支付的工资和折旧费等成本保持稳定,厂商的利润将增加。在获得利润的动机的支配下,厂商将扩大生产,总供给量将增加。相反,如果价格水平下降,厂商所支付的工资和折旧费等成本保持稳定,厂商的利润将减少。在获得利润的动机的支配下,厂商将收缩生产,总供给量将减少。因此,在横轴表示总供给量、纵轴表示价格水平的坐标系里,短期的总供给曲线是一条向右上方倾斜的曲线,如图22.3所示。

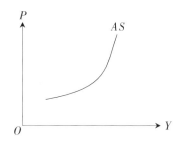

图 22.3 短期总供给曲线的形成

如果从工资成本的角度分析,短期总供给曲线可以利用劳动的需求函数、供给函数和生产函数推导出来。在图22.4中,(A)表示生产函数的图像,Y是总产量,Q是劳动数量,k是资本投入量,l是劳动投入量。由于总产量是资本和劳动投入量的函数,设资本投入量不变,总产量将随着劳动投入量的增加而增加。(B)是一条辅助线45°线。(C)表示劳动市场的情况,S是劳动的供给曲线,D是劳动的需求曲线,W是货币工资率,Q是劳动数量。(D)用于推导短期总供给曲线。

如图22.4所示,在(D)里,假定原价格水平是p_1。在(C)里,在价格水平为p_1的条件下,劳动的需求曲线D_1和供给曲线S的交点决定了均衡的工资率w_1和均衡的就业量q_1。根据(A)的生产函数$y=f(k,l)$,当就业量即劳动的投入量是q_1时,总产量是y_1。这样,在(D)里形成了价格水平p_1和总产量y_1的对应点a。

现在假定在(D)里的价格水平从p_1上升到p_2。对于价格水平的变化,(C)里的劳动需求曲线和供给曲线将发生什么变化,新凯恩斯主义学派和新古典主义学派有不同的看法。按照新凯恩斯主义学派的看法,工资是黏性的,货币工资率w_1不会变化。由于价格水平上升而货币工资率不变,实际工资下降,厂商利润增加。厂商将扩大生产和增雇工人,劳动需求曲线从D_1移向

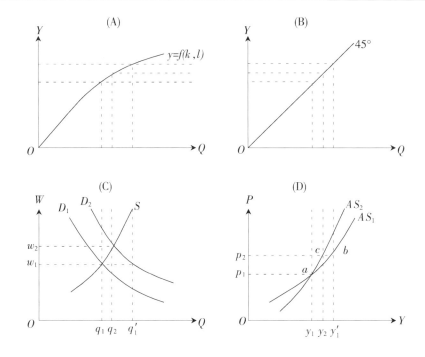

图 22.4 短期总供给曲线的形成

D_2。在存在失业的条件下,厂商将根据货币工资率 w_1 和需求曲线 D_2 决定就业量 q_1'。根据生产函数,当劳动的投入量是 q_1' 时,总产量是 y_1'。这样,又得到价格水平 p_2 和总产量 y_1' 的对应点 b。按照同样的方法,还可以得到其他的对应点,用一条平滑的曲线将这些对应点连接起来,便得到短期总供给曲线 AS_1。

但是,根据新古典主义学派的看法,工资是弹性的。当价格水平的上升导致劳动的需求曲线从 D_1 移向 D_2 时,货币工资率将会提高。最后,劳动需求曲线 D_2 和供给曲线 S 的交点决定了均衡的工资率是 w_2,均衡的就业量是 q_2。根据生产函数 $y=f(k, l)$,当劳动的投入量是 q_2 时,总产量是 y_2。这样,将得到价格水平和总产量不同于新凯恩斯主义学派的对应点 c。连接这些对应点,便得到不同于新凯恩斯主义学派的短期总供给曲线 AS_2。从上面的分析可以看到,新古典主义学派的短期总供给曲线要陡于新凯恩斯主义学派的短期总供给曲线。

在厂商的生产成本中,除了工资成本以外,还有别的成本。在价格水平发生变化时,这些成本将发生什么变化,都会对总供给函数产生影响。另外,在厂商具有一定的生产能力的情况下,短期总供给曲线的典型形状是像图 22.3

所表示的那样，从左到右是先比较平坦，再比较陡峭。这是因为在产量较低时，如果价格水平上升，厂商可以迅速扩大生产，短期总供给曲线比较平坦。但是，在产量比较高并且越来越接近充分就业时，厂商的生产能力越来越接近被充分利用，产量的增加比较缓慢，短期总供给曲线比较陡峭。

在短期总供给函数形成以后，在下述因素的影响下，短期总供给曲线将发生移动：

第一，货币工资率的变化。假定其他条件不变，如果货币工资率提高了，厂商的生产成本将会提高。在同样的价格水平上，物品和劳务的总供给量将会减少，短期总供给曲线将向左移动。反之，短期总供给曲线将向右移动。

第二，原材料和燃料价格的变化。假定其他条件不变，如果原材料和燃料价格提高了，厂商的生产成本将会提高。在同样的价格水平上，物品和劳务的总供给量将会减少，短期总供给曲线将向左移动。反之，短期总供给曲线将向右移动。

第三，自然灾害和社会动荡。如果发生了自然灾害，如洪水、飓风、干旱、传染病，以及政治动乱、社会动乱等，都将在同样的价格水平上导致物品和劳务的总供给量减少，短期总供给曲线将向左移动。

第三节　国民收入和价格水平的均衡及其变化

一、国民收入和价格水平的均衡

在图 22.5 中，纵轴表示价格水平 P，横轴表示国民收入 Y，总需求曲线和总供给曲线的交点决定了均衡的价格水平 Op 和均衡的国民收入水平 Oy。

二、国民收入和价格水平均衡的变化

如图 22.6 所示，设总需求曲线为 AD，总供给曲线为 AS，AD 和 AS 的交点决定了均衡的价格水平 Op 和均衡的国民收入 Oy。假定由于各种原因，总需求增加了，总需求曲线从 AD 向右移向 AD_1。从图中可以看到，在总需求曲线 AD_1 和总供给曲线 AS 相交时，即总需求量等于总供给量时，均衡的价格水平和国民收入水平提高了。同理，当总需求减少时，总需求曲线向左移动，均衡的价格水平和国民收入水平将下降。再假定由于各种原因，总供给增加了，总供给曲线从 AS 向右移向 AS_1。从图中可以看到，在总供给曲线 AS_1 和总需求曲线 AD 相交时，即总供给量等于总需求量时，均衡的价格水平下降了，而均衡的国民收入水平提高了。同理，当总供给减少时，总供给曲线向左移动，均衡的价格水平将上升，但均衡的国民收入水平将下降。

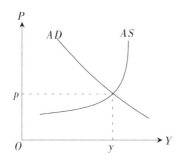

图 22.5　国民收入和价格
　　　　水平的均衡

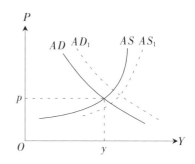

图 22.6　国民收入和价格
　　　　水平均衡的变化

利用相同的方法还可以证明：总需求和总供给同时增加将导致均衡国民收入的增加，总需求和总供给同时减少将导致均衡国民收入的减少；均衡价格水平的变化则取决于总需求曲线和总供给曲线的形状以及总需求和总供给的相对变化幅度。总需求增加和总供给减少导致均衡价格水平上升，总需求减少和总供给增加导致均衡价格水平下降；均衡国民收入的变化取决于总需求曲线和总供给曲线的形状以及总需求和总供给的相对变化幅度。

三、预期与长期的总供给曲线

前面在对总供给曲线进行分析时，实际上隐含着对工资和价格的预期为一定的假定。在对工资和价格的预期为一定的前提下，当价格水平上升时，劳动者不会因为预期到价格水平的上升而要求提高工资，厂商的生产成本保持稳定但利润增加，在追求利润动机的驱动下，厂商将扩大生产，总供给量趋于增加，总供给曲线表示为一条向右上方倾斜的曲线。这个假定在短期里是成立的，因而向右上方倾斜的总供给曲线叫作短期的总供给曲线。

但是，在长期里，人们会对工资和价格产生预期并作出相应的反应，总供给曲线的形状会发生变化。人们对工资和价格的预期主要有下述方式：第一种方式是静态预期（static expectation），即人们认为目前的工资和价格水平将会持续下去的预期。在价格水平下降的情况下，如果人们作出的预期是静态预期，那么人们将以为下降以后会保持不变，所以他们既不会提前消费，也不会推后消费。第二种方式是适应性预期（adaptive expectation），即对目前发生的工资和价格的变化进行推论而形成的预期，也就是人们根据以前对工资和价格预期的误差来修正对下一个时期的工资和价格的预期。在价格水平下降的情况下，如果人们作出的预期是适应性预期，那么他们对未来工资和价格的预期取决于以前预期的误差。假如他们以前对工资和价格变化幅度的预期不足，他们将认为未来工资和价格有更大幅度的下降，因而将会推后消费。第三种预期是理性预期（rational expectation），即人们利用自己所能获得的一切信息形成的关于未来工资和价格变化的预期。在价格水平下降的情况下，如果人们作出的预期是理性预期，他们将会利用一切关于影响工资和价格的因素的变化的信息进行预期。

例如，假定 12 月份发生了价格水平下降的情况，另外有迹象表明商店在新年过后会降低商品的价格。如果消费者 A 的预期是静态预期，那么，他认为 12 月和明年 1 月价格水平大致相同，选择在 12 月和明年 1 月购买商品是一样的。如果消费者 B 的预期是适应性预期，而且从以前预期误差来看对价格下降幅度估计不足，那么他认为明年 1 月商品价格可能降得更低，他将选择在明年 1 月或 2 月购买商品。这两种预期方式都有一个相同的特点，即都没有考虑到商店在新年过后会降低商品价格的信息，因此都不是完全有理性的。如果消费者 C 的预期是理性预期，那么他将会分析他所获得的一切信息，作出明年 1 月商品价格将会更低的预期，并选择在明年 1 月购买商品。

从长期来看，由于人们可以掌握充分的信息并作出理性的预期，当价格水平上升时，劳动者会要求相应增加工资，厂商的利润没有增加，总供给量也不会增加。这样，长期的总供给曲线与短期的总供给曲线不同，它是一条垂直线，如图 22.7 所示。

新古典主义学派据此还提出了政策无效性命题（policy ineffectiveness proposition）。这就是说，在理性预期的条件下，总供给曲线成为垂直线，政府调整总需求的经济政策只会改变价格水平而不会改变国民收入水平。

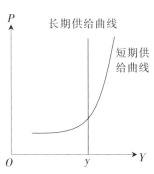

图 22-7　短期和长期的总供给曲线

长期总供给曲线取决于技术、劳动、资本和自然资源。如果技术进步了，同样数量的劳动、资本和自然资源可以生产更多的物品和劳务，长期总成本曲线将向右方移动。另外，如果劳动、资本和自然资源增加了，物品和劳务的总供给量也会增加，长期总成本曲线也将向右方移动。

第四节　价格黏性和供求约束均衡

一、价格黏性

在前面对国民收入和价格水平的均衡的分析中，一直假定价格是灵活的。

当总供给大于总需求或总供给小于总需求的情况下，价格会发生相应变化，从而使价格水平在总供给曲线和总需求曲线的交点上形成均衡。

但是，在现实的经济中，价格不能迅速地随着总供给或总需求变化而是呈黏性。价格黏性（price stick）是由下述原因造成的：

第一，当厂商改变价格时，他们必须确定新的价格、打印新的价格表、向顾客传达价格变化的信息等，这种因改变价格而花费的成本称为菜单成本（menu costs），菜单成本的存在使价格不易变化。

第二，当经济活动水平下降时，厂商的反应往往是降低产量而不是降低价格。降低产量只会带来存货的变化，不会产生风险。降低价格能否扩大销量则取决于同行业其他厂商的反应和顾客的反应，风险较大。因此，厂商不会轻易调整价格。

第三，当厂商提高价格时，顾客会转向购买别的厂商的商品。但是，当厂商降低价格时，除非他花费较高的成本进行宣传，否则新顾客不会发现他的商品的价格下降。所以，厂商不愿调整价格。

由于上述原因，价格是黏性的。如果价格水平黏在总供给量等于总需求量的水平以上，从而使总需求量小于总供给量，那么厂商不会生产超过总需求量的产品，国民收入将等于该价格下的总需求水平。在这种情况下，约束产品生产的是需求，因而称为需求约束均衡。如果价格水平黏在总供给量等于总需求量的水平以下，从而使总供给量小于总需求量，那么居民购买的商品不会超过商品的总供给量，国民收入将等于该价格的总供给水平。在这种情况下，约束产品生产的是供给，因而称为供给约束均衡。

二、需求约束均衡和凯恩斯失业

如图22.8所示，如果价格是灵活的，价格水平将会在总需求曲线和总供给曲线的交点形成均衡。但是，如果价格是黏性的，价格水平黏着在 Op_1 上，厂商将根据总需求量生产出 Oy_1 的国民收入，这就是需求约束的均衡。如果需求约束均衡的国民收入水平低于充分就业的国民收入水平，这种情况所导致的失业叫作凯恩斯的失业（Keynesian unemployment）。在凯恩斯看来，失业是由总需求不足造成的。

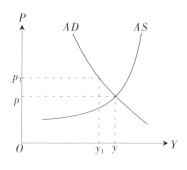

图22.8　需求约束均衡

三、供给约束均衡和古典失业

同理,如图 22.9 所示,如果价格是灵活的,价格水平将会在总需求曲线和总供给曲线的交点形成均衡。但是,如果价格是黏性的,价格水平黏在 Op_1 上,厂商将根据价格水平 Op_1 生产出 Oy_1 的国民收入,这就是供给约束的均衡。如果供给约束均衡的国民收入水平低于充分就业的国民收入水平,这种情况所导致的失业叫作古典的失业(classical unemployment)。在古典经济学家看来,失业是由实际工资率过高造成的。在出现供给约束均衡的情况下,如果降低实际工资率,总供给曲线向右移动,均衡国民收入将增加,失业将减少。因此,供给约束均衡可以看作由实际工资率过高造成的。

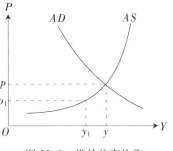

图 22-9 供给约束均衡

四、需求和供给约束均衡的政策含义

假定总需求增加,总需求曲线向右移动。如图 22.10(A)所示,如果经济处于需求约束均衡的状态,总需求曲线从 AD 移向 AD_1 将导致均衡国民收入水平从 Oy 增加到 Oy_1。如图 22.10(B)所示,如果经济处于供给约束均衡状态,总需求曲线从 AD 移向 AD_1 只扩大了总需求和总供给的缺口,而不会导致均衡国民收入 Oy 的变化。

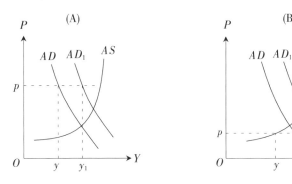

图 22.10 总需求变化的影响

假定总供给增加,总供给曲线向右移动,如图 22.11(A)所示,如果经济处于需求约束均衡状态,总供给曲线从 AS 移向 AS_1 只扩大了总供给和总需求的缺口,而不会导致均衡国民收入 Oy 的变化。如图 22.11(B)所示,如

果经济处于供给约束均衡状态，总供给曲线从 AS 移向 AS_1 导致均衡国民收入从 Oy 增加到 Oy_1。

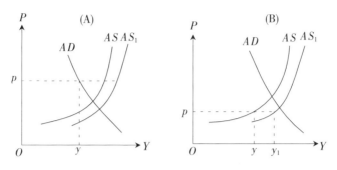

图 22.11　总供给变化的影响

从上面的分析可以看到，在需求约束均衡中，实际的价格水平高于总需求量等于总供给量的价格水平，均衡国民收入决定于价格水平线和总需求曲线的交点。在这种情况下，总需求的增加导致均衡国民收入的增加，总供给的增加对均衡国民收入没有影响。因此，调整总需求的经济政策是有效的。

在供给约束均衡中，实际的价格水平低于总需求量等于总供给量的价格水平，均衡国民收入决定于价格水平线和总供给曲线的交点。在这种情况下，总需求的增加对均衡国民收入没有影响，总供给的增加导致均衡国民收入的增加。因此，调整总供给的经济政策是有效的。

第五节　$AD-AS$ 分析的应用

总需求与总供给分析对于政府制定宏观经济学政策具有指导意义。总需求与总供给分析表明，在短期里，总供给保持稳定。因此，如图 22.12 所示，总需求增加将导致总需求曲线向右方移动，从而导致产值的增加和价格水平的上升。同理，总需求减少将导致总需求曲线向左方移动，从而导致产值的减少和价格水平的下降。

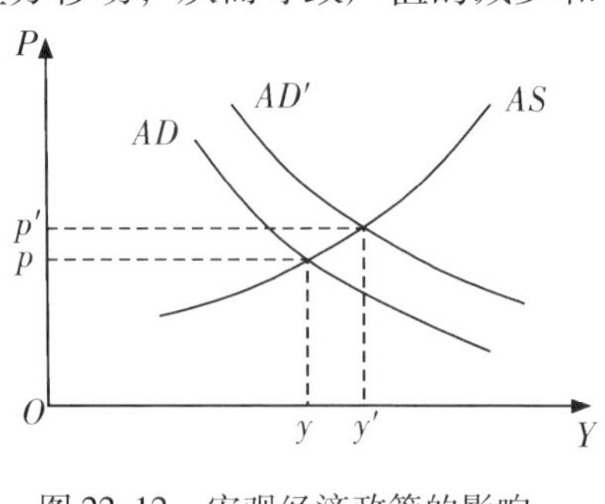

这意味着，如果政府采用扩张性的财政政策或货币政策去克服经济衰退的时候，它将导致总需求增加，结果不仅带来产值的增加，而且也带来价格水平的上升；相反，如果政府采用收缩性的财政政策或货币政策去克服通货膨胀的时候，它将导致总需求减少，结果不仅带来价格水平的下降，而且也

图 22.12　宏观经济政策的影响

带来产值的减少。因此，当政府用宏观经济政策去影响产值的时候，要关注它对价格水平的影响；当政府用宏观经济政策去影响价格水平的时候，要关注它对产值的影响。

例如，2013年4月，日本中央银行为了对付长期的经济停滞，决定实行"超宽松"的宏观货币政策。按照计划，日本中央银行在4月购买6.20万亿日元的5年期限的日本政府债券，5月份再购买7.44万亿日元的5年期限的日本政府债券，通过公开市场业务的操作在2年内将基础货币的数量增加1倍。

日本希望通过"超宽松"的宏观货币政策达到下述目的：第一，通过消费信贷和投资信贷的扩张以刺激消费支出和投资支出，从而导致产值的增加。第二，利用增加货币的方法推动日元汇率贬值，使日本出口商品变得便宜，从而导致出口的增加和产值的增加。

但是，根据总需求和总供给的分析，这种"超宽松"的宏观货币政策也会导致价格水平的上升。因此，日本中央银行利用通货膨胀的指标为这项宏观货币政策设定限度：只要物价上涨率达到2%，日本中央银行将不再投放基础货币。按照预测，到2015年4月，物价上涨率将会达到2%。这就是说，日本中央银行准备在2015年4月以前一直实行扩张性的货币政策。

第23章 失业和通货膨胀

第一节 失业的原因及其解决方法

一、失业及其对经济的影响

失业（unemployment）是指劳动者没有能够就业。失业率则是指失业人数与劳动力的比率。如果用 U 表示失业率，用 UN 表示失业人数，用 L 表示劳动力的数量，那么

$$U = UN/L。$$

失业对经济有着重要影响。首先，失业造成了社会资源的浪费。劳动是一种重要的社会资源，又是不能延续使用的经济物品。例如，如果某国某年有100万台机器闲置下来，那么一般来说这些机器的寿命并没相应缩短一年，它们仍能在原来具有的寿命期内发挥作用。但如果有100万人失业，那么这100万人全年的劳动就永远失去了。这些劳动所能创造的国民收入也永远失去了。其次，失业造成了劳动者的贫困。就业是劳动者取得收入的基本途径，一旦失业，劳动者将陷入贫困状态。例如，20世纪70年代中期美国经济萧条，使许多失业工人在失业救济期满后仍找不到工作，大约有半数的失业者生活在贫困线下。另外，当失业变得严重时，还有可能引起社会的动乱。

二、失业的种类和原因

失业划分为两类：一类是自愿失业，另一类是非自愿失业。自愿失业是指劳动者虽然有工作机会，但因不愿意接受现行的工资率而发生的失业；非自愿失业是指劳动者虽然愿意接受现行的工资率，但仍然找不到工作而发生的失业。在没有说明的情况下，失业一般指非自愿失业。

按照失业的原因，非自愿失业包括下述类型：

第一，摩擦性失业。劳动者的正常流动所发生的失业，叫作摩擦性失业（frictional unemployment）。例如，人们离开原来的工作以后，还需要一段时间寻找新的工作。在老年人退休后，青年人由于经验等原因不能马上补充老年人

留下的空缺。所有这些流动都需要时间，一部分人将滞留在失业队伍里。

第二，结构性失业。结构性失业（structural unemployment）是指因经济结构变化而发生的失业。例如，随着科学技术的发展，有的部门走向衰落而有的部门正在兴起。但是从旧工业部门排挤出来的工人，不一定能适应新工业部门的技术要求，因而一部分人找不到工作。又如，由于地区经济发展不平衡，有的地区发展迅速，有的地区发展缓慢。落后地区的剩余劳动力因地理位置的限制，不能迅速流动到发展迅速的地区，因而也有一部分劳动者失业。

第三，季节性失业。季节性失业（seasonal unemployment）是指随着季节的变换而发生的失业。有的行业如农业、建筑业、旅游业等的季节性是很强的，当这些行业的淡季到来时，就会出现季节性的失业。

第四，需求不足的失业。需求不足的失业（deficient-demand unemployment）是指由于社会总需求不足而带来的失业。如果社会总需求不足，生产就会出现过剩，经济将陷入萧条。在这种情况下，厂商会减少生产，解雇工人，从而带来失业人数的增加。20世纪30年代经济大危机期间所发生的失业，就是典型的需求不足的失业。由于经济萧条是周期性的，需求不足的失业又称为周期性失业。

美国经济学家奥肯（A. Okun）曾经研究了国内生产总值的变化对就业的影响。他的研究结果表明，相对于潜在的国内生产总值来说，实际国内生产总值每下降2%，失业率就上升1%。这就是奥肯定律（Okun's Law）。

奥肯定律说明，如果原来的实际国内生产总值是潜在国内生产总值的100%，失业率是4%，现在实际国内生产总值下降到潜在国内生产总值的98%，那么失业率将上升1个百分点，即上升到5%。例如，美国在1979年到1982年经历了3年的停滞时期。在这个期间，由于生产要素的增加，潜在国内生产总值每年增长3%，但是实际国内生产总值却没有增长。这意味着实际国内生产总值下降了9个百分点。按照奥肯定律，失业率将上升4.5个百分点。实际情况是，1979年美国的失业率是5.8%，1982年美国的失业率是9.7%，共上升了3.9个百分点。这说明这个时期的情况符合奥肯定律。

现代西方经济学家认为，充分就业不是指100%的就业。在现实的经济里，摩擦性失业、结构性失业、季节性失业是难以避免的。如果在经济中只存在这三种失业，那么就可以称为充分就业。这就是说，如果经济不存在由于经济周期变化所发生的失业，也就是不存在总需求不足的失业，那么经济就达到充分就业。在充分就业状态下的失业率称为自然失业率（natural unemployment rate）。

因为自然失业率是存在摩擦性失业、结构性失业、季节性失业的失业率，而这三种失业率在不同的时期是不同的，所以自然失业率是可变的。例如，根据美国经济学家的估计，美国自然失业率在20世纪60年代是4%，在80年代是6%，在90年代是5.2%。[①]

三、凯恩斯学派对失业的看法

凯恩斯学派认为，现实经济中存在着非自愿失业。如图23.1所示，在以横轴表示总劳动量、纵轴表示工资率水平的坐标系里，劳动的总需求曲线是向右下方倾斜的曲线，劳动的总供给曲线是向右上方倾斜的曲线。假定原来劳动力市场处于均衡状态，充分就业水平是Oq_f，那么均衡的就业量Oq和充分就业水平Oq_f的差距qq_f是自愿失业，即不愿意接受现行工资率Ow所发生的失业。再假定对产品总需求的下降造成对劳动力的总需求曲线从D向左移向

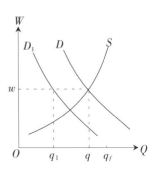

图23.1 非自愿失业

D_1，由于实际工资率向下呈刚性或黏性，它在短期内不会向下调整，由此产生的失业便是非自愿失业，也就是即使接受现行工资率Ow也会发生的失业。

凯恩斯学派认为，单靠市场本身的调节无法消除非自愿失业，因而应该根据不同的失业原因采取不同的经济政策。

解决需求不足的失业的方法是运用宏观财政政策和货币政策。政府可以通过增加政府支出、减少政府税收或增加货币供给量的方法，来刺激总需求，从而达到增加劳动总需求、提高就业水平的目的。

摩擦性失业和结构性失业不是因总需求不足所造成的，使用宏观财政政策和货币政策不能缓和这两种失业。对此，当代西方经济学家又提出了一项新的政策，称为人力政策。

人力政策是为了解决劳动市场的失衡而采取的一项政策。它的目的是使劳动者与就业机会更相适应，从而降低失业水平。人力政策包括三方面的内容：①提供职业训练。政府举办或鼓励举办各种学校，加强对工人的教育和训练，使他们能够适应技术要求更高的工作。②提供就业信息。政府建立各种就业服务机构，向失业工人提供就业机会的信息，资助他们搬迁，加快劳动力的流动。③反对就业歧视。种族歧视、宗教歧视和性别歧视是导致失业人数增加的重要因素。政府通过立法的手段逐步消除这些歧视。

四、新古典主义学派对失业的看法

如前所述，理性预期学派提出两个基本的命题：①人们是有理性的，人们

---

① 多恩布什（L. Dornbusch）：《宏观经济学》，中国财政经济出版社2003年版，第140页。

可以根据经济信息作出合理的预期;②价格是有弹性的,它可以迅速地发生变化以保持市场的均衡状态。根据这两个命题,理性预期学派对失业提出不同于凯恩斯学派的看法。

如图 23.2 所示,在以横轴表示就业量、纵轴表示实际工资率的坐标系中,曲线 D 和 S 分别是劳动的总需求曲线和总供给曲线, q_f 是充分就业水平。劳动的总需求曲线 D 和总供给曲线 S 的交点 E_1 决定了均衡的实际工资率是 Ow_1,均衡的就业量是 Oq_1。这意味着即使在均衡的劳动市场上,实际的就业量 Oq_1 也少于劳动的总供给量 Oq_f,失业的劳动数量为 q_1q_f。在新古典主义学派看来,这部分失业是自愿失业,即不愿意接受现行的工资率 Ow_1 而发生的失业。

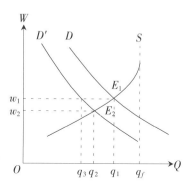

图 23.2　自愿失业的发生

假定劳动的需求曲线从 D 向左移向 D',按照凯恩斯学派的看法,实际工资率向下变化是呈刚性或黏性的。因此,实际工资率在短期内不会下降而保持在 Ow_1 的水平上。在这种情况下,厂商根据实际工资率和劳动的需求曲线 D' 把劳动雇用量确定在 Oq_3 的水平上,这意味着因劳动需求减少而发生的失业 q_1q_3 是非自愿失业,是即使接受现行的工资率 Ow_1 也找不到工作而发生的失业。但是,在新古典主义学派看来,实际工资率是有弹性的,它会迅速地变化以实现劳动供给量和需求量的均衡。这样,实际工资率和就业量分别在 Ow_2 和 Oq_2 的水平上形成均衡。这意味着因劳动需求减少而发生的失业 q_1q_2 是自愿失业,即不愿意接受现行的工资率 Ow_2 而发生的失业。

如果说实际工资率的变化可以使劳动市场达到均衡,因而几乎全部失业都是自愿失业,那么在现实的经济中为什么会出现高失业率的现象?在新古典主义学派看来,这是由于市场信息不完全,人们根据不完全的信息作出相应的反应造成的。假定某一个劳动者在每小时的工资率为 10 美元的条件下愿意每周工作 40 个小时。如果他预期下一年的价格水平不变,而雇主支付给他的工资率提高到每小时 11 美元,那么他愿意每周工作 48 小时。这就是说,较高工资率的预期使他提供更多的劳动。但到了下一年,该劳动者发现每个劳动者的工资率都提高了 10%,价格水平也上升了 10%,他的实际工资率并没有提高。但是,在不准确的预期的影响下他增加了劳动量。由此类推,如果劳动者对实际工资率预期的错觉是普遍的,那么人们误以为实际工资率上升将使失业降到自然失业率以下,实际工资率下降将使失业升到自然失业率以上。这就是说,现实经济中出现的高失业率是由于人们对实际工资率变化预期的错误造成的。

在新古典主义学派看来，在市场的调节下，劳动的总供给量等于劳动的总需求量，劳动市场是出清的。即使发生了对充分就业的偏离，也是在信息不完全的情况下人们预期的错误造成的。无论财政政策还是货币政策在长期里都不能影响就业水平。

五、新凯恩斯主义学派的失业理论与政策

新凯恩主义学派认为，在存在非自愿失业的情况下，实际工资率不会下降以消除非自愿失业。如图23.3所示，横纵表示就业量，纵轴表示实际工资率，曲线D和S分别表示劳动的总需求曲线和总供给曲线，q_f表示充分就业水平。假定现行的实际工资率为Qw_1，那么劳动的总供给量Oq_2超过了劳动的总需求量Oq_1，造成了数量为q_1q_2的失业。这部分失业是劳动者愿意接受现行工资率Ow_1而发生的失业，因而属于非自愿失业。数量为q_2q_f的失业则是劳动者不愿意接受现行工资率Ow而发生的失业，因而属于自愿失业。在存在非自愿失业的情况下，如果实际工资率从Ow_1下降到劳动的总需求曲线和总供给曲线的交点所决定的工资率水平，那么非自愿失业将会消失，数量为qq_f的失业全部为自愿失业。但是，由于工资黏性，实际工资率不会发生下降。

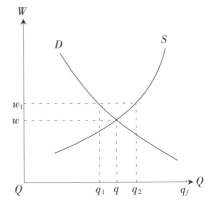

图23.3 工资黏性与非自愿失业

工资黏性（wage stick）是由下述原因造成的：

第一，劳资合同和隐含合同。工会经常为提高名义工资而与厂商进行谈判，厂商也认为满足工会的要求比蒙受经久不决的磋商或罢工之苦更好一些，当劳资双方签订合同时，就决定了实际工资水平，这就是劳资合同。另外，劳动者与厂商之间商定的工资除了由正式合同决定以外，还由双方的默契决定，这种默契叫隐含合同（implicit contract）。例如，劳动者一般都愿意规避风险。由于他们具有相对固定的消费支出，他们不希望自己的工资随着劳动供求的变化而波动。厂商抵御工资波动的能力强于劳动者，但由于劳动者倾向于在工资稳定的企业工作，厂商也愿意提供较为稳定的工资以避免劳动者频繁流动。这样，厂商和劳动者就会达到一种默契，厂商在经济衰退时期支付给劳动者的工资比需要支付的工资高一些；作为回报，劳动者在经济繁荣时期仍留在企业，他们得到的工资比应该得到的工资低一些。由于存在隐含合同，劳动者的工资包括市场工资和隐含工资。当市场工资较低时，劳动者的工资高于市场工资；

当市场工资较高时,劳动者的工资低于市场工资。不论是劳资合同还是隐含合同,都造成工资不易变动而呈黏性。①

第二,局内人和局外人。局内人(insider)是指在企业内工作的工人,他们通常是工会的会员;局外人(outsider)是指希望到企业工作的工人或者临时在企业工作的工人,他们通常不是工会的会员。厂商要雇佣局外人,即局外人要成为局内人,存在着劳动转换成本,即厂商培训新工人所支出的成本。劳动转换成本的存在形成了对局内人的保护和对厂商雇佣局外人的限制。虽然厂商可以对局外人支付较低的工资率,但局外人接受培训以后有可能因工资低而离开该厂商,从而使厂商遭受损失,这样厂商不得不支付与局内人相似的工资率。这种情况使厂商更愿意继续雇佣局内人而不太愿意雇佣局外人。在存在局内人和局外人的条件下,工资率的调整将分为纯粹局内人的工资率调整与局外人施加压力的工资率调整两种情形。

纯粹局内人的工资率调整是指局内人具有较大的势力,他们在与厂商进行调整工资率的谈判时只考虑局内人的利益而不考虑局外人的利益。在这种情形下,如果厂商雇佣局外人,不仅存在劳动转换成本,而且将受到局内人的抵制而造成各种隐形的损失和效率的下降。因此,厂商不愿意雇佣局外人。这样,工资率的调整将达到使厂商雇佣工人的人数等于局内人人数的程度。上述分析具有两个含义:第一,工资是黏性的,它不会因为失业工人的存在而下降;第二,即使局外人愿意接受较低的工资率,他们也不能就业,劳动市场不是出清的。

局外人施加压力的工资率调整是指局外人的存在使局内人在与厂商进行调整工资率的谈判时不得不考虑局外人的利益。如果存在较高的失业率,厂商有可能用较低工资率的局外人取代局内人,局内人也会担心一旦被解雇将沦落到困难的境地。这样,局内人有可能接受较低的工资率。但是,由于存在劳动转换成本和工会的影响,局外人对局内人的替代不可能是充分的,最终的结果是增强厂商在局内人进行工资率调整中的地位。上述分析同样具有两个含义:第一,工资仍然是黏性的,但有可能发生一定程度的下降;第二,劳动市场仍然不是出清的,但就业量可能会增加。

这样,局内人和局外人就在一定程度上解释了工资黏性的问题。②

第三,效率工资。厂商向劳动者支付的工资高于劳动总需求量等于劳动总

---

① 隐含合同的分析是由美国经济学家贝利(M. N. Bailey)、戈登(D. Gordon)、阿扎里亚迪斯(C. Azariadis)于20世纪70年代提出来的。

② 局内人和局外人是由美国经济学家布兰查德(O. J. Blanchard)和萨默斯(L. H. Summers)在20世纪80年代提出来的。

供给量时的工资，有助于提高生产率和利润。首先，当厂商因对劳动者的需求减少而降低劳动者的工资时，他会发现质量最高的劳动者会离开企业而质量较低的劳动者则愿意留在企业。因此，厂商不愿意降低工资以损害效率。其次，如果劳动者得到的工资是劳动的总需求量和总供给量相等时的工资，他们会感觉到偷懒的机会成本很小，一旦他们被开除也可以在别的厂商得到同样高的工资。但是，如果劳动者得到的工资高于劳动的总需求量和总供给量相等时的工资，他们会感觉到偷懒的机会成本很大，因而他们会努力工作。另外，如果厂商支付给劳动者较高的工资，劳动者会认为厂商待他们很好，因而会更加努力地工作。最后，厂商降低工资会使辞职的比率提高。也就是使劳动流动率提高。但是，厂商发现要雇佣新的适应特定工作的劳动者，并且对他们进行培训是需要花费成本的。这样，厂商在经济衰退时期降低工资虽然可以降低工资成本，但由于劳动流动率的提高，厂商在经济复苏时雇用新的劳动者则需要花费较高的雇用成本。因此，厂商不愿意根据对劳动者需求的变化降低工资，而愿意支付较高的工资。从上述分析可见，如果把劳动总需求量等于总供给量时的工资叫作市场出清工资，把厂商的工资成本最小的工资叫作效率工资（efficient wage），那么效率工资高于市场出清工资。这就是说，通过支付比市场出清工资更高的工资有可能提高效率，因而有可能使工资成本下降。

按照新凯恩斯主义学派的看法，由于实际工资存在黏性，市场的调节不能导致劳动市场出清，因而存在非自愿失业。要解决非自愿失业，可以采取下述方法：一是增加工资的可变性以减少工资的黏性。具体地说，工人的工资由两部分组成：一部分是基本工资；另一部分是奖金，奖金将随着厂商经营情况的变化而变化。这样，在经济萧条时期，工人的工资趋于下降，这样有助于缓和失业问题。二是实行宏观财政政策和宏观货币政策以刺激对产品的总需求，从而带来劳动总需求的增加和非自愿失业人数的减少。三是政府提供失业保险以缓和失业者的生活困难。

第二节 通货膨胀的度量及影响

一、通货膨胀的衡量

在现代西方经济学中，通货膨胀（inflation）是指价格水平的持续上涨。通货膨胀可以用三个指标来衡量：消费物价指数，批发物价指数和国内生产总值折算价格指数。

消费物价指数（CPI）是表示居民购买的零售商品平均价格变化的指数。计算消费物价指数可分三步进行：第一步计算在需要进行比较的基期中，居民对有关商品的支出总额。如果用 O 表示基期，用 P 表示商品的价格，用 Q 表示商品的数量，用 1，2，…，m 表示 m 种有代表性的商品，那么居民在基期 O 对 m 种商品的支出总额是 $P_1^O Q_1^O + P_2^O Q_2^O + \cdots + P_m^O P_m^O$。第二步计算居民在现期里以现行价格购买相同种类同样数量的 m 种商品的支出总额。用 t 表示现期，那么支出总额等于 $P_1^t Q_1^O + P_2^t Q_2^O + \cdots + P_m^t Q_m^O$。第三步是把居民现期和基期的支出总额相比，计算消费物价指数。这就是说，

$$CPI = \frac{P_1^t Q_1^O + p_2^t Q_2^O + \cdots + P_m^t P_m^O}{P_1^O Q_1^O + P_2^O Q_2^O + \cdots + P_m^O Q_m^O} \times 100。$$

在这里，乘以 100 是为了把基期的消费物价水平作为 100，以便其他时期的消费物价指数和它进行比较。若计算基期的消费物价指数，因为 $P^t = P^O$，所以 $CPI = 100$。根据消费物价指数计算公式，如果现期的消费物价指数大于 100，说明价格水平上升了；如果小于 100，那么价格水平下降了；如果等于 100，则价格水平没有变化。

消费物价指数是美国和德国使用的名称，它在英国和法国叫作零售物价指数。在美国，计算消费物价指数包括大约 400 种物品和劳务，即 $m \approx 400$。

批发物价指数（WPI）是表示厂商购买的批发商品平均价格变化的指数。与计算消费物价指数的方法相仿，如果 $P_1^O Q_1^O + P_2^O Q_2^O + \cdots + P_n^O Q_n^O$ 是厂商在基期 O 按照当时的价格购买 n 种商品的支出总额，$P_1^t Q_1^O + P_2^t Q_2^O + \cdots + P_n^t Q_n^O$ 是厂商在现期 t 按现行价格购买和基期相同种类同样数量的 n 种商品的支出总额，那么现期支出总额和基期支出总额之比就是批发物价指数：

$$WPI = \frac{P_1^t Q_1^O + P_2^t Q_2^O + \cdots + P_n^t Q_n^O}{P_1^O Q_1^O + P_2^O Q_2^O + \cdots + P_n^O Q_n^O} \times 100。$$

在美国，计算批发物价指数大约包括 2400 种商品，即 $n \approx 2400$。

国内生产总值折算价格指数（GNP deflator）是表示全部社会产品价格水平变化的指数。要计算国内生产总值折算价格指数，首先需要选择某一年作为基期，用基期的价格乘以现期的最终产品数量，得到以基期价格计算的国内生产总值。其次再用现期的价格乘以现期的最终产品数量，得到以现行价格计算的国内生产总值。最后把后者和前者相比计算国内生产总值折算价格指数：

国内生产总值折算价格指数 =（以现期价格计算的国内生产总值／以基期价格计算的国内生产总值）× 100。

消费物价指数、批发物价指数和国内生产总值折算价格指数是相互区别的。首先，消费物价指数的计算包括消费品，批发物价指数的计算包括批发商品，而国内生产总值折算价格指数的计算则包括全部最终产品。其次，消费物价指数和批发物价指数在计算基期与现期的支出总额的时候，采用基期的商品数量，国内生产总值折算价格指数采用现期的最终产品数量。还有，三种物价

指数包括商品的范围不同，因而计算的结果是不同的。

如果要分析通货膨胀对居民或厂商的影响，那么分别使用消费物价指数和批发物价指数较合适；如果要分析社会价格总水平，则应采用国内生产总值折算价格指数。

二、通货膨胀对经济的影响

不同类型的通货膨胀对生产有不同的影响：

（1）没有预料到的温和的通货膨胀，对生产具有刺激的作用。在通货膨胀没有被预料到的条件下，产品价格的上涨快于货币工资率的上涨，工人实际工资下降，厂商利润增加。在追求利润动机的支配下，厂商将增雇工人扩大生产，从而带来失业率的下降和实际国民收入水平的上升。

（2）严重的通货膨胀对经济产生破坏作用。首先，通货膨胀使现钞贬值，从而使持有现钞的人受到损害。这样，居民和厂商都倾向于花掉贬值的货币，商品的交换将遭到破坏，经济运行的效率将下降。其次，通货膨胀使商品的相对价格受到扭曲，价格机制的作用受到破坏，社会资源的配置出现紊乱。最后，通货膨胀扩大了风险和不确定性，对经济造成不利的影响。这一切，都会对经济产生破坏作用。

（3）通货膨胀对收入起着再分配的作用。通货膨胀将使一部分人受害，一部分人得益，从而带来收入分配的变化。

工资领取者是通货膨胀的受害者。工人的货币工资率是由劳资合同规定的。如果劳资合同规定了不变的货币工资率，那么货币工资率的增长将在较长时间内落后于价格的上涨，实际工资发生下降；如果劳资合同附加规定货币工资率可以随物价指数调整，那么货币工资率只在较短时间内落后于价格的上涨，劳动者的损失会减轻一些。但不管怎样，工人的实际工资在通货膨胀中一般都会下降。

受通货膨胀打击最大的是退休金和老年社会保险金的领取者。退休金和保险金不但是固定的，而且还是老年人收入的基本来源。他们最无力自我保护，因而最易于遭受通货膨胀的损害。

利润获得者是通货膨胀的得益者。在通货膨胀条件下，虽然各种产品的价格都在上涨，但是厂商的机器设备和一部分原材料是以前购买的，工人工资的增长也落后于价格的上涨，因而产品的价格往往比生产成本增长得更快，利润增加了。如果厂商是公司制企业，得益的是股东；如果厂商是业主制和合伙制企业，得益的是业主和合伙者。

另外，利息和租金的收入者是通货膨胀的受害者。例如，某人把1000美元贷放给一个人，双方商定年利息率是4%。但本年度的价格水平上涨了6%，这样，这个人用年末收回的本金加利息共1040美元已买不到在年初用1000美元所能买到的东西。

利息和租金的支付者则是通货膨胀的得益者。贷出一方损失了实际收入，意味着借入一方得到了实际收入。例如，在上面例子中，如果债权人把贷款用于生产性投资，他生产出来的产品可以按提高了的价格出售，但他偿还的本息则保持不变。

因此，在国民收入分配结构不变的条件下，通货膨胀起着收入再分配的作用。

（4）通货膨胀对财产也起着再分配的作用。居民有两类资产：一类是价格可变的资产，如土地、房屋、汽车等实物资产和股票等金融资产。它们随时都可以按照现行价格出售，因而它们的价格是可变的。另一类是金额固定的资产，如存在银行中的存款、买下的政府债券和公司债券等。不论是本金还是利息，它们的金额都是固定的。现金虽然不是资产，但它的金额也是不变的。为分析方便起见，也可以把它折入金额不变的资产。

居民的债务与资产不同，它的金额全部是固定的。例如，居民的债务有银行的贷款、房产抵押贷款、汽车抵押贷款、各种耐用消费品的分期付款等。居民偿还这些债务时按原来的数额和商定的利息率付款。

由于价格可变资产受通货膨胀不利影响较小，金额固定的资产受通货膨胀的不利影响较大，在居民的资产结构中，前一种资产所占的比例越大，居民受通货膨胀的不利影响越小。又由于在通贷膨胀发生以后，居民的收入或迟或早会调整，固定金额的债务所占的比例越大，居民受通贷膨胀的有利影响越大。因此，通货膨胀改变着社会的财产分配。

第三节　通货膨胀的原因及其解决方法

一、通货膨胀的类型

按照不同的原因，通货膨胀可以划分为下述类型：

（1）需求拉上通货膨胀（demand-pull inflation）。这是指因总需求的过度增长而引起的通货膨胀。当经济社会接近充分就业的国民收入水平时，总需求的继续增长对最终产品产生过度的需求，物品、劳务的价格趋于上升。同时，对最终产品需求的增加又导致对生产要素需求的增加，生产要素的价格也趋于上升。最终产品和生产要素价格的上升带来了通货膨胀。因此，这种通货膨胀的原因在于需求一方。

凯恩斯学派的现代国民收入原理和现代货币原理以及货币学派的现代货币

数量论，实际上都认为通货膨胀是由总需求的增长直接引起的。

(2) 成本推进通货膨胀（cost-push inflation）。这是指因成本上升而引起的通货膨胀。成本推进通货膨胀又分为工资推进通货膨胀、利润推进通货膨胀和进口成本推进通货膨胀三种情况：

第一，工资推进通货膨胀（wage-pull inflation）是指因工资增长过快而引起的通货膨胀。它的发生需要具备两个前提条件：

首先，劳动市场是不完全竞争的市场。在一个完全竞争的劳动市场中，工资率取决于劳动的供给和需求，而劳动的供给和需求又取决于最终产品的供给和需求。如果工资率由于某种因素趋于上升，那么劳动的供给量就会增加，劳动的需求量却会减少，劳动的过剩将促使工资率下降到原来的水平。因此，在完全竞争的劳动市场中，不存在工资率增长过快的问题。但是，当代西方经济学家认为，现实的劳动市场是不完全竞争的市场，其原因在于工会的存在。当工会无节制地要求提高工资时，产品的成本将上升，在利润不变的前提下导致商品价格的上升。当这种情况成为普遍的现象时，便引起了通货膨胀。

其次，货币工资率的增长快于劳动生产率的增长。对于厂商来说，单位产量的工资成本等于货币工资率除以平均劳动生产率所得的商。如果用 C_L 表示单位产量的工资成本，用 W 表示货币工资率，用 P_L 表示平均劳动生产率，那么 $C_L = W/P_L$。例如，假如每小时劳动的产量（P_L）是 10 单位，货币工资率（W）是每小时 5 美元，那么单位产量的工资成本（C_L）是 0.5 美元。如果货币工资率和劳动生产率以 10% 的同样比率上升，那么每小时劳动的产量（P_L）是 11 单位，每小时货币工资率（W）是 5.5 美元，单位产量的工资成本（C_L）仍等于 0.5 美元。但是，如果货币工资率增长了 20%，平均劳动生产率只增长 10%，那么每小时劳动的产量（P_L）仍为 11 单位，每小时的货币工资率（W）为 6 美元，单位产量的工资成本上升到 0.55 美元。因此，只有在货币工资增长率超过平均劳动生产率的条件下，单位产量的工资成本才会上升，从而才有可能导致通货膨胀。

在具备上述条件的情况下，工资推进通货膨胀最有可能在经济趋于充分就业，劳动市场变得紧张的时候发生。当劳动供不应求时，一方面有利于工会要求提高工资，另一方面也使厂商不愿意冒工人罢工的风险，因而增加工资的要求最容易实现。另外，工资推进通货膨胀最有可能在寡头行业中发生。虽然工会的存在是工资推进通货膨胀的条件，但是工会能否提高工资还部分取决于最终产品的需求的价格弹性。在垄断竞争的条件下，厂商之间存在竞争，他们的产品相对来说有较高的价格弹性。如果某个厂商试图用提高价格的方法弥补工资成本的上升，他的销售量势必减少。在这种情况下，工资的增加将带来就业的减少。如果工会不能有效地防止失业，它就难以要求提高工资。但是在寡头条件下,一个行业只有寥寥几个厂商,他们能在一定程度上控制市场,因而他们的产品相对来说缺乏价格弹性。这样,在寡头行业里,工会有可能既提高工资又不会带来失业。正因为这个原因,工资的增长往往发生于寡头行业,然后通过示范的作用,影响到其他行业,再进一步波及整个经济。

第二,利润推进通货膨胀(profit-push inflation)是指因利润增长过快引起的通货膨胀。

寡头或垄断的存在是利润推进通货膨胀的前提条件。在竞争的条件下,商品的价格取决于商品的需求和供给。如果某个厂商试图以提高价格的方法增加利润,他的需求量必然减少,他的价格也就无法维持下去。但是,在寡头或垄断的条件下,同行业只有几个厂商或一个厂商。当工会要求提高工资时,或者当原材料的价格上升时,他们趁机更大幅度地提高价格,以获得更多的利润。当这个行业产品价格的上升通过提高别的行业的成本影响到其他行业,或者通过示范的作用波及其他行业时,便形成了利润推进通货膨胀。

某些经济学家强调,工会要求提高工资和寡头希望增加利润的过程是不同的。工会在要求提高工资时,抱着"多多益善"的想法,它并不关心较高工资率对经济造成的影响。但是厂商的利润总量不仅依赖于单位商品的价格,而且还依赖于总销售量。提高价格固然可以增加单位产量的利润,但如果价格过高造成总销售量减少,他的利润总量可能减少。因此,厂商在制定价格时,并不认为越高越好,而是全面考虑市场的情况。基于这个原因,通货膨胀更有可能由工资的增长所引起。

第三,进口成本推进通货膨胀(import cost-push inflation)是指随着重要进口物品价格提高而来的国内成本上升引起的通货膨胀。在存在对外贸易的条件下,某些行业进行生产所需要的投入部分来自进口。这样,如果进口物品的费用在这些行业的成本中占有一定比重,那么进口物品价格的上升将提高这些行业的成本,从而提高这些行业产品的价格。当这些行业价格的上升波及整个经济时,便形成进口成本推进通货膨胀。

20世纪70年代初期石油输出国组织(OPEC)提高石油价格对西方国家价格水平的影响,就是进口成本推进通货膨胀的典型例子。由于美国等西方国家的能源有相当大一部分依赖于中东的石油,当石油价格提高以后,这些国家的产品成本发生不同程度的上升,从而引起进口成本推进通货膨胀。

(3)结构刚性通货膨胀(structural rigidity inflation)。这是指因社会资源不能在各行业中迅速流动而引起的通货膨胀。由于社会资源不能迅速地在不同行业间流动,当社会需求结构发生变化时,资源配置结构不可能迅速地进行相应调整。一些发展迅速的行业出现了资源短缺,产品价格趋于上升。一些衰落的行业则出现资源过剩。由于各个行业普遍存在工资和价格上升容易下降难的情况,趋向衰落的行业的工资和价格并不下降。平均来说,社会价格水平将上升。因此,在经济结构缺乏弹性的条件下,社会资源配置的调整过程将导致通货膨胀。

与需求拉上通货膨胀不同,成本推进通货膨胀和结构刚性通货膨胀的原因都在于供给一方。

(4) 预期引起的通货膨胀(expectational inflation)。这是指因人们的预期引起的通货膨胀。例如,假定工会和厂商都预期下一年的通货膨胀率为10%。工会将认为,既然明年的产品价格平均上升10%,工资相应提高10%是合情合理的,问题是考虑到明年劳动生产率的增长,工资的增长率应该比10%超过多少;厂商将认为,既然明年的产品价格平均上升10%,工资相应提高10%是可以接受的,问题在于怎样使工资的增长不会超过10%太多。因此,工会和厂商将按至少为10%的工资增长率签订劳资合同。另外,厂商与厂商之间签订购销合同,贷者与借者之间签订借贷合同,都同样考虑到10%的通货膨胀率。这样,即使下一年不存在需求方面或供给方面的任何压力,价格水平将至少上升10%。

在引起通货膨胀的原因被公众认识以后,他们就会产生对通货膨胀的预期,进而会发生由预期所引起的通货膨胀。要缓和预期引起的通货膨胀,必须改变他们对通货膨胀的预期。预期引起通货膨胀是货币学派对通货膨胀的一种看法。

许多西方经济学家认为,通货膨胀的原因不是单一的。在不同的时间和不同的国家里,可能有不同的因素起着主导作用。但是,他们一般认为,如果没有货币供给量增加的支持,通货膨胀不可能长期持续下去。例如,在通货膨胀发生以后,工资和价格趋于上升,名义国民收入将增加,在交易动机和预防动机下的货币需求也将增加。如果货币供给量没有增加,厂商和居民只能通过向银行借款或出售债券来取得现金。这样债券价格将下降,利息率将上升。利息率的上升抑制了消费和投资的需求,导致实际国民收入的下降。在这种情况下,工会更多地注意就业而不是工资,厂商更关心的是销售量而不是价格。因此,通货膨胀或迟或早会趋于缓和,货币供给量的这种作用称为货币的调节机制(monetary adjustment mechanism)。

二、凯恩斯学派对付通货膨胀的方法

凯恩斯学派认为,要缓和需求拉上通货膨胀,可以采用宏观财政政策和货币政策。但是要抑制成本推进通货膨胀,采用宏观财政政策和货币政策却难以收效。诚然,收缩性的财政政策和货币政策可以造成足够大的通货紧缩缺口,来消除工资和物价上升的压力,但这样做,需要付出的代价太大。因此,如果通货膨胀的原因不在需求而在成本,应该实行收入政策。

收入政策(income policy)包括两方面的内容:一是工资物价指导,二是工资物价控制。这项政策的目的,是通过限制工资和利润收入的增长,来消除成本推进通货膨胀,因而它称为收入政策。

工资物价指导主要通过政府、厂商和工会之间的合作来抑制工资和物价。具体的做法是:政府根据价格水平上涨情况,颁布一系列的工资和物价管理规则,希望并敦促厂商和工会遵守。政府在实行工资物价指导时遵循两个原则:

第一,各个企业工资率的增长应该与平均劳动生产率的增长相适应。例如,如果全国平均每人每小时的产量增加3%,那么工人工资率一般来说也可以提高3%。在货币工资率和劳动生产率同步增长的情况下,单位产量的工资成本没有变化。但是,各个企业劳动生产率的增长速度是不同的。如果把全国平均劳动生产率的增长率作为标准来确定货币工资率的增长,劳动生产率增长较快的企业单位产量的工资成本将下降,劳动生产率增长较慢的企业单位产量的工资成本则上升。因此,仅有第一个原则是不够的,还需要有第二个原则补充。

第二,价格的变动应该与单位产量工资成本的变动相适应。对于劳动生产率的增长与全国平均劳动生产率的增长相一致的企业,在实行第一个原则以后,它们单位产量的工资成本没有变化,因而它们的价格不应改变。对于劳动生产率的增长与全国平均的劳动生产率的增长不一致的企业,它们的价格可以按单位产量工资成本的变化进行相应的调整。这样,虽然有些产品价格上升了,但是另一些产品价格下降了。两者相互抵销后,社会价格水平保持稳定。

为了保证工资物价管理规则的实施,政府还采用一系列的辅助手段。例如,政府首脑和高级官员通过各种途径向厂商和工会的领袖发出呼吁和忠告,要求他们在协商工资和制定价格时采取自我克制态度,配合政府控制价格水平。如果厂商和工会愿意合作,政府将给予减税奖励;如果厂商和工会不愿合作,政府则扬言要撤销原来的保护性关税,或威胁要进行反托拉斯调查,以迫使他们就范。又如,一些经济学家还建议政府实行一种叫作以税收为基础的收入政策,简称TLPs方案。当工资和物价超过政府指导线时,政府将对超过的部分课以重税。例如,如果某厂商同意工会把货币工资率提高7%,超过了5%的工资指导线,假定政府预先规定的乘数是2,那么政府将对厂商增收4%的所得税,它等于超出的货币工资率增长率(2%)与乘数(2)的乘积。这样,厂商在与工会谈判时,可以理所当然地以此为根据,拒绝工会提出的过高工资率的要求。

与工资物价指导不同,工资物价控制通过法律的强制力来限制价格水平的上升,用立法手段冻结现行的工资和物价。任何提高工资和物价的行为都是非法的，都将被追究法律责任。

三、货币学派对付通货膨胀的方法

货币学派认为，通货膨胀是一种货币现象，它是由货币供给量增长过快造成的。要控制通货膨胀。就要控制货币供给量。

但是，货币学派反对凯恩斯学派所主张的用相机抉择的方法去对付通货膨胀。即反对交替使用财政政策和货币政策去对付经济萧条和通货膨胀。货币学派认为，由于经济政策存在时延以及对经济的影响存在不确定性，政府又难以把握实行经济政策的程度，政府的经济政策往往不但不能起到稳定经济的作用，反而会造成经济的波动。因此，货币学派主张用简单货币规则去对付通货膨胀。这就是说，应该稳定货币供给量的增长率，使之以与国内生产总值增长率相适应的一个固定比率增长。

四、新古典主义学派对付通货膨胀的方法

新古典主义学派对通货膨胀的看法与货币学派相似，它认为通货膨胀是由货币供给量增长过快造成的，不应该用相机抉择的方法而应该采用不变的规则去对付通货膨胀。

新古典主义学派认为，增加政府经济政策的可信度是十分重要的。由于居民和厂商具有理性，他们会对政府的经济政策作出合理的反应，从而会造成政府经济政策的失效。如果政府采用公众无法预料的经济政策，那么它在短时间内是能够发挥作用的。但是，在公众对经济政策产生理性预期以后，经济政策的作用就消失了。更为严重的是，在政府采用公众无法预料的经济政策的过程中，公众因得到错误的信息而作出错误的反应，从而会造成经济的不稳定。因此，政府应该注重信誉，保持经济政策的连续性和可信度，使公众的活动方式与之协调，改变公众对通货膨胀的预期，从而达到降低通货膨胀率的作用。

第四节 失业和通货膨胀的关系

一、菲利普斯曲线

英国经济学家菲利普斯（A. W. Phillips）研究了英国1862—1957年失业率和货币工资率变动率之间的关系，提出了表示二者之间关系的菲利普斯曲线（Phillips curve），如图23.4所示。在图中，横轴表示失业率U，右边纵轴表示货币工资率的变动率$\frac{\Delta W}{W}$，菲利普斯曲线表现为一条向右下方倾斜的曲线。

它表明，货币工资率变动率与失业率之间存在着一种相互交替的关系：货币工资率变动率较高则失业率较低，货币工资率变动率较低则失业率较高。

假定工资和利润的比例不变，劳动生产率每年增长3%，那么货币工资率的增长率与劳动生产率增长率的差额就是价格上涨率。因此，通过这个假定可以把货币工资率的增长率与失业率的关系变换为通货膨胀率与失业率的关系。例如，在图23.4中，当右边纵轴的货币工资率增长率为3%时，它与3%的劳动生产率增长相一致，左边纵轴表示的通货膨胀率为零。如果货币工资率增长率为4%，它超过了劳动生产率1%，单位产量的工资成本上升1%。在工资和利润比例不变条件下，价格上涨率为1%。这样，菲利普斯曲线所表

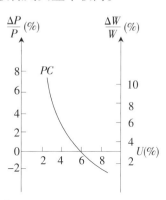

图23.4 菲利普斯曲线

示的货币工资变动率与失业率之间的交替关系表现为通货膨胀率与失业率之间的交替关系。

菲利普斯曲线为政府的政策决策提供了依据。例如，如果4%的失业率和4%的通货膨胀率是社会可以接受的，那么当失业率和通货膨胀率处于这个范围以内时，政府不必采取行动。但是，假如失业率达到5%而通货膨胀率只有2%，政府可以采用扩张性的经济政策，以较高的通货膨胀率为代价来降低失业率。相反，假如通货膨胀率达到5%而失业率只有2%，通货膨胀率是由需求拉上的，政府可以采用收缩性的经济政策，以较高的失业率来换取较低的通货膨胀率。又如，如果通货膨胀率超过4%，它是由成本上升引起的，那么用提高失业率来降低通货膨胀率将收效甚微，这时政府应该采用收入政策来控制价格水平的上升。

但是，美国经济学家费尔普斯（E. Phelps）和弗里德曼认为，菲利普斯曲线表示的通货膨胀率和失业率的交替关系只有在价格水平的变化没有被预期到的情况下才存在，因而它是一种短期的现象。在长期里，菲利普斯曲线不再向右下方倾斜。例如，假定存在着5%的失业率和3%的通货膨胀率，如图23.5中A点所示。如果政府采用扩张性的经济政策，那么通货膨胀率的提高压低了工人的实际工资，厂商的利润增加，他将增雇工人扩大生产，因而失业率下降。假如通货膨

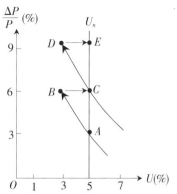

图23.5 长期的菲利普斯曲线

胀率上升到 6%，失业率降低到 3%，如 B 点所示。那么通货膨胀率和失业率的交替关系是存在的，AB 曲线就是菲利普斯曲线。但是，在通货膨胀率提高以后，工人们会发现实际工资下降了，他们将要求提高货币工资率，从而使实际工资率恢复到原来的水平。这样，在通货膨胀率没有进一步上升的情况下，厂商的利润减少，他们将解雇工人，缩减生产，失业率从 3% 回升到 5%，如 B 点向 C 点移动所示。结果，通货膨胀率和货币工资率的增长率都提高了，但失业率没有变化。较高的通货膨胀率只导致失业率的暂时下降而不是持久下降。

如果政府再一次使用扩张性的经济政策，那么货币工资率的增长再次落后于价格的上涨，失业率暂时下降，造成 C 点向 D 点移动。但是工人接着要求提高货币工资率，实际工资率恢复到原来的水平，造成 D 点向 E 点移动，失业率仍为 5%。

如果价格水平的上涨不是间歇性上升而是稳步提高，如果工人们对政府一再使用的政策的后果产生正确的预期，那么他们将按预期调整货币工资。这意味着预期的价格水平和实际的价格水平相一致，货币工资率的增长率将与通货膨胀率相一致。在这种情况下，菲利普斯曲线成为一条垂直线 AE，通货膨胀率和失业率之间的交替关系在长期中不再存在。

费尔普斯和弗里德曼认为，长期的均衡失业率是与劳动供给量等于劳动需求量条件下的实际工资率相适应的失业率。如果低于这个失业率，将发生过度的劳动供给，从而迫使实际工资率下降；如果高于这个失业率，将发生过度的劳动需求，从而迫使实际工资率上升。因此，在这个失业率水平上，不存在使价格向上或向下变动的压力，它就是自然失业率。

二、菲利普斯曲线的恶化

停滞膨胀（stagflation）是指失业和通货膨胀并存的现象。在 20 世纪 60 年代末 70 年代初，各西方国家都在不同程度上发生了停滞膨胀的现象。停滞膨胀意味着菲利普斯曲线表示的通货膨胀率和失业率之间的交替关系恶化了，即菲利普斯曲线向右上方移动，较高的失业率和较高的通货膨胀率同时存在。

关于停滞膨胀的原因有下述几种看法：

第一种是美国凯恩斯学派的看法。他们认为，在 20 世纪 70 年代初期，美国经济遇到了一系列的外部冲击。首先，世界农业发生歉收，苏联和亚洲尤为严重。在这种情况下，美国农产品的出口急剧扩大，国内食品供给减少，造成国内食品价格在 1973—1974 年间上升了 35%。其次，世界范围内战略原材料的短缺进一步加剧，导致美国原材料价格上升。再次，1971—1973 年发生了美元贬值，使美国需要支付更多的美元才能购买到同样数量的外国商品，从而造成了进口品价格上升。最后也是最重要的冲击是石油输出国组织大幅度提高石油价格，造成了美国能源价格和一系列石油产品价格上升。这一系列的事件造成了通货膨胀。

他们还认为，由于发生了成本推进通货膨胀，实际的消费需求和投资需求减少，失业率趋于上升。另外，在20世纪60年代和70年代，美国劳动力结构发生了很大变化，大批青年人和妇女进入劳动市场。他们在劳动力中的比例增大，但是劳动市场对他们的需求是不充分的，因而失业率上升。

在上述因素的共同作用下，美国的失业和通货膨胀同时发生，菲利普斯曲线向右上方移动了。

第二种是美国供给学派的看法。供给学派同意石油价格上涨是造成美国停滞膨胀的一个原因，但他们认为除此之外，还有一系列的因素。首先，向企业征收的大部分赋税都可以算入企业成本，并通过提高价格转嫁给消费者，所以政府税收本身就具有成本推进的效应。特别是20世纪70年代以来，州政府和各地方政府大幅度增加销售税和货物税，联邦政府则大量增加社会保险税。这些税收都提高了企业的成本，从而提高了企业产品的价格。其次，随着政府税收和福利制度的发展，对工作、投资、创新和冒险精神起着消极作用。例如，过高的税率使人们不愿努力工作以增加收入；失业津贴和社会福利使人们既不怕失业，也不急于寻找工作；过高的税率造成投资净收益下降，人们不再愿意冒投资的风险。因此，工作热情和生产效率受到损害，供给减少。最后，政府过多管理也降低了社会生产率。这一方面表现在政府的管理保护了一批企业，使他们免除别的企业与之竞争的压力，结果造成这些企业较高的生产成本和较低的效率；另一方面表现在政府对环境保护、工人劳保等方面规定了诸多的规章制度，结果增加了企业的成本，提高了产品的价格。所以这一切都造成了生产的停滞和价格水平的上升，带来了停滞膨胀的局面。

第三种是货币学派的看法。与供给学派一样，货币学派认为市场调节能够实现社会资源的有效配置，政府不应该对经济实行过多的干预。在货币学派看来，美国的停滞膨胀是由于政府长期对经济滥加干预造成的。他们根据长期的菲普斯曲线的分析指出，当政府反复采用扩张性的经济政策干预经济时，在短期内会带来降低失业率和提高通货膨胀率的效果。但是，在价格水平上升以后，工会会相应提高工资，因而实际工资率并没有下降，厂商不会增加劳动的雇佣量。结果，政府扩张性的经济政策从长期来看不但没有降低失业率，反而提高了通货膨胀率，使失业和通货膨胀并存。

第五节　通货膨胀理论的应用

在现实的经济里，通货膨胀和经济不景气是交替出现的。在经济不景气的情况下，社会需求低迷，价格水平不会上升而且还有可能下降。在经济景气的情况下，社会需求旺盛，价格水平可能上升并发生通货膨胀。

一旦通货膨胀发生，对于居民来说将受到两个方面的影响：一个方面是在居民货币收入不变的条件下导致实际收入下降，另一个方面是导致居民资产的贬值。因此，通货膨胀理论对家庭资产配置具有应用意义。

美国经济学家费雪（I. Fisher）曾经研究了实际利率和名义利率的关系，得到了一个等式，经济学称为费雪方程。费雪方程如下：

$$实际利率 \approx 名义利率 - 通货膨胀率。$$

在上面的计算公式中，名义利率是指以货币形式表示的利率；通货膨胀率是指价格上涨率，通常用消费者价格指数表示；实际利率是以实物表示的利率，也就是以货币表示的利息所能买到的实物。

费雪方程表明，一旦通货膨胀率很高，实际利率就有可能成为负数。例如，1995年，我国发生了严重的通货膨胀，当时年存款利率是10.98%，但是当时消费者价格指数上涨率达到21%，这意味着当时实际利率约等于-10%。这就是说，如果一个家庭在1995年存进存款，不但没有得到利息，本金反而减少了约10%。由于每个家庭在商业银行都有存款，所以通货膨胀在这个方面对每个家庭都会造成不利影响。

根据通货膨胀理论，存款是属于金额不变的资产，它易于受通货膨胀的不利影响。为了避免通货膨胀的不利影响，应该使价格可变的资产和金额不变的资产保持一个合理的比例。在现实的经济里，价格可变的资产主要是房产和黄金。在人口不断增加的国家里，特别在经济不断发展的发展中国家，城市房产的价格从长期来说趋向上升，在通货膨胀时期上升的幅度会更大。另外，黄金充当过数百年的货币，本身又是稀缺产品，在通货膨胀时期黄金价格也往往趋向于上涨。但是，在我国持有房产要付出利息损失、物业费、取暖费等代价，在许多国家持有房产还要付出房产税等代价。另外，持有黄金要付出利息损失和保管费的代价。

考虑到上述各种因素，经济学家建议，对于中产阶级来说，在理论上房产价值在家庭资产价值中所占的比例一般在50%~60%为宜，黄金价值在家庭资产价值中所占的比例一般在5%~10%为宜。当然，各个国家的国情不同，家庭富裕程度不同，家庭资产配置的比例就不同。另外，房产价格和黄金价格具有自身的变化规律，选择在什么时候购置房产和黄金还要根据实际情况来决定。

第 24 章 经济的周期

第一节 凯恩斯学派的经济周期理论

一、经济周期的特点

在长期中，国民收入不是稳定地增长，而是周期性地波动的。在现代西方经济学中，经济活动水平有规则的波动叫作经济周期或商业周期（business cycle）。

一个经济周期大致经历四个阶段：

第一个阶段是谷底。谷底（trough）是指经济活动水平变化的最低点。如果经济活动水平下降得十分剧烈，谷底又称为萧条（depression）。谷底阶段的特点是存在大量的失业工人和闲置的生产设备，企业利润降到很低，甚至为负数，商业银行和其他金融机构的资金贷不出去，厂商不愿意增加投资。

第二个阶段是复苏。复苏（recovery）表示经济活动水平走出底点而趋于上升。在复苏阶段，机器设备开始更新，利润、就业量趋于增加，闲置的机器设备得到利用，厂商逐步增加投资。

第三个阶段是高峰。高峰（peak）是经济活动水平变化的最高点。在高峰阶段，现存的生产能力得到充分利用，劳动、原材料和银行贷款开始变得短缺，供不应求的现象频繁发生。但是，投资仍在不断增加。由于投资转变为生产能力需要有一段时间，因而需求的增长超过生产的增长，价格水平趋于上涨。当价格水平的上涨变得持续和普遍时，便发生了通货膨胀。

第四个阶段是衰退。衰退（recession）表示经济活动水平到达最高点后趋于下降。在衰退阶段，生产普遍过剩，就业和产量水平下降，利润减少。这时，不但净投资为零，而且连正常的更新投资也不能进行。这样，经济活动水平逐步下降到最低点，又开始新的周期运动。

经济周期有下述特点：①虽然各个经济变量在经济周期中表现出各自的特点，但是它们或多或少地存在相似的趋势；②各个经济周期在持续时间和变化幅度上可以有很大的差别；③每个经济周期的高峰阶段并不一定超过上一个经济周期的高峰阶段,但从整个趋势来看,经济活动水平是在上升的。

在经济周期的研究领域中,较为著名的是美国经济学家汉森所提出的为期约8年的短周期、库兹涅茨提出的为期20年的中周期和苏联经济学家康德拉捷夫(N. O. Kondratieff)提出的为期40~50年的长周期。

二、加速原理的特点

加速原理(acceleration principle)是把投资和国民收入变化率联系起来解释国民收入周期波动的一种理论。按照加速原理,净投资与国民收入变化率同方向变化。净投资与国民收入增量之比叫作加速数。如果用 w 表示加速数,用 I 表示净投资,用 ΔY 表示国民收入增量,那么 $w = I/\Delta Y$。

假定用一个厂商代表一个经济社会,用这个厂商的产量代表社会的国民收入,表24.1的分析有助于揭示加速原理的特点。表中假定资本-产量比率即资本品总量的价值与产量的价值之比是2∶1;厂商在开始的时候有20台机器,每台机器价值300万美元;厂商每年耗费1台机器,即更新投资每年为300万美元。

在生产的第一阶段中,厂商每年的产量是3000万美元。按照资本-产量比率,资本品总量保持6000万美元。在这个阶段,资本品总量没有增加,即净投资等于零。但每年有300万美元的更新投资,补偿所损耗的1台机器,以保证资本品总量不减少。

从第二阶段开始,产量以每年增加1500万美元的速度上升。按照资本-产量比率,资本品总量趋于增加。在这个阶段,资本品总量的增量即净投资为3000万美元,总投资每年为3300万美元。

表24.1 加速原理　　　　　　　　单位:百万美元

时间	产量	资本品总量	净投资	总投资
第一阶段				
第一年	30	60	0	3
第二年	30	60	0	3
第三年	30	60	0	3
第二阶段				
第四年	45	90	30	33
第五年	60	120	30	33
第六年	75	150	30	33
第三阶段				
第七年	75	150	0	3
第四阶段				
第八年	73.5	147	-3	0

到第三阶段，产量停止增长，资本品总量没有变化，净投资为零，总投资等于更新投资。

在第四阶段，产量发生下降，按照资本-产量比率，资本品总量减少，净投资为负数，总投资为零。

从上面的例子可以看到，加速原理存在下述特点：

第一，净投资是与国民收入的增量相联系的。尽管国民收入的绝对量在增加，但是如果国民收入的增量保持不变，净投资则保持不变。只有国民收入的增量增加了，净投资才增加。

第二，净投资变化的幅度大于产量变化的幅度。例如在第四年，产量只增长了50%，但净投资从零增加到3000万美元，总投资增长了1000%。在第七年，产量没有变化，但净投资从3000万美元降为零，总投资减少了91%。加速原理就是从国民收入增长率对净投资具有加速的影响而得名的。

加速原理表明，净投资不是取决于国民收入的绝对水平，而是取决于它的变化率。

三、乘数和加速数的交织作用

如果说国民收入的变化会通过加速数导致净投资的变化，那么净投资的变化也会通过乘数引起国民收入的变化。国民收入周而复始地变动便是由于乘数和加速数的交织作用产生的。

假定某经济社会正从谷底走向复苏。这时机器设备开始更新，机器制造商的产量趋于增加，国民收入水平逐渐提高。随着国民收入的增长，净投资开始发生。这就是说，国民收入的变化通过加速数的作用导致净投资的增加。在净投资增加以后，它又将通过乘数的作用引起国民收入进一步增长。当这个过程一直继续下去的时候，经济社会便逐渐到达高峰阶段。

在高峰阶段，社会资源变得稀缺，投资资金不足，利息率和价格趋于上升。这意味着乘数和加速数交织作用所带来的国民收入增长趋势受到了充分就业的限制。因此，国民收入的增长将放慢并最终停止。但是，国民收入的增长一旦放慢和停止，在加速数的作用下，净投资趋于下降。而净投资的减少又通过乘数引起国民收入数倍地下降。国民收入的下降又进一步通过加速数的作用导致净投资减少。当这个过程继续下去的时候，经济社会便经过衰退阶段直向谷底。

在谷底阶段，由于居民还存在必要的消费支出，政府不但保持原支出水平，而且还可能增加新支出，厂商为生产居民和政府所需要的物品，仍要进行一定量的更新投资，所以国民收入的下降不会无限制地持续下去。这意味着即使国民收入的下降通过加速数的作用使净投资为负数，一定程度的更新投资将阻止总投资的继续减少。这样，经过一段时间的调整后，更新投资重新开始增加。经济社会又开始了一个新的周期运动。

正是因为乘数和加速数的交织作用，造成了国民收入有规则的周期性变动。

四、汉森－萨缪尔森模型

美国经济学家萨缪尔森于1936年在《经济统计学评论》杂志上发表了题为《乘数分析和加速原理的相互作用》的论文，总结了汉森的见解，提出对经济周期的看法。这种看法被称为汉森－萨缪尔森模型。该模型是凯恩斯学派具有代表性的经济周期理论。

如前所述，加速原理表明，加速数 $w = I/\Delta Y$。这就是说，净投资 $I = w \cdot \Delta Y$。但是，在某一个时期的净投资中，除了由国民收入的变化通过加速数的作用而带来的净投资即引致投资外，还有自发投资。因此，如果用 I_a 表示自发投资，用 t 表示某一个时期，那么这个时期的净投资等于自发投资和引致投资之和：

$$I_t = I_a + I = I_a + w(Y_t - Y_{t-1})。$$

其中 $Y_t - Y_{t-1} = \Delta Y$，这个等式称为投资函数。但是，净投资不仅随着总产量的变化而变化，而且也会随着总产量中的主要部分——消费品产量的变化而变化。所以，某一时期的净投资还可以采用另外一种表达方式：

$$I_t = I_a + w(C_t - C_{t-1})。$$

式中：C 表示消费品产量。

但是，无论是取决于总产量的投资函数 $I_t = I_a + w(Y_t - Y_{t-1})$，还是取决于消费品产量的投资函数 $I_t = I_a + w(C_t - C_{t-1})$，都是假定现期的净投资受现期总产量或消费品产量的影响。在实际上，总产量或消费品产量对净投资的影响可能存在时延。如果考虑到这个时延而假定现期净投资受上一期总产量或消费品产量的影响，那么：

$$I_t = I_a + w(Y_{t-1} - Y_{t-2}) \quad \text{或} \quad I_t = I_a + w(C_{t-1} - C_{t-2})。$$

另外，消费函数的分析表明，与自发投资相似，在消费支出里也存在不随国民收入变化而变化的消费支出，这种消费支出称为自发消费。如果用 C 表示消费支出，c 表示边际消费倾向，t 表示某一个时期，C_a 表示自发消费，那么：

$$C_t = C_a + cY_t。$$

式中：Y_t 是现期国民收入。

如果考虑到时延，消费函数可以写成：

$$C_t = C_a + cY_{t-1}。$$

式中：Y_{t-1}是上期国民收入。这式子表示每一时期的消费取决于同期自发消费和前一时期的国民收入水平。

为了通过消费支出的变量来解释国民收入和投资支出的互动关系，即上一个时期国民收入的变化导致这个时期的消费支出的变化，这个时期的消费支出的变化导致投资支出的变化，而这个时期的投资支出的变化又会导致这个时期国民收入的变化，因而这个过程将继续下去。在上述的投资函数和消费函数中，萨缪尔森选择了无时延的投资函数和有时延的消费函数，即：

$$I_t = I_a + w(C_t - C_{t-1}), \quad C_t = C_a + cY_{t-1}。$$

在二部门经济中，任何一个时期的均衡总产量或国民收入等于消费支出与投资支出之和。因此：

$$Y_t = C_t + I_t = C_a + cY_{t-1} + I_a + w(C_t - C_{t-1})。$$

这个方程表示，每一期的国民收入等于自发消费、自发投资、由边际消费倾向决定的消费增量和由加速数决定的投资增量之和。这样，如果已知边际消费倾向c、加速数w、自发消费C_a和自发投资I_a、现期和前期消费C_t和C_{t-1}，就可以推算出每一期的国民收入。

表24.2说明了根据上述方程而得到的国民收入的变化。表中假定边际消费倾向$c=0.6$，加速数$w=1.5$。在第1个时期开始以前的两个时期中，引致消费都是60单位，自发投资是30单位，国民收入是100单位。

表24.2 汉森－萨缪尔森模型

时期 t	自发消费 C_a	引致消费 cY_{t-1}	自发投资 I_a	引致投资 $w(C_t - C_{t-1})$	国民收入 Y
1	10	60.0	40	0	110.0
2	10	66.0	40	9.0	125.0
3	10	75.0	40	13.5	138.0
4	10	83.1	40	12.1	145.2（P）
5	10	87.1	40	6.1	143.2
6	10	85.9	40	-1.8	134.1
7	10	80.5	40	-8.2	122.3
8	10	73.4	40	-10.7	112.7
9	10	67.6	40	-8.6	109.0（T）
10	10	65.4	40	-3.3	112.1

第1时期开始时，因为上一个时期的国民收入为100单位，引致消费仍为60单位。另外，因为这一时期和上一个时期的消费总和没有变化，都是70单位，引致投资为0。但是这个时期的自发投资比上一个时期增加了10单位。

在第 1 个时期中，国民收入 $Y_1 = 10 + 0.6 \times 100 + 40 + 1.5 \times (70 - 70) = 110$。

在第 2 时期中，由于上一个时期的国民收入是 110 单位，引致消费是 66 单位。这样，这一时期的消费总和比上一个时期增加了 6 单位，引致投资等于 9 单位。在第 2 时期中，$Y_2 = 10 + 0.6 \times 110 + 40 + 1.5 \times (76 - 70) = 125$。其余时期的国民收入按此类推。

根据这些前提条件，在表 24.2 中可以发现，在第 4 时期中国民收入达到高峰（P），然后在第 9 时期下降到谷底（T）。如果再继续计算第 10 时期以后的国民收入的变化情况，还可以发现国民收入在第 14 时期中达到另一高峰（P），在第 19 时期又降低到另一谷底（T）。因此，国民收入水平表现出周期性的波动。

由于乘数和加速数的作用交织在一起，当投资或消费增加的时候，国民收入并不是简单地上升到一个更高的水平并达到均衡，而是在乘数作用尚未充分展开时，加速数的作用已经发生，因而形成了国民收入周而复始的变动。

五、凯恩斯学派经济周期理论的政策建议

凯恩斯学派认为，经济周期是由投资支出的变化引起的，也就是由总需求的变化引起的。因此，要缓和经济波动的幅度，政府应该采取反周期的经济政策。例如，在谷底阶段，总需求不足，政府应采取扩张性的财政政策和货币政策来刺激总需求，以减缓国民收入下降的幅度；在高峰阶段，总需求过大，政府应该采取收缩性的财政政策和货币政策来抑制总需求，以控制通货膨胀。政府利用经济政策可以熨平经济周期，减缓经济的波动。

第二节 新古典主义学派的经济周期理论

一、实际经济周期理论的提出

新古典主义学派的经济周期理论包括货币经济周期理论和实际经济周期理论。货币周期理论是由美国经济学家卢卡斯提出来的。按照这种理论，当货币供给发生变化时，价格水平将发生变化，人们对此作出的反应形成了经济周期。在从价格水平变化到经济周期性波动的过程中，关键环节或传导机制是在信息不完全的条件下人们对价格水平的变化所作的判断。

货币经济周期理论曾经是新古典主义学派代表性的经济周期理论。后来，货币经济周期理论在经济学界不断遭到批评。美国经济学家奥肯和托宾（J. Tobin）指出，货币经济周期理论出于方法上的考虑假定价格是弹性的，但是在信息不完全和存在噪音信号的条件下价格不可能是弹性的。因此，货币经济

周期理论对货币与产量之间的关系以及所产生的经济周期没有很好地给予解释。另外,部分经济学家利用实际经济数据对货币经济周期理论进行检验,发现就业和产量的变化具有惯性,而不是像货币经济周期理论所说的是随机的。因此,实际的经验资料也不支持货币经济周期理论。在这样的情况下,新古典主义学派的另一个经济周期理论——实际经济周期理论受到人们的关注。

实际经济周期理论是由美国经济学家基德兰德(F. I. Kydland)、普雷斯考特(E. C. Prescott)、朗(J. B. Long)、普洛索(C. I. Plosser)等人提出。该理论认为,经济波动是在劳动者闲暇跨时期替代的机制作用下由生产率等实际因素的冲击造成的。

劳动者闲暇跨时期替代是指劳动的供给对工资率暂时的变化比较敏感,如果工资率发生了暂时的变化,劳动者将会在现在和未来之间进行闲暇的替代。例如,劳动者参与工作是为了获得工资,只要能够得到更高的工资,他并不在意是现在工作更长的时间还是未来工作更长的时间,也就是现在享受更多的闲暇还是未来享受更多的闲暇。假定在预期工资率不变的条件下,某劳动者每年将工作2000小时。现在该劳动者预期第一年的工资率要比第二年的工资率高5%,那么他将愿意第一年工作2100小时,第二年工作1900小时。这就是说,该劳动者用第一年的劳动来换取第二年的闲暇。但是,如果工资率发生的是持久的变化,劳动的供给的反应将不敏感。例如,在上面的例子里,如果劳动者预期在未来两年里工资率都将上升5%,他将不会进行闲暇的跨时期替代。

导致经济周期的冲击源主要是生产率、总供给、政府支出等。生产率的变化包括技术的变化、生产方法的变化等,总供给的变化包括气候的变化、自然灾害等。例如,假定生产率的提高导致对劳动需求的增加,从而导致实际工资率的提高。对于这个正向的冲击,劳动者面临着信号筛选的问题,即这种冲击是暂时的还是持久的。如果劳动者预期这种冲击是暂时的,他们将认为现在的工资率会比将来高。这样,他们将增加现阶段的劳动以换取下阶段的闲暇,总产量将增加,经济将处于上升阶段。到了下一个阶段,当劳动者增加闲暇的时候,总产量将减少,经济将处于下降阶段。如果冲击是负向的,经济将发生相反的波动。

下面借助一个简单的模型来阐述实际经济周期理论。[①]

假定不论厂商还是工人都作出最优的选择,厂商作出最优的投资和雇佣选择,工人作出最优的消费和就业选择,所有的选择都是动态的,都是在不确定的环境下作出的。厂商在每个时期都雇佣劳动生产产品,工人在每个时期都提

[①] 该模型引自多恩布什(R. Dombusch):《宏观经济学》,中国财政经济出版社2003年版,第526~528页,在实际的教学过程中可以根据实际情况取舍。

供劳动和进行消费。如果在时期 t 中，厂商雇佣劳动 L_t 生产出产品 Y_t，那么

$$Y_t = a_t L_t \text{。} \tag{1}$$

在方程（1）中，a_t 是时期 t 的劳动的边际产量。微观经济学的分析说明，在竞争的市场上，工人的实际工资率等于劳动的边际产量。

工人在每个时期中可能工作的时间是 L。如果他工作的时间是 L_t，那么他的闲暇的时间是 $L - L_t$。工人在每个时期中从消费 C_t 和闲暇 $L - L_t$ 得到效用。假定工人在一定的时期中的效用函数是

$$U(C_t, L - L_t) = C_t^\gamma (L - L_t)^\beta \text{。} \tag{2}$$

在方程（2）中，γ 和 β 假定是正的。

工人一生的预算约束即一生的消费总和等于他的收入的总和：

$$C_t + C_{t+1} + C_{t+2} + \cdots = w_t L_t + w_{t+1} L_{t+1} + w_{t+2} L_{t+2} + \cdots \text{。} \tag{3}$$

在方程（3）中，w_t 是时期 t 的实际工资率。每个时期的工资率 w_t 与工作时间 L_t 的乘积，便是工人的工资额。这样，工人在每个时期中所选择的消费量和闲暇量，将是在公式（3）的约束条件下，使他一生的效用总和达到最大的量。根据公式（2），可以得到闲暇的边际效用 MU：

$$MU = \beta C_t^\gamma (L - L_t)^{\beta-1} = \frac{\beta U}{L - L_t} \text{。} \tag{4}$$

如果工人在本时期中减少 1 小时闲暇，他将多得到的收入为 w_t，他在下一个时期中就可以增加的闲暇为 w_t/w_{t+1}。这样，工人本时期闲暇的边际效用等于 w_t/w_{t+1} 与下一个时期的边际效用的乘积：

$$MU_t = (w_t/w_{t+1}) w U_{t+1} \text{。} \tag{5}$$

在方程（5）中两次使用方程（4），使工人现期闲暇和未来闲暇的边际效用相等，可以得到工人跨期的闲暇替代为：

$$\frac{L - L_t}{L - L_{t+1}} = \left(\frac{w_{t+1}}{w_t}\right)^{\frac{1-\gamma}{1-\gamma-\beta}} \text{。} \tag{6}$$

方程（6）表明，如果 $t+1$ 时期的工资率增长 1%，其他各个时期的工资率保持不变，那么 $t+1$ 时期的闲暇将减少 $(1-\gamma)/(1-\gamma-\beta)$。闲暇对工资率暂时变化的反应的敏感程度取决于 γ 和 β 值。

假定在时期 t，发生了暂时性的技术冲击，使劳动的边际产量增加了 $\Delta a\%$。由于实际工资率等于劳动的边际产量，工资将随着提高。产量的变化为

$$\Delta Y\% = \Delta a\% + \Delta L\% \text{。} \tag{7}$$

一方面是实际工资率上升，另一方面是对劳动的需求增加，工人在现期将用更高的收入去替代闲暇，也就是增加现在的闲暇和减少未来的闲暇。根据方程（6），闲暇将减少 $[(1-\gamma)/(1-\gamma-\beta)] \cdot \Delta a\%$。假定工人在 1 年 8760 个

小时（$=24\times365$）中，有2000个小时在工作，那么闲暇的时间约为工作时间的3倍。劳动的增长率大约是：$\Delta L\% = 3\times[(1-\gamma)/(1-\gamma-\beta)]\cdot\Delta a\%$。这样，产量的变化为：

$$\Delta Y\% = \Delta a\%\cdot[1+3\times(1-\gamma)/(1-\gamma-\beta)]。 \qquad (8)$$

根据方程（8），如果 $\gamma+\beta$ 接近于1，那么闲暇的跨期替代倾向很强，较小的实际因素的冲击将产生较大的产量的变化。相反，如果 $\gamma+\beta$ 接近于0，那么闲暇的跨期替代倾向很弱，实际因素的冲击对产量的影响不大。

二、实际经济周期理论的政策建议

在实际经济周期理论看来，经济周期是由扰动因素对经济的冲击造成的，但市场经济会对这些冲击作出有效率的反应，政府不需要对经济进行干预。当经济发生失业的时候，只要人们在市场的调节下降低货币或非货币报酬的预期，都可以找到工作，政府不应用扩大总需求的方式维持他们对工资率的预期，造成他们的失业痛苦。当经济发生通货膨胀的时候，人们会用工资和收入指数化来保护自己，政府不必采用经济政策进行干预。

实际经济周期理论认为，财政政策和货币政策是无效的。当政府通过借债来筹措支出时，纳税人知道最终还是由他们偿还这部分债务，所以他们会相应地增加储蓄。这样，政府增加支出的作用只是把社会资源从私人部门转移给公共部门，对经济并没有产生实际影响。当政府扩大货币供给量时，人们会相应地提高工资和价格，这样，实际货币供给时保持不变，货币政策对经济也没有产生实际影响。

第三节 新凯恩斯主义学派的经济周期理论

一、不变加成经济周期模型

新凯恩斯主义经济学家认为，总供给曲线在不同的时间长度具有不同的形状。如图24.1（A）所示，在短期里，价格是黏性的，价格水平固定不变；在以横轴表示国民收入、纵轴表示价格水平的坐标系里，总供给曲线表现为一条水平线，即经济社会按照固定的价格水平提供各种可能的总产量。但是，在长期里，由于人们可以根据对价格水平变化的预期采取相应的对策，如在价格水平上升时要求提高名义工资，价格水平的变化只能在短期里影响总产量而不能在长期里影响总产量，总供给曲线表现为一条垂直线。图24.1（B）表示与图24.1（A）所说明的产品市场相适应的劳动市场的情况。曲线 S 是劳动的供给曲线，曲线 D 是劳动的需求曲线，设总需求曲线是 AD_1，总需求曲线 AD_1 与短期总供给曲线的交点决定了均衡的国民收入是 Oy_0，均衡的价格水平是 Op_0。在劳动市场上，工资是黏性的，工资率固定为 w_0。在产品市场和劳动市场最初都处于均衡状态的假定下，与均衡国民收入 Oy_0 相应的均衡的就业量是 On_0，与均衡价格水平 Op_0 相应的实际工资率是 w_0/p_0。

现在假定消费需求和投资需求发生下降，总需求曲线从 AD_1 向左方移向 AD_2。由于短期的总供给曲线是一条水平线，均衡的国民收入从 Oy_0 下降到 Oy_1。随着产量的下降，厂商在劳动市场上将减少雇佣人数。但是，由于工资呈黏性，实际工资固定在 w_0/p_0 的水平上，厂商不是在劳动需求曲线上沿着 EF 线段减少劳动的需求量，而是按照固定的实际工资 w_0/p_0 沿着 EG 线段减少劳动的需求量。这意味着劳动的需求曲线不再是如曲线 D 所示的向右下方倾斜的曲线，而是如 $DFGn_1$ 所示的折线，即厂商愿意按线段 Fn_1 任何一点所表示的实际工资雇佣 On_1 的劳动者，若实际工资超过 Fn_1 则只愿雇佣较少的劳动者。

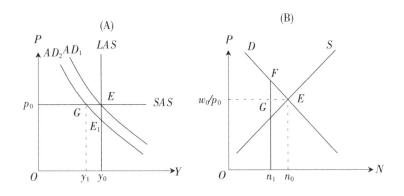

图 24.1　不变加成经济周期模型

这样，新凯恩斯主义的周期模型是一个非市场出清模型。在产品市场上存在超额供给量，即社会本来可以生产出来但由于总需求下降而减少的产量，如图 24.1（A）中的 EG 所示。在劳动市场上也存在超额供给量，即社会本来可以提供但由于厂商需求量下降而失业的劳动者人数。

但是，工资和价格是不会永久呈黏性的，经济也不会长期处于非均衡状态。在发生失业的条件下，工资率会下降到 w_0 以下。在存在产品超额供给的条件下，价格也会下降到 Op_0 以下。随着价格水平的下降，短期的总供给曲线 SAS 向下移向总需求曲线 AD_2 与长期总供给曲线 LAS 的交点 E_1，国民收入从 Oy_1 恢复到 Oy_0。随着国民收入上升，在劳动市场上劳动者的就业量也从 On_1

恢复到 On_0。但是，国民收入和就业量的调整过程是一个缓慢的过程。

由此可见，按照不变加成经济周期模型的分析，经济的周期性波动是由总需求的波动造成的。

二、可变加成经济周期模型

如前所述，部分新凯恩斯主义经济学家认为价格和工资是黏性的，当最终产品的产量在总需求减少的影响下发生下降时，对原材料的需求也发生下降，但初级产品的价格不变，在平均每单位最终产品产量的工资成本和原材料成本之上加成形成的最终产品的价格保持不变，这就是不变加成经济周期模型的名称的来源。但是，另一部分新凯恩斯主义经济学家不同意不变加成经济周期模型。他们认为，即使在名义工资呈黏性的情况下，如果最终产品的产量因总需求减少而下降，对原材料的需求将发生下降，原材料的价格将发生下降。这样，在平均每单位最终产品产量的工资成本和原材料成本之上加成形成的最终产品的价格是可变的，短期的总供给曲线不是一条水平线，而是一条缓慢向右上方倾斜的曲线，如图 24.2（A）中的曲线 SAS 所示。

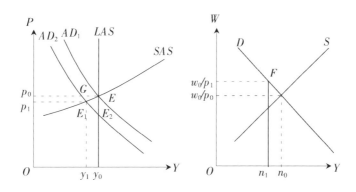

图 24.2　可变加成经济周期模型

在图 24.2 中，当总需求曲线从 AD_1 向左方移向 AD_2 时，由于短期总供给曲线 SAS 向上方倾斜，AD_2 与 SAS 的交点在原交点 G 的右下方。这意味着在短期的价格水平不是完全固定不变的情况下，价格水平 Op_1 低于原来的价格水平 Op_0，国民收入的下降幅度也小于原来国民收入的下降幅度，随着国民收入的下降，在劳动市场上就业量也减少。但由于国民收入的下降幅度没有原来大，就业量的减少幅度也没有原来大。另外，由于价格水平从 p_0 下降到 p_1，在货币工资率 w_0 不变的条件下，实际工资率 w_0/p_1 上升了，劳动需求曲线现在变为 DFn_1，与实际工资率 w_0/p_1 对应的就业量是 On_1［如图 24.2（B）］。

同样，随着时间的推移，国民收入将回复到总需求曲线 AD_2 与长期总供给曲线 LAS 相交的水平，就业量也回复到 On_0 的水平。可变加成经济周期模型与不变加成经济周期模型不同的地方在于：在短期里，总需求的变化不仅影响实际产量，而且影响价格水平。两个模型相同的地方是：在长期里，总需求的变化只影响价格水平。

三、新凯恩斯主义学派的政策主张

新凯恩斯主义学派认为，货币学派和新古典主义学派在关于私人行为可以抵销公共政策影响的研究方面作出了贡献，个人的理性反应确实会在一定程度上削弱政府政策的效果，因此，政府在制定经济政策时必须考虑私人部门的反应。但是，私人的反应不可能完全抵销政府政策的影响。首先，关于政策无效的看法的论据之一是假定工资和价格具有足够的伸缩性，因而市场经济具有强有力的自我调节作用。但是，工资和价格黏性的分析表明，这个假定与现实有一定距离。其次，关于政策无效的看法的论据之二是假定居民和厂商对政府的决策迅速地采取抵销性行动，因而造成政府政策无效。但是，在现实经济中，人们是否很快知道政府做了什么？人们是否对经济运行有足够的理解以马上采取抵销行动？人们是否无论对政府的任何政策都一致采取抵销行动？这一切都是令人怀疑的。

新凯恩斯主义学派指出，政府的某些经济政策可能会造成经济不稳定。但是许多例子证明，政府的经济政策在稳定经济方面是成功的。政府在稳定经济方面的贡献比造成经济不稳定方面的教训要多得多。由于市场经济不能迅速地和充分地自我调节以实现充分就业，政府有必要对经济进行干预。政府对经济的干预不能局限于固定的规则，在经济千变万化的情况下，政府承诺实行固定的规则并保持不变实际上是自欺欺人。例如，美国政府在 1985 年作出在 1991 年实现预算平衡的承诺，到 1987 年又改为在 1993 年实现预算平衡，到 1990 年发现难以实现这个目标时又作出了新的承诺。这样的承诺是没有意义的。经济变化了，政府的政策就要变化。因此，政府应该实行斟酌使用的经济政策。

从总体来看，新凯恩斯主义学派坚持凯恩斯学派的基本观点和主张，但他们对于政府通过微调可以实现没有通货膨胀条件下的充分就业没有凯恩斯学派乐观，他们觉得政府干预少些会比政府干预太多更有利于经济的稳定发展。

第四节 经济周期理论的应用

在现实的经济里，经济是周期性地变化的。而在经济周期不同的阶段里，股票等金融资产的价格变化会表现出相似的特点。因此，对于投资者来说，如何判断和预测经济周期的变化,就成为判断金融资产价格变化并作出投资决策的重要前提。

对于债券来说,它的内在价值和市场价格受到市场利率的直接影响。市场利率下降,债券的内在价值和市场价格将上升;市场利率上升,债券的内在价值和市场价格将下降。在经济衰退时期,对资金的需求减少,市场利率一般较低,而且政府还可能采用扩张性的货币政策来降低利率。在经济繁荣时期,资金需求增加,市场利率较高,而且政府还可能采用收缩性的货币政策来提高利率。因此,通过对经济周期变化的预测可以形成对市场利率变化的预测,从而形成对债券价格变化的预测。

对于股票来说,它的内在价值和市场价格受到每股收益即税后利润除以股票数量之商的直接影响。股票的每股收益增加,股票的内在价值或市场价格或迟或早要上升。股票的每股收益减少,股票的内在价值或市场价格或迟或早要下降。在经济衰退时期,社会需求收缩,公司的每股收益下降,股票的内在价值和市场价格趋向于下降。在经济繁荣时期,社会需求增加,公司的每股收益增加,股票的内在价值和市场价格趋向于上升。因此,通过对经济周期变化的预测可以形成对股票的每股收益变化的预测,从而形成对股票价格变化的预测。

对经济周期的预测不仅对于金融资产投资者来说十分重要,对于物质资本投资者来说也十分重要。假定某厂商准备进行物质资本投资以扩大生产规模。由于从物质资本投资到形成生产能力需要有一段时间,如果在投入生产的时候宏观经济正好处于经济衰退时期,该厂商可能出现生产能力过剩的情况,该投资决策的时机选择是错误的;如果在投入生产的时候宏观经济正好处于经济繁荣时期,该厂商新增生产能力得到充分利用,该投资决策的时机选择是正确的。

在世界各国,由于各国国情不同,对各国经济周期预测的方法也不同。例如,美国是一个消费率较高的国家,消费支出对国内生产总值的比例可以达到70%。因此,要预测美国经济周期的变化,应该关注消费者信心指数(consumer confidence index,CCI)、失业率以及国内生产总值的季度增长率等指标。我国是一个以制造业为主的国家,制造业在我国不但是核心产业,而且是先行产业。因此,要预测我国经济周期的变化,应该关注采购经理人指数(purchasing managers index,PMI)和国内生产总值的季度增长率等指标。

第 25 章 经济的增长

第一节 经济增长的定义及累积效应

一、经济增长的定义

经济周期原理主要研究实际国民收入怎样围绕着充分就业的国民收入运动,经济增长原理则主要分析充分就业的国民收入的变化趋势。经济周期和经济增长的分析是长期的动态的分析。

在现代西方经济学中,经济增长(economic growth)并不简单地意味着国民收入的增加,它是指潜在的国民收入的增加。因此,经济增长不是指现存生产能力利用率的提高所带来的国民收入的增加,而是指社会生产能力的提高所带来的国民收入的增长;它不是指名义国民收入的增加,而是指实际国民收入的增长。

在图像上,经济增长表现为生产可能曲线向外移动。在图 25.1 中,曲线 PC 表示在一定的生产技术和社会资源条件下某一经济社会所能够得到的产量。当社会产量从生产可能曲线内某一点 A 移向曲线上的某一点 B 时,这是因现有的生产能力利用率的提高而带来的产量的增长,因此它还不是严格意义上的经济增长。只有当生产可能曲线从 PC 移向 PC_1,或者点 B 移向点 C 时,社会产量的增长才叫作经济增长。经济增长意味着生产技术进步或者社会资源增加所导致的产量的增长。

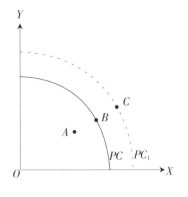

图 25.1 经济增长

反映经济增长的指标有实际国内生产总值、平均每人的实际国内生产总值和平均每人每单位时间的实际国内生产总值。前者表示一个经济社会的总生产能力,次者标志一个经济社会的生活标准,后者则反映一个经济社会的生产率。根据不同目的可以采取不同的指标。

二、经济增长的累积效应

由于每年都按照新的国内生产总值计算经济增长率,经济增长具有累积效应。例如,在表 25.1 中,假定有 5 个国家在同一起点上开始增长。它们在开始时,充分就业的国民收入都是 100 单位,它们的增长率分别为 1%,2%,3%,5% 和 7%。

表 25.1 经济增长的累积效应

年 份	增长率	1%	2%	3%	5%	7%
0		100	100	100	100	100
10		110	122	135	165	201
30		135	182	246	448	817
50		165	272	448	1218	3312
70		201	406	781	3312	13429
100		272	739	2009	14841	109660

从这个表中可以看到,经济增长的累积效应表现在两个方面:首先,从一个国家来说,年增长率为 2% 是一个较低的增长率,但它在 100 年以后,可以使充分就业的国民收入达到原来的 7.39 倍;若年增长率能保持 7%,100 年后可以使充分就业的国民收入增加到原来的 1096.6 倍。其次,从不同国家来说,增长率相差 2 个百分点不算很大。但是如果一个国家的增长率为 3%,另一个国家的增长率是 5%,那么在 30 年后,2 个百分点的增长率的差别产生了近 100% 的充分就业国民收入水平的差别。

第二节 经济增长的源泉

经济增长的重要源泉有:

第一,科学技术。新知识的增长和技术的进步对经济增长起着重要的作用,它在没有资本积累的条件下也可以导致经济的增长。例如,假定新生产的资本品刚好能够补充损耗的资本品,资本存量并没有发生变化。如果新资本品是和以前同质量的资本品,社会生产能力没提高;但如果新资本品吸收了科学技术的新成果,社会生产能力将提高,它在其他条件不变的情况下将导致经济的增长。

资本品生产率的提高划分为内含的技术变化和非内含的技术变化。内含的技术变化（embodied technical change）是指资本品本身的改进。例如，自动装配线的出现就是内含的技术变化，它与人力装配或半机械化装配相比具有高得多的效率。非内含的技术变化（disembodied technical change）则是指资本品使用条件的变化。例如，生产组织形式的改进就是非内含的技术变化，它不体现在资本品中，而是通过更有效地利用资本品和更充分地发挥资本品的效率而表现出来。

第二，物质资本。一般来说，在劳动数量不变的条件下，物质资本的数量越多，社会生产能力就越高，经济增长就越快。物质资本的增长在经济学史上常常被看作经济增长最主要的源泉，但它实际上只是重要的因素之一。

第三，人力资本。当代西方经济学家认为，不仅存在着对存货、房屋建筑和机器设备的投资，而且还存在着对人的投资。因此，不仅有物质资本，而且还有人力资本。人力资本（human capital）是指对人进行生产性投资的资本化价值。对人的生产性投资主要包括教育、训练和保健的支出。投资的效果是人的能力提高了，因而可以获得更高的报酬。

第四，自然资源。自然资源包括土地、石油、天然气、森林、河流、矿藏等。自然资源是一种重要的生产要素，自然资源越丰富，就越有利于经济的增长。中东国家凭借着丰富的石油资源而成为富裕的国家，美国凭借着广袤的良田而成为世界上最大的谷物生产国和出口国，加拿大凭借着富足的森林资源成为世界上重要的木材生产国和出口国。

自然资源是经济增长的重要基础，但不是经济增长的决定性因素。例如，日本是一个缺乏自然资源的国家，但它通过国际贸易来获得所需要的自然资源，并借助技术进步和资本密集型产业而发展成为发达国家。

另外，一定数量的劳动力是经济增长所不可缺少的。图 25.2 表明，人均国民生产总值和人口数量之间存在着坡形的联系。图中横轴表示人口，纵轴表示人均国民生产总值，po' 是人均国民生产总值达到最大化的适度人口。在没有达到适度人口以前，增加 1 单位人口可以带来人均国民生产总值的增长。在这种情况下，人口数量对经济增长起着举足轻重的作用。

美国经济学家丹尼森（E. F. Denison）曾经利用美国 1929—1969 年的统计资料，对美国经济增长的源泉作了估算。丹尼森得到的结果列在表 25.2 中。

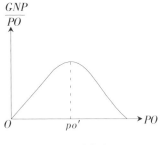

图 25.2 适度人口

表 25.2 美国 1929—1969 年经济增长的源泉

项　目	年平均增长率（%）	占国民收入增长率的比例（%）
国民收入	3.41	100
各种源泉所占份额：		
1. 生产要素投入	2.82	53.4
劳动	1.32	38.7
资本	0.50	14.7
土地	0	0
2. 生产率的提高	1.59	46.6
知识的增长	0.92	27.0
资源配置的改进	0.30	8.8
规模的节约	0.36	10.6
其他	0.01	0.2

资料来源：《1929—2969 年美国经济增长的说明》，布鲁金斯学会 1974 年版，第 127~428 页。

从表中可以看到，生产要素数量的增长对国民收入增长的贡献为 53.4%，生产要素质量的提高及规模节约对国民收入增长的贡献是 46.6%。这意味着美国在 40 年的增长中，内含的技术进步和非内含的技术进步的贡献占将近 50%。

第三节　哈罗德 – 多马模型

一、哈罗德 – 多马模型的提出

英国经济学家哈罗德 1939 年在《经济学杂志》上发表了一篇题为《论动态理论》的论文，试图把均衡国民收入的分析加以长期化和动态化，以研究经济的增长。他在 1948 年又出版了《动态经济学导论》一书，更加系统地阐述了他的经济增长理论。同期，美国经济学家多马（E. F. Domar）1946 年在《计量经济学杂志》上发表了题为《资本扩张、增长率和就业》的论文，1947 年又在《美国经济评论》上发表了题为《扩张与就业》的论文，独立地提出了与哈罗德相似的经济增长理论。哈罗德和多马的研究成果被通称为"哈罗德 – 多马模型"。它标志着现代西方经济增长理论的开始。

二、哈罗德模型的基本公式

哈罗德模型的基本公式的前提条件是：全社会只有劳动和资本两种生产要素；劳动和资本两种生产要素的比例不变，而且每单位产品消耗的生产要素不变;技术水平暂且不变,因而资本-产量比率不变。

哈罗德模型的基本公式包括三个变量:

一是储蓄率,即储蓄和国民收入的比率。如果用 S 表示储蓄,用 Y 表示国民收入,储蓄率 $s = \dfrac{S}{Y}$。由此可见,储蓄率实际上是平均储蓄倾向。

二是资本-产量比率。如果用 K 表示资本存量,仍用 Y 表示国民收入,资本-产量比率 $C = \dfrac{K}{Y}$。在 C 不变的假定下,$\dfrac{K}{Y} = \dfrac{\Delta K}{\Delta Y}$。例如,当 $C = 2$ 时,要增加 1 单位产量,资本存量要增加 2 单位。资本存量的增量是净投资,所以 $\dfrac{K}{Y} = \dfrac{I}{\Delta Y}$,资本-产量比率成为加速数。

三是合意的增长率。它是指在 s 和 C 为已知的条件下,要把储蓄全部转化为投资所需要的增长率。如果用 Y 表示国民收入,ΔY 表示能够把储蓄全部转化为投资的国民收入的增量,那么合意的增长率 $G_W = \dfrac{\Delta Y}{Y}$。

哈罗德模型的基本公式的推导过程是:

首先,在 C 为一定的条件下,要使本年的国民收入大于上一年,实现经济增长,就必须有新投资(I),即资本存量必须增加(ΔK)。因为 C 不变,$\dfrac{K}{Y} = \dfrac{\Delta K}{\Delta Y}$,调换位置得 $\dfrac{\Delta K}{K} = \dfrac{\Delta Y}{Y}$,即资本存量的增长率等于产量的增长率。暂把这个式子称为(1)式。

其次,要使储蓄全部转化为投资,以使国民收入达到均衡,一定国民收入水平上产生的储蓄必须与投资相等,即 $\dfrac{I}{Y} = \dfrac{S}{Y}$。这就是说,投资与国民收入之比等于储蓄率 s。再把这个式子称为(2)式。

根据(1)式并用 I 代表 ΔK,$\dfrac{\Delta Y}{Y} = \dfrac{I}{K}$。为了代入已知的 s 和 C,$\dfrac{I}{K}$ 可以写成 $\dfrac{I}{Y} \cdot \dfrac{Y}{K}$,即 $\dfrac{\Delta Y}{Y} = \dfrac{I}{Y} \cdot \dfrac{Y}{K}$。

根据(2)式,$\dfrac{I}{Y} = s$。另外,$\dfrac{\Delta Y}{Y} = G_W$,$\dfrac{Y}{K} = \dfrac{1}{C}$,这样便得到哈罗德模型的基本公式:

$$G_W = \dfrac{s}{C}$$

这个公式表明,要使经济均衡增长,国民收入的增长率应该等于储蓄与资本-产量比率之商。

三、多马模型的基本公式

多马模型的基本公式包括三个变量：一是投资增长率，即 $\frac{\Delta I}{I}$；二是储蓄率 s，它与哈罗德模型中的储蓄率相同；三是平均资本生产率，即平均每单位资本存量所带来的产量 $\frac{Y}{K}$，它是哈罗德模型中的资本-产量比率的倒数。

多马认为，要使经济均衡增长，不但要把储蓄全部转化为投资，即 $I = sY$，而且还要使每一个时期的实际产量的增量（ΔY）等于该时期因生产能力的提高而带来的产量的增量（ΔY_P）。

实际产量的增量（ΔY）表现为投资增量通过乘数的作用所带来的总支出的增长。长期消费函数的分析表明，在长期中，平均消费倾向与边际消费倾向相等。这意味着平均储蓄倾向也趋于与边际储蓄倾向相等。因此 $\Delta Y = \frac{1}{s} \cdot \Delta I$，其中 $\frac{1}{s}$ 是投资乘数。由于投资乘数作用是指投资支出的增加引起一轮消费支出的增加，$\Delta Y = \frac{1}{s} \cdot \Delta I$ 从总需求方面表示产量的增长。

生产能力的提高所带来的产量增量（ΔY_P）表现为投资按照一定的资本生产率所能引起的产量的增长。在资本生产率 σ（$= \frac{Y}{K}$）不变的条件下，资本增量的生产率与原资本生产率相同，即 $\frac{\Delta Y}{\Delta K} = \frac{Y}{K}$。而资本存量的增量（$\Delta K$）就是投资（$I$）。所以投资的增加所带来的产量的增量等于 $\frac{\Delta Y}{\Delta K} \cdot I$，即 $\Delta Y_P = \sigma I$。由于在一定的资本生产率条件下，资本存量的增加意味着生产能力增加，$\Delta Y_P = \sigma I$ 从总供给方面表示产量的增长。

要实现均衡增长，ΔY 必须等于 ΔY_P，即 $\frac{1}{s}\Delta I = \sigma I$。把等式两边同时乘以 s 和除以 I，便得到多马模型的基本公式：

$$\frac{\Delta I}{I} = \sigma s。$$

这个公式表明，国民收入均衡增长的条件是投资增长率必须等于资本生产率和储蓄率的乘积。

在实际产量增量等于生产能力的提高所带来产量增量（$\Delta Y = \Delta Y_P$）的条件下，因为 $\Delta Y_P = \sigma I$，所以 $\Delta Y = \sigma I$。把投资与储蓄相等的条件 $I = sY$ 代入上式，可得 $\Delta Y = \sigma s Y$，从而得到多马模型基本公式的另一种形式：

$$\frac{\Delta Y}{Y} = \sigma s。$$

这个公式表明，要实现均衡的增长，产量增长率也必须等于资本生产率与储蓄率的乘积。

哈罗德模型的基本公式与多马模型的基本公式是一致的。多马模型中的 $\frac{\Delta Y}{Y}$ 和 σ 分别等于哈罗德模型中的 G_W 和 $\frac{1}{C}$，因此多马的基本公式 $\frac{\Delta Y}{Y} = \sigma s$，实际上就是哈罗德的基本公式 $G_W = \frac{s}{C}$。

哈罗德－多马模型的经济意义是：假定储蓄率为15%，某国上一年的国民收入是20000亿美元，那么储蓄等于3000亿美元。要使这个国家今年的总供给和总需求相等，就必须把3000亿美元的储蓄全部转化为投资，使投资也达到3000亿美元。在资本－产量比率等于3的条件下，3000亿美元的投资将形成表现为1000亿美元产量的生产能力。这就是说，必须使今年的产量增量为1000亿美元，才能产生3000亿美元的投资，从而使3000亿美元的储蓄全部转化为投资。但要使今年产量增量为1000亿美元，今年的产量增长率必须达到5%（1000/20000）。

四、合意的增长率与实际的增长率

哈罗德模型的基本公式的增长率（G_W）是合意的增长率，即使储蓄转化为投资并充分利用投资所产生的生产能力的增长率。但实际的增长率（G）不一定等于合意的增长率。如果 $G = G_W$，经济将稳定地均衡增长。如果 $G \neq G_W$，经济将发生波动。

假如实际增长率小于合意增长率，这意味着没有把全部储蓄转化为投资，或者说没有充分利用经济中所具有的生产能力。生产能力的过剩又意味着现有资本存量大于在现期产量水平上厂商希望的资本存量。这从表面上看是矛盾的现象：生产能力的过剩是因为厂商没有进行足够的投资。但在实际上，如果厂商增加投资以吸收全部储蓄，投资支出的增加将会使过剩的生产能力得到利用。现在，生产能力的过剩带来了国民收入水平的下降。在资本－产量比率不变即在一定的加速数条件下，国民收入的下降又导致投资的减少，使投资小于储蓄的差额继续增大。当这个过程继续下去的时候，经济将发生萧条。

假如实际增长率大于合意增长率，这意味着希望进行的投资大于储蓄，或者说现有生产能力得到超负荷利用。生产能力的不足又意味着现有资本存量小于厂商希望的资本存量。这从表面看又是矛盾的现象：生产能力不足的原因是厂商投资太多。但在实际上，如果厂商减少投资，投资支出的减少将可以缓和生产能力不足的现象。现在生产能力的不足已经发生，厂商的反应是增加投资，以使现有资本存量达到他们所希望的水平。结果希望的投资大于储蓄的差额继续增大，经济出现高涨。

五、合意的增长率与自然增长率

哈罗德模型的基本公式中的合意增长率是充分利用资本存量增量的增长率，但是在经济增长过程中，劳动力数量和劳动生产率都在增长。因此，哈罗德又提出了自然增长率（G_n）的概念，它等于劳动力数量增长率和由技术进步带来的劳动生产率增长率之和。例如，当劳动力数量增长率为1%，劳动生产率增长率为2%时，由于劳动生产率增长2%相当于技术条件不变的情况下劳动力数量增加2%，自然增长率等于3%。

假定劳动和资本之间存在着一定的比例，例如1∶1，那么既要充分利用增长中的资本存量，又要充分利用增长中的劳动力和劳动生产率，合意的增长率（G_W）必须等于自然增长率（G_n）。同时，在实际增长率（G）必须既等于合意增长率（G_W），又等于自然增长率（G_n）的条件下。现实的经济社会才能在充分利用社会资源的条件下均衡地增长。

但是，合意增长率并不必然等于自然增长率。假如$G_W > G_n$，这意味着资本存量的增长率高于劳动力和劳动生产率的增长率之和，机器设备将出现闲置。在这种情况下。厂商将减少投资以减少资本存量，因而经济将趋于停滞。相反，假如$G_W < G_n$，这意味着劳动力和劳动生产率的增长率之和大于资本存量的增长率，现有的机器设备即便充分利用也不足以吸收全部劳动力。在这种情况下，厂商将增加投资以利用现有的劳动力和劳动生产率，因而经济趋于高涨。

只有$G_W = G_n$，才是最理想的增长状态。

第四节 新古典增长模型

一、新古典增长模型的提出

美国经济学家索洛在1956年2月《经济学季刊》上发表了一篇题为《论经济增长理论》的论文，接着又在1957年8月的《经济统计学评论》上发表了另一篇论文《技术变革和生产函数》。另外，美国经济学家斯旺（T. W. Swan）在1956年11月的《经济记录》杂志上也发表了题为《经济增长与资本积累》的论文。索洛和斯旺对经济增长的研究被称为新古典增长模型。与哈罗德-多马模型不同，新古典增长模型假定：

第一,生产过程不只是一个而是多个。在不同的生产过程中,劳动-资本比率和产量-资本比率都是可以变化的。因此,在一定的资本存量条件下使用的劳动力越多,产量-资本比率即资本生产率就越高,产量-劳动比率即劳动生产率则越低;反之,结果相反。

第二,在自由竞争条件下,价格体系的作用使社会资源得到充分利用,国民收入始终保持充分就业的水平。因此,经济的增长将是充分就业国民收入的增长。

二、在不存在技术进步条件下的产量增长率

产量的增长依赖于资本存量、劳动力和技术知识的增长。如果分别用 Y, K, L, A 表示这四个变量,那么在特定的时间里,产量是资本存量、劳动力和技术知识增长的函数,$Y = f(K, L, A)$。在技术不变的条件下,$Y = f(K, L)$。

假如 K 不变,Y 的增量 ΔY 等于劳动的增量 ΔL 与劳动的边际实物产量 MPP_L 的乘积,$\Delta Y = MPP_L \cdot \Delta L$;假如 L 不变,Y 的增量 ΔY 等于资本的增量 ΔK 与资本的边际实物产量 MPP_K 的乘积,即 $\Delta Y = MPP_K \cdot \Delta K$。假如 K 和 L 同时变化,Y 的增加可以用下式表示:

$$\Delta Y = MPP_K \cdot \Delta K + MPP_L \cdot \Delta L。$$

把上式的两边同时除以 Y,得

$$\frac{\Delta Y}{Y} = \frac{MPP_K}{Y} \cdot \Delta K + \frac{MPP_L}{Y} \cdot \Delta L。$$

或者

$$\frac{\Delta Y}{Y} = \frac{MPP_K \cdot K}{Y} \cdot \frac{\Delta K}{K} + \frac{MPP_L \cdot L}{Y} \cdot \frac{\Delta L}{L}。 \tag{1}$$

分配原理表明,在不考虑生产要素供给条件下,生产要素的价格取决于它的边际实物产量与产品价格的乘积。如果排除货币因素,每一单位生产要素的收入便等于它的边际实物产量。数量为 K 的资本的总收入等于 $MPP_K \cdot K$,数量为 L 的劳动力的总收入为 $MPP_L \cdot L$,它们之和等于总收入即总产量:

$$MPP_K \cdot K + MPP_L \cdot L = Y$$

或者

$$\frac{MPP_K \cdot K}{Y} + \frac{MPP_L \cdot L}{Y} = \frac{Y}{Y} = 1。$$

如果用 b 表示上面等式左边的第一项,那么第二项就可以用 $(1-b)$ 表示。这样方程式(1)可以写成

$$\frac{\Delta Y}{Y} = b \cdot \frac{\Delta K}{K} + (1-b) \frac{\Delta L}{L}。 \tag{2}$$

式中：b 表示资本的收入在总收入中的比例，例如，若 $b = 0.25$，这既表示资本所有者得到的收入在总收入中占 25%，也表示资本每增长 1% 可以带来产量 0.25% 的增长；$(1-b)$ 表示劳动的收入在总收入中的比例，它具有和 b 相似的意义。

方程式（2）说明了在规模收益不变的条件下资本增长率和劳动增长率对产量增长率的影响。例如，假定 $b = 0.25$，当资本增长率和劳动增长率各为 3% 时，产量增长率等于 3%。在这 3% 的产量增长率中，2.25% 归功于劳动，0.75% 归功于资本，劳动所起的作用是资本的 3 倍。

三、在不存在技术进步条件下平均每个工人的产量增长率

上述方程式（2）表达了在不存在技术进步条件下总产量的增长率。如果再研究劳动生产率的增长情况，可以从总产量的增长率 $\left(\dfrac{\Delta Y}{Y}\right)$ 减去劳动力增长率 $\left(\dfrac{\Delta L}{L}\right)$，两个增长率的差额大致等于平均每个工人的产量增长率：

$$\frac{\Delta Y}{Y} - \frac{\Delta L}{L} = b\left(\frac{\Delta K}{K} - \frac{\Delta L}{L}\right)。 \tag{3}$$

假定劳动力的增长率和人口增长率相等，方程式（3）表示人均产量增长率。

方程式（3）表明，要使平均每个工人的产量增长率为正数，总产量增长率必须大于劳动力增长率，即 $\dfrac{\Delta Y}{Y} > \dfrac{\Delta L}{L}$。而要使 $\dfrac{\Delta Y}{Y} > \dfrac{\Delta L}{L}$，资本存量增长率 $\left(\dfrac{\Delta K}{K}\right)$ 必须大于劳动力增长率 $\left(\dfrac{\Delta L}{L}\right)$。例如，假定 $\dfrac{\Delta Y}{Y} = 2\%$，$\dfrac{\Delta L}{L} = 1\%$，那么平均每个工人的产量增长率是 1%。但要使平均每个工人产量增长率达到 1%，在 $b = 0.25$ 的条件下，资本增长率必须是 5%，即资本存量增长率必须高于劳动力增长率的 4 倍。

但是，在技术不变的前提下，根据边际收益递减规律，资本存量以高于劳动力增长率的比率增长势必导致资本边际收益的下降。

四、在技术进步条件下的产量增长率

技术的进步往往是体现在劳动和资本里面的。但是，为简化起见，可以把技术进步看作独立于劳动和资本的一个因素。例如，如果技术进步使相同的劳动和资本多生产 2% 的产量，那么就可以把技术进步率确定为 2%。假如用 $\dfrac{\Delta A}{A}$ 表示技术进步率，表示总产量增长率的方程式（2）可以写成

$$\frac{\Delta Y}{Y} = \frac{\Delta A}{A} + b \cdot \frac{\Delta K}{K} + (1-b)\frac{\Delta L}{L}。 \tag{4}$$

方程（4）表明，总产量增长率取决于技术进步率以及资本和劳动的增长率。

同样，表示平均每个工人的产量增长率的方程（3）可以写成

$$\frac{\Delta Y}{Y} - \frac{\Delta L}{L} = \frac{\Delta A}{A} + b\left(\frac{\Delta K}{K} - \frac{\Delta L}{L}\right) \tag{5}$$

方程（5）表示，平均每个工人的产量增长率取决于技术进步率和资本存量增长率与劳动力增长率的差距。从这个公式可以看到，要使平均每个工人的产量增长率为正数，由于存在技术进步率，资本存量增长率不需要一定大于劳动力增长率。

五、新古典增长模型的应用

方程（3）表明，在技术不变的条件下，平均每个工人产量增长率 $\left(\frac{\Delta Y}{Y} - \frac{\Delta L}{L}\right)$ 取决于平均每个工人的资本增长率 $\left(\frac{\Delta K}{K} - \frac{\Delta L}{L}\right)$。这样，如果要计算在平均每个工人产量增长率中，归于平均每个工人的资本增长的比例（e）是多少，可以把方程（3）写成下述形式：

$$e = \left(\frac{\Delta K}{K} - \frac{\Delta L}{L}\right) \Big/ \left(\frac{\Delta Y}{Y} - \frac{\Delta L}{L}\right) \tag{6}$$

显然，假如没有技术进步，b 等于 0.25，那么正如解释方程（3）所举的例子中说明的，在平均每个工人产量增长率 $\left(\frac{\Delta Y}{Y} - \frac{\Delta L}{L}\right)$ 等于 1% 时，平均每个工人资本增长率 $\left(\frac{\Delta K}{K} - \frac{\Delta L}{L}\right)$ 等于 4%。在这种情况下，$e = 1$。这意味着平均每个工人产量的增长 100% 地归于平均每个工人资本的增长。

但是，在技术进步的条件下，在平均每个工人产量增长率中，归于平均每个工人资本增长的比例肯定小于 100%，两者之间的差额可以看作归于技术进步的比例。

对美国统计资料的分析表明，b 的实际数值处于 0.25 到 0.33 之间，而且资本存量增长率 $\left(\frac{\Delta K}{K}\right)$ 小于总产量增长率 $\left(\frac{\Delta Y}{Y}\right)$。这意味着根据方程（6），当 $b = 0.25$ 时，$e < 0.25$；当 $b = 0.33$ 时，$e < 0.33$。由此可以得到下述结论：20 世纪以来，在美国平均每个工人的产量增长率中，归于平均每个工人资本增加的比例不到 1/3，归于技术进步等因素的比例在 2/3 以上。进一步的推论是，在美国总产量的增长率中，归于劳动和资本投入量增长的比例不到 1/3，归于平均每单位劳动和资本产量增长，即归于技术进步等因素的比例大于 2/3。

第五节 经济增长理论的应用

经济增长理论多个方面的分析对于各国经济增长具有重要的应用价值。

首先，哈罗德－多马经济增长模型对于发展中国家的经济规范具有重要的应用价值。例如，在1978年我国改革开放的初期，我国政府面临着加快经济发展的重要任务。我国政府准备提出在20世纪末产值翻两番的发展目标，以鼓舞人民群众的士气。这就是说，到20世纪末实现以1978年的产值为基础增长100%，再以新的产值为基础增长100%。在当时的客观形势下，我国产值增长能否实现这个目标，可以利用哈罗德－多马经济增长模型的基本公式进行论证。

由于我国的科学技术水平不高，当时据测算我国的资本－产量比率为4。如果要实现在20世纪内产值翻两番的发展目标，每年的产值增长率必须达到7%。在这两个变量数据为一定的条件下，决定的因素就是储蓄率。这就是说，根据哈罗德－多马经济增长模型的基本公式，如果要实现在20世纪内产值翻两番的发展目标，储蓄率必须达到28%。由于在1978年以前我国的储蓄率高于28%，这意味着在1978年以后可以在增加消费支出比例以提高人民群众生活的水平的情况下达到所要求的储蓄率。这样，我国政府明确提出了20世纪末产值翻两番的发展目标。事实证明，在20世纪90年代，我国的产值就提前实现了翻两番的发展目标。

其次，经济增长理论关于经济增长源泉的分析具有重要的应用价值。例如，在1978年改革开放以后，我国利用国内丰富的劳动力资源和高储蓄率，再通过引进外国直接投资和借入外国债务加快资本形成，迅速形成了巨大的生产能力，推动我国产值长达35年的连续高速增长，创造了经济增长的奇迹。但是，由于我国劳动力和物质资本的潜在能力已经接近于耗尽，我国高投入和高增长的经济发展方式已经不可持续。要实现我国经济的持续发展，必须开辟新的经济增长的源泉。这就是说，我国的经济发展方式能否转变，我国经济能否继续发展，关键是我国能否实现科学技术的进步和人力资本的积累，以使我国通过提高劳动生产率的方式实现经济的持续增长。

第 26 章 经济的发展

第一节 发展中国家面临的经济问题

经济发展原理和经济增长原理是相互区别的。前者主要研究发展中国家的经济发展,后者研究一般国家的经济增长。

发展中国家是指工业化程度和生活水平较低的国家。在现代西方经济学中,通常把人均国内生产总值和工业化程度结合起来,作为判断发展中国家的标准。虽然某些国家的人均国内生产总值接近或超过发达国家,但它们除了个别工业以外,其他工业仍然比较落后,因而仍然属于发展中国家。发展中国家的人口约占世界人口的80%,但它们的国民生产总值只占世界的30%。

发展中国家较低的人均产值和较高的人口增长往往使它们的经济陷入恶性循环(vicious circle)。图26.1解释了恶性循环的过程。首先,发展中国家低水平的人均产值造成了低水平的储蓄。其次,低水平的储蓄造成了低水平的投资。再次,低水平的投资形成低水平的生产率。最后,低水平的生产率和高速度的人口增长结合在一起使人均产值几乎停滞在原水平上。

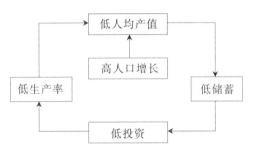

图 26.1　发展中国家的恶性循环

在低人均产值和低储蓄相联系的第一个环节上,发展中国家普遍存在下述问题:

第一,大多数贫民没有能力或不愿意进行储蓄。他们没有能力储蓄是因为收入水平太低,除了购买必要的生活必需品外,已没有更多的收入用于储蓄。他们不愿意进行储蓄是因为在发达国家消费示范作用下,盲目模仿发达国家的消费方式,千方百计地增加消费而不是增加储蓄。

第二,少数富豪虽然有能力储蓄,但他们却倾向于把大量的收入用来购买土地、房屋、金银首饰，或到国外旅游，而不是进行可用于生产性投资的储蓄。因此。发展中国家的储蓄率一般约为5%，远低于发达国家10%的平均水平。

在低储蓄和低投资相联系的第二个环节中，发展中国家不仅存在着可供投资的资金不足这个数量上的问题，而且还存在着缺乏投资刺激与投资环境等问题。首先，在发展中国家里，由于民族文化水平较低，经济人才缺乏，没有产生出一批敢冒风险勇于投资的实业家。其次，在国际经济联系相互交错的条件下，国内生产的工业品无法与发达国家的工业品竞争，因而人们不愿进行投资。再次，国内缺乏受过良好教育和训练的管理人员和技术工人，投资兴办现代化的企业将无法发挥它应有的效率。最后，基础设施如交通运输、通讯和电力等部门较为落后，难以提供合适的投资环境。

在低投资与低生产率相联系的第三个环节中，发展中国家可以利用发达国家积累起来的现成技术知识而不必重新进行研究和探索，因而具有一定的有利条件。但在资本的形成中利用先进的技术往往带来劳动的节约，而发展中国家本来就处于劳动需求不足的状态，这在一定程度上阻碍了先进技术的利用。另外，低水平的投资和低质量的劳动力也无法充分利用现有的先进技术，因而造成了生产增长缓慢的局面。

在低生产率、高人口增长与低人均产值相联系的第四个环节中，发展中国家存在资源使用缺乏效率和人口增长速度过快的问题。资源使用缺乏效率有两方面的含义：一方面是社会资源的作用得到充分利用，但使用这部分社会资源生产出来的却是经济社会所不需要的商品，这种意义的缺乏效率叫作配置的低效率（allocative inefficiency）；另一方面是虽然生产出经济社会所需要的商品，但是社会资源的作用没有得到充分的利用，这种意义的缺乏效率叫作X-低效率（X-inefficency）。在图26.2所表示的某个经济社会的生产可能性曲线上，配置的低效率可以用某一点C来表示，X-低效率可以用生产可能性曲线内某一点D表示。发展中国家普遍存在文盲多、没有技术、健康状况差等情况，同时又比较注重传统、关系而不是生产率，因而X-低效率是它们的主要问题。另外，发展中国家的人口之所以迅速增长，一方面是由于生活状况的改善和医疗技术的进步大大地降低了死亡率和提高了出生率，另一方面还涉及发展中国家特有的社会、文化等方面的因素。人口的过快增长对经济造成了不利的影响，它

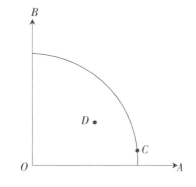

图26.2　配置的低效率和X-低效率

降低了发展中国家资本积累的能力,降低了人口受教育的程度,而且还降低了劳动力在人口中的比重。

第二节 资本形成对经济发展的作用

发展中国家要摆脱经济的恶性循环,就必须打破恶性循环的各个环节。许多西方经济学家强调,资本的形成对于发展中国家的发展具有重要的意义。

根据哈罗德－多马模型的基本公式 $G_w = s/C$,一个国家储蓄率的高低直接影响着资本的形成,从而影响着增长率的高低。假定某发展中国家原来的资本－产量比率是3,储蓄率是15%,产量增长率是5%。只要这个国家设法把储蓄率从15%提高到24%,那么产量的增长率就从5%提高到8%。因此,发展中国家如何增加储蓄和加快资本形成,是促进经济迅速发展的关键。

发展中国家加快储蓄和资本形成的方法有:

第一,增加国内的储蓄。如果发展中国家储蓄率过低,不足以筹措足够的投资资金,政府可以通过增加税收的方法来促进资本形成。例如,政府可以从征收的税款中拨出一部分贷款放给私人进行投资,或是自己进行投资。用增加国内储蓄来加快资本形成的代价是降低了目前的消费水平。如果国内的消费水平仅仅达到温饱的水平,这种方法的代价是使全国人民处于困难境地,收益是在未来可以获得更高的产量水平和收入水平。

第二,引进外国资本。发展中国家可以用借款、出售债券和股票、让外国公司在本国设厂等方式引入外国资本,以弥补本国储蓄量的不足。如果从外国借债建立的是有效率的企业,还本付息不成问题,那么从外国借债是迅速发展本国经济的较好方法。它的最大优点是能够在短期内迅速和大量地筹措资金以用于投资。

如果以出售股票的方式取得外国资本,本国不必承受还本付息的负担,但本国的某些企业将部分或全部为外国所有。如果让外国公司,主要是跨国公司在本国建立分公司,本国同样不必承受还本付息的负担,但这些企业将在更大程度上受外国控制。引进外国资本的方法能够增加本国的就业和产量,使本国经济在短时期出现较快的发展,其代价是必须向外国支付利息和利润。

第三,取得外国援助。取得经济援助如赠予、低息或无息长期贷款是发展中国家筹措资本最理想的方式。如果外国的经济援助不附任何条件的话,发展中国家可以没有代价地促进经济发展。但在现实的世界里,外国的经济援助往往附带政治的、经济的或军事的条件。

加快资本形成可以打破低储蓄率引致低投资率的环节。如果发展中国家能够成功地提高投资的效率,再辅之以控制人口增长和加强劳动力的教育和训练，就能使经济摆脱恶性循环而走向良性循环。

第三节 经济发展战略的选择

一、农业发展战略

农业的发展是一切产业发展的基础。因此，发展中国家可以致力于发展农业。通过农业的机械化、建立土地排灌系统、使用优良品种和化学肥料等方法，大力增加农业的产量。

农业发展战略的有利之处是它不需要投入大量的资本，不需要大量经过良好训练的劳动力，可以避免与发达国家直接的竞争。因此，它与发展中国家的现实情况是比较符合的。如果农业发展战略取得成功，发展中国家将解决现有人口的基本生活需要，同时可把多余的农产品用于出口，以换取它所需要的商品或积累用于工业投资的资金。

亚洲许多国家在实行农业发展战略上取得了巨大的成功。它们在农业上大力采用新技术和新品种，开展了一场"绿色革命"运动，使谷物生产出现大幅度的增长。1970年瑞典皇家科学院诺贝尔奖金委员会决定把诺贝尔和平奖授予美国植物病理学家波劳格（N. Borlaug），肯定了农业增长对于缓和食品短缺和促进发展中国家发展的重要意义。

但是，许多经济学家认为，农业发展战略存在一系列的问题：

第一，农业发展战略要求把大部分社会资源投入农业以保证农业的发展，这样势必延缓工业的发展。因此，它只解决了食品供应这个暂时的问题，而没有实现工业化这个长远的目标。减少对农业的依赖是发展中国家的当务之急和根本所在。

第二，农业发展战略会带来世界农产品产量的增加，从而压低了农产品的价格，使农产品对工业品的贸易条件恶化。这样，专门生产农产品的国家将受到严重的损害。因此，发展中国家应该摆脱过分依赖农业的局面而不是增加对农业的依赖。

第三，随着农业发展战略的实施，农业的进步将带来大量过剩的农业劳动力。这批过剩的劳动力无法在别的生产部门找到就业的机会，因而产生严重的失业问题。

二、平衡增长战略

平衡增长战略的内容是，经济发展的方法应该是各个生产部门随着需求的增长而增长，供给结构的变化必须与需求结构的变化相平衡。因此，只有在许多部门同时实行投资方案，经济才能够发展。①

例如，假定某个发展中国家建造一座大规模的现代化制鞋厂以促进经济的发展，为此它必须大量雇佣失业的工人。1年以后，这座工厂将生产出一批质量优良的鞋，制鞋的工人也得到他们以前所没有的收入。如果制鞋工人把收入全部用来买这座工厂制造的鞋，那么什么问题也不会发生。但是在现实的经济生活中，制鞋工人只把小部分收入用于购鞋，而把其余的收入用来购买食品、衣服以及租用房屋等。如果制鞋工人在经济中是唯一增加收入的人，制鞋厂的产品只卖出一部分，对这座工厂的投资并不是成功的。

诚然，建立大规模的工厂以获得规模节约带来的好处无可非议，但是由一两座这样的工厂所产生的收入将形成对一系列产品的需求，投资建厂所带来的供给方式与本厂工人的需求方式并不适应。因此，如果既要建立大规模的工厂，又要保持平衡增长，发展中国家需要在许多部门同时进行大规模的投资。这就是所谓"全面推进"（big push）政策。

许多经济学家认为，虽然不少发展中国家的政府试图按照这种战略实行全面工业化的方案，但是这种战略是不可行、不必要和不需要的。首先，即使发展中国家有丰富的劳动资源，其他许多生产要素也是稀缺的。发展中国家没有大量的资本、巨额的外汇、丰富的自然资源、熟练的技术人员和管理人员来进行全面的大规模投资，全面推进政策是不可行的。其次，即使全面推进政策是可行的，它仍然是不必要的。发展中国家在没有大量增加购买力的条件下，也能够卖掉它所增加的某种产品。例如，建立制鞋厂虽然增加了鞋的供给，但各个部门的工人可能会多购买一些鞋，少购买一些其他商品。又如，建立制鞋厂以后，发展中国家可以停止外国鞋的进口。因此，鞋的供给并不必然与鞋的需求不相适应。最后，即使全面推进政策是可行的，它也是不需要的。每个国家都有自己的资源特点，因而在某些商品的生产上相对有利。如果发展中国家专门生产相对有利的商品，然后通过对外贸易取得它所需要的商品，那么这个国家可以达到更高的产量水平。因此，平衡增长战略不是发展中国家发展经济的正确战略。

基于上述分析，当代西方经济学家提出了其他两种战略以替代这种短期的平衡增长战略：一种是不平衡增长战略（strategy of unbalanced growth），一种是逐步的平衡增长战略（strategy of balanced growth over time）。

不平衡增长战略认为发展中国家应该根据自身资源的特点专门生产相对有利的商品。例如，许多发展中国家有着丰富的石油、铜、铀等自然资源，他们

---

① 平衡增长战略是由挪威经济学家纳克斯（R. Nurkse）首先提出并被美国经济学家罗森斯蒂（R. N. Rosentein）所发展。

在这些产品的生产上具有不可比拟的相对好处。他们把这些商品投入国际市场可以获得巨大的收益,从而可以使经济在短期内发生迅速的增长。但是,一些经济学家指出,不平衡增长的战略需要冒风险。当国际市场的需求发生波动的时候,这些国家的经济将很不稳定。当技术的进步和偏好的变化使世界市场对这些商品的需求降为零时,这些国家的经济将发生崩溃。

逐步的平衡增长战略则主张实行一段时间走一步的投资方式。例如,某个发展中国家可以第一年建造一座大规模的制鞋厂,以停止外国鞋的进口;第二年建造一座制裤工厂;第三年建造自行车制造厂;等等。这样,经过若干年以后,发展中国家就能够大规模生产满足国内市场需要的各种产品。

三、进口替代发展战略

发展中国家虽然可以从国际贸易中得到许多好外,但也承担着极大的风险。随着农产品和许多初级产品的价格相对于工业制成品价格的下降,发展中国家与发达国家的贸易条件恶化。为了改变这种不利的地位,许多发展中国家在 20 世纪 50 年代和 60 年代起开始采用进口替代发展战略。所谓进口替代发展战略是指通过生产国内市场需要而在以前是依赖国外进口的商品,来推动国内经济的发展和改善国际贸易条件。由于发展中国家在这些商品的生产中处于不利的地位,他们用降低配额和提高关税的方法限制外国进口,用政府贷款或直接给予补贴的手段刺激进口替代工业的发展。

进口替代发展战略存在的问题是保护了缺乏效率的工业,造成了工业制品和农产品价格过大的差别,加剧了社会收入的不均。另外,发展进口替代工业的机会毕竟有限。一旦以前依赖外国进口的商品能够自给自足,发展中国家又应该发展什么工业呢?

从现实情况看来,印度、巴基斯坦、墨西哥和阿根廷在实行进口替代发展战略方面没有获得成功。因此,除非进口替代工业战略能够最终建立起一批有效率的工业,否则它将是一种作用有限的战略。

四、出口导向发展战略

发展中国家应该有选择地发展某些有优势的工业,然后通过出口带动国内经济的影响。

经济学家认为,如果发展中国家致力于发展在本国有前途的工业,经过一段时间的保护和补贴能够成熟起来,并且具有强大的竞争力,那么为此所付的代价是值得的。但问题是出口导向发展战略失败的可能性也很大。即使发展中国家有用于发展这类工业所需要的丰富自然资源,它也会在相当长的时间内由于缺乏资本、管理人员和熟练工人而不能使这类工业迅速发展。况且,当发展中国家发展某类工业的时候，发达国家已发展到一定程度的同类工业也在继续增长。如果发展中国家要使这类工业在世界市场上具有竞争力，它必须在初期不利的情况下使其劳动生产率的增长率大大超过发达国家同类工业的劳动生产率的增长率。这是难以实现的。

从现实情况来看，成功的例子也很多。例如，巴西、韩国等国家某些工业制品已经在世界市场上占有一席之地，并且大量输往发达国家。因此，如果发展中国家能够建立起有效的出口工业，将有力地推动国内经济的发展。

第四节　建立国际经济新秩序[①]

发展中国家曾经采用各种方法来增强它们在国际贸易中的地位，其中较为突出的是缔结稳定出口商品价格的协议和联合起来提出国际经济新秩序的主张。

发展中国家为了稳定它们的出口商品价格，曾经缔结了一系列产量和价格的协议。协议范围包括香蕉、可可、咖啡、食糖、橡胶、铜、锌等商品。但是，这些协议没有获得多大的成功。在这个方面，1973年石油输出国组织（OPEC）联合提高石油价格的协议是最成功的例子。随着石油输出源源而来的巨额美元，使一些石油输出国成为世界上最富裕的国家。

石油输出国组织所以能够成功，是因为石油的供给和需求具有其他初级产品所不能相比的特点。在世界范围内，能够大量生产石油的国家不多，石油的供给是缺乏价格弹性的。即使石油的价格上升，石油的供给量在短期内不会大量增加。另外，石油需求在短期和中期也是缺乏价格弹性的。由于发达国家能源结构已经形成，即使石油价格上升，他们也难以迅速使用其他能源取代石油。因此，在石油价格提高以后，石油收入可以大幅度上升。但是，除了铜以外，小麦、可可、咖啡、橡胶等初级产品不具备这种条件。一旦产品价格上升，发达国家将减少对这些产品的购买。因此，发展中国家缔结这些商品的价格协议并不能使它们的对外贸易情况得到很大的改善。

另外，发展中国家还提出了建立国际经济新秩序的宣言（NIEO）。这是发展中国家利用集体的政治力量来改变它们在国际贸易中的地位的一次尝试。早在1964年，发展中国家在联合国中开始作为一个独立政治集团出现，它们不依附于美国和苏联，实行不结盟政策。1973年，100多个不结盟国家在阿尔及尔举行了最高级会议，提出了"世界上的穷国团结起来"的口号。1974年，它们正式发布建立国际经济新秩序的宣言。

[①] 如果教学时数不够，本节分析可以删略。

建立国际经济新秩序的主要要求是：

第一，建立缓冲存货和共同基金以稳定初级产品的国际市场价格。许多发展中国家的经济依赖初级产品的出口，它们在世界财富中能够得到多大份额取决于初级产品的价格。为了缓和初级产品价格的波动，不结盟国家签署了商品综合方案（integrated programs for commodities），提出建立由生产国和消费国提供的共同基金，稳定和提高18种产品的价格。当初级产品的供给量暂时超过需求量时，应使用共同基金购买过剩的供给量，建立初级产品的缓冲存货。发达国家的经济学家认为，这个方案的目的是提高初级产品的价格。如果建立共同基金来购买过剩的初级产品，那么初级产品的价格被提高到市场均衡价格以上时，缓冲存货的数量将越来越大。这样，提供基金的发达国家将遭受损失。

第二，给予发展中国家工业制品优惠待遇。新近实现工业化的发展中国家在与发达国家的贸易中遇到了保护主义的限制，它们要求在关税和配额上得到发达国家的优惠待遇。经过10多年的双边协商，大多数发达国家已同意给予部分优惠待遇。但是发达国家给予优惠待遇还有两个前提：一是高度劳动密集型的商品除外，二是可能造成发达国家劳动力失业的商品除外。然而发展中国家可以输往发达国家的只能是劳动密集型商品，这意味着所谓优惠待遇是极其有限的。

第三，对发展中国家的债务重新协商或给予豁免。发展中国家是国际资金市场的主要债务国，它们的总债务在近20年来不断增加。发展中国家和发达国家都对能否按时偿还贷款产生了怀疑。发展中国家在多次联合国贸易会议上提出了债务的偿还问题。他们建议对债务的偿还日期和利息率一项一项地重新磋商，希望能够延期偿还某些债务或取消某些债务。但是发展中国家的建议遭到了发达国家的拒绝。

发达国家的经济学家认为，从经济的观点看，建立国际经济新秩序有两方面的缺陷：首先，它把注意力过多地集中在世界财富的分配而不是实现世界财富的增长上；其次，它把信念建立在财富、贸易和自然资源官僚式的配置上，而不是建立在通过市场机制而实现的配置上。

第五节　经济发展理论的应用

经济发展理论对于发展中国家具有应用价值。

首先，经济发展理论关于发展突破点的选择具有应用价值。发展中国家的经济发展过程就是打破恶性循环的过程。在发展中国家发展的初期，资本形成具有重要作用，成为经济发展的重要突破点。发展中国家一般都有丰富的劳动力资源，它们还需要利用国内的储蓄、借入外国债务、引进外国直接投资等途径，加快资本的形成，以与劳动力结合形成生产能力。

我国的经济发展过程就是一个例证。在新中国成立以后，我国受到了西方国家的经济封锁，我国只能依靠国内的储蓄来形成资本。尽管我国的储蓄率很高，但由于我国经济规模不大，我国的储蓄数量并不大，难以提供与丰富的劳动力资源相适应的物质资本。在改革开放以后，我国经济所以能够实现起飞，就是通过引进外国直接投资和借入外国债务的方式，加快了资本的形成，提供了与高强度劳动投入相适应的高强度的资本投入，使我国经济高速和长期发展。

但是应该指出，资本形成是发展中国家经济发展的突破点，但不是发展中国家持续发展的源泉。目前，我国经济发展就到了这样一个关键时期：仅仅依靠劳动力和物质资本已经难以继续推动我国经济的继续发展，还必须依靠科学技术的进步和人力资本的积累来推动我国经济的继续发展。只有提高劳动生产率，才能实现发展中国家经济的持续增长。

其次，经济发展理论关于经济发展战略的分析具有应用价值。经济发展理论中的各个经济发展战略不是互相排斥的。这就是说，并不是参考这种发展战略就意味着不能参考另一种发展战略。另外，各个发展战略都有一定的优点和缺点，各个发展中国家应该根据各自的国情，来综合选择适合于自己的发展战略。

我国不论从人口还是从地域来看都是一个大国，不论我国选择什么发展战略，都必须重视农业这个基础产业的发展。韩国不论从人口还是从地域来看都是小国，国内市场相对狭小，韩国只有选择出口导向的发展战略，才有可能推动韩国经济的迅速发展。中东国家具有丰富的石油资源，它们可以在相当长的一段时间内实行不平衡的发展战略，注重采油业的发展。当然，由于资源是可枯竭的，它们还需要为未来的产业发展未雨绸缪。

下篇
国际经济学

第27章 国际贸易的原理

第一节 比较利益的贸易基础

一、绝对利益和比较利益的贸易基础

当一个国家使用相同数量的资源能够比另一个国家生产出更多的某种商品,或者说当一个国家生产相同数量的某种商品只需比另一个国家耗费更少的资源时,这个国家在这种商品的生产上与另一个国家相比具有绝对利益(absolute advantage)。例如,假定有 A,B 两国,如果 A 国生产同样数量商品 X 所耗费的资源少于 B 国,B 国生产同样数量商品 Y 所耗费的资源少于 A 国,那么 A,B 两国相比较,A 国在商品 X 的生产上具有绝对利益,B 国在商品 Y 的生产上具有绝对利益。

当一个国家为了生产一定数量的某种商品而不得不放弃的别的商品的生产少于另一个国家,或者说它的机会成本少于另一个国家时,这个国家在这种商品的生产上与另一个国家相比具有比较利益(comparative advantage)。例如,假定有 A,B 两国,如果 A 国生产一定数量的商品 X 所需要减少商品 Y 的生产少于 B 国,那么 A 国在商品 X 的生产上与 B 国相比具有比较利益。

如果一个国家在某种商品的生产上与另一个国家相比具有绝对利益,它不一定也具有比较利益;另外,如果一个国家在某种商品的生产上与另一个国家相比绝对不利,它也可以具有比较利益。例如,假定商品 X 与 Y 的生产只需要劳动资源。如果 A 国生产 1 单位商品 X 和 Y 分别耗费 3 小时和 6 小时劳动,B 国则分别耗费 2 小时和 5 小时劳动,那么 B 国在商品 X 和 Y 的生产上与 A 国相比都是具有绝对利益的。但是,B 国生产 1 单位商品 Y 要放弃 $2\frac{1}{2}$ 单位商品 X 的生产,而 A 国生产 1 单位商品 Y 只需放弃 2 单位商品 X 的生产,所以 B 国在商品 Y 的生产上与 A 国相比是比较不利的。另外,虽然 A 国在商品 X 和 Y 的生产上与 B 国相比绝对不利,但 A 国生产 1 单位商品 Y 的机会成本是 2 单位商品 X,而 B 国生产 1 单位商品 Y 的机会成本是 $2\frac{1}{2}$ 单位商品 X,所

以 A 国在商品 Y 的生产上具有比较利益。

二、比较利益原理

比较利益原理认为，如果一个国家专门生产具有比较利益的商品，然后再用它与别国交换别的商品，那么它将能够从国际贸易中获得好处。

假定世界经济只包括两个国家，例如美国和巴西；这两个国家只生产两种商品，例如钢铁和咖啡。为了方便起见，再假定这两种商品的生产成本保持不变，这意味着增加 1 单位某种商品的生产所需要减少的另一种商品生产的单位数保持不变。根据上述条件，可以得到图 27.1 表示的美国和巴西生产钢铁和咖啡的生产可能性曲线。

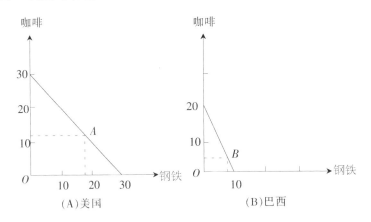

图 27.1 美国和巴西生产的可能性曲线

从图中可以看到美国和巴西生产钢铁和咖啡的机会成本是不同的。例如，从美国生产可能性曲线的斜率可以知道，美国要增加 1 单位钢铁的生产就必须放弃 1 单位咖啡的生产。这两种商品的成本比率，也就是它们的国内交换比率是 1 单位钢铁交换 1 单位咖啡。如果用 S 表示钢铁，用 C 表示咖啡，那么 $1S = 1C$。同样，从巴西生产可能性曲线的斜率也可以知道，增加 1 单位钢铁的生产需要放弃 2 单位咖啡的生产，钢铁和咖啡的成本比率或国内交换比率是 $1S = 2C$。

假如美国和巴西不存在贸易关系，它们所能生产的最大数量的钢铁和咖啡可以用各自的生产可能性曲线上某一点表示。例如，美国可以选择生产 18 单位钢铁和 12 单位咖啡，巴西选择生产 8 单位钢铁和 5 单位咖啡，如图 27.1 中点 A 和点 B 所表示的组合。

如果美国和巴西存在贸易关系，比较利益原理表明：如果要使双方都能够从国际贸易中得到好处，美国和巴西应该各自生产相对有利的商品。根据上面的分析，美国生产 1 单位钢铁的机会成本是 1 单位咖啡，巴西生产 1 单位钢铁的机会成本是 2 单位咖啡，美国在钢铁的生产上具有比较利益；相反，巴西生产 1 单位咖啡的机会成本是 1/2 单位钢铁，美国生产 1 单位咖啡的机会成本是 1 单位钢铁，巴西在咖啡的生产上具有比较利益。因此，美国和巴西都应该实行专业化生产，美国专门生产钢铁，巴西专门生产咖啡。从两国的生产可能性曲线可以看到，美国把全部资源投入钢铁的生产，可得到 30 单位钢铁；巴西把全部资源投入咖啡的生产，可得到 20 单位咖啡。这意味着世界的钢铁产量从原来的 26 单位（18 + 8）增加到 30 单位，咖啡产量从原来的 16 单位（12 + 4）增加到 20 单位。

在美国和巴西实行专业化生产以后，它们将按照一定的贸易条件进行钢铁和咖啡的交换。贸易条件（terms of trade）是指两个国家的商品交换比率。显然，美国在实行专业化生产以前，用 1 单位钢铁在国内可以交换 1 单位咖啡。现在它必然要求能够交换到多于 1 单位的咖啡，否则它从专业化生产和国际贸易中没得到好处；同样，巴西也将要求用少于 2 单位咖啡能够交换到 1 单位钢铁。因此，钢铁和咖啡的交换比率（ER）将处于 $1S = 1C$ 和 $1S = 2C$ 之间，即 $1S/2C < ER < 1S/1C$。交换比率最终确定在什么水平上取决于钢铁和咖啡的供给和需求。如果咖啡的需求相对于供给来说不足，钢铁的需求相对于供给来说旺盛，交换比率将接近于 $1S = 2C$；反之，则接近于 $1S = 1C$。

假定贸易条件为 $1S = 1.5C$，根据已知条件，可以得到图 27.2 中的贸易可能性曲线。贸易可能性曲线（trading possibilities line）表示按照比较有利条件实行专业化生产的某个国家以一定的贸易条件进行对外贸易后所得到的商品组合。

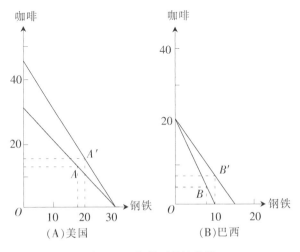

图 27.2　贸易可能性曲线

在图 27.2 的（A）中，左边的直线是美国的生产可能性曲线。在实行专业化生产以后，美国或者可以得到 30 单位钢铁，或者按照 $1S=1.5C$ 的贸易条件用 30 单位钢铁换取 45 单位咖啡，从而得到右边的贸易可能性曲线。比较两条曲线的斜率可以看到，美国在实行专业化生产以前用 1 单位钢铁只能换取 1 单位咖啡，在实行专业化生产以后则可以换取 1.5 单位咖啡。如果美国在贸易可能性曲线上选择某一组合 A'，它可以得到 20 单位钢铁和 15 单位咖啡。这意味着在资源没有变化的条件下，美国通过专业化生产和国际贸易多得了 2 单位钢铁和 3 单位咖啡。

在图 27.2 的（B）中，左边的曲线是巴西的生产可能性曲线。在实行专业化生产以后，巴西或者得到 20 单位咖啡，或者按照 $1S=1.5C$ 的贸易条件用 20 单位咖啡换取 13.3 单位钢铁，因而得到右边的贸易可能性曲线。这意味着巴西以前用 2 单位咖啡才能换取 1 单位钢铁，现在它用 1.5 单位咖啡就能换取 1 单位钢铁。如果巴西在贸易可能性曲线上选择某一组合 B'，它将得到 10 单位钢铁和 5 单位咖啡，比以前增加了 2 单位钢铁和 1 单位咖啡。

美国和巴西在贸易前后的情况可以概括为表 27.1。

表 27.1　根据比较利益条件实行专业化生产的利益

国别	商品	专业化前的产量	专业化后的产量	出口（−）进口（+）	贸易后得到的商品数量	专业化和贸易的利益
美国	钢铁	18	30	−10	20	2
	咖啡	12	0	+15	15	3
巴西	钢铁	8	0	+10	10	2
	咖啡	4	20	−15	5	1

说明：表内数字均为单位数。

在上面的分析中，为简单起见假定成本不变，因而生产可能性曲线是直线。如果成本不是不变而是递增的，生产可能性曲线将是凹向原点的曲线，情况会有所不同。

假定美国和巴西的成本比率在开始时分别是 $1S=1C$ 和 $1S=2C$，这表明美国仍然在钢铁的生产上具有比较利益，巴西在咖啡的生产上具有比较利益。因此，它们将按照比较利益条件分别实行专业化生产。但在，当美国逐渐增加钢铁的生产时，$1S=1C$ 的比率上升，增加 1 单位钢铁的生产所需要放弃的咖啡的生产大于 1 单位。同时，当巴西不断增加咖啡的生产时，$1S=2C$ 的比率下降，增加 2 单位咖啡的生产需要放弃的钢铁的生产超过 1 单位。假定贸易条件

为 $1S=1.5C$，美国在达到这个比率后不会再增加钢铁的生产，巴西在达到这个比率后也不会再增加咖啡的生产。这意味着美国和巴西从专业化和贸易中仍然得到了好处，但是美国和巴西的专业化生产都是不充分的：美国在专门生产钢铁的同时生产一定数量的咖啡，巴西在专门生产咖啡的同时也生产一定数量的钢铁。

第二节 比较利益产生的原因

一、比较利益的形成

一个国家所以在某些商品的生产上具有比较利益，其原因主要有两个：

第一，各国资源赋予的差别。不同的国家所拥有的矿藏、河流、森林、土壤和气候等自然资源，以及各种类型的劳动力和资本等非自然资源都是不同的，而不同商品的生产使用各种社会资源的比例是不同的。这样，如果某个国家拥有充裕的某种生产要素，而某种商品的生产又需较大比例的这种生产要素，那么这个国家在这种商品的生产上就具有比较利益。例如，如果巴西的生产要素适合于种植咖啡而不适合于生产钢铁，那么巴西在咖啡的生产上将具有比较利益。

资源赋予学说表明，一个国家进口没有比较利益的商品并不是因为它不能在国内生产这种商品，而是生产要素特点使它生产具有比较利益的商品，然后再换取没有比较利益的商品将更合适。资源赋予学说还表明，比较利益不是一个静态的概念。随着生产要素比例的变化，比较利益条件也将发生变化。例如，瑞士制表业需要进口原材料来制造手表，开始的时候它在手表的生产上并不是有比较利益的。但是数世纪的制表经验使瑞士制表工人的技能发生了深刻的变化，劳动要素特点的变化使瑞士在手表制造上具有比较利益。

第二，各国技术水平的差别。现代科学技术日新月异，它迅速改变着各国比较利益的地位。如果一个国家率先发展一个新工业，它在一段时间内在新产品的生产上是具有比较利益的。但在技术扩散以后，如果这个国家在这个工业中的技术进步较慢，它在这种产品的生产上将失去比较利益。例如，美国在汽车的生产上曾经处于技术领先的地位，它是世界汽车市场的主要供给者。但是20世纪70年代以来，日本的汽车制造技术赶了上来，大量日本汽车流向美国。与日本相比，美国在汽车生产上的比较利益的地位削弱了。

二、"利昂惕夫之谜"

按照资源赋予学说和比较利益原理，各国出口的商品应该是用本国充裕的生产要素生产出来的因而是相对有利的商品。在美国，资本应该是充裕的，劳动则是稀缺的。因此，美国出口的商品应该是资本密集型的商品。但是，美国经济学家利昂惕夫（W. Leonief）对美国出口工业和与进口相竞争的工业两者的机器对劳动比率的计算表明：在1947年，前者平均每个劳力年资本设备拥有量为11622美元，后者为13658美元；到1951年，前者提高到12977美元，后者也提高到13726美元。[①] 这意味着美国具有比较利益的商品的资本密集程度还比不上没有比较利益的商品。利昂惕夫的这个发现被称为"利昂惕夫之谜"或"利昂惕夫反论"。

有关的研究表明，"利昂惕夫之谜"可以这样解决：从数量上分析，美国工人由于受到良好的教育和训练而具有较高的劳动生产率，因此，如果以外国工人的质量为基准，1个美国工人相当于3个外国工人。这样，美国充裕的生产要素实际上是劳动。从质量上看，教育和训练等方面的投资使美国工人具有较高的生产能力，从而形成了雄厚的人力资本。因此，美国不是在物质资本密集型的商品上具有比较利益，而是在人力资本密集型的商品上具有比较利益。两种说法实际上是从不同的角度说明同一个问题。前一种解释若不把美国工人变换为数倍的外国工人便成为后一种解释，后一种解释若把美国工人变换为数倍的外国工人也成为前一种解释。这两种解释在一定程度上回答了利昂惕夫所提出的问题。

第三节 其他的贸易基础

在某种特定的条件下，相对利益条件可能不存在，但国际贸易仍将发生。例如，假定计算机和汽车的生产只需要劳动这一种生产要素；美国生产1台计算机和1辆汽车分别需要20个工作日和10个工作日的劳动，德国则需要40个工作日和20个工作日的劳动。在这种情况下，美国和德国在这两种商品的生产上的比较利益是一样的。例如，两国要增加1台计算机的生产，都需要放弃2辆小汽车；要增加1辆小汽车的生产，都需要放弃1/2台计算机，在这种一个国家对另一个国家不具有比较利益条件的情况下，两国的贸易基础仍然存在。

首先是需求方式的差别。假如德国人非常喜欢小汽车而美国人不那么喜欢，当德国消费者买下本国产的小汽车以后仍然不够的时候，德国汽车厂商固然可以增加产量以满足消费者的需要，但这样将导致德国汽车生产成本的上

---

① 《要素比例和外贸结构：理论的再探讨和经验总结》，载于《经济和统计学评论》杂志1956年11月，第386~407页。

升，德国将倾向于进口美国的小汽车而不愿意自己生产。这样两国将发生贸易往来，但是贸易的基础不是比较利益条件而是消费者偏好的差别。

其次是规模的节约。当生产规模扩大以后，由于规模节约而带来的规模报酬递增将降低商品的生产成本。因此，美国和德国会发现，如果一国专门生产一种商品而另一国专门生产另一种商品，然后进行交换是有利的。例如，美国可以生产两国所需要的小汽车，德国则生产两国需要的计算机。同样，美国也可以专门生产计算机而由德国专门生产小汽车。在这个例子里，没有理由说明哪一个国家应该生产哪一种商品。但只要一个国家专门生产一种商品，就能够利用规模节约的好处，使两个国家达到若各自同时生产两种商品所达不到的产量。所以，规模的节约也可以是专业化生产和国际贸易的基础。

第四节 国际贸易的经济效应

如果各国都按照比较利益条件实行专业化生产，然后通过国际贸易取得它所需要的其他商品，那么在没有运输成本和贸易限制、各国产品和资源市场都是竞争市场的假定下，它将有下述微观经济效应：

第一，资源的重新配置。专业化生产使各国把资源投入具有比较利益的商品的生产，从而对资源配置产生影响。按照比较利益条件进行的资源配置将提高资源的效率，在世界现有资源不变的条件下可以得到更大的产量。

第二，产品价格的均等。专业化生产和国际贸易带来了需求的变化，从而使各贸易国的产品价格更加均等。例如，在上面的例子中，在没有贸易以前，美国的钢铁是相对便宜的，1 单位咖啡就能交换到 1 单位钢铁；相反，巴西的钢铁是比较昂贵的，2 单位咖啡才能交换到 1 单位钢铁。但是，在专业化生产和国际贸易的条件下，巴西进口美国钢铁，使美国钢铁的需求增加了，从而提高了美国钢铁的价格；同时，美国向巴西出口钢铁使巴西国内钢铁的供给增加了，从而降低了巴西钢铁的价格。这样，两个国家的钢铁价格趋于均等。美国钢铁的价格提高到 $1S = 1.5C$，巴西钢铁的价格则降低到 $1S = 1.5C$。

第三，资源价格的均等。专业化生产和国际贸易同样会使资源的价格趋于均等。美国的资本相对充裕而劳动则相对缺乏，巴西则是劳动相对充裕而资本相对缺乏。正是这种资源赋予的差别造成了美国在钢铁这种资本密集型的产品上具有比较利益，巴西则在咖啡这种劳动密集型的产品上具有比较利益。同样也正是这种资源赋予的差别使美国资本资源的价格相对便宜而巴西劳动资源的价格相对便宜。但是专业化生产和国际贸易使美国和巴西专门生产可以利用本国相对充裕的资源的产品，从而也造成资源需求的变化。巴西进口美国钢铁造成对本国钢铁需求的减少和对美国钢铁需求的增加，这意味着美国资本资源需求增加和价格上升，巴西资本资源需求减少和价格下降。另外，美国进口巴西咖啡也造成了对本国咖啡需求减少和对巴西咖啡需求增加，并进而导致巴西劳动资源价格上升和美国劳动资源价格下降。因此，国际贸易使两个国家从对缺乏的资源的需求移向对充裕的资源的需求，并产生两国资源价格均等化的趋势。

国际贸易的宏观经济效应是它对国内就业水平和国民收入的影响。

净出口是国内总支出的一个组成部分。当净出口增加时，总支出随之增加，从而导致就业水平和国民收入的增加。一个国家的出口和进口取决于多种因素：

第一，相对价格的变化。如果一个国家在多种商品的生产上相对成本较低，而这些商品的价格又比较便宜，那么它的出口数量就会较大，在其他条件不变的情况下净出口额就较大。

第二，相对收入的变化。假定 A，B 两国存在国际贸易，如果 A 国的国民收入不变而 B 国的国民收入增加了，那么 B 国将增加消费支出和投资支出，A 国的净出口将增加。

第三，偏好的变化。如果某国的消费品和投资品符合消费和投资的发展潮流，各国对这个国家的产品产生偏好，这个国家的出口将增加。国际贸易的宏观经济效益分析表明，一个国家可以通过扩大净出口来促进本国经济的繁荣。

第 28 章　国际贸易的政策

第一节　关税与配额

一、关税及其影响

国际贸易原理是以自由贸易为前提的。只有在自由贸易的条件下，各国才能通过专业化生产和国际贸易增进资源配置的效率和获得更多的物质利益。但现实的国际贸易并不是自由贸易，各国都对国际贸易进行不同程度的限制，其中主要有关税和进口配额。

关税（tariffs）是对出入境物品征收的货物税。例如，当美国厂商从巴西进口咖啡时，美国政府将对咖啡征税。关税有两种形式：一种是从价关税，一种是从量关税。从价关税（advalorem tariffs）是按一个固定的比率对进口物品价值征收的关税。例如，从价关税为15%意味着对价值100美元的进口电视机征收15美元的关税。从量关税（specific tariffs）是按一个特定的数额征收的关税。例如，从量关税为15美元意味着不论进口电视机的价值为多少美元，一律征收15美元的关税。

如果一个国家对进口物品征收高额关税以保护本国厂商免受外国厂商的竞争，这种关税叫作保护性关税（protective tariffs）。虽然保护性关税不会高到完全限制外国商品的输入，但它可以使外国厂商在本国市场的竞争中处于明显不利的地位。

假定图28.1中的曲线S和D是A国相对不利的产品X的需求曲线和供给曲线。在不存在国际贸易的条件下，这种商品国内的价格和产量分别是Op和Oq。

假定发生了国际贸易。因为A国生产商品X是相对不利的，所以商品X在世界市场的价格肯定低于它在A国国内的价格。假定

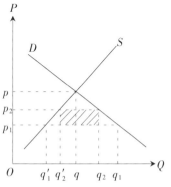

图 28.1　保护性关税的经济影响

商品 X 的世界市场价格是 Op_1。在 Op_1 的价格水平上，A 国对商品 X 的需求量是 Oq_1，供给量是 Oq_1'。短缺额 $q_1'q_1$ 依赖于进口。

如果 A 国对进口商品征收关税，每单位进口商品课以 p_1p_2 的关税，商品 X 在 A 国的价格将从 Op_1 提高到 Op_2。关税的征收对 A 国产生一系列的影响：首先，A 国对商品 X 的消费量将从 Oq_1 减少到 Oq_2。这意味着消费者受到了关税的损害。他们不但对每单位商品 X 支付更高的价格，而且只能购买较少数量的商品 X。其次，A 国对商品 X 的供给量 Oq_1' 增加到 Oq_2'。这意味着生产者从关税的征收中得到收益，他们能够以更高的价格出售更多的商品 X。再次，外国生产者受到了损害。虽然征收关税后的商品价格高于世界市场的价格，但是提高的部分完全被 A 国政府获得而不是外国生产者所得，外国生产者还为此减少了出口。还有，关税总额等于每单位商品征收的税 p_1p_2 与进口商品数量 $q_2'q_2$ 的乘积，即图中阴影部分的面积。这一部分关税实际上是从消费者转移到政府手中的收入。最后，由于外国生产者减少对 A 国商品的出口，他们用以支付 A 国进口商品的 A 国货币减少，因而 A 国的出口将减少。A 国进口的是相对不利的商品，出口的却是相对有利的商品。这意味着关税助长了相对缺乏效率的工业发展而压抑了相对有效率的工业的发展，使资源配置的效率下降。

在图 28.2 里，D 表示某个国家某种商品的需求曲线，S 表示这种商品的供给曲线。在自由贸易的条件下，该商品的国内价格与国际价格相同，为 Op_1。该国生产者提供这种商品的数量为 Oq_1，该国消费者购买这种商品的数量为 Oq_4，两者的差额 q_1q_4 是该商品的进口数量。假定政府对该进口商品征收关税，使该进口商品的国内价格提高到 Op_2。在该商品的价格上升以后，该国对这种商品的供给量是 Oq_2，

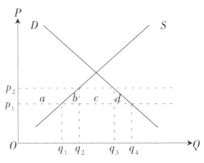

图 28.2　在商品的国际价格不变的条件下关税的效应

需求量是 Oq_3，两者的差额 q_2q_3 是进口数量。这样，该国消费者以较高的价格购买较少的商品，消费者剩余的损失是 $a+b+c+d$。该国生产者以较高的价格提供更多的产量，生产者剩余的增加是 a，政府得到的关税收入是 c，$b+d$ 构成了该国征收进口关税给该国带来的经济福利净损失。

二、进口配额及其影响

进口配额（import quotas）是指对某些商品在某段时间内的最大进口量作出的规定。进口配额与关税相比是一种更有效的限制贸易的措施。尽管某国对

某些商品课以高额关税，这些商品的进口数量仍可能很大。但如果某国规定较低的进口配额，那么一旦达到配额，这些商品的进口将被完全禁止。

在一定的条件下，进口配额将产生类似于提高关税的影响。例如，在图 28.1 中，假定商品 X 的世界市场价格是 Op_1。在这一价格下，A 国消费者愿意购买的数量是 Oq_1，厂商愿意生产的数量是 Oq_1'，两者的差额 $q_1'q_1$ 来自进口。假定政府对商品 X 规定某一进口配额。这样，商品 X 的供给减少，价格将上升。如果商品 X 的价格上升到 Op_2，那么消费者的需求量从 Oq_1 减少到 Oq_2，生产者的供给量从 Oq_1' 增加到 Oq_2'，进口数量为 $q_2'q_2$。这意味着政府原规定的进口配额是 $q_2'q_2$。在这种情况下，进口配额对国内价格、生产和消费的影响与征收关税 p_1p_2 的影响基本相同。不同的只是：在征收关税的条件下，政府得到了阴影部分面积所表示的关税；但在进口配额的条件下，这部分收入没有进入国库而落到了获得进口许可证的厂商的口袋里。进口商按 Op_1 的世界市场价格购买数量为 $q_2'q_2$ 的商品 X，然后按 Op_2 的国内价格出售，从而得到了阴影部分面积表示的净收益。

但是，上述分析是以 A 国厂商愿意按市场价格调整产量为前提的。在政府征收关税 p_1p_2 的条件下，如果国内厂商对每单位商品 X 要价超过 Op_2，消费者可以不购买本国厂商的商品而以 Op_2 的价格增加对进口商品的购买。但是，在政府规定进口配额 $q_2'q_2$ 的条件下，如果国内厂商不把产量从 Oq_1' 增加到 Oq_2'，商品 X 的短缺为 $q_1'q_2'$。因此，国内厂商可以把产量增加到 Oq_1' 和 Oq_2' 之间的某一水平，然后对每单位商品 X 的要价提高到 Op_2 以上。在这种情况下，消费者所受的损害和生产者所得的收益将增大。

三、绿色壁垒

除了进口关税和进口配额以外，值得关注的是绿色壁垒。绿色壁垒是指以保护环境为由对进口商品实行严格的限制，它在 20 世纪 90 年代以后迅速发展起来。绿色壁垒的表现形式主要有六种：一是绿色关税制度。进口国以保护环境为由，对可能造成环境污染和影响生态环境的进口商品征收称为环境附加税的额外关税。二是环境配额制度。进口国根据出口国在出口商品生产过程中的环境保护情况来制定该商品的进口配额。三是环境许可证制度。进口国规定某些有可能消亡的动植物必须获得进口许可证才能进口。四是环境贸易制裁。进口国对违反环境保护规则的出口国的商品实行进口限制。五是环境成本内在化。进口国以本国与出口国环境保护程度不同造成生产成本不同为由，提出出口国的出口商品没有包括环境成本，因而形成对进口国的"生态倾销"，并对进口商品征收"生态倾销税"。六是苛刻的环境保护标准。进口国对进口商品规定严格的环境技术标准，包括某些物质的残留量、包装材料的可回收性、产品报废后的处理等，达不到这些标准不许进口。

保护环境对于人类的生存和发展是必要的。从这个意义上说，倡导绿色贸易是文明和进步的表现。《关税及贸易总协定》（General Agreement on Tariffs and Trade，GATT）和世界贸易组织（WTO）的有关协议对保护环境的贸易措施也作出了规定。GATT 第 2 条提出，成员国在国民待遇的基础上可以对进口商品征收以保护环境为目的的关税，但必须遵守关税减让的有关规定。另外，成员国可以对自然资源产品的出口征收关税，以补充和更新自然资源。GATT 第 11 条禁止限制贸易数量，但可以有下述例外：为防止粮食或其他必需品的出口造成出口国短缺，出口国可以对出口商品实行限制；为实施国际贸易上商品分类、分级和销售的标准及条例，可以对进出口商品实行限制；对农副产品的进口可以实行必要的限制。WTO《卫生和动植物检疫措施协定》规定，成员国有权选择它认为合适的保护措施来保护本国领土内的人民、动物、植物的生命和健康安全。GATT 和 WTO 协议是在发达国家主导下制定的，它们一方面体现了各国发展贸易的要求，另一方面则更多地维护发达国家的利益。但是，GATT 和 WTO 有关环境保护的协议存在两个问题：

第一，缺乏合理的关于绿色贸易的国际标准。显然，进口商品不能损害进口国人民的健康，不能影响进口国的环境，不能破坏进口国动植物的生长。但是，在什么情况下进口国人民的健康会受到损害，进口国的环境会受到影响，进口国动植物的生长会受到破坏，应该有一个各国可以接受的标准。发达国家和发展中国家的科学技术水平和经济发展水平存在很大的差异，如果像 WTO《卫生和动植物检疫措施协定》规定的那样，成员国有权选择它认为合适的保护措施来保护本国领土内的人民、动物、植物的生命和健康安全，发达国家就可以制定远远高于"保护本国领土内的人类、动物、植物的生命和健康安全"所需要的绿色贸易标准，从而使本来就对发展中国家不公平的国际贸易格局变得对发展中国家更不公平。

第二，对绿色贸易措施的实施缺乏规范的约束。GATT 和 WTO 协议在绿色贸易的问题上含糊其辞和表达不明确，这就给一些国家利用绿色贸易条款来限制商品的进口提供了机会。例如，GATT 第 2 条规定，为实施国际贸易上商品分类、分级和销售的标准及条例，可以对进出口商品实行限制。这种商品分类、分级和销售的标准当然也可以包括一个国家根据环境保护的标准制定的商品分类、分级和销售的标准，进口国就可以利用这个条款来限制商品的进口。同时，正因为 GATT 和 WTO 协议在绿色贸易的问题上含糊其辞和表达不明确，一旦发生由绿色贸易而引起的贸易纠纷，将难以建立有效的机制来解决。

在这种情况下，绿色贸易成为许多国家限制进口的手段，并引起了大量的贸易纠纷。在发达国家和发展中国家的贸易中，发达国家常常采用绿色贸易手段来限制发展中国家商品的进口。例如，美国在 1996 年 4 月修订和颁布了《濒危物种法第 609 条款实施细则》，以保护海龟为由，禁止从那些在捕虾的过程中不使用海龟排除器的国家进口虾。美国的这项法律提出保护海龟是有道理的，但要求虾的出口国必须采用海龟排除器是没有道理的。印度尼西亚、马来西亚、巴基斯坦、泰国联合向 WTO 争端解决机构提出上诉，它们宣称已经采用了本国的技术保护海龟，无法接受美国这种强制性的购买和使用海龟排除器的要求。

在发达国家之间，也常常使用绿色贸易手段来抑制对方国家商品的竞争。例如，在 20 世纪 90 年代末，欧盟对轿车贸易制定了新的环境保护标准，要求到 2008 年在欧洲市场上销售的全部轿车的二氧化碳的排放量比 1995 年下降 25%。由于出口到欧洲的日本轿车主要是高级和大型的轿车，这些轿车的二氧化碳的排放量比欧洲轿车高 10%，这意味它们要达到新的标准必须使二氧化碳的排放量比 1995 年下降 31%。这样，日本轿车在欧洲的销售面临着更大的困难。同样，日本根据本国汽车节约能源的优势，在 1999 年 4 月开始实施《节能修正法》，要求到 2010 年在日本市场上销售的汽车，必须达到相应的节能标准：两人（按 110 千克计算）乘坐时质量在 1250～1499 千克的轿车，到 2010 年要比 1995 年节能 30% 以上。这样，美国和欧洲的轿车在日本的销售将受到影响。为此，美国政府在 1999 年 3 月向 WTO 递交了意见书，指出日本单方面提高节能标准是限制外国轿车进口的不正当行为。可以预料，类似的纠纷还会不断出现，甚至会不断增加。

第二节 自由贸易与贸易保护

一、赞成自由贸易的看法

英国经济学家斯密是主张自由贸易的经济学者的代表。他在其代表作《国民财富的性质和原因的研究》中批评了重商主义的观点，提出了自由贸易的主张。他指出："至于一国比另一国优越的地位，是固有的，或是后来获得的，在这方面，无关重要。只要甲国有此优势，乙国无此优势，乙国向甲国购买，总是比自己制造有利。"[①] 按照斯密的看法，与别的国家相比，一个国家在某些产品的生产上具有优势，在某些产品的生产上处于劣势。在自由贸易的条件下，如果该国专门生产和出口它具有优势的产品，以交换它处于劣势的产品，那么该国在社会资源不变的条件下可以消费更多的产品。因此，自由贸易

---

① 斯密：《国民财富的性质和原因的研究》，商务印书馆 1974 年版，第 30 页。

可以增加一个国家的社会福利。

在斯密以后，主张自由贸易的经济学者还提出下述理由：

第一个理由是论证既然自由贸易能够增进经济福利，那么贸易保护将导致经济福利的损失。美国经济学家巴拉萨（B. Balassa）利用1966年巴西的统计资料，证明巴西的关税和非关税壁垒导致经济福利的损失达到国民收入的9.5%。世界银行的研究人员利用1978年土耳其和菲律宾的统计资料，说明土耳其和菲律宾的关税和非关税壁垒导致经济福利的损失分别达到国民收入的5.4%和5.2%。美国经济学家塔尔（D. G. Tarr）和莫克勒（M. E. Morkre）利用1983年美国的统计资料，证明美国的关税和非关税壁垒导致经济福利的损失达到国民收入的0.26%。他们用贸易保护造成的损失说明了自由贸易的利益。

第二个理由是自由贸易可以得到规模经济的利益。在自由贸易的条件下，各国都生产和出口本国有比较优势的商品，它们面对的市场将更为广阔，它们的出口商品的产量将更大，因而还可以得到规模经济的利益。相反，在贸易保护条件下，由于限制了外国厂商的竞争，本国有关商品生产的利润率较高，吸引过多的本国厂商来生产这些产品，从而造成生产规模较小，损失了规模经济的利益。

第三个理由是自由贸易可以得到竞争和学习的好处。在自由贸易的条件下，本国厂商将面临着外国厂商的竞争。这将促使本国厂商改善企业的经营管理，采用先进的生产技术，向外国厂商学习可取的理念和经验，从而加快国内企业的发展。

二、反对自由贸易的看法

德国经济学家李斯特（F. List）则是主张在特定的经济发展阶段实行贸易保护的代表。他在《政治经济学的国民体系》中指出，在本国经济发展初期到以农业为主的发展阶段，应该与经济更加发达的国家进行自由贸易，这将使本国得到更多的利益。但当本国某些工业逐步形成，出现工业和农业分工协作的关系时，应该采用保护主义的关税政策，防止发达国家的工业品的进口对本国工业的打击。在本国的生产力有了很大的发展，能够与外国工业品竞争时，则应该回到自由贸易的原则，以防止本国厂商变得保守和懒惰。[①]

在李斯特以后，主张贸易保护的经济学者还提出下述理由：

第一个理由是贸易保护能够扶助幼年产业。这种看法与李斯特的看法相似，它认为一个国家在某种商品的生产上可能具有潜在的比较优势，但是在生

---

① 李斯特：《政治经济学的国民体系》，商务印书馆1961年版，第128页。

产这种商品的产业建立的初期,由于受到外国厂商的竞争,该产业难以发展起来。因此,应该对幼年产业提供暂时的贸易保护,直到该产业能够得到规模经济的利益,适应外国厂商的竞争,并获得了长期的比较优势。

第二个理由是贸易保护能够产生外部效应。这种看法认为,关于贸易保护造成社会福利的损失的分析没有考虑到外部效应的问题。如前所述,征收进口关税会导致图 28.2 中 $b+d$ 的社会福利损失。但是,在进口关税的保护下,国内有关的产业将得到发展,从而对别的产业或整个社会产生正的外部效应,如培训了一批掌握了该产业生产技能的工人等。这种正的外部效应可能大于社会福利的损失。

第三个理由是贸易保护能够改善贸易条件。这种看法认为,对于一个可以影响进口商品国际价格的大国来说,征收进口关税可以降低进口商品的国际价格,从而能够改善本国的贸易条件。按照这种看法,在进口关税较低的情况下,提高进口关税税率导致贸易条件改善所产生的利益大于社会福利的损失。随着进口关税税率的不断提高,贸易条件改善所产生的利益会等于再到小于社会福利的损失。

第四个理由是贸易保护能够维护国家安全。这种看法认为,某些产业对于保持和提高一个国家的国防能力是很重要的,如钢铁、造船、航空产业等。但是,这些产业不一定是这个国家的比较优势产业,在自由贸易的条件下,这些产业难以得到发展,从而会削弱这个国家的国防能力。因此,应该用贸易保护的方式来支持这些产业的发展。

三、关于自由贸易和贸易保护的分析

自由贸易和贸易保护的争论由来已久,各种文献浩如烟海。美国经济学家麦克康内尔(C. R. McConnell)曾经讲了一句耐人寻味的话:"尽管自由贸易的拥护者在教室里比比皆是,但是保护主义者却常常支配着国会大厅。"[①]

斯密和李斯特的贸易主张从他们各自的角度来看都是合理的,它们的差异体现了经济发展水平不同的国家的利益的差异。当时的英国是世界上最发达的工业国,英国的工业制品具有不可比拟的竞争力,自由贸易将给英国带来巨大的贸易利益;当时德国的工业体系尚未形成,工业制品的竞争力并不强,自由贸易将会损害德国工业的发展。斯密代表的是英国的利益,当然主张自由贸易;李斯特代表德国的利益,自然主张贸易保护。

---

① 麦克康内尔:《经济学》,迈克格雷尔公司 1981 年英文版,第 829 页。

第三节 美国的对外贸易政策

自 20 世纪 30 年代以来，美国在调整关税税率方面采取了几次重大行动：

第一次是 1930 年斯莫特－霍雷关税法案（Smoot-Hawley Tariff Act）。当时美国经济正处于大萧条之中，美国政府试图在鼓励出口的同时，用征收高额关税的政策限制进口，以缓和生产过剩的危机。按照这个法案，美国政府的关税税率高达应征税进口商品总值的 65%。在美国历史上只有 1833 年的妥协关税（Compromise Tariff）可以与之相比。

第二次是 1934 年的互惠贸易协定法案（Reciprocal Trade Agreement Act）。按照这个法案，美国总统在与外国协商贸易协定时，有权降低美国现行关税税率的 50%，对方应作出同等的让步。自互惠贸易协定法案实施以后，美国关税税率总的来说在趋于下降。

第三次是 1947 年的 GATT。美国于 1947 年和 22 个国家共同签订了 GATT。在 1934—1948 年间，美国已对 90% 的进口物品减税，其中 3/4 的税率降低 45%，1/4 的税率降低 66% ~ 75%。

第四次是 1963—1967 年的肯尼迪回合。1962 年，美国为了加强与西欧国家的经济联系，通过了贸易扩大法案（Trade Expansion Act）。根据法案，如果贸易国愿意降低对美国商品征收的税率，美国可在现行税率的 50% 范围内降低各种工业品的关税，对于现行税率只有 5% 以下的商品则免征关税。贸易扩大法案的实施促成了肯尼迪回合。1967 年，美国与 GATT 成员国签订了降低关税 35% 的协定。

第五次是 1975 年的东京回合。美国在 1974 年通过了贸易改革法案（Trade Reform Act）。首先，法案授权美国总统废除现行税率为 5% 以下的关税，对高于 5% 的税率降低 60%。其次，法案规定如果对方国家作出相应的让步，美国总统还可以在一定程度上撤除进口配额等非关税壁垒，但必须经国会通过才能生效。最后，法案委托美国政府与其他工业国协商，对发展中国家某些出口商品免征关税。但是，参加国际卡特尔如石油输出国组织的国家被排除在减税范围之外。贸易改革法案为东京回合的贸易谈判做好了准备。1975 年美国和其他国家在东京商定进行贸易谈判。这次谈判从 1978 年开始，到 1979 年结束，终于达成了降低关税 30% ~ 35% 的协定。

自从 1934 年实施互惠贸易协定法案以后，美国逐渐成为一个低关税国家。但是，美国仍保留了许多非关税壁垒。美国设置非关税壁垒较为典型的方法有四种：一是施加压力迫使对方国家"自愿"限制对美国出口，二是通过反倾销限制外国商品的进口，三是利用 301 条款限制外国商品的进口，四是用例外条款限制外国商品的进口。

在20世纪50年代后期，美国的纺织和制衣工业遇到了中国香港、韩国、菲律宾等发展中国家和地区强有力的竞争。在这种情况下，美国于1961年倡议召开了一系列的国际会议，与有关国家和地区达成了限制向美国出口的协议。按照这种"有秩序的销售"协议，各个纺织品出口国家和地区接受了为期20年的每年最高配额。到1981年协议将近期满之际，这些协议经过修改以后继续有效。类似这种限制纺织品进口的协议还有1977年的鞋类协议和彩色电视机协议、1978年的袖珍半导体收音机协议等。这些国家和地区所以肯接受美国的建议而"自愿"减少对美国的出口，是因为美国是它们重要的贸易伙伴，为了不失去美国市场，它们只好遵从美国的要求。

美国反对日本的钢铁倾销则是用反倾销限制进口的一个例子。与纺织工业相似，美国钢铁工业也遇到来自日本的竞争。日本按低于国内市场的价格向美国出售钢铁，对美国实行钢铁倾销（dumping）。这种倾销实际上是价格差别的一种方式。在这种情况下，美国钢铁工业不得不请求政府帮助。按照美国法律，美国厂商或者政府可以向美国国际贸易委员会（ITC）提出起诉，控告外国生产者进行倾销。国际贸易委员会一经证实，将有权对倾销国制定进口配额和决定关税税率。1977年，美国对日本钢铁产品宣布了触发价格（trigger prices），它等于钢铁的平均成本与日本到美国的运输费用之和。一旦日本厂商以低于触发价格销售钢铁产品，美国将实行反倾销措施，即提高关税和制定进口配额。

美国301条款是指1974年贸易改革法案第301项条款，该条款赋予美国总统对外国某些不公平的贸易方法作出反应的权力。所谓不公平的贸易方法主要是指外国政府在本国市场上采取不利于美国厂商的行动。如果外国政府实行某些限制或歧视美国厂商的政策，或实行某些导致美国厂商负担增加的政策，美国总统有权在问题没有得到妥善解决以前限制该国产品的进口。从1975年到1987年，美国政府受理了57宗要求实施301条款的指控，其中有13宗美国政府采用限制进口的方式进行报复，其余44宗或通过谈判得到解决，或因证据不足而撤销。在20世纪80年代和90年代，美国政府曾经扬言对日本、中国等国实行301条款，后来都通过谈判的方式解决了纠纷。

例外条款是在20世纪40年代初期互惠贸易协定法案修正案中增补的，并在1988年的混合贸易法案中得到强化。按照例外条款，当外国商品的进口已经或即将对美国国内厂商造成损害时，美国总统可以撤销或减少以前作出的贸易让步，或者限制外国商品进口以保护本国厂商。

第四节　世界各国的贸易政策

第二次世界大战结束后，世界各国贸易政策的变化主要表现在 GATT 的签订、肯尼迪回合和东京回合。

1947 年，包括美国在内的 23 个国家签订了 GATT。它提出了下述重要原则：①各成员国之间平等对待，不应相互歧视。②通过多边协商降低关税。如果一国对任何一个成员国降低关税，它将自动地适用于一切成员国，即成员国享有最惠国待遇。③消除进口配额，各成员国不对出口给予补贴。贸易和关税总协定组织实际上是一个相互降低关税的谈判场所，它对降低各国的关税税率、促进世界贸易的发展起到了促进的作用。之后，已有 100 多个国家和地区参加了 GATT 组织。

到 20 世纪 60 年代初期，随着欧洲经济共同体的迅速发展，美国面临着被挤出它在国外最大市场的威胁。肯尼迪政府希望与欧洲经济共同体相互降低关税，来维持它在欧洲的市场，因而促成了 1965—1967 年的 GATT 组织会议。这次谈判称为肯尼迪回合（Kennedy Round）。

肯尼迪回合的成果是降低了关税。其中金属制品、机器和运输设备、化学产品等工业品降低了 50% 的关税；但钢材、纺织品和服装等工业品的关税降低不多，平均约减少了 35% 的关税。按照肯尼迪回合达成的协议，减税在 5 年后开始实行。这次谈判，使美国感到失望的是在降低农产品关税上没有取得进展。美国在农产品上具有强大的竞争力。欧洲经济共同体国家为了维持本国农产品价格，保护农场主的利益，对农产品课以很重的关税。美国虽愿意以减少工业品关税为代价换取欧洲经济共同体国家减少对农产品进口的限制，但没有获得成功。

1975 年，GATT 组织约 100 个成员国在东京决定进行新的协商，这次谈判称为东京回合（Tokyo Round）。正式协商于 1978 年在日内瓦开始，1979 年结束。按照东京回合达成的协议，关税将大幅度地削减 30%~35%，但可以在 8 年内逐步实行。

另外，东京回合还注意到非关税壁垒的问题。虽然 GATT 组织经过大小 6 次的贸易协商，关税已下降了许多，但是各种形式的非关税壁垒却在增加，如进口配额、进口许可证、没有理由的产品质量标准、繁琐的海关程序等。例如，日本和西欧国家常常要求进口厂商在获得政府许可证以后才能进口，英国也用这种方式限制煤炭的进口。另外，各国还制定了不切实际的健康和安全标准、冗长繁琐的海关程序来阻碍进口。就连主张贸易自由的美国也有"买美国货"的立法，限制政府购买外国商品。针对这种情况，东京回合达成了

"行为法则"的协定,以防止滥用非关税壁垒。

1986年9月,GATT组织在乌拉圭召开部长级会议,决定开始新的一轮全球多边贸易谈判。这次谈判称为乌拉圭回合。1987年1月,贸易谈判委员会通过了一项关于商品和劳务贸易谈判的计划。根据这个计划,GATT组织在商品贸易方面成立了14个谈判小组,分别讨论关税、非关税、自然资源产品、农业及热带产品等问题。在劳务贸易方面则准备建立一个多边准则和规定范围。同时还成立了"维持现状并逐步减少贸易限制监督机构",定期审议各国关于不采取新的贸易限制并逐步消除这种限制的承诺。1987年2月,乌拉圭回合进入实质性谈判阶段。1993年12月,先后历时7年的乌拉圭回合最后结束。

按照乌拉圭回合达成的协议,在工业品方面,发达国家的关税税目约束比例由78%扩大到97%,加权平均税率由6.4%下降到4%;发展中国家的关税税目约束比例由21%扩大到65%。在农产品方面,发达国家的关税税目约束比例由58%提高到99%,关税在6年内削减30%;发展中国家的关税税目约束比例由17%扩大到89%,关税在10年内削减24%。在非关税方面,农产品的非关税措施全部关税化,纺织品的限额在10年内逐步取消。另外,决定成立世界贸易组织,该组织的任务是督促各国执行GATT,定期审议各成员国的贸易政策和贸易体制,解决国际贸易的争端和纠纷。

1995年1月1日,世界贸易组织(WTO)正式成立,GATT组织最终完成了它的历史使命。世界贸易组织的基本原则是:

(1) 非歧视的贸易,即一国对不同国家的贸易伙伴不应该有歧视,应该平等地给予它们"最惠国待遇";一国对外国产品、服务和人员不应该有歧视,应该给予它们与国内产品、服务和人员相同的"国民待遇"。

(2) 更自由的贸易,即通过谈判减少关税、进口禁令、配额等贸易壁垒。

(3) 增进透明度和可预见性,即履行关税税率和市场开放的承诺,使外国公司、投资者和政府能够相信贸易壁垒不会随意增加。

(4) 促进公平竞争,如禁止出口补贴和价格倾销等行为。

(5) 增加对发展中国家和最不发达国家的优惠待遇,给予它们更多的时间进行经济调整,给予它们更多的灵活性和特殊权力。

世界贸易组织的基本职能是:提供组织制度的框架,督促世界贸易组织协定的实施;作为成员国进行多边贸易谈判的场所;执行解决争端的规则;监督各国的贸易政策;与国际货币基金组织和世界银行合作,使全球经济决策趋于和谐和一致。

新的一轮全球多边贸易谈判是2001年11月发起的多哈回合谈判,最初计划是在2004年年底达成协议。多哈回合谈判的目标是促进世界贸易组织成员削减贸易壁垒，通过更公平的贸易环境来促进全球特别是较贫穷国家的经济发展。多哈回合谈判的领域分别是农业、非农产品市场准入、服务、知识产权、规则、争端解决、贸易与环境以及贸易和发展问题。这是到目前为止目标最宏伟、参与方最多的一轮多边贸易谈判。

农业谈判包括出口竞争、国内支持和市场准入三个方面；非农产品市场准入谈判主要涉及关税和非关税壁垒，其中关税部分包括削减和取消关税高峰、高关税和关税升级的谈判；服务贸易谈判涉及服务贸易评估、自主开放措施的奖励模式、《服务贸易总协定》规则、有关国内规章管理的多边纪律、最不发达国家特殊待遇模式及市场准入等；知识产权谈判包括公共健康、与包括假冒商品贸易在内的贸易有关的知识产权与生物多样性公约关系、传统知识和民俗保护及地理标志保护等问题；规则谈判主要涉及反倾销、补贴与反补贴和区域贸易协定等有关的现有协定条款的澄清和改善；争端解决谈判主要涉及对《关于争端解决规则与程序的谅解》的改进和澄清；贸易与环境问题谈判包括现有世界贸易组织规则与多边环境协定中特别贸易义务的关系、多边环境协定秘书处与世界贸易组织相关机构的信息交流、减少并取消环境产品和服务的关税及非关税措施三个方面；贸易与发展问题主要包括对现有世界贸易组织协议特殊和差别待遇条款的审议和改进，以使其更加准确、更加有效和更具可操作性。

2003年9月，在墨西哥坎昆举行的世界贸易组织第五次部长级会议上，由于各成员国无法达成共识，多哈回合谈判陷入僵局，不能按最初计划在2005年1月1日前结束。其中农业问题成为分歧的核心。

2004年8月，在世界贸易组织总理事会议上达成了《多哈回合框架协议》，同意将结束时间推迟到2006年底。协议明确规定美国及欧盟逐步取消农产品出口补贴及降低进口关税，为全面达成协议跨出了重要一步。

2005年12月13日，世界贸易组织第六次部长级会议在香港开幕，这次会议的重点是推进多哈回合谈判，使之能够在2006年底最后期限前结束。但是由于各方利益的冲突和矛盾，2006年7月27日，多哈回合谈判全面中止。

2008年7月21日，来自35个世界贸易组织主要成员的贸易和农业部长在日内瓦聚会，试图就多哈回合谈判农业和非农产品市场准入问题取得突破。但谈判仍然难以取得进展，最后还是以失败告终。

2009年11月30日，世界贸易组织第七次部长级会议在瑞士日内瓦举行会议。但是，历时8年的多哈回合谈判依然没有打破僵局

2013年12月，世界贸易组织第九次部长级会议在印度尼西亚巴厘岛举行会议，会议发表了《巴厘部长宣言》，达成"巴厘一揽子协定"，多哈回合谈判12年僵局终于获得历史性突破。

"巴厘一揽子协定"包含贸易便利化、农业、棉花、发展和最不发达国家四项议题共 10 份协定。在贸易便利化方面，协定决定尽快成立筹备委员会，就协定文本进行法律审查，确保相关条款在 2015 年 7 月 31 日前正式生效。各方在声明中同意尽力建立"单一窗口"以简化清关手续。在农业方面，协定同意为发展中国家提供一系列与农业相关的服务，并在一定条件下同意发展中国家为保障粮食安全进行公共储粮。在棉花贸易方面，协定同意为最不发达国家进一步开放市场，并为这些国家提高棉花产量提供协助。在发展议题方面，协定同意为最不发达国家出口到富裕国家的商品实现免税免配额制；进一步简化最不发达国家出口产品的认定程序；允许最不发达国家的服务优先进入富裕国家市场；同意建立监督机制，对最不发达国家享受的优先待遇进行监督。"巴厘一揽子协定"是世界贸易组织成立以来第一个多边贸易协定。

第29章 均衡汇率的决定

第一节 国际收支平衡表

一、借方和贷方

国际收支平衡表（balance of payment account）是一个国家在某个时期内与世界各国经济往来所发生的外币收支的记录。

国际收支平衡表划分为借方和贷方。在各种交易中，凡是导致本国对外国支付的项目或导致本国储备资产增加的项目都记入借方（－），凡是导致外国对本国支付的项目或导致本国储备资产减少的项目都记入贷方（＋）。例如，美国从英国进口商品导致美国对英国的支付，它在美国的国际收支平衡表商品进出口项目上记入借方；又如，美国从英国借入款项导致英国对美国的支付，它在美国的国际收支平衡表资本流动项目上记入贷方。

某项交易在一个国家的国际收支平衡表商品进出口项目上记入借方，在对方国家的国际收支平衡表商品进出口项目上就记入贷方；反之亦然。例如，美国从英国进口，在美国的国际收支平衡表商品进出口项目上记入借方，在英国的国际收支平衡表商品进出口项目上则记入贷方。

国际收支平衡表是按照复式簿记的原则记录的，每一项交易都分别记入借方和贷方，而且金额相等，所以国际收支平衡表的借方总额和贷方总额总是相等的，国际收支平衡表总是平衡的。例如，本国动用外汇储备购买外国商品，进口商品需要对外支付，因而记入借方；而使用外汇导致资产减少，因而记入贷方。借贷双方金额相等。换句话说，记入借方的项目是本国对外国的支付，这意味着对外国货币的购买和本国货币的售卖；记入贷方的项目是外国对本国的支付，这意味着外国货币的售卖和对本国货币的购买。由于国际收支平衡表反映的是实际的交易而不是希望的交易，而外国实际购买本国货币的数量一定等于实际向外国出售本国货币的数量，所以借方总是等于贷方，国际收支平衡表总是平衡的。

虽然本国货币买和卖的总和必然相等，但是这并不意味着在某一个具体的交易项目上本国货币买和卖的数量一定相等。例如，如果美国进口英国羊毛的价值小于英国进口美国小汽车的价值，那么美国出售美元购买英镑的数量就小于英国出售英镑购买美元的数量，美国在这项目交易中的借方将小于贷方。

根据国际货币基金组织2009年出版的《国际收支和国际投资头寸手册》（第六版）[①]，国际收支包括三大项目：经常项目、资本项目和金融项目，国际收支平衡表结构如：

一、经常项目
　　货物和服务
　　初次收入
　　二次收入
　　经常项目差额
二、资本项目
　　非生产性非金融资产
　　资本转移
　　经常项目和资本项目差额
三、金融项目
　　直接投资
　　证券投资
　　金融衍生工具和雇员认股权
　　其他投资
　　储备资产
　　金融项目差额

二、经常项目

经常项目（current account）主要反映货物与服务的贸易以及收益流动所带来的外汇收入和支出的变化。经常项目包括三个子项目：第一个子项目是货物和服务，它反映货物与服务的贸易所带来的外汇收入和支出的变化。第二个子项目是初次收入，它反映初次收入如雇员报酬、利息、公司分配的利润、再投资收益、租金的流动所带来的外汇收入和支出的变化。其中再投资是指对已经设立的股份公司增加股份等。第三个子项目是二次收入，它反映二次收入如政府税收、非寿险保费、非寿险索赔、转移支付、养老金的流动所带来的外汇收入和支出的变化。

---

① International Monetary Fund, *Balance of Payments and International Investment Position Manual*, Sixth Edition, http://www.imf.org/external/pubs/ft/bop/2007/bopman 6. htm.

在经常项目中，凡是导致外汇收入的项目都记入贷方，凡是导致外汇支出的项目都记入借方，贷方与借方的差额称为经常项目差额。如果经常项目差额为正数，称为经常项目顺差；如果经常项目差额为负数，称为经常项目逆差。

三、资本项目

资本项目（capital account）主要反映非生产性的非金融资产以及资本转移所带来的外汇收入和支出的变化。资本项目包括两个子项目：第一个子项目是非生产性非金融资产，它反映不是用于生产以及不属于金融类资产的资产转移所带来的外汇收入和支出的变化，其中不用于生产以及不是金融类资产的资产主要指表现为自然资源的有形资产，表现为契约、租约和许可的无形资产，以及表现为品牌、商标、域名等营销资产的无形资产。第二个子项目是资本转移，它反映资本转移所带来的外汇收入和支出的变化，其中资本是指固定资产、企业存货、贵重物品、债务减免等。

在资本项目中，凡是导致外汇收入的项目都记入贷方，凡是导致外汇支出的项目都记入借方，贷方与借方的差额称为资本项目差额。如果资本项目差额为正数，称为资本项目顺差；如果资本项目差额为负数，称为资本项目逆差。经常项目与资本项目的代数和，称为经常项目和资本项目差额。

四、金融项目

金融项目（finance account）主要反映金融资产的流动所带来的外汇收入和支出的变化。金融项目分为五个子项目：第一个子项目是直接投资，它反映直接投资即到境外进行生产性活动所带来的外汇收入和支出的变化。第二个子项目是证券投资，它反映证券投资所带来的外汇收入和外汇支出的变化。第三个子项目是金融衍生工具和雇员认股权，它反映金融衍生工具的投资和雇员认股权的变化所带来的外汇收入和支出的变化。其中金融衍生工具是指从传统的金融工具如国库券、商业票据、股票等衍生出来的金融工具，如互换、期货、期权等；雇员认股权是指雇员认购本公司的股份。第四个子项目是其他投资，它反映除了直接投资、证券投资、金融衍生工具投资以外的金融资产投资所带来的外汇收入和支出的变化。第五个子项目是储备资产，它反映政府的黄金储备、外汇储备等储备资产的变化所带来的外汇收入和支出的变化。

在金融项目的前四个项目中，凡是导致外汇收入的项目都记入贷方，凡是导致外汇支出的项目都记入借方。在后一个项目中，凡是导致储备资产减少的项目都记入贷方，凡是导致储备资产增加的项目都记入借方。贷方与借方的差额称为金融项目差额。如果金融项目差额为正数，称为金融项目顺差；如果金融项目差额为负数，称为金融项目逆差。

五、国际收支的顺差和逆差

如前所述，国际收支平衡表是根据复式簿记的原则编制的，一项交易同时记入借贷双方，而且金额相同。应该指出，在这里，一项交易同时记入的是不同项目的借贷双方。例如，一个国家动用储备进口商品是在经常项目中的商品子项目记入借方，在资本项目中的储备子项目记入贷方。因此，不论是贸易差额、经常项目差额，还是综合差额都不一定是平衡的，但国际收支平衡表的借方总额和货方总额总是平衡的。

国际收支的顺差或逆差不是指国际收支平衡表货方总额与借方总额的差额，而是指在储备发生相应变化以前货方总额与借方总额的差额，即综合差额。这意味着如果一个国家发生了国际收支逆差，该国的储备将减少；如果一个国家发生国际收支顺差，该国的储备将增加。

应该指出，贸易顺差不一定是一件好事。例如，假定某个实行固定汇率制度的国家同时发生了通货膨胀和贸易顺差，这个国家将处于两难的境地。如果它用收缩性的经济政策来控制通货膨胀，将会扩大贸易顺差；如果它用扩张性的经济政策来减少贸易顺差，将会加剧通货膨胀。如果它不采用任何经济政策对付通货膨胀和贸易顺差，外汇储备的增加将导致本国货币供给量的增加，同样会加剧通货膨胀。同样，贸易逆差也不一定是一件坏事。例如，尽管美国连年发生经常项目逆差，而且越来越严重，但是美国通过进口物美价廉的商品提高了美国人的物质生活水平，压抑了美国的通货膨胀，它仍然得到了巨大的贸易利益。再如，假定某个国家某一年进口了大量的专利技术和机器设备，造成了贸易逆差。但是，这个国家提高了生产能力，贸易逆差对这个国家来说也不是一件坏事。

既然贸易顺差不一定是一件好事，贸易逆差不一定是一件坏事，那么各国政府为什么总是限制进口和鼓励出口呢？在一般情况下，从长期来看，贸易顺差比贸易逆差更容易解决，贸易顺差比贸易逆差得到更多的经济利益。假定只有两个国家 A 和 B，A 国的贸易收支是顺差的而 B 国的贸易收支是逆差的，A 国把顺差得到的 B 国的货币以资金融通的方式提供给 B 国。在这个例子里，B 国在短期里消费水平提高了，A 国持有的 B 国的货币似乎将最终形成对 B 国商品的需求，B 国似乎只有利益而没有什么损失。但是，如果 A 国对 B 国的贸易顺差持续一段时间，A 国将形成更强的生产能力，A 国商品对 B 国商品具有更大的竞争优势。即使 A 国持有的 B 国的货币最终形成对 B 国商品的需求，也是以更有利的贸易条件形成对 B 国商品的需求。A 国与 B 国相比不仅处于更有利的贸易地位，而且具有更高的经济发展水平。

如果一个国家不仅发生了国际贸易逆差，而且发生了国际收支逆差，那么该国的黄金和外汇储备将会减少。因此，持续的国际收支逆差将使该国的黄金和外汇储备消耗殆尽，从而对该国产生不利影响。

第二节　均衡汇率的形成

一、外汇和汇率

外汇（foreign exchange）是指可兑换的外国货币或者是以可兑换的外国货币表示的汇兑票据或有价证券。汇兑票据主要包括下面三种类型：第一，汇票。汇票（draft）是一个人向另一个人签发的，要求在即期或在将来确定的时间对某个人或持票人支付一定金额的无条件的书面支付命令。第二，本票。本票（promissory note）是一个人向另一个人签发的，保证在见票时或在将来确定的时间，对某人或其指定的人或持票人支付一定金额的无条件的书面承诺。第三，支票。支票（check）是存款人要求银行无条件地向受款人支付一定金额的委托或命令。有价证券则是指用以表明财产所有权或债权的凭证，它的基本形式有外币股票、外币债券和外币可转让存款单等。其中外币可转让存款单是指可在票据市场上转让的定期存款凭证。

需要注意的是，不是任何外国货币或者以外国货币表示的汇兑票据或有价证券都是外汇。外汇具有下述特点：第一，外汇必须是可兑换的外国货币，即可以兑换为其他外国货币的某种外国货币。不可兑换的外国货币不能看作外汇。第二，外汇指的汇兑票据必须是以可兑换的外国货币表示的汇兑票据。以本国货币表示的汇兑票据或者以不可兑换的外国货币表示的汇兑票据不能看作外汇。第三，外汇指的汇兑票据必须是在国外一定能够得到补偿的债权。被拒付的以外国可兑换货币表示的汇兑票据不能看作外汇。

在可兑换的外国货币中，被世界各国所接受的程度存在很大的差异。有的可兑换货币仅在某个地区范围内可接受，有的可兑换货币则在世界范围内可接受。可接受程度最高的可兑换货币是国际储备货币，即世界各国的货币当局愿意持有的作为国际支付手段的可兑换货币。目前，国际储备货币主要有美元、日元、欧元、英镑、瑞士法郎等。在外汇市场中的外汇交易，主要是这些国际储备货币的交易。在国际储备货币中，美元一枝独秀，在世界各国的外汇储备中所占的比例超过50%。在外汇市场国际储备货币的交易中，又主要是美元与其他货币的交易。

汇率（exchange rate）是指一种货币兑换另一种货币的比率，或者是指用另一种货币表示的某种货币的价格。从本国货币与外国货币兑换的角度来划分，汇率有两种表示方法：一种是直接标价法，另一种是间接标价法。

直接标价法（direct quotation）是用 1 单位外国货币所能兑换本国货币单位数来表示汇率。按照这种标价方法，外国货币是基础货币（base currency），本国货币是标价货币（quoted currency）。汇率的表示方法是：基础货币/标价货币。例如，假定美元和欧元之间的兑换比率是 US 1 = EURO 1.0880。那么从德国的角度来说，如果用直接标价法来表示汇率，应该用 1 单位美元所能兑换欧元的单位数来表示美元和欧元的汇率，即 US/EURO 1.0880；从美国的角度来说，如果用直接标价法来表示汇率，应该用 1 单位欧元所能兑换美元的单位数来表示美元和欧元的汇率，即 EURO/US 0.92。

间接标价法（indirect quotation）是用 1 单位本国货币所能兑换外国货币单位数来表示汇率。按照这种标价方法，本国货币是基础货币，外国货币是标价货币。例如，假定美元和英镑之间的兑换比率是 US 1 = BP 0.67。那么从英国的角度来说，如果用间接标价法来表示汇率，应该用 1 单位英镑所能兑换美元的单位数来表示美元和英镑的汇率，即 BP/US 1.50；从美国的角度来说，如果用间接标价法来表示汇率，应该用 1 单位美元所能兑换的英镑的单位数来表示美元和英镑的汇率，即 US/BP 0.67。

在这里需要说明的是，在上面用"/"表示汇率时，"/"的左边是基础货币，右边是标价货币。但是，在后面的分析中，也常常用"/"表示汇率，但"/"是分数的符号，分母表示基础货币，分子表示标价货币。

从直接标价法和间接标价法的定义可以看到，用直接标价法表示的汇率和用间接标价法表示的汇率存在着互为倒数的关系。在世界范围内，英国、爱尔兰、澳大利亚、新西兰采用间接标价法，其余国家采用直接标价法。

另外，从美元与其他货币兑换的角度来划分，汇率有两种标价方法：一种是美式表示法，另一种是欧式表示法。在外汇市场上，交易量最大的货币是美元。特别是在欧洲货币市场，不涉及本国货币，主要进行以美元为主的境外货币的兑换，如在英国的外汇市场上进行美元与瑞士法郎的兑换等。直接标价法和间接标价法已经不能适应外汇市场的发展，因而出现美式标价法和欧式标价法。

美式标价法（American terms）是用 1 单位其他货币可以兑换美元的数量来表示汇率。按照这种标价方法，其他货币是基础货币，美元是标价货币。例如，1 英镑可以兑换 1.50 美元，就是以美式标价法表示的英镑对美元的汇率。

欧式标价法（European terms）是用 1 单位美元可以兑换其他货币的数量来表示汇率。按照这种标价方法，美元是基础货币，其他货币是标价货币。例如，1 美元可以兑换 1.41 瑞士法郎，就是以欧式标价法表示的美元对瑞士法郎的汇率。

美式标价法和欧式标价法与直接标价法和间接标价法存在联系：从美元的

角度来看，美式标价法就是直接标价法，欧式标价法就是间接标价法；从其他货币的角度来看，美式标价法就是间接标价法，欧式标价法就是直接标价法。不论采取什么标价方法，如果 1 单位 A 国货币可以兑换更多的 B 国货币，称 A 国货币升值、B 国货币降值；反之则称 A 国货币降值、B 国货币升值。

二、均衡汇率的决定

分析汇率决定有多种方法，其中供求分析法（supply and demand approach）是最基本的一种方法。按照这种分析方法，汇率既受国际贸易影响，也受国际金融影响，它是由外汇的供给和需求决定的。

以美元对英镑即期汇率的决定为例。在即期外汇市场上，购买英镑需要支付美元，购买美元需要支付英镑，所以英镑的需求就是美元的供给，英镑的供给就是美元的需求。从美元的供给和需求与从英镑的供给和需求都可以研究即期汇率的决定。

美元的需求产生于下面的原因：第一，美国商品的出口。美国出口商品意味着持有英镑的国家进口商品。当持有英镑的外国进口商购买美国商品的时候，他们需要用英镑购买美元，从而形成对美元的需求。第二，外国短期资本流入美国。当美国利率相对上升的时候，持有英镑的外国厂商和个人将增加在美国的存款或投资美国的短期债务凭证。这样他们就需要用英镑购买美元，从而形成对美元的需求。第三，外国长期资本流入美国。当美国的利润率相对上升的时候，持有英镑的外国厂商将会投资美国的股票，或者直接在美国设厂。这样他们就需要用英镑购买美元，从而形成对美元的需求。

在相对利率和相对利润率不变的条件下，美元的汇率（英镑/美元）越低，以英镑表示的美国商品的价格就越低，持有英镑的外国进口商对美国商品的进口量就越大，美元的需求量就越大。因此，在以美元数量为横坐标、美元汇率为纵坐标的坐标系里，美元的需求曲线表现为向右下方倾斜的曲线，如图 29.1 中的曲线 D 所示。

与美元的需求相对应，美元的供给产生于下面原因：第一，英国商品的出口。

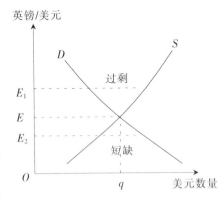

图 29.1 均衡汇率的决定

英国商品的出口意味着持有美元的国家进口商品。当持有美元的外国进口商购买英国商品时，他们需要用美元购买英镑，从而形成美元的供给。第二，外国短期资本流入英国。当美元短期资本流入英国的时候，需要把美元兑换成英镑，从而形成美元的供给。第三，外国长期资本流入英国。当美元长期资本流入英国的时候，需要把美元兑换成英镑，从而形成美元的供给。

在相对利率和相对利润率不变的条件下，美元汇率（英镑/美元）越高，以美元表示的英国商品的价格就越低，英国的出口就越多，美元的供给量就越大。所以，在以美元数量为横轴、美元汇率为纵轴的坐标系中，美元的供给曲线表现为一条向左上方倾斜的曲线，如图 29.1 中的曲线 S 所示。

在竞争的外汇市场上，均衡汇率是在货币的供给量和需求量相等时决定的。如图 29.1 所示，当汇率等于 OE_1 时，美元的供给量大于需求量，出现了美元的过剩，从而促使汇率下降；当汇率等于 OE_2 时，美元的供给量小于需求量，出现了美元的短缺，从而促使汇率上升；当汇率等于 OE 时，美元的供给量等于需求量，既没有美元的过剩，也没有美元的短缺，从而形成均衡汇率 OE 和均衡交易量 Oq。

当美国的出口增加、相对利率或相对利润率上升时，美元的需求增加，需求曲线向右方移动，从而导致美元的升值。相反，当美国的进口增加、相对利率或相对利润率下降时，美元的供给增加，供给曲线向右方移动，从而导致美元的降值。

世界各地的外汇市场的汇率都是由外汇的供给和需求决定的，所以世界各地外汇市场的汇率会趋于一致。如果汇率出现不一样，套汇将会发生。套汇（arbitrage）是指在一个外汇市场上以低价买进外汇，然后拿到另外一个外汇市场以高价售出的行为。例如，假定在纽约外汇市场上 1 英镑可以兑换 2 美元，在伦敦外汇市场上 1 英镑可以兑换 2.2 美元。这样，人们将在纽约外汇市场上用 1 美元购买 0.5 英镑，再到伦敦外汇市场上用 0.5 英镑购买 1.1 美元，这样用 1 美元可兑取 1.1 美元，收益率为 10%。但是，在套汇发生以后，在纽约外汇市场上美元供给增加，在伦敦外汇市场上美元需求将增加，在美元供求变化的影响下，纽约和伦敦的外汇市场的汇率会趋于一致。

第三节　均衡汇率的变化

汇率的变化取决于下述因素：

第一，进出口商品价格的变化。一个国家出口商品的国内价格的变化，将引起汇率的变化。例如，当美国出口商品的国内价格上升时，假如外国人对美国这种商品的需求是富有价格弹性的，他们将减少对这种商品的购买，从而减少对美元的需求。美元的需求曲线向左移动并导致美元的降值。假如外国人对美国这种商品的需求是缺乏弹性的，他们只好付更多的美元。美元需求的增加使美元需求曲线向右移动，从而导致美元的升值。

一个国家进口商品的国外价格的变化也将引起汇率的变化。例如，当美国进口商品的国外价格提高时，与上述分析相似，如果美国人对这种商品的需求是富有价格弹性的，他们将减少对这种商品的购买，美元的供给将减少，美元供给曲线的向左移动导致美元的升值。假如美国人对这种商品缺乏价格弹性，他们的支出将增加，美元供给的增加使美元供给曲线向右移动，从而导致美元的降值。

第二，价格水平的变化。假定两个国家的价格水平发生了同样的变化，例如美国和英国的价格水平都上升了10%。在这种情况下，英国商品的英镑价格和美国商品的美元价格都上升10%。按一定的汇率折算，英国商品的美元价格和美国商品的英镑价格都上升10%。这样，在这两个国家里，进口商品和国内商品的相对价格没有变化，在原汇率下对进口商品的需求没有变化。因此，同样的通货膨胀率不会使两国货币的汇率发生变化。

但是，如果一国的价格水平上升而另一国的价格水平不变，或者一国价格水平的上升快于另一国，如美国价格水平相对于英国上升了，那么一方面，美国商品相对价格的上升使美国出口减少和美元需求减少；另一方面，英国商品相对价格的下降使英国出口增加和美元的供给增加。美元需求曲线的向左移动和供给曲线的向右移动，引起美元降值；反之，将引起美元升值。

第三，利息率的变化。假定某国的利息率上升了而别的国家的利息率不变，借贷资本将流进这个国家，从而导致在外汇市场上该国货币需求增加和汇率上升；反之，则导致该国货币需求减少和汇率下降。

第四，利润率的变化。假定某国的利润率趋于上升而别的国家的利润率不变，投资资本将流进这个国家，从而导致在外汇市场上该国货币需求增加和汇率上升；反之，则导致该国货币需求减少和汇率下降。

第五，技术创新。当一个国家的技术创新快于别的国家时，该国产品或者成本下降或者质量提高，还可能出现了新的产品，这一切都将导致该国出口增加和在外汇市场上该国货币需求增加，从而导致该国货币汇率上升。

第 30 章 国际货币制度的演变

第一节 以金本位为基础的固定汇率制度

一、以金本位为基础的固定汇率制度的形成

国际货币制度（International Monetary System）是指在国际经济活动中如何使用各国所接受的货币来进行交易或结算的安排或规则。国际货币制度包括下述规则：第一，国际货币本位，即在国际经济活动中以什么作为国际货币，也就是以什么作为计算单位、交换媒介、支付手段和储藏手段。第二，各国货币的汇兑安排，即各国货币与国际货币之间如何进行兑换以及各国货币之间如何进行兑换。第三，国际收支调节机制，即在某个国家发生国际收支失衡的情况下如何进行调节。在国际货币制度的各项规则中，国际货币本位的规则是最基本的规则，它决定了各国货币的汇兑安排和国际收支的调节机制。

国际货币制度产生于国际经济活动，而国际经济活动的最初形态是国际贸易。正因为国家与国家之间需要进行商品的交换，才需要有各国认可的交换手段，才产生了国际货币。在人类社会发展的历史中，国际贸易很早就发生了，国际货币也很早就产生了。但是国际货币制度作为一种正式的制度，作为一种被大多数国家接受和遵守的规则，则只有 100 多年的历史。100 多年来，国际货币制度几经变迁。国际货币制度每一次变化，都是国际经济活动变化造成矛盾激化的结果。

人类历史上的第一个国际货币制度是以金本位为基础的固定汇率制度，它是从各国的国内货币制度演变而成的。在各主要国家内部，很早就用黄金来进行商品的交换。但是，各主要国家正式建立金本位制是从 19 世纪开始的。在发达国家中，英国于 1821 年率先正式建立金本位制度。随后，德国于 1871 年实行金本位制，丹麦、瑞典、挪威于 1873 年实行金本位制。虽然美国和法国分别于 1900 年和 1928 年才正式实行金本位制，但是这两个国家实际上都从 1873 年开始实行金本位制。日本较晚，于 1897 年才实行金本位制。在不发达国家中，埃及于 1885 年实行金本位制，墨西哥于 1904 年实行金本位制，印度于1927年实行金本位制。

经济史学家一般认为，严格的金本位制开始于1880年，终止于1914年。美国经济学者埃琛格林（Barry Eichengreen）认为，严格的金本位制具有三个最基本的特点：第一，国内货币与黄金以官方价格自由交换；第二，私人可以自由进出口黄金；第三，具有一个规定本国黄金储备和流通中的货币数量的规则。

严格的金本位制是金币本位制，它与20世纪20年代少数国家实行的金块本位制相区别。金币本位制与金块本位制不同的地方在于：在金币本位制下金币可以流通，纸币可以不受限制地兑换为金币；在金块本位制下，金块不流通，纸币只能有限制地兑换金块。在金币本位制下，一个国家国内流通的货币包括金币、银行发行的银行券以及政府发行的纸币。金币可以自由铸造和自由熔化，从而保证了金币是足值的。银行券仅是代替黄金流通的符号，纸币则与黄金具有确定的平价。由于用黄金进行小额交易难以找零，携带黄金进行交易也不方便，再加上人们需要货币不是需要货币本身，而是用它交换商品，银行券和纸币可以代替金币进行流通。

在金币本位制下，如果银行严格将银行券作为黄金的符号，政府严格按照黄金数量发行纸币，在流通领域只有金币、银行券和纸币，那么不存在流通中的货币金额大于黄金金额的现象。但是，由于下述两个原因，各国流通中的货币金额通常大于黄金金额：第一，虽然无法确认支票产生的确切时间，但是支票在19世纪后半期已经开始使用。银行接受存款以后将部分存款贷放出去，人们可以用支票使用在银行的存款和贷款，这样银行券和流通的支票的金额将大于银行持有的黄金的金额。第二，虽然政府规定纸币兑换黄金的平价并且保证纸币完全可以兑换为黄金，但是人们不可能同时用纸币向政府兑换黄金。如果政府在税收不足以应付支出的情况下没有严格按照黄金的数量发行纸币，就有可能造成纸币金额大于政府所持有的黄金的金额的现象。以英国为例，1913年，英格兰银行持有的金币和金块共3750万英镑，但英国流通中的货币已经达到99100万英镑，黄金金额只占纸币金额的3.8%。

虽然各国流通中的货币金额大于黄金金额，但由于银行券和纸币具有完全的可兑换性，银行券和纸币仍然受到严格的限制，这就是金币本位制所具有的纪律性。因此，在金本位制下，不存在信用货币条件下的通货膨胀问题。1913年英国黄金的价值只占英镑金额很小的比例，是因为英镑不仅执行国内货币的职能，而且还执行国际货币的职能。国家之间的经济活动产生了对英镑的大量需求，导致英镑供给的过度膨胀。

同样，国家之间的商品交换很早就使用黄金。但是，以金本位为基础的国际货币制度是从各个主要国家实行金本位制以后才形成的。首先，由于各个主要国家在国内商品交换中接受黄金，它们在国际商品交换中也接受黄金。黄金不仅是国内货币，而且成为了国际货币。其次，由于各个主要国家的纸币都具有确定的黄金平价，它们相互之间根据黄金平价就可以建立彼此的兑换比率。最后，由于各个主要国家纸币的黄金平价是不变的，黄金又可以在国家与国家之间自由流动，各个主要国家纸币的兑换比率是固定不变的。

这样，从各个主要国家的国内金本位制便建立起以金本位为基础的国际货币制度。

二、以金本位为基础的固定汇率制度的特点

在纸币自由兑换和黄金自由流动的条件下，各国纸币之间的汇率只在由它们与黄金的平价决定的兑换比率加上或减去黄金跨国流动费用的狭小范围内变化。例如，假定 A 国 1 单位纸币可以兑换 0.2 盎司黄金，B 国 1 单位纸币可以兑换 0.1 盎司黄金，那么由这两种纸币的黄金平价决定的汇率是 1 单位 A 国纸币兑换 2 单位 B 国纸币。又假定 0.1 盎司黄金跨国流动的运输成本、保险费用、利息等费用是 0.01 盎司黄金，那么 A 国纸币与 B 国纸币的汇率不会超出 1:(2±0.2) 的范围。

如果 A 国 1 单位纸币可以兑换多于 2.2 单位 B 国纸币，人们就不用 B 国纸币兑换 A 国纸币，而是用 2.2 单位 B 国纸币兑换 0.22 盎司黄金，然后耗费 0.02 盎司黄金的跨国流动费用将 0.2 盎司黄金运到 A 国去支付价值 1 单位 A 国纸币的商品。相反，如果 A 国 1 单位纸币只能兑换少于 1.8 单位 B 国纸币，人们就不用 A 国纸币兑换 B 国纸币，而是用 1 单位 A 国纸币兑换 0.2 盎司黄金，然后耗费 0.02 盎司黄金的跨国流动费用将 0.18 盎司黄金运到 B 国去支付价值 1.8 单位 B 国纸币的商品。

正因为这样，在纸币自由兑换和黄金自由流动的制度安排下，形成了国际货币制度中的汇率自行稳定机制，各国货币汇率保持稳定。在事实上，从 1880 年到 1914 年，英国、德国、美国、法国等各主要国家纸币之间的汇率一直没有发生变化。

在以金本位为基础的固定汇率制度中，由于各主要国家的纸币可以兑换黄金，使用某个国家的纸币和使用黄金进行国际贸易是相似的，问题是该国货币是否被各国所接受。当时英国是世界上最重要的经济大国、贸易大国、金融大国，英镑可以兑换为黄金，英国发达的银行业可以为国际贸易提供便利的结算服务，在国际贸易中使用英镑比使用黄金有更多的方便和优越之处。这样，英镑成为世界各国广泛使用的国际货币，伦敦成为国际金融中心。

在当时的国际贸易中，90% 的结算都使用英镑。各国中央银行在伦敦开设英镑账户可以获得利息，而储存黄金不但没有利息，反而还要支付保管费用，

因而它们更愿意储备英镑而不是黄金。正因为这样，有的学者将这个时期的国际金本位制度称作英镑本位制度。但是应该指出，在这个时期里，英镑成为国际货币并不是单纯以英国政府的信用作保证，而是以英镑可以兑换黄金作保证。这就是说，国际货币的基础是黄金，而不是简单的国家信用。

从上面的分析可以看到，以金本位为基础的固定汇率制度具有下述特征：第一，充当国际货币职能的东西是黄金，是一种超主权货币。它不受一个国家主权的影响，也不受一个国家经济情况的影响。第二，在纸币自由兑换和黄金自由流动的金本位制下，能够形成一种自行保持各国纸币汇率稳定的机制，从而形成了固定的汇率体系。第三，在国内以黄金作为货币和黄金自由流动的金本位制下，能够形成一种自行调节国际收支失衡的机制，在一定程度上使各国保持国际收支的平衡。第四，以金本位为基础的固定汇率制度不是通过政府之间签订协议的方式建立起来的，而是在各国国内实行金本位制的基础上自然而然地形成的。它是市场驱动的结果，而不是政府合作的产物。

正因为在金本位为基础的固定汇率制度中是以超主权货币作为国际货币并且可以保持汇率体系的稳定，在后来的国际货币制度的变迁中，只要出现问题或矛盾，许多政府官员和经济学者都怀念金本位制，都主张恢复这样或那样形式的金本位制。

三、以金本位为基础的固定汇率制度的解体

从上面的分析可以看到，以金本位为基础的固定汇率制度的正常运行以各个主要国家国内金本位制的正常运行为基础。只要各个主要国家国内金本位制的某个方面受到破坏，金本位为基础的固定汇率制度就将受到破坏。只要各个主要国家国内金本位制解体，金本位为基础的固定汇率制度将不复存在。

1914年，第一次世界大战爆发，各参战国政府由于战争支出的需要纷纷增加纸币的发行量，使纸币的可兑换性受到影响。另外，各参战国政府为了能够掌握更多的黄金而禁止黄金流出本国，使黄金的自由流动受到破坏。在这个期间，汇率体系受到破坏，国际货币制度无法正常运转，国际贸易只能求助于黄金。

1918年，第一次世界大战结束，各个主要国家开始重建经济，恢复金本位制。但是，战争留下的创伤太多，难以在短时间内重新实行严格的金本位制，即使是英国这样的经济大国也只能退而求其次，采取金块本位制，一些国家则实行本国货币通过外国货币兑换黄金的金汇兑本位。在这样的情况下，国际货币制度一直没有恢复到战前的正常程度。

1929年到1933年，资本主义国家发生了人类历史上最严重的经济危机，同时也发生了深刻的货币信用危机。货币信用危机从美国的证券市场价格大幅

度下跌开始，迅速扩展到欧洲各国。奥地利、德国等欧洲大陆国家相继发生了银行挤兑风潮，大批银行随之破产。1931 年 7 月，德国政府宣布停止偿还外债，同时实行严格的外汇管制，禁止黄金交易和黄金输出，这标志着德国的金汇兑本位制从此结束。

英国的情况同样糟糕。由于长期以来英镑代替黄金履行国际货币职能，各国政府都持有英镑储备。在货币信用危机和经济危机发生的时候，各国政府在短短两个月内就从伦敦提走了将近 50% 的英镑存款并将英镑兑换为黄金，英国的黄金大量外流。在这种情况下，1931 年 9 月，英国政府不得不宣布英镑贬值，并被迫放弃了金本位制。一些实行以英镑为基础的金汇兑本位制的国家，如印度、埃及、马来西亚等，也不得不放弃了金汇兑本位制。随后，爱尔兰、挪威、瑞典、丹麦、芬兰、加拿大等国也放弃了各种形式的金本位制。

1933 年初，从美国开始的货币信用危机之风刮回美国，大规模的挤兑使美国银行大批破产，美国联邦储备银行的黄金储备一个月内减少了 20%。美国政府不得不于 3 月 6 日宣布停止银行券的兑现，于 4 月 19 日宣布完全禁止银行和私人储存黄金和输出黄金，于 5 月将美元贬值 41%，并授权美国联邦储备系统可以用国家债券担保发行纸币。这样，美国的金本位制也到此结束。

法国、意大利、荷兰、瑞士、比利时等一些欧洲大陆国家仍然在坚持金本位制。但是，到 1936 年 8 月和 9 月，它们也无法坚持下去了，不得不先后宣布放弃金本位制。这样，金本位制终于退出历史舞台。

在各个国家相继放弃金本位制的情况下，以金本位为基础的固定汇率制度彻底解体。

第二节 以金汇兑本位为基础的钉住汇率制度

一、布雷顿森林体系的建立

1944 年 7 月，在第二次世界大战行将结束前夕，44 个同盟国的 300 多位代表出席了在美国新罕布尔州布雷顿森林市举行的国际金融会议，商讨重建国际货币秩序的问题。会议通过了以美国政府提出的"怀特方案"作为基础的《国际货币基金协定》和《国际复兴开发银行协定》，建立起被称为布雷顿森林体系的国际货币制度。

布雷顿森林体系是人类社会第一个通过政府之间的合作建立起来的国际货币制度。布雷顿森林体系具有下述特征：第一，美元按照 1 盎司黄金等于 35 美元的比率建立与黄金的平价，美国政府向各国政府承诺按照这个平价用美元兑换黄金。第二，各国货币按照一定比率建立与美元的固定汇率，波动幅度不得超过该固定汇率的 ±1%。如果超过这个变化幅度，除美国以外，各成员国中央银行有责任采取措施保持本国货币与美元汇率的稳定。但是，如果成员国的国家收支出现了基本失衡而无法稳定该国货币与美元的汇率，经过国际货币基金组织的批准可以调整汇率。第三，各国可以同时用黄金和美元进行国际清算。这样，主权货币美元取得了等同于黄金的地位，与黄金一起成为了国际清偿手段。

从布雷顿森林体系的特征可以看到，各国货币本身不能兑换黄金，但可以通过美元间接兑换黄金，黄金仍然发挥着最终国际货币的职能，这意味着这种国际货币本位属于金汇兑本位。但是，各国国内已经取消了金本位制，美国政府仅仅承诺各国政府可以用美元兑换黄金，这又意味着这种国际货币本位是一种国际金汇兑本位。另外，各国政府有责任稳定本国货币兑换美元的汇率，但并不是不可调整的，这意味着这种汇率制度属于钉住汇率制度。因此，布雷顿森林体系实际上是以金汇兑本位为基础的钉住汇率制度。

从布雷顿森林体系的特征还可以看到，布雷顿森林体系实行"双钉住"制度，即美元钉住黄金，其他货币钉住美元。除美国政府以外的其他国家的政府有责任干预外汇市场以维持该国货币与美元之间汇率的稳定，而美国政府有责任无条件地向其他国家中央银行按每盎司黄金 35 美元的固定价格兑换黄金。这两个钉住构成了布雷顿森林体系的纪律。

正如马克思所说的："金银天然不是货币，但货币天然是金银。"[①] 人类社会使用黄金作为货币已经有数百年的历史，即使黄金不得不退出了国内货币流通领域，但是人们最终信赖的东西仍然是黄金，黄金在国际货币流通领域还是保留下来了。在布雷顿森林体系下，同时存在着黄金和美元两种国际货币，黄金是一种超主权货币，而美元是一种主权货币。因此，国际货币体系能否正常运转，取决于这两种货币的平价能否保持稳定。

二、布雷顿森林体系存在的问题

以金本位为基础的固定汇率制度解体了，要考察作为替代制度的以金汇兑本位为基础的钉住汇率制度具有多强的生命力，有必要对这两种国际货币制度进行比较。当然，这种比较属于事后的比较，但它对于我们研究现行国际货币制度的改革方案仍然是有意义的。

战后的国际货币制度与战前的国际货币制度具有相似之处，前者实际上在某种程度上是后者的再现。在以金本位为基础的固定汇率制度下，虽然黄金是

---

① 马克思：《政治经济学批判》，《马克思恩格斯全集》第 13 卷，人民出版社 1962 年版，第 145 页。

真正的货币，但由于英镑可以兑换黄金，使用英镑进行国际结算又比较方便，各国主要使用英镑作为计价货币、结算货币和储备货币。在以金汇兑本位为基础的钉住汇率制度下，实际上是用美元取代英镑。

但是，战后的国际货币制度与战前的国际货币制度又存在着重要的差异。首先，后者是建立在主要国家的国内金本位制上，前者不是建立在主要国家的国内金本位制上。其次，后者是在市场的驱动下各国使用英镑作为国际货币，前者是根据各国政府之间的协议各国使用美元作为国际货币。

通过这两种国际货币制度的比较，可以发现它们的优越之处和不足之处：

第一，战前的国际货币制度是建立在国内金本位制基础上，包括英国在内的各国政府的黄金储备不但要应付国际货币流通的需求，而且要应付国内货币流通的需求。但是，战后的国际货币制度不是建立在国内金本位制基础上，包括美国在内的各国政府的黄金储备只需要应付国际货币流通的需求。因此，战前的国际货币制度下黄金不足的严重问题在战后的国际货币制度中可以得到缓解。

第二，战前的国际货币制度没有赋予任何一种主权货币特权，各国选择英镑作为国际货币是市场驱动的结果，如果它们失去对英镑的信任，可以放弃将英镑作为国际货币。但是，战后的国际货币制度赋予美元这种主权货币更大的特权，美元是各国政府之间协议规定的国际货币。因此，关键问题在于美国政府是否能够保持美元对黄金的平价以及美元的可兑换性。

第三，战前的国际货币制度是建立在各主要国家的国内金本位制基础上，汇率体系不但是固定的，而且是稳定的。但是，战后的国际货币制度不是建立在各主要国家国内金本位制基础上，虽然各国政府有责任维持本国货币对美元汇率的稳定，但是在面对着调整国内经济和调整汇率两种选择时，许多国家从本国经济利益考虑将选择调整汇率。因此，战后的国际货币制度的汇率不是很稳定的。

由此可见，布雷顿森林体系缓解了战前国际货币制度存在的黄金不足的问题，但同时也产生了过于倚重美元的缺陷。

在布雷顿森林体系下，除了美国以外的国家的中央银行发行货币将受到一定的约束。如果某个国家中央银行超量发行货币，必然导致国内信贷增加，利率下降，该国货币对美元汇率存在降值的压力。为了维持本国货币与美元汇率的稳定，该国中央银行不得不在外汇市场上卖出美元，买进本国货币，从而使该国货币的数量有可能回到合理的水平。这就是布雷顿森林体系下的货币调节机制，也是对各国中央银行的纪律约束。

但是，按照布雷顿森林体系的规定，当各国出现国际收支的基本失衡的情况下，经过国际货币基金组织的批准可以调整汇率。这样，各国中央银行仍然可以采用扩张性的宏观货币政策刺激经济，如果由此产生国际收支逆差，再要求本国货币对美元汇率贬值。因此，布雷顿森林体系对各国中央银行的纪律约束不是强有力的约束。

另外，布雷顿森林体系还缺乏有效的国际收支调节机制。当某个国家出现国际收支逆差时，它可以选择采用宏观经济政策收缩本国经济，或者向国际货币基金组织申请调整本国货币汇率。但是由于调整国内经济要付出较大的代价，各国更愿意采取调整汇率的方法。因此，这是一种被动的具有时延的调整方法。如果某种货币汇率的贬值对于政府来说是明显的，那么对于投机者来说也是明显的。这样，就会在外汇市场上出现投机风潮，而且这种投机的收益几乎是肯定的。

对于美国中央银行来说，它没有责任通过干预外汇市场来维持美元与其他货币的汇率稳定，但是它有责任维持美元对黄金的平价以及美元的可兑换性。如果美国中央银行超量发行美元，美元对黄金的平价以及美元的可兑换性将受到威胁，整个国际货币制度的基础将被动摇。因此，在布雷顿森林体系下，虽然美元作为一种主权货币成为了国际货币，但是美国政府还是受到一定约束的。

但是，在布雷顿森林体系下，美元处于中心货币的地位，与外围国家货币处于完全不对等的地位，即产生了"第 N 种货币的问题"。由于美元作为中心货币，美国政府不用考虑维持美元与别的货币汇率稳定的问题，而其他国家为了维持本国货币与美元汇率的稳定，必须持有一定的美元储备以干预外汇市场。同时，其他国家不可能维持长时间的国际收支逆差，而美国却可以维持较长时间的国际收支逆差。

另外，在布雷顿森林体系下，还存在一个内在的缺陷：既然美元是国际货币，美国必须通过对外经济活动向各国提供美元。如果美国的国际收支是平衡的，美国无法向各国提供美元；如果美国通过国际收支逆差向各国提供美元，美国政府又如何维持黄金的平价以及美元的可兑换性？这就是美国经济学者特里芬（Robert Triffin）在 1960 年出版的著作《黄金与美元危机》中首次提出来的"特里芬难题"[①]。具体来说，"特里芬难题"是指各国要取得美元以作为结算和储备货币，就要有足够的美元流出美国，也就是要求美国发生长期国际收支逆差；美元作为国际核心货币的前提则是必须保持美元币值的稳定和坚挺，这又要求美国必须保持长期的国际收支顺差。这两个要求相互矛盾，因此形成了一个悖论。

---

① Robert Triffen, *Gold and Dollar Crisis*, New Haven: Yale University Press, 1960.

三、布雷顿森林体系的解体

20世纪50—60年代，随着各个发达国经济的恢复和发展，国际经济活动迅速扩大。例如，1960年，英国进出口总额已经占了它的国内生产总值的43%，联邦德国进出口总额也占了它的国内生产总值的45%。另外，战后独立的发展中国家如拉丁美洲国家和亚洲国家，在推进本国工业化进程中对国际贸易的依存度也在不断提高。而所有这一切都形成了对国际货币美元的需求，从而产生了20世纪50年代的"美元荒"。为了解决美元不足的问题，美国政府不得不通过增加进口和对外贷款的方式向各国提供美元，从而造成了20世纪60年代大量美元流出美国。

虽然美元不足的矛盾缓和了，但随着世界各国的美元储备的积累，另一个矛盾又变得突出了。一旦各国中央银行将它们持有的美元储备向美国政府兑换黄金，美国政府将无法兑现黄金，这意味着美元的信用基础遭到破坏。布雷顿森林体系的实践证明这个矛盾是难以解决的。如果美国不以国际收支逆差的方式让美元流出美国，世界各国将得不到美元。但是，如果美国以国际收支逆差的方式让美元流出美国，美元又将贬值，美元的地位将难以维持。

美国的经常项目在1971年已经从顺差变为逆差。由于人们对美元开始失去信心，各国政府用美元向美国政府兑换黄金，人们在外汇市场上用美元兑换其他货币，导致美元流入美国，使美国的资本与金融项目出现顺差。但是，美国的黄金储备一直趋向于减少。

20世纪60年代，美国政府、欧洲国家以及国际货币基金组织相继采取了多项措施，试图解决布雷顿森林体系的问题，如建立黄金池（the gold pool）干预黄金价格、限制美元流出美国、推出特别提款权等，但都没有取得成功。

到1966年，各国中央银行持有的美元外汇已经达到140亿美元，但美国政府持有的黄金储备为132亿美元，其中只有32亿美元的黄金储备可以兑付给外国中央银行，剩余的部分要用于满足国内的需求。[①] 这就是说，一旦外国中央银行同时用美元向美国政府兑换黄金，美国政府不能满足1/4的需求，美元的可兑换性受到严重影响。

与此同时，在金本位制下国内黄金不足的问题在布雷顿森林体系下也出现了。在20世纪60年代初期，由于黄金生产成本的上升和黄金商业用途的增加，每年用作货币的黄金数量只以2%的速度增长，国际贸易则以接近10%的速度增长。到60年代后半期，用作货币的黄金存量实际上还减少了。1959

---

① IMF, *Money Matters: An IMF Exhibit—The Importance of Global Cooperation, System in Crisis* (1959-1971), Part 5, http://www.imf.org/exteral/np/exr/center/mm/eng/mm_sc_03.htm.

年，用作货币的黄金存量在各国官方货币储备中的比例还达到66%，到了1970年下降到40%，到1972年只有30%。[①] 布雷顿森林体系的危机成为难以避免的了。

首先出现问题的是英镑。在20世纪50年代和60年代，英国国际收支状况一直不好，再加上英国通货膨胀率长期高于美国，人们认为英国将无法维持英镑对美元的汇率，纷纷卖出英镑买进美元。1967年，英镑兑换美元的汇率不得不在投机风潮的影响下贬值。部分国家收支逆差国跟随着英国让本国货币对美元汇率贬值。这是钉住汇率制度的第一次重大的调整。

美国的对外经济情况也不好。英镑等多种货币对美元贬值产生的贸易效应以及美国政府越南战争支出的增加，使美国出现了国际收支逆差。在这种情况下，人们判断美元价值已经高估，纷纷用美元购买黄金。在投机风潮的影响下，1968年，主要国家被迫终止黄金市场的官方价格，让黄金市场的价格自由浮动。这样，黄金出现了两种价格：一种是政府之间清偿它们的债权和债务的官方价格，这个价格仍然是35美元兑换1盎司黄金；另一种是黄金市场的价格，这个价格已经高于35美元/盎司黄金。这是金汇兑本位的第一次重大的调整。

虽然黄金市场价格自由浮动使投机黄金失去了意义，但是人们已经失去了对美元的信心，纷纷将美元兑换为别的货币。去欧洲旅游的美国人惊讶地发现他们手中的美元已经难以兑换为本地货币。欧洲一些主要银行在非周末时间还愿意接受美元，因为它们可以迅速地将美元兑换为别的货币；但到了周六则不愿意接受美元，因为它们担心到下周一的时候美元已经贬值了。

1971年5月，各国中央银行开始向美国兑换更多的黄金，美元的可兑换性彻底动摇了。1971年8月，美国政府宣布实行新经济政策，其中包括暂时停止美元兑换黄金和对进口制品加征10%的关税。在这种情况下，更大的美元投机风潮发生了，人们大量抛售美元买进别的货币，导致欧洲的外汇市场不得不暂时关闭。当欧洲外汇市场在一周后重新开业的时候，德国马克、荷兰盾、日元等货币已经对美元自由浮动。这是金汇兑本位和钉住汇率制度的第二次重大的震荡和调整，也是美国政府最大的一次对世界各国政府的违约。

1971年12月，主要贸易国在美国华盛顿特区史密森氏学会达成协议，美国取消对进口制品加征10%的决定，以换取其他国家认可美元兑换黄金的官方价格从35美元兑换1盎司黄金上升到38美元兑换1盎司黄金，美元对世界主要货币贬值7.9%。这是金汇兑本位和钉住汇率制度的第三次重大的调整。

尽管美元兑换黄金的价格上升到38美元兑换1盎司黄金，但仍然远低于

[①] Richard G. Lipsey, *Economics*, Harper & Row Publisher, 1978, pp. 715–716.

黄金市场上的价格。各国中央银行不愿意以黄金的官方价格用黄金清偿彼此之间的债权和债务关系，美国政府也没有恢复按照黄金的官方价格向各国中央银行提供黄金。各国都使用美元来进行结算，国际货币本位成为了实际上的美元本位。但是美元不是用黄金作为保证，而是用美国物品和劳务作为保证。这样，布雷顿森林体系的金汇兑本位宣告解体。

虽然金汇兑本位解体了，但是钉住汇率制度却保留下来，各国货币按照美元贬值以后的汇率兑换美元。但是，美国的国际收支状况没有改善，美国的通货膨胀没有得到抑制，1973 年 1 月，抛售美元的投机风潮再次掀起。1973 年 2 月，美国政府不得不宣布美元对黄金再次贬值，美元兑换黄金的官方价格从 38 美元兑换 1 盎司黄金上升到 42.22 美元兑换 1 盎司黄金，美元对世界主要货币的汇率按照相应的幅度贬值。

美元的再次贬值没有能够抑制美元投机风潮。在 1973 年 3 月的第一周，世界主要外汇市场不得不相继宣布关闭，等待各国政府作出决定。3 月 19 日，当世界主要外汇市场重新开业的时候，欧洲经济共同体国家宣布彼此稳定成员国货币的汇率，对美元共同浮动。随后，其他主要国家选择了让本国货币对美元自由浮动。这样，钉住汇率制度宣告结束，布雷顿森林体系彻底解体。

第三节　以主权货币为基础的浮动汇率制度

一、牙买加体系的形成和特点

1976 年，国际货币基金组织成员国在牙买加首都金斯敦召开会议，达成了《牙买加协议》。《牙买加协议》的主要内容有：浮动汇率合法化，黄金非货币化，提高特别提款权的地位，增加对发展中国家的资金融通，增加成员国的基金份额。

在达成《牙买加协议》以后，便形成了现行的国际货币制度，即以主权货币为基础的浮动汇率制度。在这里，为方便起见，将这个制度称为牙买加体系。牙买加体系与其说是一个国际货币制度框架，不如说是一个没有制度的制度，它只是对当时国际货币现状的认可。

牙买加体系具有如下基本特征：第一，以若干个发达国家的可自由兑换货币作为国际储备货币，其中最主要的国际储备货币是美元。第二，国际储备货币以发行国的信用作为保证，与黄金不再有任何联系。第三，各国货币之间的汇率随着外汇市场需求和供给的变化自由浮动。

1976 年以来，各个国家按照自己的情况选择汇率制度，从而形成了各种形式的汇率制度。按照国际货币基金组织从 2009 年开始采用的新的划分方法，现行的汇率制度有九种形式，它们分别是：

第一，没有独立法币的汇率安排（exchange arrangement with no separate legal tender），即将某种外国货币或共同货币作为本国的法币，完全放弃了本国的货币主权和货币政策。例如，实行美元化的国家或者是加入货币联盟的国家就属于这种汇率安排。2008年，采用这种汇率安排的国家或地区有10个。

第二，货币局安排（monetary board arrangement），即建立本币与某种外币的平价，并按照这个平价以外币为基础发行本币。这意味着这个国家或地区的货币当局放弃了诸如货币管制和最后贷款者这样的传统中央银行职能。例如，我国香港地区就实行这种汇率安排。2008年，采用这种汇率安排的国家或地区有13个。第一种和第二种货币安排被称为"硬钉住"（hard pegs）的汇率安排。

第三，传统的钉住汇率安排（conventional pegged arrangement），即建立本币与某种外币或某组外币的固定汇率，并随着这种或这组外币对别的货币浮动。在这种汇率安排中，所选择的钉住货币或货币篮子的权重是公开的或者已经通知国际货币基金组织，货币当局将采取如买卖外汇的直接干预手段或如货币政策等间接干预手段保持与钉住的货币或货币组的汇率稳定，从经验上说在近6个月里本币汇率的波动幅度不超过中心汇率±1%。2008年，采用这种汇率安排的国家或地区有45个。

第四，稳定的汇率安排（stabilized arrangement），即选择某种外币或外币篮子，保持本币与这种外币或外币篮子汇率的稳定。除了某些例外的情况以外，在近6个月或更长的时间里本币与这种外币或外币篮子的汇率变化不超过2%。稳定的汇率安排与传统的钉住汇率安排的区别是它不存在一个中心汇率，它仅是稳定本币与某种外币或外币篮子的汇率。2008年，采用这种汇率安排的国家或地区有22个。

第五，爬行钉住汇率安排（crawling peg），即建立本币与某个贸易伙伴的货币的固定汇率，然后按照确定的数量指标对该固定汇率进行调整。例如，根据本国和贸易伙伴过去的通货膨胀率的差异或者未来预期通货膨胀率的差异来调整固定汇率。在这种汇率安排下，汇率调整的规则和参数是公开的或者已经通知国际货币基金组织。2008年，采用这种汇率安排的国家或地区有3个。

第六，类似爬行钉住的汇率安排（crawl-like peg）。这种汇率安排与爬行钉住汇率安排类似，不同的特征是它先是从统计上确定本币汇率在6个月或更长的时间里的变化趋势，然后保持本币汇率的实际变化不超过这个变化趋势的2%。也就是说，在这种汇率安排下，本币汇率不是按照某种固定汇率进行调整，而是按照某种汇率趋势进行调整。一般来说，这种汇率安排允许的汇率变化要大于稳定的汇率安排。2008年，采用这种汇率安排的国家或地区有5个。

第七，在水平区间内钉住汇率安排（pegged exchange rate within horizontal bands），即确定本币与某种外币的中心汇率，然后允许本币与这种外币的汇率在一定区间内变化。这个区间通常为：偏离中心汇率的幅度可以超过 ±1%，最大值和最小值的差距可以超过2%。例如，在欧元区建立以前的欧洲货币体系的汇率机制就是这种汇率安排。2008年，采用这种汇率安排的国家或地区有3个。第三种到第七种汇率按照被称为"软钉住"（soft pegs）的汇率安排。

第八，浮动汇率安排（floating），即本币汇率主要由外汇市场决定，本币汇率的变化不存在确定的路线。货币当局可以对外汇市场进行直接的或间接的干预，但这种干预主要是缓和汇率的波动而不是将汇率确定在某个水平。货币当局对汇率进行管理的依据指标是广泛的，如国际收支、外汇储备等。2008年，采用这种汇率安排的国家或地区有39个。

第九，自由浮动汇率（free floating），即让本币的汇率随着市场供求而浮动，货币当局仅在外汇市场发生混乱的非常情况下才对外汇市场进行干预。如果货币当局在近6个月的时间里对外汇市场的干预不超过3次，每次干预的时间不超过3个工作日，而且还将干预的信息和资料通知国际货币基金组织，这种汇率安排才能视为自由浮动。2008年，采用这种汇率安排的国家或地区有36个。[①] 第八种和第九种汇率安排被称为浮动汇率安排（floating arrangement）。

在牙买加体系下，如果一个国家发生国际收支逆差，这个国家货币的汇率就将贬值，这个国家出口将增加而进口将减少，这个国家的国际收支逆差将减少。因此，在浮动汇率制度下，国际收支具有一定的自我调节机制。但是，由于下述原因，这种调节将是不充分的：

首先，决定汇率的主要因素包括国际贸易、国际金融和直接投资，但是汇率变化所能调节的主要是国际贸易。例如，假定某个国家出现经常项目逆差和资本与金融项目逆差，该国的货币汇率贬值，但由此导致的国际贸易的变化难以同时弥补经常项目和资本与金融项目逆差。

其次，汇率的变化主要通过影响一个国家进出口商品的价格来影响国际贸易，但是决定一个国家进出口的因素是很多的，汇率的变化不一定能起到相应的作用。例如，某个国家汇率的贬值导致该国出口商品价格下降，但该国主要的出口商品供给不足，汇率变化的调节难以解决该国的国际收支逆差。

最后，尽管在牙买加体系下汇率制度的特点是浮动汇率，但是浮动的形式是多种多样的。发展中国家为了保持本国货币与结算货币汇率的稳定，往往钉

---

① Karl Habermeier, *Revised System of the Classification of Exchange Rate Arrangements*, IMF Working Papers, WP/09/211, Septemper 21, 2009.

住某种货币或某组货币。因此,即使发展中国家出现了国际收支失衡,也难以通过汇率机制进行调节。

上述分析表明,只有在国际贸易不存在障碍,各国实行自由浮动汇率,各国市场机制有效发挥作用,各国普遍存在着需求不足的条件下,浮动汇率的自我调节机制才能很好地发挥作用。

二、牙买加体系与布雷顿森林体系的比较

牙买加体系与布雷顿森林体系存在下述差异:

首先,在国际货币本位方面,虽然在布雷顿森林体系下主权货币美元作为国际货币,但布雷顿森林体系下的国际货币本位是金汇兑本位,还受着美元可兑换黄金的制约。在牙买加体系下,则完全由主权货币美元充当国际货币,主权货币美元只受到美国政府信用的制约。由于信用货币从理论上说可以无限制地供给,它解决了一直困扰着金本位制和金汇兑本位制的黄金不足的问题,但是却带来了政府信用的问题。

历史事实表明,在国家利益和世界利益发生冲突的时候,美国政府总是首先维护本国利益。因此,各国持有以美元形式存在的国际货币具有政府违约风险。例如,1971年美国政府停止美元兑换黄金就是美国政府对各国政府最大的一次违约。可以预料,这样的违约在未来还会发生。

应该指出,在正常的情况下,美国政府违约的风险不大。美元不仅在国际使用,而且在国内使用。美国经过多年的发展,已经形成了相互制约的比较稳定的政治体制。另外,美国联邦储备系统并不从属于政府,它独立地作出货币政策的决策。如果美国政府在美元问题上采取不负责任的做法,将会伤害到本国经济。从这个角度来说,美国政府不能为所欲为地利用美元来损害别的国家的利益。但是,在非常情况下,如果美国政府采取一些极端的行为,例如停止外国使用美元购买美国商品和美国金融资产,持有美元的国家将遭受重大损失,美元的信用风险将变得很大。

其次,在汇率制度方面,布雷顿森林体系采用的是钉住汇率制度,牙买加体系则实行浮动汇率制度。钉住汇率制度的优点是在一定的时期内能够保持汇率的稳定,从而减少汇率风险,促进国际经济活动的发展;缺点是由于汇率只能被动地进行调整,难以形成国际收支的自我调节机制。浮动汇率的缺点是汇率波动不安,个人和企业从事国际经济活动面临很大的汇率风险,不利于国际经济活动的发展;优点是尽管调节是不充分的,但是浮动汇率制度仍然具有一定的国际收支的自我调节机制。

至于固定汇率制度与浮动汇率制度对国内经济政策的影响,经济学者们进行过大量的研究,其中最著名的就是美国经济学者克鲁格曼(Paul Krugman)

提出的"三元悖论"。

20世纪60年代,美国经济学者蒙代尔(Robert Mundell)和弗莱明(Marcus Flemins)提出了开放经济下的 IS – LM 模型,即蒙代尔 – 弗莱明模型(Mundell-Fleming model)。该模型指出,在没有资本流动的情况下,货币政策在固定汇率制度下对于影响国民收入是有效的,但在浮动汇率制度下更为有效;在资本完全可流动的情况下,货币政策在固定汇率制度下对于影响国民收入是无效的,但在浮动汇率下则是有效的。由此,该模型得出了著名的"蒙代尔三角"理论,即货币政策独立性、资本自由流动与汇率稳定这三个政策目标不可能同时达到。[①]

1999年,克鲁格曼根据上述原理画了一个三角形,在这个三角形中,一个顶点表示选择货币政策自主权,另一个顶点表示选择固定汇率,第三个顶点表示资本自由流动。这三个目标之间不可调和,最多只能实现其中的两个目标,实现三角形一边的两个目标就必然远离另外一个顶点,这就是所谓"三元悖论"。

根据"三元悖论",在资本完全流动的情况下,要发挥货币政策的作用,应该选择浮动汇率制度。

三、牙买加体系的运行情况

牙买加体系形成以来已经近40年了。近40年来,牙买加体系的运行情况具有下述特点:

第一,美元对主要货币汇率趋向于贬值。关于美元汇率的趋势可以用美元指数来反映。美元指数(US Dollar Index)是纽约棉花交易所(NYCE)编制的综合反映美元汇率变化情况的指标,它以1973年为基期,以100为基准计算。在欧元产生以后,美元指数改用美元对6种主要货币的汇率计算,其中各种货币的权重为:欧元57.6%,日元13.6%,英镑11.9%,加拿大元9.1%,瑞典克朗4.2%,瑞士法郎3.6%。到2011年3月22日,美元指数为75.45。这意味着美元对6种货币的汇率从加权平均的角度来说贬值了24.55%。

第二,美元在国际储备货币中的比例保持稳定。尽管美元对主要货币趋向于贬值,但由于美元长期被作为计价货币和结算货币,美国还是最重要的发达国家,美元仍然是最主要的国际储备货币。美元在国际储备货币中所占的比例尽管在1990年到达过50.60%的低点,但在进入21世纪以来基本保持在60%~70%的水平。

---

① R. A. Mundell, "Capital Mobility and Stabilization Policy under Fixed and Flexible Exchange Rates", *Canadian Journal of Economics*, 1963 (29), pp. 475 – 477.

第三，各国货币汇率经常发生大幅度震荡。在牙买加体系下，各国货币汇率随着外汇市场的供给和需求的变化而变化，因而有可能发生剧烈的波动。以最主要的货币美元为例，即使是年度平均数，即使是与6种货币汇率的加权平均数，10年来美元指数最低和最高值相差33点。如果采用周数据，如果是美元对某种货币的汇率，波动幅度就更大了。美国是世界上最大的发达国家尚且如此，广大发展中国家货币汇率的变化幅度就更大了。

通过政府合作建立的布雷顿森林体系运行了29年以后彻底解体了，作为布雷顿森林体系遗产自然形成的牙买加体系又运行了近40年。但是，近40年来，牙买加体系不断出现问题和矛盾，现在应该是改革牙买加体系的时候了。

第四节 国际货币制度的改革

一、国际货币制度改革的方向

一种有效的国际货币制度应该能够促进国际贸易和国际资本流动的发展，它能够为国际经济活动提供充足的清偿手段，能够保持人们对国际储备资产的信心，能够保证国际收支的失衡得到调节。另外，国际清偿手段的增长应与国际经济活动的增长相适应。国际清偿手段过快增长会导致世界性通货膨胀，过慢的增长则会影响国际经济活动。同时，保持清偿手段的适量增长也是维持人们对储备货币信心的关键所在，而所谓保持人们对国际储备资产的信心是指使各国政府和个人都愿意继续持有这些国际储备资产，没有发生大规模的国际储备货币的危机。

由此可见，国际货币制度建立的关键在于国际货币本位的选择，国际货币制度演变的历史实际上也是国际货币本位发展变化的历史。综观国际货币制度发展的过程，大体经历了金本位制、金汇兑本位制和信用美元本位制三个阶段。但是，任何一种形态的国际货币本位都具有内在的不稳定性。

很显然，只有构建超主权国际货币才能够从根本上解决当前国际货币制度所存在的各种严重缺陷。

第一，超主权国际货币不与任何一个国家主权直接相连，削弱了本位货币国的特殊地位，纠正了现行国际货币制度的不公正性。在以信用货币美元为本位的制度下，美国有着其他国家无法比拟的特殊地位。它对内享有自己独立的财政政策和货币政策，对外则不需要承担任何保持美元价值稳定以维持国际商品市场和国际金融市场稳定的责任，同时又可以通过美元汇率贬值向其他国家转嫁经济风险。而其他国家一方面要不断以资源去换取美元，另一方面又要承担美元汇率贬值所遭受的损失。因此，现行国际货币体系有着极大的不公平性。这是以主权信用货币作为国际货币不可避免的问题。

第二，超主权国际货币价值稳定，可以避免汇率大幅度波动所带来的风险。超主权国际货币的价值不由单一国家货币的价值决定，而是由多个国家的货币价值共同决定，而各种货币汇率变化幅度与方向往往是不同的，所以超主权国际货币价值相对比较稳定。采用超主权国际货币作为国际储备货币和国际计价货币，就可以避免使用单一国家货币所带来的汇率风险，从而有利于国际经济的发展。

二、超主权货币构建的方案

特别提款权方案是国际货币基金组织一直在推进的国际货币本位改革的方案，这个方案的核心思想是将特别提款权改造为超主权国际货币。

1969年，国际货币基金组织为解决国际储备资产不足的问题创立了特别提款权（SDRs）。根据国际货币基金组织协议条款1969年第一次修改案，创立特别提款权的目的是希望SDRs能够成为主导的储备货币。1976年国际货币基金组织协议条款第二次修改案扩大了SDRs的使用范畴，目的也是提高SDRs的国际货币地位。

1979年国际货币基金组织第34届年会提出了设立替代账户以吸收各国手中过度积累的美元资产，并使SDRs成为主要国际储备资产的建议。所谓替代账户是指在国际货币基金组织设立的专门账户，国际货币基金组织通过这个账户发行SDRs存单，各国政府将多余的美元储备资产折成SDRs存入这个账户，国际货币基金组织将吸收的美元用于投资美国政府债券，并将得到的利息返还给这个账户的存款者。这样既可以解决美元泛滥的问题，也可以提高SDRs作为国际储备资产的地位。但是，替代账户的做法没有得到预期的效果。

特别提款权是国际货币基金组织的一种账面资产，它必须在总量上不断增加才能适应日益扩大的国际经济活动的需要。但是，新创立的特别提款权如何在各国之间进行分配将是难以解决的难题，这势必引起各国经济利益的冲突。

目前，特别提款权是严格按照各国份额的比例进行分配的。成员国根据它们的经济规模等指标缴纳份额，根据份额获得了相应的投票权和相应的贷款的权利，现在又可以按照份额无偿得到可以用于国际支付的特别提款权，这是不合理和不公平的。特别提款权分配的数额越大，这种不合理和不公平就越明显。在实践中，广大发展中国家已经提出，特别提款权的分配方法没有考虑到发展中国家的利益，使得真正需要国际流动性的国家却得不到更多的流动性补充。

另外，特别提款权仅是国际货币基金组织的一种账面资产，它没有任何实质性资产作为基础或者保证。如果少量发行并在成员国之间使用，这个缺陷还不是很明显。但是，如果将它发展为一种超主权货币，这将成为它的重大缺陷。按照国际货币基金组织的设想，特别提款权将在国际清算、商品与资产标价、储备资产等各方面发挥作用。然而，正是由于没有实质性资产作为保证这个原因，特别提款权的使用仅局限在基金组织等少数国际组织范围内，在私人领域的使用仍然很少。

显然，这种没有实质性资产作为保证的账面数字具有很大的风险。一旦发生世界大战这样的重大事件，世界各国政府将拒绝接受特别提款权，那些通过国际经济活动积累起特别提款权债权的居民、企业、政府将遭受重大损失。

因此，如何构建超主权货币，是世界各国政府和经济学界面临的重要课题。

思 考 题

绪 论
1. 现代西方经济学的研究对象是什么？
2. 生产可能性曲线为什么向右下方倾斜并凹向原点？
3. 微观经济学和宏观经济学有什么联系和区别？
4. 流量、存量、内生变量和外生变量有什么联系和区别？
5. 现代西方经济理论是由哪几部分构成的？
6. 现代西方经济学采用了什么研究方法？
7. 如何进行经济决策？

第1章
1. 需求和需求量，或者供给和供给量的含义是否相同？
2. 需求曲线向右下方倾斜的原因是什么？
3. 供给曲线向右上方倾斜的原因是什么？
4. 均衡价格是怎样形成的？
5. 均衡价格是怎样变化的？
6. 在非均衡的条件下，商品的交易量是怎样决定的？

第2章
1. 需求的价格弹性在数值上与需求曲线的斜率相等吗？
2. 需求的价格弹性的高低对生产者的总收益有什么影响？
3. 供给的价格弹性在数值上与供给曲线的斜率相等吗？
4. 产量和价格为什么会呈蛛网状变动？

第3章
1. 边际效用为什么会发生递减？
2. 如何以基数效用论为基础来说明最大效用原则？
3. 预算线和无差异曲线有什么特点？
4. 如何以序数效用论为基础来说明最大效用原则？
5. 如何利用无差异曲线和预算线推导出需求曲线？
6. 如何利用无差异曲线和预算线推导出恩格尔曲线？

第4章
1. 居民的储蓄动机是什么？

2. 居民怎样进行储蓄可以得到最大福利？
3. 利息率对居民储蓄决策的影响是什么？
4. 居民应该如何选择储蓄方式？

第 5 章
1. 居民怎样选择收入和闲暇以达到福利的最大化？
2. 非工资收入和工资收入对劳动的供给有什么影响？
3. 劳动的供给曲线为什么是向后弯曲的？
4. 一项资产的现在贴现值是怎样计算的？
5. 居民如何对人力资本投资以达到福利的最大化？
6. 居民接受教育的年限和专业的选择受什么因素影响？

第 6 章
1. 边际产量曲线为什么在平均产量的最高点与它相交？
2. 边际产量为什么会发生递减？
3. 规模报酬为什么会出现递增？
4. 等成本曲线有什么特点？
5. 等产量曲线有什么特点？
6. 如何用等成本曲线和等产量曲线推导出最小成本原则？

第 7 章
1. 边际成本曲线为什么在平均成本曲线的最低点与它相交？
2. 如何利用短期平均成本曲线来说明长期平均成本曲线的形成？
3. 在完全竞争条件下，厂商的收益曲线为什么是水平的？
4. 为什么厂商在边际收益等于边际成本的条件下获得最大利润？
5. 如何利用边际成本曲线和边际收益曲线推导出自由竞争条件下的供给曲线？
6. 最大利润原则与最小成本原则是相同的吗？

第 8 章
1. 完全竞争条件下厂商的平均收益曲线和边际收益曲线为什么重合并且是水平的？
2. 非完全竞争条件下的厂商的边际收益曲线为什么一定在平均收益曲线的下方？
3. 完全竞争和垄断竞争条件下长期的均衡产量和价格有什么区别？
4. 在单独改变价格的条件下，寡头厂商的需求曲线为什么是一条折线？
5. 在单独改变价格的条件下，寡头厂商的均衡产量和均衡价格是怎样决定的？
6. 完全垄断条件下厂商长期的均衡产量和均衡价格是怎样决定的？

第 9 章

1. 市场信息不对称是指什么？怎样解决市场信息不对称的问题？
2. 委托－代理问题是什么？怎样解决委托－代理问题？
3. 交换的最优条件是什么？
4. 生产的最优条件是什么？
5. 如何利用艾奇渥斯盒状图来分析交换或生产最优条件？
6. 在一个经济社会里，如何利用现有的社会资源实现最大的社会效用？

第 10 章

1. 在生产要素市场完全竞争的条件下，某种生产要素的边际产量价值曲线为什么是它的需求曲线？
2. 完全竞争和非完全竞争条件下的边际产量收益曲线有什么区别？
3. 在生产要素市场不完全竞争的条件下，为什么平均资源成本曲线和边际资源成本曲线不再重合？
4. 在产品市场和生产要素市场完全竞争的条件下，生产要素的均衡价格是怎样形成的？
5. 在产品市场和生产要素市场均为不完全竞争的条件下，生产要素的均衡价格是怎样形成的？
6. 收入分配为什么是不均等的？

第 11 章

1. 在完全竞争条件下，单个厂商和劳动市场的均衡工资率和就业量有什么联系？
2. 买方垄断条件下的平均资源成本曲线为什么是劳动的供给曲线？
3. 工资为什么会存在差异？
4. 均衡利息率是怎样形成的？
5. 利息率为什么存在差异？
6. 为什么存在级差地租？
7. 地租为什么是经济租金？
8. 准租金中的"准"和"租金"意思指什么？
9. 经济利润的来源是什么？

第 12 章

1. 什么叫作公共物品，它有什么特点？
2. 公共物品的产量是怎样决定的？
3. 如何提高公共部门的效率？
4. 公共物品和有价物品有什么联系和区别？
5. 有价物品的价格是怎样决定的？

第 13 章

1. 市场为什么会发生失灵？
2. 政府为什么要对经济进行调节？
3. 政府为什么会发生失灵？
4. 政府应该履行什么经济职能？
5. 什么是科斯定理？
6. 交易费用对外部负效应的内在化有什么影响？

第 14 章

1. 国内生产总值和国民生产总值有什么区别？
2. 可以采用什么方法计算国内生产总值？
3. 如何用支出法计算国内生产总值？
4. 如何用收入法计算国内生产总值？
5. 国民收入核算指标之间的关系是什么？

第 15 章

1. 凯恩斯的消费函数和储蓄函数存在什么联系？
2. 凯恩斯、杜森贝里、弗里德曼的消费函数有什么联系和区别？
3. 凯恩斯学派的总支出函数表达什么思想？

第 16 章

1. 为什么用收入－支出法和投资－储蓄法得到的均衡国民收入是一致的？
2. 当总支出曲线在坐标系中的位置确定以后，注入和漏出曲线的位置也随之确定吗？
3. 在四部门经济中，国民收入必须在 $I=S$，$G=T$，$X=M$ 的条件下才形成均衡吗？
4. 为什么储蓄、税收或进口的增加会导致均衡国民收入的减少？
5. 为什么支出对国民收入具有乘数的作用？
6. 在只存在储蓄一种漏出量的条件下，支出的增加可以导致多少倍国民收入的增加？

第 17 章

1. 宏观财政政策的理论依据是什么？
2. 内在稳定器为什么能稳定经济？
3. 赤字预算政策和平衡预算政策相比谁更有效？
4. 政府债务的增加对经济有什么影响？

第 18 章

1. 在凯恩斯学派看来货币需求取决于什么因素？
2. 凯恩斯学派的货币需求函数和货币学派的货币需求函数有什么联系和

3. 银行的活期存款为什么是一种货币？
4. 货币供给包括什么内容？
5. 银行是怎样创造存款货币的？

第 19 章
1. 按照传统的货币数量论，货币供给是怎样对经济产生影响的？
2. 按照凯恩斯学派的现代货币理论，货币供给是怎样对经济产生影响的？
3. 按照货币学派的现代货币数量论，货币供给是怎样对经济产生影响的？
4. 凯恩斯学派的现代货币理论与货币学派的现代货币数量论有什么联系与区别？
5. 货币是通过什么其他途径对经济产生影响的？

第 20 章
1. 凯恩斯学派的宏观货币政策的理论依据是什么？
2. 中央银行怎样通过公开市场业务影响货币供给量？
3. 调整法定准备金比率、调整贴现率、公开市场业务三项政策相比各有什么优劣？
4. 辅助性的货币措施能够发挥什么作用？
5. 货币学派的简单货币规则的内容是什么？

第 21 章
1. IS 曲线、LM 曲线和 BP 曲线是怎样形成的？
2. 国民收入和利息率为什么在 IS 曲线和 LM 曲线相交时形成均衡？
3. 投资和储蓄的变化对均衡的国民收入和利息率有什么影响？
4. IS'' 曲线和 LM 曲线在什么因素作用下会发生移动？
5. 怎样同时实现内部均衡和外部均衡？

第 22 章
1. 总需求曲线是怎样形成和变化的？
2. 总供给曲线是怎样形成和变化的？
3. 国民收入和价格水平是怎样形成均衡的？
4. 国民收入和价格水平是怎样变化的？
5. 在价格具有黏性的条件下，国民收入和价格水平是怎样形成均衡的？

第 23 章
1. 失业的原因是什么？
2. 如何对付结构性失业？
3. 通货膨胀的原因是什么？
4. 如何缓和成本推进通货膨胀？

5. 为什么工资和价格向下呈黏性?
6. 凯恩斯学派、新古典主义学派和新凯恩斯主义学派对失业的看法有什么区别?

第 24 章
1. 加速原理具有什么特点?
2. 乘数和加速数的交织作用如何形成经济周期?
3. 汉森-萨缪尔森模型主要说明什么问题?
4. 货币周期模型和实际周期模型的内容是什么? 它们有什么区别?
5. 不变加成经济周期模型和可变加成经济周期模型如何解释经济周期性波动? 它们有什么联系和区别?

第 25 章
1. 经济增长的源泉是什么?
2. 哈罗德模型与多马模型有什么联系与区别?
3. 哈罗德-多马模型的经济意义是什么?
4. 新古典增长模型主要说明什么问题?
5. 新古典增长模型的经济意义是什么?

第 26 章
1. 什么是发展中国家的恶性循环?
2. 发展中国家经济落后的根源是什么?
3. 应该如何选择经济发展战略?
4. 发展中国家提出的国际经济新秩序的内容是什么?

第 27 章
1. 什么叫作比较利益?
2. 国际贸易的基础是什么?
3. 根据相对有利原理实行专业化生产为什么能提高世界产量?
4. 如何看待"利昂惕夫之谜"?
5. 除了比较利益以外, 国际贸易还有其他的原因吗?

第 28 章
1. 征收关税对经济有什么影响?
2. 进口配额与关税相比, 谁更有效?
3. 如何看待自由贸易与保护主义?
4. 美国对外贸易政策的演变有什么特点?
5. 欧洲联盟的建立对国际贸易有什么影响?

第 29 章
1. 为什么国际收支平衡表总是平衡的?

2. 既然国际收支平衡表总是平衡的，为什么还会有国际收支顺差或逆差？
3. 均衡的汇率是怎样形成的？
4. 汇率受到什么因素影响而变化？
5. 现行的浮动汇率有什么形式？

第 30 章

1. 布雷顿森林体系的特点是什么？
2. 布雷顿森林体系解体的原因是什么？
3. 如何评价布雷顿森林体系？
4. 现行国际货币制度的特点是什么？

参 考 文 献

1. 约瑟夫·E 斯蒂格利茨. 经济学 [M]. 姚开建，等译. 北京：中国人民大学出版社，1999
2. 平狄克，鲁宾费尔德. 微观经济学 [M]. 北京：中国人民大学出版社，1997
3. 多恩布什，费希尔. 宏观经济学 [M]. 王志伟，译. 北京：财政经济出版社，2003
4. 保罗·A 萨缪尔森，威廉·D 诺德豪斯. 微观经济、宏观经济学 [M]. 19版. 萧琛，等译. 北京：商务印书馆，2012
5. 曼昆. 经济学原理 [M]. 北京：北京大学出版社，2001